관광 마케팅

박 진 영 · 윤 세 환
김 형 섭 · 조 규 태 공저

남두도서

남두(南斗) : 남두육성(南斗六星)

은하의 중심인 사수자리에 있는 국자모양의 여섯 개의 별로서, 인간의 탄생을 결정하는 별로 알려져 있다.

머리말

21세기에서 급변하는 각 분야의 환경에 적응하기 위해서는 사고의 전환이 요구되는 것처럼 풍요로운 사회 속에서 윤택한 삶을 영위하는 것 그 자체만으로 인간은 행복을 누릴 수 없을 것이다. 즉, 인간은 물질적인 지원뿐만 아니라 개인적인 생활이 보장되면서 사회로부터 대우를 받을 수 있는 분위기를 원하고 있기 때문에 모든 생활환경이 개인 중심으로 이루어지고 있다.

이러한 환경적 변화 가운데 고객의 구매심리가 변화되고 있어 상품이나 서비스의 판매활동도 고객이 원하는 방향으로 마케팅 전략이 수립되어야 할 것으로 사료된다. 바꾸어 말하면, 마케팅 활동이 고객 전체를 위한 것보다 고객에 따라 보다 구체적이고 차별화된 서비스가 제공되어야 한다는 것이다.

또한, 고객은 구매한 만큼의 서비스 질이나 양적인 측면에서 보상받기를 원하기 때문에, 고객에게 마케팅 비용을 차등화하여 되돌릴 수 있는 제도적 장치가 마련되지 않으면 고정고객화는 곤란한 시대가 되고 있다.

이와 같이 변화된 환경에서 과거의 전통적인 마케팅 기법을 적용한다면 기존의 시장을 유지하기가 곤란하며, 새로운 시장을 개척할 수 없는 입장이 되어버릴 것이다.

따라서 이 책은 과거의 마케팅 패러다임(marketing paradigm)에서 벗어나 신사고의 틀에서 관광산업의 마케팅 활동을 고객 전체가 아니라 고객 개개인에 초점을 맞추어 전개할 수 있는 방안을 제시하였으며, 고정고객의 확보방안과 새로운 시장의 개척을 위한 마케팅 전략을 소개하였다.

이 책은 경영학을 공부하는 대학생들이 쉽게 이해할 수 있도록 저술하였으며, 내용을 가능하면 간단하면서 명료하게 현장을 중심으로 설명하였기 때문에 현장에서 고객을 대상으로 마케팅 활동을 전개하는 관련자들도 참고가 될 수 있도록 정리하였다. 이 책이 관광분야의 학문을 연구하는 학도나 현장에서 마케팅을 담당하는 모든 사람들에게 조금이나마 보탬이 되었으면 한다.

끝으로 이 책의 출간을 위해 물심양면으로 지원을 해주신 모든 분들께 진심으로 감사를 드리며, 아울러 이 책을 집필하는 동안 정신적으로 커다란 힘이 되어준 가족에게 진심으로 고마운 마음을 전한다.

저자 씀

차 례

제 I 부 ■ 관광 마케팅의 이해 ■ 15

제 Ⅲ 부 ■ 관광 마케팅의 응용 ■ 221

■ 표 차 례 ■

■ 그림차례 ■

PART

I

관광 마케팅의 이해

마케팅은 왜 필요한가?[1)]

변화의 시대

어느 시대일지라도 변화는 존재하기 마련이지만, 최근 수년에 걸친 변화는 특히 극심하여 따라갈 수조차 없을 지경이다. 이러한 변화 가운데 우리가 당면한 변화를 세 가지로 구분하면 첫째로 시장구조의 변화이며, 둘째는 소비자의 변화, 셋째는 앞의 두 가지 변화로 인한 경쟁구조 자체의 변화이다.

시장구조의 변화

시장구조의 변화는 한마디로 공급과잉(over supply)의 시대라는 말로 특징지어진다. 1980년대에 일부 업종에서 시작된 공급과잉은 이제 거의 전 업종에 걸쳐 공통적인 현상이 되었다. 이는 시장이 공급자 중심에서 구매자 중심으로 변화했음을 의미한다. 이제 고객에게 기업의 존재는 절대적인 현상이 아니다. 기업이 고객을 선택하던 시대는 지나가 고객이 기업을 선택하는 시대가 되었고, 시장이 성숙화되고 저성장하는 국면으로 접어들었다. 따라서 정부의 보호 속에서 경쟁 없이 고성장을 해왔던 기업들이 이러한 시장 변화에 당황해 하고 있어 새로운 전략이 요구되고 있다.

소비자의 변화

풍요로운 시대를 살아가면서 소비자의 변화는 눈부시게 변화하고 있기 때문에 언론단체까지도 연일 다루는 단골 메뉴가 되었다. 일인당 국민소득이 만 달러($10,000) 시대가 되면 소비 패턴이 바뀌기 시작하고, 여러 가지 가시적인 변화가 나타나기 시작한다.

---

1) 마케팅 포럼(www.love.kr.ms)의 내용을 재정리하였음.

예를 들면, 자동차 색을 보면 쉽게 알 수 있다. 몇 년 전만 해도 우리나라의 자동차 색상은 검정, 감색 등이 주류를 이루었으나, 점차적으로 흰색의 승용차가 늘어나더니 이제는 상상할 수도 없었던 색상이 거리를 누비고 있다. 즉, 소비자들의 개성이 과거보다 뚜렷해지고 있다는 증거이다. 물론 그들의 대부분은 20대 운전자들이다. 이것은 우연한 현상이 아니라 소득이 높아지면서 생기는 당연한 현상이라고 할 수 있다. 자동차의 색상이 바뀌는 것으로 그치지 않고, 옷의 색상, 가치관, 입맛 등이 동시에 변화하고 있다.

삼성생명이 초등학생들을 대상으로 실시한 음식 선호도 조사결과는 과히 충격적이다. 싫어하는 음식으로 김치, 채소, 보신탕 등을 꼽았고, 좋아하는 음식은 피자, 돈까스, 햄버거, 불고기 순으로 나타났다. 김치 없이는 밥을 먹지 못한다는 40대 이후 세대와는 엄청난 차이를 보이고 있다.

두 세대 사이의 가치기준도 뚜렷이 차이가 난다. 신세대, 소위 X세대에게 인생에서 가장 중요하다고 생각하는 것이 무엇이냐는 질문에서 첫번째로 꼽는 것이 나와 가족의 안락한 생활이라고 답했고, 40대 이상이 가장 우선시하는 경제력, 출세, 사회적 공헌 등은 4~5위에 불과하였다. 또한 기성세대가 미래 지향적 소비행태를 보인다면 신세대는 현실 지향적이고 소비행태적이다. 기성세대는 노후를 위해, 자녀들의 풍요를 위해 근검절약하는 방식의 생활을 해왔다. 그러나 신세대는 집을 포기하는 대신에 차를 구입하고, 현재를 충분히 즐기는 데 소비생활의 초점을 맞추고 있다.

20대 초반과 30대 초반 여성들에게 의류구매시 중요하게 생각하는 기준 4가지씩을 들어보라는 질문에, 20대 초반은 디자인(design), 스타일(style), 유행(fashion), 감각(sense) 등을 꼽았고, 30대 초반 여성들은 메이커(maker), 가격(price), 원단, 바느질 등을 꼽았다. 10년 차이에 불과한 두 집단이 4가지 기준 중에서 한 가지도 겹치는 것이 없었다.

세대차는 10년 사이에 동일한 것을 찾아보기 어려울 정도로 벌어짐에도 불구하고 우리 기업들은 10대가 사용할 물건을 40~50대들이 기획한다. 김치 없이는 밥을 먹지 못하고 마늘이나 된장을 주로 먹는 사람들이 김치를 가장 싫어하고 햄버거, 피자를 주로 먹는 세대들의 상품을 만들고 있기 때문에 신제품 성공률이 떨어질 수밖에 없다.

10대들은 새로운 것을 특히 좋아한다. 설문조사 결과 10대들의 41%가 새로운 것은 무조건 사먹어보는 것으로 답했다. 20대의 27%, 30대의 16%와 현저한 차이를 보이는 것이다. 40대 이상의 경우 새로운 것은 거의 사먹지 않는다는 점을 고려한다면, 10대는 분명 전혀 다른 소비성향을 갖고 있음을 알 수 있다.

이들을 타깃(target)으로 하는 제품의 수명도 점점 짧아진다. 가요는 2주일을 견디지 못하고, 가수도 몇 달이 지나면 바뀐다. 2000년 여름 음료 3사의 신제품이 평균 70개씩이었다. 200개 이상의 음료 중에서 히트하는 것은 몇 개 되지 않는다. 그러나 히트한 제품도 오래가지 못했다.

만 달러 시대를 넘어서면 소비자들은 제품의 본질적 기능보다 본질외적 기능을 더욱 중요시하게 된다. 자동차는 타기 위한 도구이며 지프는 야외생활에 적합하도록 만든 차지만, 도시의 젊은이들 사이에 지프가 유행한다. 자동차를 운송수단이 아니라 자기의 표현수단으로 사는 것이다.

최근에 미국에서 히트하고 있는 옷 중에 바나나 리퍼블릭이 있다. 사파리룩(safari look)의 옷을 파는 곳이다. 정글에서 입는 이 옷들이 맨해튼(Manhattan) 한복판에서 불티나게 팔리고 있다. 물론 그것을 입고 아프리카로 가지 않는다. 이들은 제품의 본질적 기능만을 보고 물건을 구매하는 것이 아니라 자신의 만족감을 산다.

경쟁구조의 변화

시장구조의 변화, 소비자의 변화와 더불어 경쟁구조도 변한다. 세계적으로 유명한 상표들이 서울로 몰려온다. 그러나 정부에서는 막아줄 아무 힘도 없다. 과거에는 관세장벽, 비관세장벽 등이 국산제품의 든든한 보호막이 되었으나 이제는 불가능하다. 백화점 1층은 이미 외제 화장품들이 점령했다. 한마디로 표현한다면, 경쟁이 국내경쟁에서 국제경쟁으로 가고 있는 것이다.

업종간의 경쟁이 치열해지고 경쟁의 카테고리(category)도 무너지고 있다. 과거에는 경쟁의 대상이 아니라고 여겼던, 다른 업종의 기업들도 동일한 제품을 내놓고 경쟁자로 변한다.

유통구조는 혁명적으로 변하고 있다. 1900년대에 들어와서 90년 동안의 변화보다 1990년에 들어와서 10년 동안의 변화가 더 극심하다. 10년 전만 해도 백화점은 몇 개에 불과했지만 지금은 전국적으로 백 개 이상의 백화점이 운영되고 있다.

편의점은 1989년에 잠실에서 세븐일레븐(Seven eleven) 1호점이 개점한 이래, 지금은 3천 개를 넘어섰다. 일본이 현재 인구 2천9백 명당 1개, 미국이 인구 2천7백 명당 1개가 된다고 가정하였을 때 1만 개가 된다. 편의점 1만 개가 되면 동네 구멍가게들은 자취를 감출 것이다.

프라이스클럽(Price Club)은 급속도로 세를 확장하고 있다. 카테고리 킬러(Category Killer)도 곧 상륙할 것으로 보인다. 3천 평 규모의 장난감 가게도 상륙을 준비중이다. 우리나라에서 가장 큰 규모의 슈퍼(super)는 서울시내 대형 백화점 지하에 있는데 5백 평에 불과하다는 점을 고려한다면 엄청난 규모가 아닐 수 없다.

경쟁을 위한 새로운 전략

전략이란 무엇일까? 간단하게 말하면 싸우지 않고 이기는 것, 혹은 적게 싸우고 이기는 것이다. 싸우지 않고 이기는 가장 쉬운 방법은 독점이다. 법적으로 금지된 독점 외에, 나만이 가진 차별성을 부각시킬 필요가 있다. 남이 할 수 없고, 남이 갖고 있지 못한 것을 추진하는 것이 독점이다.

비경쟁을 위해서는 첫째, 첨예한 대립을 피해야 한다. 경쟁사들끼리의 첨예한 대립은 결국 양쪽 모두에게 손해다. 시장점유율(market share)은 증가할지라도 이윤은 기대할 수 없다.

둘째, 틈새시장(niche market)을 발견해야 한다. 남이 보지 못하는 영역에 진출한다면 경쟁 없이 시장을 확보할 수 있다.

셋째, 차별화 전략이다. 차별화를 위해서는 세 가지를 기본적으로 고려해야 한다. 고객의 니즈(needs)는 무엇인가?, 경쟁상대는 누구인가?, 가격, 제품, 서비스, 이미지에서 지속적으로 비교우위를 지킬 수 있는가? 등이다.

이를 위해 단순한 차별화를 넘어서 극히 미묘한 차이를 추구하고, 자기 개성을 주장하고 코스트(cost) 우위를 추구해야 한다. 원가우위는 기본적으로 확보되어야 한다. 원가경쟁에서 불리할 경우 어떤 경쟁도 이기기 힘들기 때문이다.

경쟁수단으로 R&D(research and development)를 많이 언급한다. 그러나 R&D는 장기간에 걸쳐 많은 비용을 투자했을 때 효과를 볼 수 있다. 물론 기업의 장래를 위해서는 R&D가 필요하지만, 오늘날처럼 변화가 심하고 순간의 결정이 기업의 운명을 좌우하는 시장상황에서는 마케팅으로 승부를 걸어야 한다. 우리 회사에 통합된 마케팅 전략이라고 할 만한 것이 있는가를 자문해봐야 할 것이다.

우리 기업들은 대부분 사업계획(business plan)은 수립하면서 마케팅 계획(marketing plan)은 수립하지 않는다. 마케팅 타이틀을 가진 중역도 거의 없다. 미국의 기업들은 대개 마케팅 담당자가 부사장급이며, 사장인 경우가 늘어나는 추세임에 비해, 우리나라는 과장급이 마케팅실을 담당한다. 구조적으로 마케팅 전략이 나올 수 없는 상황이다.

또한 성공적인 마케팅 활동을 위해서는 마케팅 부서 단독으로는 불가능하며, 최고경영진과 관련 부서의 적극적인 지원이 요구된다. 그러나 대부분의 기업에서는 생산부문과 영업부문이 원활한 협력의 관계보다는 불편한 관계로 업무를 추진하고 있다.

변화의 시대에는 전략과 전략 마인드(strategic mind)를 가진 기업만이 살아남는다. 일본의 기업들도 수명이 겨우 30년에 불과하다. 100년간 100대 기업에서 한번도 탈락하지 않은 회사는 '왕자제지' 하나뿐이다. 결국 기업이 도태되지 않으려면 변화에 적응해야 한다. 저성장, 시장성숙화의 시대에는 기존의 관념과 상식을 깨뜨려야 하며, 변화에 부응하는 노력이 필요하다.

제 1 장

관광과 마케팅

제 1 절 _ 관광 마케팅의 정의

1. 마케팅의 정의 및 기본적 개념

(1) 마케팅의 정의

마케팅은 시대의 변천과 학자에 따라 그 개념이 다양하게 정의되고 있다. 마케팅은 단순히 판매의 단편적인 개념이 아니라 고객의 필요와 욕구를 마케팅 조사를 통하여 파악하고 이를 생산, 가격설정, 유통관리, 촉진, 수송 및 애프터서비스 등을 포함하고 있다. 코틀러(P. Kotler)의 마케팅에 대한 정의를 살펴보면, 마케팅이란 "개인과 집단이 상품과 가치를 창조하고 타인과의 교환을 통하여 그들의 욕구와 욕망을 충족시키는 사회적 또는 관리적 과정"으로 정의하고 있다.

이와 같은 코틀러의 정의를 바탕으로 미국 마케팅학회(AMA : American Marketing Association)는 1985년 현대적인 마케팅의 정의를 발표하였다. 즉 마케팅이란 "개인 및 조직의 목적을 충족시켜주는 상호교환을 창조하기 위해 이념이나 재화 및 용역의 창안, 가격결정, 촉진 및 유통을 계획하고 실행하는 과정이다(Marketing is the planning and executing the conception, pricing, promotion, and distribution of idea, goods, and services to create exchange that satisfy individual and organizational objectives.)"라고 정의하고 있다. 미국 마케팅학회의 정의는 마케팅 분야에 교환을 중심으로 관광 서비스 상품에 대한 이론을 정립하기 위한 토대가 되고 있다.

> **마케팅의 개념**
>
> 광의의 마케팅은 주로 포괄적으로 넓은 의미의 마케팅을 말하고, 협의의 마케팅은 세분화되고 구체적인 마케팅의 개념이다.
>
> 1. 광의의 마케팅
> 교환과정을 통하여 소비자의 필요와 욕구를 충족시키도록 유도하는 데 관련된 모든 인간행동이다(P. Kotler).
>
> 2. 협의의 마케팅
> 사람들은 각자 시장을 통해 자신이 원하는 것을 만족시키려 하고, 기업은 경쟁회사를 이겨서 최대의 이익을 달성하고자 한다. 이를 위해 기업이 벌이는 모든 행동을 '마케팅'이라고 한다.

(2) 마케팅의 기본적 개념

1) 고객 지향(customer orientation)의 원리

고객의 필요와 욕구를 가장 우선적으로 고려하여 그 욕구의 충족을 최대 목표로 하는 것으로, 고객의 욕구가 기대 이상으로 충족되면 결과적으로 고객만족(customer satisfaction)으로 이어져 고객은 자기의 욕구를 충족시킨 상품을 반복해서 구매하게 된다. 따라서 상품에 대한 충성도가 형성되면 관광기업 전체가 정(+)의 이미지가 구축되어 기존고객의 유지관리는 물론 새로운 고객의 확보에도 유리한 입장이 될 수 있다.

2) 이윤 지향(profit orientation)의 원리

관광기업은 고객이 필요로 하는 것을 제공하고 이윤을 추구하는 기업이기 때문에 관광상품이나 서비스의 판매가 관광기업에 이익을 줄 수 있는 활동이어야 한다. 즉, 투입된 비용에 비하여 상품의 판매로 산출된 매출이익이 많아야 하는 생산성(productivity)에 기초해야 한다.

관광기업이 장기적 이익을 확보하기 위해 선택할 수 있는 수단은 판매량 증대와 생산성 향상이다. 판매량 증대를 위해서는 시장을 확대하거나 시장을 심층화하는 전략이 필요하지만, 그 어느 것이든 고객의 욕구충족이 대전제가 되어야 한다.

3) 통합과 조정(integration and coordination)의 원리

관광기업 경영을 위해서는 일반기업과는 달리 서비스가 차지하는 비중이 높기 때문에 인간을 중시하는 경영으로 매우 복잡하고 다양한 기능들이 연관되어 있는데, 이 모든 기능들은 고객을 상대함에 있어 통합되고 조정되어야 한다는 원리이다.

모든 관광기업 내의 부서 중에서 경영관리 부서나 후원 부서는 고객을 접촉하여 상품과 부가적인 서비스를 제공하는 부서의 종업원을 적극적이고 체계적으로 지원하여 원활한 대 고객 서비스가 이루어지도록 모든 기능을 통합해야 하며, 경영진은 고객과 소매점간 양방향의 커뮤니케이션(two-way com- munication)이 이루어지도록 고객을 접촉하는 종업원으로부터 서비스 제공에 대한 피드백(feedback)으로 고객의 요구를 파악할 수 있는 시스템을 구축해야 한다.

2. 관광 마케팅의 정의

관광 마케팅과 유형적인 상품을 대상으로 하는 마케팅과 차이점은 두 가지 특성인 유형재(tangible products)에 부가되는 서비스의 무형성과 생산과 소비의 동시성에서 그 의의를 찾을 수 있고, 그 특성에 근거하여 마케팅을 담당하는 관광기업의 마케팅 활동에 대해 이론적 근거를 제공하고 마케팅의 효율(생산성)을 높이기 위해 관광 서비스 특성에 알맞은 전략을 수립하기 위한 독자적 영역을 갖고 있다는 데서 관광 마케팅의 의의와 필요성을 찾을 수 있다.

관광 마케팅(tourism marketing)은 마케팅의 부분집합으로 현대 마케팅이 지향하는 고객 지향, 종합적 노력, 이윤 지향의 3가지 요소를 그대로 받아들이는 한편 소비자가 생산과정에 직접 참여한다는 점에서 고객 지향, 종합적 노력 측면을 더욱 내세우고 있다. 즉, 관광기업의 핵심적 요소인 서비스는 생산과 소비가 동시에 이루어진다는 특징이 있기 때문에 유형제품의 마케팅에서처럼 획일적인 마케팅 활동을 벗어나 고객을 위주로 한 마케팅 활동이 되어야 한다.

따라서 관광 마케팅은 마케팅과 생산관리, 인사관리의 협동에 의해 기업목표를 달성한다기보다는 생산기능과 인사기능을 관광 마케팅 기능에 통합시키는 방향으로 기업의 목표달성을 위해 조직화되어야 할 것이다.

많은 학자들은 관광관련 산업의 마케팅은 관광지가 중심이 되어 상황에 적절한 마케팅 전략이 전개될 것으로 전망하고 있으며, 관광지의 최종적인 목적은 관광지와 관광상품 및 서비스를 담당하는 종업원, 그리고 주변사람들의 편익을 성취하기 위한 것이므로 관광지의 사회·문화적, 경제적, 환경적인 측면에서 부정적인 영향을 최소화하고 긍정적인 요인을 극대화시키기 위한 관광지 지향적인 마케팅 활동의 필요성이 점차 증대되고 있다[2].

이러한 여러 가지의 여건을 바탕으로 관광 마케팅을 정의하면, 고객의 욕구충족을 극대화하고 관광조직의 목표를 달성하기 위해 관광상품 및 서비스, 아이디어 등을 가장 효율적으로 생산 및 배달하기 위한 가격결정, 유통 및 촉진을 계획 및 실행하는 전략적인 조직의 활동이다.

제 2 절_관광 마케팅의 기본요소

1. 마케팅의 중요성

과거의 수급불균형을 이루었던 판매 지향적인(sales oriented) 시대의 기업조직은 생산 부서의 조직이 기업 전체의 조직에 많은 영향을 미쳤다. 이러한 수급체계하에서는 생산자 또는 판매자가 시장에 있어서 주도권을 갖게 되는, 이른바 생산자 주도시장(seller's market) 성격의 시장이 형성되었기 때문에 고객은 상품이나 서비스를 구입하는 것만으로도 만족해야만 했다.

그러나 18세기 말에 시작된 서양의 산업혁명으로 인한 기계화, 자동화의 도입과 과학기술의 발달로 생산이 급격히 증가하면서 이러한 시장상황을 완전히 바꾸어놓는 계기가 되었다. 산업혁명의 결과 공장에는 생산된 상품의 재고가 쌓이게 되어 생산된 상품을 판매하기 위한 노력이 요구되었던 것이다.

2) 김성혁, 관광마케팅의 이해, 백산출판사, 1999, p.33.

이러한 수급체계하에서는 고객이 선택할 수 있는 폭이 넓어지게 되고 시장에서 판매되는 상품의 주도권을 소비자가 가질 수 있게 되어, 이른바 구매자 주도시장(buyer's market)으로 바뀌게 되었다. 즉 시장에서 "고객은 왕이다(Customer is king)"라는 대우를 받게 되었으며, 사회·경제적 수급체계의 대변혁 가운데 이루어지는 마케팅은 기업활동에서 다른 분야의 기능보다 중요하게 인식되었으며, 이에 대한 학문적 연구 및 실천방안 모색이 활발히 이루어지고 있다.

2. 마케팅과 판매

마케팅과 판매를 동일한 개념으로 생각하여 혼용되는 경우가 있는데, 개념적으로 큰 차이가 있다는 사실을 알아야 한다. 마케팅은 소비자의 욕구와 필요를 마케팅 조사에 의해 파악한 후 소비자가 원하는 상품을 적기에 합리적인 가격으로 판매하고, 판매 후에도 상품이나 서비스에 대한 지속적인 관리를 포함하고 있는 것이다. 따라서, 상품에 대한 정보를 소비자에게 알리기 위해 촉진활동을 하고 상품이 가장 합리적으로 소비자에게 전달될 수 있도록 상황에 적합한 유통경로를 이용하기도 한다. 즉, 상품이 최종 소비자에게 전달되기까지는 제조기업, 도매기업, 소매기업이 각각 유통단계별로 개입되기 때문에 이들 기업은 유통과정의 각 단계에서 중점을 두고 관여해야 할 고유한 역할을 가지고 있다.

반면에 판매는 상품을 구입하기 위해 고객이 상품의 가치를 화폐로 판매자에게 지불하거나 상품을 인도하기로 약속하는 것을 의미한다. 즉, 판매는 마케팅의 일부분인 것이다. 구체적으로 설명하면 판매는 단지 상품이나 용역을 소비자에게로 이전시키고 그 대가로 금전을 받는 단순한 원리이지만 마케팅은 소비자를 위한 전사적인 기업의 활동으로 소비자 만족을 통한 기업목표(corporate objective) 달성이 기본원리이다.

현대기업의 경영은 고객을 정확하게 이해하고 시장을 파악하는 데서 출발해야 하기 때문에 판매만으로 시장경쟁의 우위를 확보하는 데에는 많은 어려움이 따르므로 판매 이상의 기업경영이 매우 중요하다.

지금까지의 생산 중심(production orientation)이나 판매 중심(selling orientation)의 활동에서 과감히 벗어나 소비자가 가지고 있는 욕구와 필요를 적기에 적당한 가격으로 공급하고, 상품에 부가되는 서비스를 개발하는 등 소비자 위주의 경영이 절대적으로 필요하다.

이와 같이 소비자의 욕구와 필요에 대한 철저한 조사와 이해를 전제로 한 관리로 목표시장(target market)을 공략할 수 있는 전략이 수립되어야 한다. 관광 마케팅(tourism marketing)은 고객이 원하고 필요로 하는 것을 찾아내어 그것을 고객에게 제공하고 이익을 얻는 것이다.

〈표 1-1〉 판매 개념과 마케팅 개념의 차이

판 매 개 념	마 케 팅 개 념
상품을 강조	소비자 욕구를 강조
만들어서 판다.	고객의 욕구와 필요를 조사한 후 팔릴 수 있는 것을 기획한다.
대내적이며 기업 지향적이다.	대외적이며 시장 지향적이다.
기업요구의 강조	시장요구의 강조
고압적 판매	저압적 판매
직선적 판매	순환적 판매
단기계획 지향	장기계획 지향

3. 관광시장

관광기업이 가장 중요하게 여기는 것은 인간적 측면의 개인 존중이라는 사실이다. 즉, 인간이 참여하는 역할과 기능의 결합이다. 관광상품을 판매하는 기업이나 개인 그리고 관광상품을 구매하는 고객으로 구성되는 관광시장을 이해하기 위해서 다음과 같은 구성요소를 살펴보기로 한다.

(1) 관광상품 판매자

관광상품의 판매자는 잠재고객을 대상으로 상품의 판매를 위한 유·무형의 상품이나 서비스를 소유하고 관리하는 사람을 의미한다. 여기에서 관광상품이나 서비스를 판매하는 사람은 개인이나 기업의 조직을 말한다. 즉, 관광상품이나 서비스의 판매자는 항공기, 자동차, 철도, 선박 등의 수송 공급업자, 관광안내 및 상품 공급업자인 여행사, 호텔·모텔 등의 숙박업자, 투어 오퍼레이터(tour operator) 등이 있다. 또한 관광촉진업무를 담당하는 정부기관이나 민간단체도 관광상품 판매활동에 지원하기도 한다.

(2) 관광상품 구매자

관광상품의 구매자는 관광객 또는 여행객으로서, 관광 구매자의 구매력은 특성상 정치적, 경제적, 문화적 환경에 매우 민감하다. 관광객은 보통 개인고객(FIT : foreign independent traveller)과 단체고객(GIT : group inclusive traveller)으로 구분하고, 이는 다시 상용고객(business traveller)과 위락고객(leisure traveller)으로 분류할 수 있다. 관광상품은 직접 경험을 하거나 주위의 사람들로부터 또는 간접적인 방법으로 상품이나 서비스를 평가할 수 있기 때문에 관광상품의 판매자는 잠재고객을 대상으로 상품에 대한 구체적인 정보를 바탕으로 촉진활동을 전개해야 하며, 신뢰를 얻을 수 있는 마케팅 노력이 요구된다.

(3) 관광시장

관광시장(tourism market)이란 서비스에 의해 욕구가 충족될 수 있고 구매력과 특정욕구를 지닌 고객들의 집합을 의미하는 것으로, 시장은 유사한 욕구나 욕망과 화폐를 소유하고 있는 일련의 사람들로 구성되어 있다. 즉, 관광시장은 관광객이나 여행객을 대상으로 관광에 관련된 편의시설 및 상품이나 서비스를 이용하거나 구매를 희망하면서도 소정의 요금을 지불할 수 있는 사람들로 구성된다. 예를 들면, 호텔에서 숙박을 원하거나 항공사의 항공편을 이용하여 원하는 목적지를 여행하기를 희망하는 사람들의 집단 등이다.

이와 같이 관광시장은 개인적 특성과 라이프 스타일(life style), 태도(attitude), 소득(income), 지리적인 위치(location) 등에 의하여 부분시장으로 구분되기도 한다.

제 3 절_관광 마케팅론의 발달

오늘날 산업화(industrialization)의 영향으로 인하여 급속하게 확대되는 생산부문에 비하여 소비자의 다양한 욕구와 독특해지는 개성 때문에 소비부문은 점차적으로 둔화되어 양자간의 격차를 심화시켰기 때문에 이를 연결해주는 인적 서비스의 중요성이 크게 부각되었다.

수요가 공급보다 많은 초기단계에서는 생산하여 소비한다는 생산 중심의 사고가 오늘날에는 역전되어 소비를 위한 생산이라는 소비자 중심 사고로 바뀌는 계기를 마련하였다. 또한, 최근에는 사회적 공익이나 비영리단체까지도 사회 지향적인 마케팅 개념을 도입하고 있다. 따라서 관광기업의 경우 최근에는 고객이 원하는 서비스를 제공하기 위해 맞춤 마케팅(customized marketing)이 점점 활성화되고 있는 추세이다. 예를 들면, 여행사에서는 고객이 원하는 일정과 관광 코스(tour course)를 중심으로 상품화하고, 모든 마케팅 활동을 고객만족에 초점을 맞추고 있다.

1. 생산 지향적 마케팅

생산 지향적 마케팅(product oriented marketing)은 1900년대에서 1930년대 초반까지는 기업활동의 초점을 상품을 생산하는 데 두었던 시대로, 이 시기에는 기업의 목표나 계획의 수립이 모두 상품을 만드는 생산담당자에 의해서 이루어지고, 판매 부서는 재무담당자가 설정한 가격으로 단순히 판매만을 담당하는 제한된 활동을 수행하였다. 즉, 공급보다 수요가 많아 소비자가 원하는 양질의 상품을 생산하여 합리적인 가격으로 적기 제공해야 한다는 특별한 마케팅 활동이 요구되지 않았던 시기이다.

따라서 이 시기에는 기업의 판매 부서에서 상품을 판매하고 있더라도 마케팅 기능을 인식조차 하지 못하였고, 판매 부서는 판매원을 유지하고 관리하는 데 불과하였다. 그러나 시장이 점차 확대되면서 공급(supply)이 수요(demand)를 앞지르고, 소비자는 상품의 양보다는 저렴하고 품질이 좋은 상품을 요구하고 있기 때문에 기업은 지속적으로 상품개선에 노력을 해야 한다는 개념으로서 소비자가 원하는 형태나 품질의 상품을 생산하기 위한 소비자 지향적인 측면에서 상품을 개선하기 위한 노력이 요구되었다.

2. 판매 지향적 마케팅

판매 지향적 마케팅(selling oriented marketing)은 1930년대에서 1950년대에까지 나타난 마케팅 활동으로서, 기업이 상품의 과잉공급(over supply)으로 인한 누적된 재고를 처분하여 경영효율을 향상시키기 위한 목적으로 소비자의 구매욕구를 자극하기 위해 소비자에게 상품에 대한 각종 판촉 전략(promotional strategy)을 실시하여 상품을 판매하는 데 최선의 노력을 기울여 소비자들이 과잉 공급되고 있는 상품을 충분히 구매해주도록 하는 경영철학이다. 즉, 기업들로서는 누적된 재고를 처분하기 위해 판매를 촉진할 수 있는 수단을 동원할 수밖에 없었으며, 이는 자연적으로 판매 부서 조직의 확대와 권한을 강화하는 계기가 되었다.

그러나 이 시기에는 진정한 소비자의 요구를 충족시켰다기보다는 재고처분을 위해 고압적인 판매가 일반적이었기 때문에 마케팅에 대한 비판의 목소리도 컸던 시기였다. 따라서 이 시기에는 마케팅 업무를 일원화시키기 위해 광고, 마케팅 조사, 판촉활동 등 모든 마케팅 활동을 총괄하는 독립 마케팅 부서를 탄생시켰다.

3. 고객 지향적 마케팅

고객 지향적인 마케팅(customer oriented marketing)은 1950년대부터 1970년대에 이르는 시기로, 단순한 판매에서 벗어나 상품의 판매 전 판매(pre-selling) 또는 판매 후 판매(after selling) 등과 같은 보다 적극적이고 광범위한 활동으로 영역을 넓혀 기업의 목표를 달성하기 위해 표적시장(target market)의 욕구와 욕망을 파악하고, 이를 경쟁자보다 효과적이고 효율적인 방법으로 충족시켜 소비자 만족을 통한 기업의 목표를 달성하려는 경영철학(management philosophy)이다.

이 시대의 마케팅 개념의 특성은 고객의 욕구충족을 파악하기 위한 마케팅 조사가 지속적으로 실시되었으며, 그 결과 고객이 요구하는 상품이나 서비스가 생산되고 경쟁자와 비교하여 자사의 강점(strength)과 약점(weakness)이 주기적으로 검토되었다. 그리고 마케팅 조직과 관련 부서들과의 유기적인 협조를 통하여 모든 마케팅 활동을 고객만족에 초점을 맞추어 실행되었다.

4. 사회 지향적 마케팅

사회 지향적 마케팅(social oriented marketing)은 1970년 이후에 사회적, 경제적 환경의 변화로 인하여 기업의 사회적 기여에 관심이 높아졌던 시기의 마케팅 활동이다. 원칙적으로 개별기업의 관점에 기초하면서도 인간환경을 중요시하는 거시적 성격이 추가된 사상적 지향이라고 볼 수 있는 것으로, 고객이 추구하는 이익과 기업의 이익은 물론 사회 전반적인 이익도 함께 고려해야 한다는 사고로서 마케팅 관리활동 중에서 가장 진보된 개념이다. 최근에는 대부분 소매점 기업이 이러한 사회적 측면에서 마케팅 활동에 접근하려는 경향이 두드러지고 있다.

제 4 절_관광 마케팅 환경

관광기업의 마케팅은 특성상 상품이나 서비스가 우수하고 마케팅 활동이 합리적인 계획하에서 통제된다 할지라도 당면한 마케팅 환경의 요인으로 인하여 매우 민감하게 반응을 하기 때문에 타산업의 마케팅 활동보다 마케팅 업무의 진행에 많은 영향을 미친다고 할 수 있다. 따라서 관광기업은 이러한 환경이 마케팅 활동에 미치는 영향을 최소화하기 위해 철저한 시장조사를 통하여 예상되는 상황에 적극적으로 대처할 수 있도록 해야 한다. 또한, 예상하지 못한 환경요인이 발생될 경우에는 그 상황에 대처해나갈 수 있도록 마케팅 활동의 유연성을 발휘하도록 노력해야 한다.

관광기업의 마케팅 환경은 크게 내적 요인과 외적 요인으로 구분할 수 있는데, 여기에는 통제가 가능한 요인과 불가능한 요인이 있으나 대개 마케팅 활동에 방해가 되는 통제 불가능 요인이 더 많다는 것이다.

1. 내적 마케팅 환경

관광기업의 내적 환경요인(internal environmental factor)은 마케팅 부서 이외의 부서(인사, 생산, 재무, 구매, 회계, 시설 등)에서 발생되는 환경의 변화 또는 마케팅 기능 이외의 모든 관리기능을 일컫는다. 마케팅 활동은 마케팅 전문가인 마케터(marketer)가 기업이 처해 있는 상황과 최고경영자의 사명, 목표, 운영방침 및 전략 그리고 관련 부서의 능력을 고려하여 계획을 수립하고 최고경영자의 승인을 받아 확정되기 때문에 마케팅 부서의 관리자는 반드시 이미 수립된 마케팅 계획의 범위 내에서 의사결정을 해야 할 뿐만 아니라, 마케팅 계획을 실행하기 위해서는 사안마다 최고경영자의 승인이 필요하다.

또한 마케팅 부서는 마케팅 계획을 실행시키기 위해서 관련 부서와 긴밀히 협조를 해야 한다. 예를 들면 관광상품과 서비스를 판매하기 위해서는 고객을 접촉하는 종업원의 근무 스케줄(working schedule)에 따라 충분한 노동력을 확보해야 하고, 구매 부서는 예상되는 판매량에 따라 상품이나 서비스를 제공하는 데 필요한 원료나 소재를 적기에 적량을 확보해야 하며, 시설 부서는 방문하는 고객이나 서비스를 제공하는 종업원들의 안전을 위해 모든 편의시설의 빈틈없는 관리가 필요하다. 그리고 회계 부서(accounting department)는 영업활동의 실적을 분석하여 비용과 수익을 측정하고, 마케팅 관리자가 계획과 실적으로 비교하여 기업의 목표관리를 할 수 있도록 정보를 제공해야 한다.

이와 같이 마케팅 활동을 진행하기 위해서는 관련 부서의 적극적인 협조가 이루어져야 하기 때문에 이러한 부서의 기능들은 마케팅 부서의 계획과 활동에 직접 또는 간접적으로 영향을 미친다. 따라서, 마케팅을 효율적이고 통합적으로 진행하기 위해서는 각 부서의 기능이 마케팅 활동에 초점을 맞추어야 할 것이다.

〈표 1-2〉 기업의 경영력에 미치는 내적 요인

구 분	세 부 사 항
최고경영자	• 업무경력 • 전문경영인의 비율 • 기업의 경영목표 • 연구개발방침 • 마케팅 전략
조 직	• 신상품 개발 프로젝트팀 • 종업원의 능력개발 • 종업원의 동기부여 • 조직개혁에 대한 유연성 • 종업원의 복지수준
경 영 기 반	• 금융계열 내에서의 결합도 • 생산계열 내에서의 결합도 • 기업경영을 위한 자금의 조달 원천 • 노사활동 및 합의사항
상 품 전 략	• 상품의 컨셉트 • 전략상품의 시장점유율 • 연구개발비 • 투자 • 연구부문과 타부문과의 커뮤니케이션 • 연구개발의 기본목표

2. 외적 마케팅 환경

관광기업의 외적 환경요인(external environmental factor)은 기업 내의 기능적인 환경이 아니라 기업 외부에서 마케팅 활동에 영향을 미치는 제환경을 의미하는 것으로, 업무와 관련성에 따라 업무적 환경과 비업무적 환경으로 구분할 수 있다.

(1) 업무적 환경

관광기업의 마케팅 활동에 직접적으로 긍정적 또는 부정적인 영향을 미치는 환경으로 관광객(tourist), 광고대행사(advertising agency), 유통업자(distributer), 주주(share holder) 등이 있다. 이러한 외적인 요인 중 관광객은 가장 중요한 마케팅의 외적인 환경이라 할 수 있다.

(2) 비업무적 환경

일반적으로 관광기업의 마케팅 담당자들이 통제할 수 없는 환경으로서 사회·문화적, 정치·법률적, 경제, 기술, 경쟁 등의 환경을 의미한다. 이와 같은 비업무 환경은 관광기업에 상황에 따라 기업경영활동에 기회와 위협을 제공해주기 때문에 마케팅 전략에 중요한 역할을 한다.

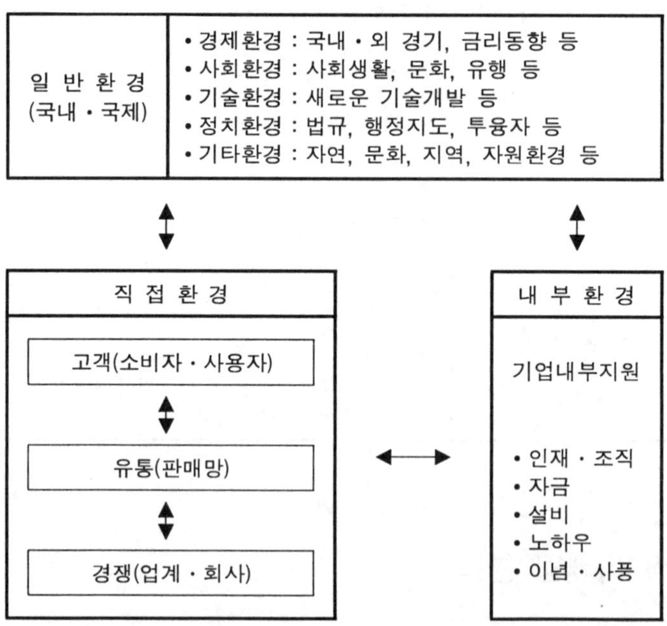

[그림 1-1] 환경을 분석하는 틀

제 5 절_관광 마케팅과 관련 전문직

1. 숙박업자

일반적으로 숙박업은 거주지를 떠나 이동하는 고객을 위해 숙박과 식사를 비롯한 휴식과 오락을 즐길 수 있는 제반시설을 갖추고, 고객만족을 위한 부가적인 무형적 서비스를 세련된 종업원을 통하여 제공하고 그 대가를 받아 경영이익을 추구하는 기업이다. 따라서 숙박업자는 관광객이나 여행객을 대상으로 각종 서비스를 제공하는 조직이기 때문에 관련 기업과의 유대관계를 원활하게 하여 주어진 시설과 지원의 이용을 극대화하기 위한 마케팅 노력이 요구된다.

〈표 1-3〉 우리나라 관광호텔 현황(2009년 6월 30일 현재)3)

구분	특1등급		특2등급		1등급		2등급		3등급		등급미정		합 계	
	업체	객실	업체	객실	업체	객실	업체	객실	업체	객실	업체	객실	업체	객실
서울	17	8,989	23	5,627	1,037	3,958	21	1,272	12	623	18	1,064	125	21,533
부산	4	1,910	6	1,037	11	1,063	13	657	12	974	3	467	49	6,108
대구	3	696	6	422	11	627	2	116	1	33	1	303	24	2,197
인천	2	701	3	621	3	210	13	605	6	260	9	385	36	2,782
광주	1	120	2	198	6	375	5	197	2	75	3	113	19	1,078
대전	1	174	2	393	7	476	7	255	4	193	2	119	23	1,610
울산	2	495	-	-	-	-	2	146	1	65	2	80	7	786
경기	-	-	9	720	24	1,817	15	739	9	286	28	1,557	81	5,219
강원	4	957	12	1,278	10	610	5	240	1	34	4	384	32	3,503
충북	1	328	1	180	16	1,129	1	30	4	133	-	-	23	1,800
충남	-	-	3	329	2	169	7	289	-	-	5	238	17	1,025
전북	1	118	2	277	6	524	5	244	-	-	-	-	14	1,163
전남	1	161	1	58	8	541	7	319	5	195	6	300	28	1,574
경북	6	1,776	2	401	11	761	6	372	7	344	14	699	46	4,353
경남	2	401	3	419	13	1,108	7	361	4	199	7	320	36	2,808
제주	12	3,644	5	507	18	1,600	5	284	3	172	7	408	50	6,615
계	57	20,470	72	12,467	180	14,968	121	6,126	71	3,586	109	6,437	610	64,154

3) 2009년 관광동향에 관한 연차보고서

2. 여행업자

교통운송업자 및 숙박업자 등과 같이 여행객을 대상으로 사업하는 시설업자와 이들이 제공하는 시설과 서비스를 이용하게 될 여행객의 중간에 위치하여 여행객을 위해서 시설이용과 관련한 예약과 수배 및 일련의 알선 등과 같은 서비스를 제공하고, 그 대가로 시설업자로부터 일정률의 수수료(commission)를 받아 경영해나가는 사업을 의미하며, 이러한 경영행위를 주된 업으로 삼는 자를 여행업자라 일컫는다[4].

업무영역별로 살펴보면 일반여행업, 국외여행업, 국내여행업, 홀 세일러(wholesaler), 투어 오퍼레이터(tour operator) 등과 같이 구분할 수 있다. 또한 여행업의 기능은 상담기능, 예약수배기능, 판매기능, 수속대행기능, 발권기능, 여정관리기능, 정산기능 등이 있다.

〈표 1-4〉 우리나라 지역별 여행사 현황(2009년 6월 30일 현재)[5]

지역 \ 구분	국외여행업	국내여행업	일반여행업	소계
서 울	2,848	1,016	519	4,383
부 산	477	320	39	836
대 구	184	172	7	363
인 천	212	192	7	411
광 주	128	129	10	267
대 전	178	166	7	352
울 산	61	60	4	125
경 기 도	200	236	19	455
강 원 도	88	86	9	183
충청북도	95	109	11	215
충청남도	144	177	-	321
전라북도	141	144	13	298
전라남도	138	201	3	342
경상북도	153	173	2	328
경상남도	238	259	10	507
제 주 도	43	176	45	264
합 계	5,329	3,616	705	9,650

4) 정익준, 여행사경영론, 형설출판사, 1997, p.23.
5) 2009 관광동향에 관한 연차보고서

3. 항공사업자

산업혁명의 발달로 인한 여행객의 잦은 왕래의 필요성이 증가하면서 가장 신속한 교통수단인 항공기를 이용한 서비스를 중심으로 소정의 요금으로 고객을 목적지까지 안전하게 이동시키는 사업을 경영하는 자를 의미한다. 항공업자 역시 항공좌석을 주요 상품으로 하기 때문에 최종 소비자에게 상품을 판매하기 위해 여행사나 숙박업자들의 예약 서비스를 이용하기도 한다.

〈표 1-5〉 국제선 노선별 운항 현황[6]

(단위 : 주 / 회)

구분 \ 연도	1998	2002	2003	2004	2005	2006	2007	2008
국적사	**529**	**805**	**887**	**950**	**1,009**	**1,147**	**1300**	**1,357**
증감률	-	11.3%	7.7%	9.6%	6.2%	13.7%	13.3%	4.4%
일 본	182	251	255	275	292	340	328	331
중 국	52	138	146	187	204	260	345	344
동남아	111	160	191	206	223	258	310	343
미 주	134	173	171	164	167	144	180	191
유 럽	29	50	58	66	76	98	102	99
기 타	21	33	46	52	45	47	35	49
외항사	**303**	**257**	**570**	**618**	**746**	**901**	**1,102**	**1,003**
증감률	-	14.9	8.2	8.4	20.7	20.8	22.3	9.0
일 본	74	114	93	85	102	125	97	112
중 국	45	144	147	182	223	316	420	422
동남아	74	128	140	149	218	255	337	261
미 주	73	88	134	144	133	137	157	120
유 럽	18	25	26	26	28	51	36	43
기 타	19	28	30	32	42	17	55	45

4. 투어 오퍼레이터

투어 오퍼레이터(tour operator)는 여행 패키지(tour package)나 육상수송 및 안내 서비스와 같은 관광 서비스를 관리하는 여행도매업자의 일종으로, 흔히 양자를 명확히 구분하지 않고 교호적으로 사용하나 여행도매업자는 소매여행업자를 통해서 패키지를 판매하고 투어 오퍼레이터는 고객에게 직접 판

6) 국토해양부 통계

매한다는 점에서 차이가 있다[7]. 나아가 투어 오퍼레이터는 목적지별로 또는 이용하는 수송수단별로 세분화된 시장을 대상으로 활동하는 경우가 많다. 투어 오퍼레이터를 포함한 여행도매업자들은 통상 여행상품을 본격적으로 판매하기에 앞서 1~2년 동안 목적지에 대한 마케팅 조사를 수행하고 예약을 하며 요금, 조건 등을 공급 및 수송업자들과 협상한다.

최근 여행도매업자들의 운영상 특징은 숙박산업에 종사하는 다른 기업들을 폭넓게 인수, 합병하여 기업을 다각화하려는 노력이다. 많은 외국의 여행도매업자들이 그들 자신의 호텔이나 항공사 또는 육상운송회사를 소유하는 경향이 점차 늘어나고 있다.

5. 회의 기획자

회의 기획자(meeting and convention planner)는 조직에서가 아닌 외부에서의 회의를 기획, 조정하는 사람으로서 주고객으로는 기업, 협회, 정부기관, 교육기관 등이 있다. 이들은 회의의 예산편성, 회합장소와 설비의 선정, 숙박, 항공 및 육상운송에 대한 단체요금의 협상, 회합 프로그램(meeting program) 및 회합장소의 확보, 여흥의 수배 및 조정, 식음료 제공계획 수립, 인쇄 또는 시청각으로 된 회의 지원자료의 준비 및 조정의 업무를 수행한다. 이러한 이유로 회의 기획자에 대한 욕구 또한 커지게 되었다.

6. 예약대리점

예약대리점(reservation agent)은 독립적인 판매 및 예약망(reservation network)을 소유하지 못한 관광기업을 위해 소정의 예약알선수수료를 받고 판매대리점의 기능을 수행하는 기관들이다. 이 기관들은 대개 소정의 수수료 외에도 상당한 액수의 가입비 및 연회비 등을 받고서 판매대리점의 기능을 수행해주고 있다. 흔히 일정지역에서 한정된 영업을 하여 전세계적인 판매량이 취약한 관광기업에서 이용한다. 그러나 대규모 관광기업들도 이들을 이용하기도 하는데, 그것은 특정지역에서의 판매노력을 고양하고자 하기 때문이다.

---

7) Robert C. Mill, Tourism, *The International Business*, Englewood Cliffs, N.Y. Prentice-Hall, Inc., 1990, p.306.

일단 예약대리점으로 지정되면 그들은 직판, DM(direct mail), 광고, 홍보 등 가능한 모든 수단을 동원하여 그들이 대표하는 호텔을 예약하게 된다. 흔히 구매예상고객에게 직접우편을 보내고 판매권유 전화를 통해 예약을 유도하는 방법을 이용한다. 우수한 예약대리점은 회의 기획자 등과 같은 다른 여행중개업자들에게도 특정 기업의 공간이용 가능성, 요금의 협상 및 기타 부대시설에 관한 정보 등을 제공하고 예약을 대신하기도 한다. 예약대리점은 주로 단체여행객 지향적이며, 고객에게 특정한 호텔이나 패키지 상품을 판매한다는 점에서 여행대행사들과는 다르다. 이에 반해 여행대행사들은 일정한 목적지를 정하고 고객의 욕구에 바탕을 두어 관광기업을 선택하는 것이다.

마케터란?

신제품을 성공시킨다는 것은 대단히 힘들고, 또 히트 상품을 개발해도 유지하기가 힘들다. 명확한 컨셉(concept : 소비자들에게 주어지는 혜택)과 사용 후 퍼포먼스(performance : 사용자들의 만족)를 주는 차별화된 상품을 만든다는 것은 매우 어렵다. 이와 같이 어려운 업무를 수행하는 사람들이 바로 마케터이다. 마케터가 하는 업무는 기업에 따라 조금은 차이가 있겠지만, 일반적으로 다음과 같다.

1. 신제품의 창조

끊임없는 시장조사를 통해 소비자들이 원하는 것이 무엇인지 파악하고 표적시장을 세분화하여 제품의 컨셉과 브랜드(brand)의 결정

2. 기존제품의 관리

기존제품의 판매 부진시에는 단산하거나 리포지셔닝(repositioning)하거나 프로모션(promotion)을 통한 제품판매촉진 등의 활동

3. 시장조사

신제품의 실패 원인 중 가장 큰 원인은 바로 시장조사의 미비라고 할 수 있다. 소비자들이 원하지도 않고, 관심도 없는 상품은 팔리지도 않기 때문에 마케터는 시장조사를 통해서 소비자들이 무엇을 원하는지, 신상품이 시장성이 있는지를 파악하여 적절한 시기에 출시함으로써 제품의 성공 여부가 달라지게 된다.

4. 마케터는 만물박사

마케팅에 대한 지식뿐만 아니라 상품에 관련된 전반의 지식을 갖추어야 상품의 개발을 중심적으로 이끌어나갈 수 있다. 재무, 회계에 대한 지식도 있어야 한다.

7. 정부기관

자국의 관광진흥을 위해 정부 또는 민간단체의 주관으로 관광홍보를 하고, 관광관련 기업에 각종 정보를 제공하고, 거시적인 측면에서 관광기업을 지원하는 기능을 수행하는 기관 또는 단체이다. 예를 들면, 정부투자기관인 한국관광공사(KNTO : Korean National Tourism Organization)가 우리나라의 관광산업을 활성화시키기 위해 서울의 본사와 해외지점을 운영하면서 관련 관광기업의 정보를 해외의 시장에 제공하고, 또한 기업에 관련 자료를 제공하여 관광의 체계적인 발전을 모색하고 있으며, 관광기업의 업종별 협회(호텔업협회, 여행업협회, 관광협회 등)가 각 기업을 대표하여 각종 교육이나 정보를 교환하고 있다.

사 례[8)]

독특한 아이템과 전략으로 승부하는 여행상품 I (국내편)

살을 찌우는 캠프

옷 벗기가 창피해 대중탕에도 못 가는 갈비씨들을 위한 살찌는 캠프 상품이 선보였다. 앞서 '군대식 다이어트'를 주관해 관심을 끌었던 여행업체가 충남 보령시 남포면 근로자종합복지관 동백관에서 보디빌딩 선수 출신인 회사대표의 특유의 경험을 바탕으로 고구마 위주의 식생활, 수분조절, 웨이트트레이닝(weight training), 마인드 컨트롤(mind control) 등 건강한 체력을 만드는 여러 가지 비법을 소개하고, 특히 체력훈련에는 고무보트 타기, 갯벌에서 뒹굴기, 장애물통과 등의 군사훈련과 근육강화를 위한 웨이트트레이닝이 포함되어 강한 운동을 통해 자연스럽게 식욕을 느낄 수 있도록 유도하는 체험 프로그램이다.

귀신 잡는 해병대 체험

여행사, 국제문화단체, 그리고 해병대 전우회복지단의 제휴작품이다. 김포 강화지구에 위치한 군부대에서 유격훈련, 상륙훈련 등 실제 군사훈련에 참여하는 병영체험 프로그램을 일본인을 목표로 운영했다. 전쟁기념관에서 집결한 후 국립묘지를 참배하고 훈련장으로 이동해 오리엔테이션(orientation)을 받는 것으로 군생활을 시작한다. 참가자들은 목적지까지 가면서 군대의 호위를 받게 되고 국립묘지를 참배할 때는 의장대와 군악대의 의전행사도 갖는다. 훈련기간 동안 우리 군인과 동일하게 내무반 생활도 하고 아침구보와 체조, 제식훈련, 유격훈련, 상륙훈련, 수중 침투훈련, 낙하훈련, 사격훈련, 사격실습 등의 실제 훈련을 받는다.

인기음식 체험 코스

'코리안 푸드 투어' 관광상품은 일본인들에게 인기가 높은 김치, 인삼, 삼계탕 등 한국 전통음식이 테마이다. 직접 만들어본 뒤 먹을 수도 있는 체험상품으로

---

8) 디스, 관광연구원, 2000.

관광과 체험이 동시에 가능한 것이 특징이다. 주최는 청주상공회의소. 첫째날은 세계 3대 광천수의 하나로 이름난 청원군 초정약수를 방문하여 전문요리 교수의 시연을 보고 삼계탕을 만들어 먹은 뒤 초정약수로 목욕을 즐긴다. 둘째날에는 속리산 김치공장을 견학해 직접 김치를 담가 밥을 먹고, 이어서 법주사 관람과 예불 및 참선을 하게 된다. 그리고 마지막 날에는 서울을 거쳐 출국하는 프로그램이다.

PART II

관광 마케팅의 실천

제 2 장

관광 마케팅 계획

제 1 절 _ 마케팅 전략계획의 의의

기업이 치열한 경쟁환경 속에서 살아남기 위해서는 먼저 자사의 자원과 능력을 최대한으로 활용하여 시장기회를 포착하게 하고, 또 자사가 부딪치는 위험을 최대한으로 줄일 수 있는 마케팅 전략을 수립해야 한다. 특히, 소비자의 욕구가 다양하게 변화하는 관광 서비스의 경우 환경변화에 유연하게 대처하면서 기업의 마케팅 활동을 전반적으로 조정·통합할 전략적 지침이야말로 관광기업 경영에 있어 필수적이다. 최근 들어 관광산업에서 전략과 전략적 관리에 대한 관심이 점증하는 것도 새로운 환경변화에 대응하기 위한 기업노력의 일환인 것이다.

전략계획은 1970년대 이후 기업성장의 둔화, 빈약한 경영관리, 에너지 위기(energy crisis), 인플레이션(inflation) 등 좋지 못한 기업환경에서 개별제품 수준이 아닌 기업 전체 수준에서 안정적인 성장을 도모하기 위해 원래 군사 목적으로 개발된 개념을 기업에서 도입한 것으로, 우리는 이를 다음과 같이 이해하고자 한다. 즉, 마케팅 전략계획이란 기업이 그 기업의 마케팅 목표를 달성하기 위하여 취하는 기본노선이며, 표적시장(target market), 마케팅 믹스(marketing mix) 등에 관해 기업운영의 개괄적인 지침을 제공해준다.

1. 마케팅 전략계획의 내용

마케팅 전략이란 마케팅 목적의 달성을 위하여 활용되는 기본적인 대응방법을 말하는데, 이는 목표시장(target market), 시장 포지셔닝(market positioning), 마케팅 믹스 및 마케팅 비용수준에 관한 광범위한 결정으로 구성된다. 따라서 마케팅 전략결정에는, 첫째 목표의 설정, 둘째 수단의 결정과 자원배분이 포함되어야 한다.

목표의 설정에는 목표시장의 확인과 선정, 목표판매액 결정, 목표기간의 결정 등의 내용이 포함되며, 수단의 결정과 자원배분에는 시장 포지셔닝, 마케팅 믹스의 결정, 마케팅 예산결정 등의 내용이 포함된다.

코틀러(Kotler)는 전략계획에 포함되어야 할 내용으로 경영자용 요약(executive summary), 현재의 마케팅 상황(marketing environment), 기회(opportunity)와 위협(threat)의 분석, 목적과 목표, 마케팅 전략, 실행계획, 추정손익계산서, 통제 등을 들고 있는데, 마케팅 계획의 각 내용과 그에 따른 목적은 〈표 2-1〉과 같다.

〈표 2-1〉 전략적 마케팅 계획의 내용과 목적9)

내 용	내 용 과 목 적
1. 경영자용 요약	최고경영층이 신속하게 검토할 수 있도록 마케팅 계획의 내용을 요약 및 설명한 부분이다.
2. 현재의 마케팅 상황	시장, 경쟁, 제품, 유통 및 거시 마케팅 환경에 관한 배경자료를 나타낸 부분이다.
3. 기회와 위협의 분석	주요 기회, 위협, 강·약점 및 해결해야 할 당면문제를 요약한 부분이다.
4. 목적과 목표	이 계획을 통해 달성하고자 하는 목표(판매량, 시장점유율 및 이익)를 규정한 부분이다.
5. 마케팅 전략	계획상 설정된 목표를 달성하기 위해 쓰일 광범위한 마케팅 방법을 나타낸 부분이다.
6. 실행계획	어떤 마케팅 활동을 누가, 언제, 어느 정도의 비용을 들여 실행할 것인가 규정한 부분이다.
7. 추정손익계산서	이 계획에 따른 재무상의 결과를 나타낸 부분이다.
8. 통제	계획이 효율적으로 실행되도록 감시하는 방법을 나타낸 부분이다.

9) P. Kotler, *Marketing Management*, 6th. ed., 1988, p.77.

2. 관광 마케팅 전략계획 과정

전략적 계획을 수립할 때 가장 먼저 해야 할 일은 전사적 수준에서 기업의 전반적인 목표와 사명을 정의하는 것이다. 그 다음에 이러한 사명은 전체 기업의 활동을 이끌어가는 상세한 목표들로 전환된다. 이어서 각 사업단위에 대한 포트폴리오 분석(portfolio analysis)이 행해지고, 이를 통하여 기업의 마케팅 전략을 수립하게 된다.

제 2 절 _ 마케팅 계획

1. 기업사명의 정의

관광기업의 조직은 무엇인가를 성취하기 위해 존재한다. 최고의 음식과 양실의 서비스를 제공하는 것과 같은 관광기업의 사명과 목표는 처음에는 명확하게 정해지지만 시간이 지남에 따라 조직이 성장하고 신제품(new products)과 신시장(new market)이 추가됨에 따라 불명확해지는 경우가 많다.

〈표 2-2〉 Hardees 가맹점의 사명기술서

Think	첫째, 우리는 하나의 가장 중요한 가치를 'service arts'에서 지혜를 구하는 것이라고 믿는다.
Believe	둘째, 우리는 우리가 원하는 것(품질, 우대, 청결, 가치)을 잘 알고 있는 동료와 고객의 가치를 믿는다.
Dream	셋째, 우리의 꿈은 훌륭한 음식, 서비스 그리고 좋은 환경을 제공하는 데 있어서 할 수 있는 최고가 되는 것이다.
Dare	넷째, 우리는 우리 꿈을 실현하기 위해 시간, 정력, 자원을 과감히 투자한다.

기업사명의 정의는 기업의 역사, 경영진의 선호, 환경적 요소, 기업의 자원 및 차별적 능력의 5가지 요소에 의해 영향을 받으며, 이는 그 기업이 활동할 6가지의 주요 경쟁영역, 즉 산업의 범위, 제품 및 제품의 적용범위, 세분시장의 범위, 능력의 범위, 수직적 범위를 규정해야 한다. 또한, 기업사명

은 기업의 구성원들에게 동기를 부여할 수 있는 내용을 담고 있어야 하며, 이러한 기업사명은 조직원들이 조직의 잠재능력을 실현하기 위해 개별적으로 또는 집단적으로 일을 할 수 있도록 이끌어주는 지표로 작용한다. 예를 들어, 모나한(Monaghan)은 따끈한 피자를 모든 가정에 30분 이내 배달한다는 캐치프레이즈(catch phrase)를 걸고 도미노피자를 설립하였으며, 번즈(Bob Burns)는 아시아 지역에 국제적 수준의 호화스러운 호텔을 제공하겠다는 동기에서 리젠트 인터내셔널 호텔(Regent International Hotel)을 창설하기도 하였다.

〈표 2-3〉 호텔신라의 기업사명 및 목표의 예

기업사명	• 세계를 대상으로 숙박, 여행, 쇼핑 등과 관련된 서비스 산업과 호텔 운영을 영위함에 있어 탁월한 경영능력과 기술로써 최고 수준의 서비스 및 상품을 제공한다.
사업목표	• 고객구조 개선 • 수익성 제고
마케팅 목표	• FIT : GRP 비율=90 : 10 • 재방문율을 50%까지 늘린다. • 고객 구성비율을 일본 39%, 구미 37%, 기타 24%로 한다. • 매출액 810억 달성 • 객실 판매비율 49.5% 달성 • 영업이익률 18.0% 달성
마케팅 전략	• 비즈니스 FIT 고객 타깃을 'top class'에서 'upper middle class'로 하향확대 • 고객충성도 제고 • 고급 호텔 이미지 홍보 • 서구인 취향에 맞는 엔터테인먼트 시설 및 소프트웨어 개발 • 하드웨어의 최신화, 고급화 • 객실의 크기 확대 및 비품 고급화 • 우수인력 확보 및 양성 • 업계 최고수준의 복리후생 유지 • 연구개발을 통한 소프트웨어의 지속적 개발 • 다량저가보다는 소량고가의 가격정책 지향 • 마케팅력 강화 및 강력한 판매조직 유지 • 고급연회의 집중유치 및 연회 연출력 강화 • 새로운 메뉴 개발 및 국제수준의 조리개발 • 객실가격 할인 억제 • 매출액 위주의 판매정책 • 인력효율 극대화(인건비 절감) • 구매효율 극대화(재료비 절감) • 근검절약의 사풍 조정

기업의 사명을 정의하는 데 있어서는 사명기술서를 작성하는 것이 필수적이다. 사명기술서는 고객의 욕구, 경쟁자, 그리고 자사의 강·약점을 파악하고 현재 자원을 적절히 할당하며, 미래의 성장방향을 결정지을 의사결정과 평가기분의 역할을 한다.

2. 기업목표의 설정

기업의 사명은 각 사업부분을 위한 구체적인 목표로 바뀌어야 한다. 기업의 목표는 일정한 미래시점에서 성취해야 하는 상태를 계량적으로 표현한 것인데, 결국 마케팅 조직이 기업사명을 효과적으로 수행하기 위해 특정한 기간 동안에 기간별로 성취해야 하는 구체적인 과업목표를 의미한다. 여기에는 기업의 전체 목표로서 기업의 전반적인 사업목표가 있고, 그 다음 부분목표로서 보다 더 구체적인 마케팅 목표를 성공적으로 달성하기 위한 마케팅 전략이 수립되는 것이다.

관광기업 경영자가 위와 같은 여러 단계별로 목표를 정하려고 할 때는 보다 구체적인 목표의 제시가 요구된다. 예를 들어 단순히 시장점유율의 증대라든가 매출액의 향상 등과 같은 목표는 막연하며, 목표로서의 기능을 제대로 수행할 수 없다. 이러한 목표는 1년간의 시장점유율을 5% 증가시킨다든지, 매출액을 20억 신장시키고, 자본투자수익률을 5% 증가시킨다 등과 같이 일정한 미래시점에서 바람직한 상태를 계량적으로 나타내야 한다.

3. 사업 포트폴리오의 분석

포트폴리오 분석(portfolio analysis)이란 전략사업단위(SBU : strategic business unit)별로 사업을 평가하는 것을 의미한다. 전략적 마케팅 계획의 수립목적은 기업의 환경을 평가하고, 기회를 이용하며, 자사의 강점을 적절히 사용할 수 있는 방법을 탐색하는 것인데, 사업 포트폴리오(business portfolio)를 결정하기 위해서는 다음과 같은 분석이 요구된다.

경영자가 해야 할 맨 처음 단계는 기업을 구성하고 있는 핵심적인 사업이 무엇인가를 파악해야 하는 것인데, 이 핵심적 사업부를 전략사업부라고 부른다. 호텔의 경우 객실부문, 식음료부문, 연회부문, 기타 부대시설부문 등이 독자적인 SBU가 될 것이다.

다음 단계에서는 이와 같은 전략사업부를 평가하여 그 매력도를 측정하여야 하는데, 여기에는 산업의 유망성 평가, 경쟁조건의 평가 등이 포함되며, 이는 보통 계량적 모델(model)을 이용하여 공식적으로 수행된다.

4. 성장 전략의 결정

포트폴리오 분석에 의해 현재의 사업부에 대한 평가가 이루어지면 기업은 미래의 사업과 방향을 결정하는 성장 전략을 마련하여야 한다. 기업 성장 전략의 방향으로는 대개 다음 세 가지가 있다.

(1) 집중적 성장

집중적 성장(concentric growth)은 기업이 현재의 제품이나 시장과 관련된 사업 중에서 성장할 수 있는 기회를 확인하는 것으로, 여기에는 다음과 같은 것이 있다.

1) 시장침투

시장침투(market penetration)란 호텔, 여행사 등의 관광기업이 기존고객에게 기존상품으로 촉진활동을 강화해 시장점유율을 증대시키는 전략이다. 이를 위해 호텔 기업들은 자사의 기존고객에게 호텔 이용률의 증대를 추구하거나 혹은 가격을 낮추거나 자기 호텔의 우수성을 내세움으로써 경쟁 호텔을 이용하는 고객들로 하여금 자기 호텔을 이용하도록 유도하며, 자기 호텔이나 경쟁 호텔 어느 쪽도 이용하지 않는 고객에게도 자기 호텔을 이용하도록 하는 등의 방법을 사용할 수 있다.

2) 시장개발 전략

기존제품을 가지고 새로운 시장을 발견, 개발하는 것으로 그룹(GIT) 위주의 호텔이 개별여행(FIT) 비즈니스 시장(business market)을 확보하려 하거나, 일본을 중심으로 한 동양권 위주의 고객구조를 갖고 있는 호텔이 구미시장에 진출하고자 하는 경우이다. 또한, 맥도날드는 고객에게 인접한 입지를 많이 가지면 가질수록 사업기회는 더욱 커질 것이라는 전제하에 학교, 교회, 역 등을 중심으로 새로운 시장을 개척하고 있다.

3) 상품개발 전략

현재의 시장과 밀접히 관계가 있는 새로운 상품이나 개선된 상품을 생산함으로써 매출증대를 추구하는 전략으로, 호텔의 헬스클럽(health club)과 같은 부대시설의 설치나 호텔신라와 인터컨티넨탈 호텔(Intercontinental Hotel) 간에 운영되고 있는 더블 초이스(double choice) 제도 같은 것이 좋은 예가 된다.

(2) 통합적 성장

통합적 성장(integration growth)은 기업의 현재사업과 관련이 있는 사업에 새로이 진출하기 위해 기업을 신설하거나 기존기업을 인수하는 것을 말하며, 여기에는 다음과 같은 방법이 있다.

1) 후방통합

후방통합(backward integration)은 기업이 공급 시스템을 소유하거나 통제의 강화를 추구하는 것으로, 호텔이 원자재를 생산하는 호텔용품사업에 진출하는 경우이다.

2) 전방통합

전방통합(forward integration)은 기업이 유통 시스템(distribution system)의 소유 또는 통제의 강화를 추구하게 되는데, 예를 들어 호텔이나 항공사가 객실이나 항공좌석의 판매 증대를 위해 여행사를 설립하는 경우를 가리킨다.

3) 수평적 통합

수평적 통합(horizontal integration)은 기업이 자사와 동일한 수준의 기업을 통합하는 것으로, 항공사나 호텔 또는 여행사가 또다른 항공사, 호텔, 여행사 등을 통합하는 경우를 의미한다.

(3) 다각화 성장

이는 기업이 현재의 사업과 직접적인 관련이 없는 다른 분야에서 새로운 성장기회를 발견하는 것으로, 세 가지 형태의 다각화가 있다.

1) 집중적 다각화

집중적 다각화(concentric diversification)는 새로 개발되는 신제품이 생산기술이나 마케팅 효율에서 현재의 상품계열과 시너지 효과(synergy effect)를 가질 수 있는 방향으로 성장하는 것을 의미하며, 호텔의 콘도미니엄이나 외식업에 진출하거나 국제회의 용역업에 진출하는 경우 등이다.

2) 수평적 다각화

수평적 다각화(horizontal diversification)는 현재의 상품계열과 관련이 없지만 현재의 고객에게 소구할 수 있는 신상품을 추가하는 것으로, 리조트 호텔(resort hotel)에서 골프장을 건설하는 것 등의 경우이다.

3) 복합적 다각화

복합적 다각화(conglomerate diversification)는 현재의 기술, 상품, 시장과 전혀 관련이 없는 신상품을 추가하는 것으로, 많은 호텔이나 여행사 등은 위험 분산이나 성장을 목적으로 부동산 컨설팅, 의류도매업, 컴퓨터 등과 같은 새로운 사업영역에 진입할 수도 있을 것이다.

사 례[10)]

한국관광공사의 중국관광객 유치를 위한 해외홍보 마케팅

세계경제 20%를 점유할 미래의 잠재 관광시장 중국

한국이 21세기 관광국으로 부상하기 위해서는 미래의 잠재 관광시장인 중국시장 공략 여부에 달려 있다. 중국은 앞으로 10~15년 내에 미국과 유럽연합을 능가하는 경제대국으로 성장할 것이며, 2012년에는 한국을 방문하는 중국인 관광객들은 대략 458만 명으로 한국관광시장에 가장 중요한 송출국으로 등장할 것으로 예상된다.

국제통화기금(IMF)의 보고서에 따르면 당분간 중국이 지금과 같은 고도성장을 지속적으로 이룩할 경우 향후 10년 후에는 미국, 유럽연합과 경제규모가 대등하게 되고, 15년 내에 세계경제의 20%를 점유하면서 서구 경제를 압도할 것으로 전망하고 있다.

1997년도 중국의 관광산업 발전현황을 살펴보면, 당해 1~4월 외래관광객이 1,720만 명으로 7.7% 성장하였으며, 관광수입은 US$ 35.6억으로 14.3% 성장하였다. 순수 외국인은 224만 명으로 11.8%의 성장을 기록하였다. 중국정부 및 22개 성에서도 관광산업을 가장 중요한 산업으로 인식하고 관광개발사업을 추진하고 있다. 또한, 1997년 7월 1일부터 '중국국민 자비해외여행 관리 임시규칙'을 제정, 시행함으로써 외국여행을 효율적으로 관리 · 장려해나가고 있다.

중국정부의 관광부문에 대한 개선 노력과 전반적인 경제활동, 즉 국영기업 개혁, 무역자유화 조치, 예산증액, 중국과 홍콩의 재정통합으로 인한 재정개혁이 이루어진다면, 중국은 우리에게 인바운드(inbound) 활성화를 위한 무한 잠재시장으로 향후 일본시장을 능가하는 관광시장으로서 자리매김할 수 있는 국가가 될 것이다.

새로운 시장, 중국을 공략하라

1960년대 이후 한국의 국제관광은 사실상 일본에 의해 좌우되어 왔다고 할 수 있다. 실제로 일본 의존도가 60년대와 70년대에는 60%를 차지하고 있었으며,

10) 디스, 관광연구원, 2000.

1990년대에는 45%를 차지하고 있다. 홍콩과 싱가포르, 태국의 경우 어느 특정시장의 침체가 있더라도 그 시장의존도가 20% 정도에 불과하므로 전반적으로 큰 타격을 받지 않고 안정된 시장관리를 할 수 있는 반면, 우리는 시장평준화가 이루어지고 있지 않아 관광산업 발전의 한계를 드러내고 있다. 이러한 때에 새로운 시장 중국은 우리에게 필요·충분의 매력적인 시장이 아닐 수 없다.

한국정부는 중국관광시장을 확보하기 위해 대외적인 홍보활동뿐만 아니라 중국인들의 소비성향과 관심대상을 세분화하여 마케팅 전략을 세웠으며, 또한 중국 외래관광객을 수요할 수 있는 수용태세를 내부적으로 강화했다. 특히 해외여행에 대한 행태, 소비성향, 만족도, 해외여행객 유형, 행선지, 출국목적지, 여행방식과 여행 서비스 방식, 관광목적지별 관광객 특성을 정확히 연구 분석한 뒤 잠재적인 중국관광시장 확보를 위한 마케팅 전략으로 홍보활동을 강화하였다.

중국시장에서의 KNTO의 홍보 전략

① 관광능력을 가진 고객들을 대상으로 홍보활동 전개
② 현지법인 한국기업의 인센티브 관광 유치홍보
③ 중국현지 여행사의 홍보활동 협력체계 강화
④ 중국 여행업자를 대상으로 DM 발송
⑤ 중국 공민 아웃바운드 대상 여행사로 세일즈 콜 실시
⑥ 한글 웅변대회를 통한 중국현지 언론과 방송의 관심유도
⑦ 한국관광을 유도하기 위해 중국 현지에 부스 설치

중국인의 관광성향 조사

1995년 한국을 방문한 중국인은 178,359명으로 전년대비 26.5%의 성장세를 보였으며, 체재일수는 국내 체류기간이 15일 이내로 규정되어 최고 15일 이내에서 구성되며, 평균적인 한국 방문일수는 약 1주일 정도이다. 1인당 상품에 대한 관광소비지출액은 약 90~99달러 정도이며, 단체인원은 평균 10~19명으로 나타났다. 단체 중국관광객들에 대한 관광지는 수도권의 시티투어, 경주의 문화관광, 제주도의 자연관광이며, 부산은 경주 이동을 위한 경유지이다. 인천의 경우는 중국과 근접한 거리에 있다는 장점과 산업단지의 이점을 살린 산업관광 코스로, 이에 해당되는 지역은 이천, 울산, 대구, 대전 등지이다.

한국을 방문한 중국관광객의 특성을 조사해보면, 순수관광 53.2%, 공무 겸 관광 35.3%, 공무 10.1%, 개인사업 겸 관광 1.5%, 친인척 방문이 각각 0.6%, 0.3%로 나타나며, 한국관광에 대한 정보는 소속회사와 소속단체를 통하여 31.4%, 여행사·항공사 25.1%, 대중매체 23.4%, 친구·친지 9.7%, 한국 안내책자 6.4%, 주

중한국공관 1.0%, 한국관광공사 북경지사 1.0%, 기타 2.0% 순으로 얻는 것으로 나타나 있다. 중국인들이 주로 선호하는 관광쇼핑상품은 인삼 58.6%, 옷감·의류·신발류 19.5%, 완구류 5.1%, 가전제품 3.5%, 보석류 3.1%, 모피·피혁제품 2.3%, 건강식품 2.0%, 도자기·목각제품 1.6%, 기타 4.3%로 조사되었다.

대규모 트래블마트(travel mart)를 통한 KNTO의 중국시장 개척활동

해외관광 마케팅 활동을 강화하기 위해서는 외교적 관계개선과 공동협력 체계가 형성되어야 한다. 이를 위해서는 중앙정부와 지방정부, 공동부문과 민간부문, 국제간·지역간 관련 업체 또는 업종간에 유기적 상호협력 관계형성이 이루어져야 한다. 외래관광객은 국내의 각 차원 또는 각 부문에 걸쳐 공통의 소비자가 되기 때문에 이들에 대한 유치 및 소비촉진을 위해 공동의 협력이 필요한 것이다.

한국관광공사는 방한상품 공동판촉과 방한상품을 주력으로 취급하는 여행사 육성 계기를 마련하기 위해 대규모의 한국관광 판촉행사를 개최하였다. 또한 국내 여행업계도 공사 주관 트래블마트에 참가하여 현지 여행업계와 활발한 상담을 전개함에 따라 거래처를 확보할 수 있었고, 중국의 지속되는 경제발전에 따른 한국관광 판매여건을 개선하였는데, 이것은 중국정부와의 협의하에 얻어진 의미 있는 성과라 할 수 있다.

한국관광공사는 관광목적 해외여행 수요가 가장 많은 화남지역을 대상으로 집중적인 홍보와 유치활동을 지난 1997년 3월 28일에 중국의 광주시에서 실시하였다. 이 행사에서 한국측과 중국측은 한·중 관광교류 증대를 위한 상호협력방안과 중국 최대의 경제발전지역인 광동성 주민 해외여행 추세 및 방한관광 동향에 관한 의견 논의와 중국 내 제2의 공사 지사를 광주지역에 개설하는 사항, 중국인에 대한 방한비자 발급완화와 중국인 해외여행 자유화지역에 한국을 포함할 것에 대하여 논의하였다. 한국의 관광명소를 소개하기 위해서 매체홍보활동을 활용하였는데 광주TV, 광주라디오, 신화사통신, 광주일보 등의 대중매체를 활용하여 유치단의 행사내용과 중국 방한시장 현황을 보도하였고, 한·중 관광문화교류회를 통해 광주지역 주요 여행업자, 언론인, 관광유관업체 및 기관을 대상으로 한국관광에 대한 홍보활동을 전개하였다.

화북지역은 주요 해외여행층인 공무원, 기업체 간부 대상으로 시찰, 연수, 인센티브 관광 방한촉진을 위한 홍보와 유치활동을 북경지사를 통하여 북경지역 여행업자 대상으로 분기별 설명회를 1회씩 개최하였으며, 연고기업 인센티브 유치 설명회도 개최하였다. 또한 북경·상해지역 아웃바운드 전문 주요 여행사를 대상으로 방한관광지침서를 제작·발송하였다. 또한 미래의 잠재 방한수요층인 대학생을 대상으로 한국문화 홍보 및 교류증대 촉진행사의 일환으로 한국어 웅변대회를 매년 정기적으로 북경지사를 통하여 개최할 예정이다.

중국 남부지역인 복건성은 광동성 다음으로 경제개방이 활발한 지역으로 소득수준이 높아 충분한 시장성을 갖고 있다. 각 여행사들은 모두 방한비자 문제가 최대의 관건이며, 비자문제만 해결된다면 즉시 많은 관광객이 한국을 찾을 수 있다고 판단하고 있다.

성공적인 해외홍보 마케팅을 위한 조건

① 장기적인 관광홍보활동에 대한 재인식이 필요
② 표적시장 설정에 의한 포지셔닝 홍보의지 강화
③ 홍보활동에 따른 재정지원제도 마련
④ 민관홍보활동의 강화
⑤ 정부차원의 홍보와 여행사의 광고가 상호협력관계를 구축

지역별 특성을 고려한 마케팅 전략을 구사하여야 한다

중국은 한국을 경제성장의 모델로서뿐만 아니라 관광개발분야에서도 한국의 성공사례를 배우려고 노력하고 있다. 따라서 한국관광공사는 중국의 관광현상들을 지역별로 조사·분석하여 국내로 중국관광객들을 유치할 수 있는 방안을 모색해야 했다. 이를 위해 한국관광공사는 주요 도시에서 대·소규모의 트래블마트와 세일즈 콜을 여러 도시에서 수행하였는데, 남녕시와 계림시의 유관기관 및 여행사 간부 등을 각각 18명, 19명, 유주시의 주요 여행사 세일즈 콜 3개사 3회, 북해시 주요 여행사 세일즈 콜 2개사 2회 등 한국관광을 알리는 행사를 개최하였다.

또, 지역적 특성을 고려한 인센티브 관광 유치설명회를 대련시와 천진시를 대상으로 실시하였다. 대련·천진은 한국과 지리적으로 인접하여 항공노선 및 국제여객선 운항 등 교통수단이 확보되어 있으며, 한국투자기업이 많아 연고기업의 인센티브 투어(기업포상관광)가 가능한 지역으로서 현지 여행시장 동향파악 및 인센티브 투어 여건조성 및 유치협의가 가능한 곳이다.

제 3 절_관광 마케팅 조사

1. 마케팅 조사의 정의

마케팅 조사(marketing research)는 마케팅 정보 시스템(marketing information system)의 하위 시스템으로서, 흔히 마케팅 의사결정에 도움이 되는 마케팅 활동에 관한 모든 사실을 수집·분석·평가하는 경영기능이라고 할 수 있다. 바꾸어 말하면, 마케팅 조사는 마케팅 전략과 관련된 의사결정을 수행하는 데 유용한 정보를 제공하는 경영기능활동이라 할 수 있다.

이에 대한 개념 정의는 학자간에 다소 이견이 있지만, 미국 마케팅협회(AMA)의 정의에 의하면 마케팅 조사란 "상품 및 서비스의 마케팅에 관한 제문제의 자료를 체계적으로 수집하고, 기록하고, 분석"[11]하는 것이다. 이는 마케팅 문제의 해결을 위해 외부기관, 기업 또는 기업의 대리점에 의해 행해진다는 것이다. 또한 쉐레이어(F.T. Schreier)는 행동과학적 접근에서 다음과 같이 정의하고 있다. "마케팅 조사란 사람들이 재화를 획득하거나 재화를 배급할 때, 또는 이러한 활동을 준비하고 실시할 때에 사람들이 무엇을 하는가? 즉 무엇을 생각하고, 무엇을 느끼고, 무엇을 바라는가를 파악하여 설명하고, 평가하고, 예측하는 것이다."[12] 따라서 마케팅 조사는 마케팅 의사결정(marketing decision making)을 함에 있어서의 기초로서 유효한 것이다.

한편 그린(P.E. Green)과 툴(D.S. Tull)은 마케팅 의사결정의 관점에서 "마케팅 조사란 마케팅 분야에서 문제의 발견과 해결에 관련된 어떤 정보를 체계적이고 객관적으로 탐색하여 분석하는 것이다"[13]라고 정의하고 있으며, 코틀러(P. Kotler)는 마케팅 의사결정과의 관련에서 "마케팅 조사란 재화 및 서비스의 마케팅에 있어서 의사결정과 관리를 개선하기 위해 체계적으로 문제를 분석하고 모델을 구성하고 사실을 찾아내는 것이다"[14]라고 정의하고 있다.

마케팅 조사는, 첫째 제품과 용역이 마케팅과 관련되어 있고, 둘째 마케팅 의사결정에 필요한 제정보를 제공해주는 역할을 하는바, 여기서 정보는 정

11) Marketing Definitions, *A Glossary of Marketing Terms*, Compiled by the Committee of the American Marketing Association, 1961.
12) F.T. Schreier, *Modern Marketing Research, A Behavioral*, Wa Publishing Co., Inc., 1963, p.8.
13) P.E. Green & D.S. Tull., *Research for Marketing Decisions*, Prentice-Hall Inc., 1967, p.2.
14) P. Kotler, *Marketing Management, Analysis, Planning and Control*, Prentice-Hall, Inc., 1967, p.2.

확성, 객관성, 관련성 및 이용 가능성의 의미를 내포하며, 셋째 정보 및 자료가 체계적이고 과학적인 분석방법을 통해 수집·기록·분석되어 경영 전략수립이나 의사결정에 유용하게 활용될 수 있다는 점에 그 의의가 있다.

이와 같은 정의에 비추어볼 때, 마케팅 조사의 기본적인 목적은 마케팅 활동의 기반이 되는 마케팅 의사결정이 합리적으로 이루어지도록 그 판단의 기초를 제공하려는 데 있다고 요약할 수 있다. 환언하면, 마케팅 조사의 목적은 시장변화에 대응하는 마케팅 의사결정을 구체적으로 수립하기 위한 유용한 정보의 제공에 있다고 할 수 있다.

2. 마케팅 조사의 효용

마케팅 조사는 기업경영자로 하여금 주요 당면과제에 관해 효율적 의사결정을 가능하게 할 수 있도록 의미 있는 정보를 제공해준다는 효용적 가치를 지니고 있다.

(1) 경영관리의 효용

마케팅 조사는 통합적 경영관리면에서 효용적 가치를 지니고 있다. 즉, 기업경영자가 의사결정 대안들 중에서 최적대안을 선택할 경우 오류의 폭을 좁혀주는 의사결정의 한 보완수단으로서 효용가치를 지닌다.

(2) 마케팅 믹스 효용

마케팅 조사는 마케팅 계획의 합리적 수립을 뒷받침해주는 마케팅 믹스의 효용가치를 지닌다. 구체적으로는 다음과 같은 효용의 가치를 제공한다.

1) 소비자 욕구 충족

시장에서 소비자가 요구하는 욕구의 수준을 확인할 수가 있기 때문에 소비자 수요에 부응하는 가격책정과 판매 가능 시장의 설정이 용이하다.

2) 최적의 유통 및 판촉

관광상품과 서비스의 최적판매소구점과 잠재 구매자에의 최적도달방법 및 판매촉진의 최적시기 결정이 가능하다.

3) 매출액의 증대 및 판매비용 절감

시장의 상황을 정확하게 파악할 수 있기 때문에 고객이 원하는 상품과 서비스를 적기에 공급함으로써 상품과 서비스의 판매를 증대시킬 수 있고, 아울러 판매로 인한 비용을 최소화할 수 있다.

(3) 유통경제의 효용

마케팅 조사는 광의적 측면에서 생산자와 소비자간의 의사전달 방식을 생산능률과 소비자 생활수준이 향상되는 방향, 즉 시장참여자에게 경제적인 절약을 가져다주는 방향으로 제시되는 유통경제상의 효용가치를 가지고 있다. 마케팅이 이러한 효용가치를 지니기 위해서는 다음과 같은 전제조건이 요구된다.

1) 관련성

유의한 정보를 예상함으로써 전략적, 전술적인 향후의 의사결정에 관한 계획활동을 지원할 수 있도록 관련성을 가져야 한다.

2) 효과적인 조사활동

최소의 시간과 비용으로 최대의 양적, 질적인 유의정보를 찾아내어 적시에 조사활동이 진행되어야 한다.

3) 합리적인 조사

조사설계가 아무리 완벽하다 할지라도 표본계획과 같은 기타요인 등으로 편향성이나 왜곡성이 개재할 가능성이 높으므로 이를 감소시킬 수 있도록 정밀조사가 이루어져야 한다.

3. 마케팅 조사의 계획과 실행

마케팅 조사의 구체적인 계획과 실행은 요구되는 정보의 내용 및 질, 해결하려는 마케팅 문제의 파악 정도 등에 따라 각 프로젝트별로 달라질 수 있으나 일반적으로는 [그림 2-1]과 같은 절차를 거치게 된다. 이들 절차들은 상호 연관되어 있으며, 조사목적에 따라서는 일부 절차가 생략되는 경우도 있다.

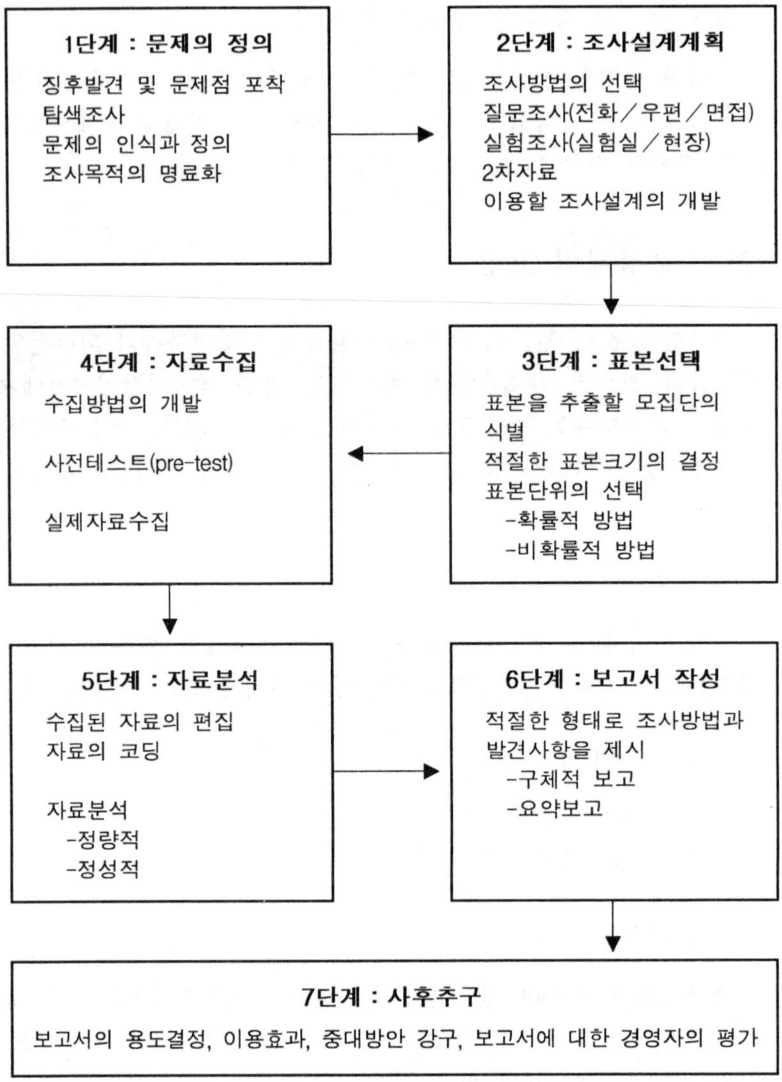

[그림 2-1] 마케팅 조사과정15)

(1) 문제상황 및 필요정보의 특성 고려

마케팅 조사의 첫 단계는 문제의 설정인바, 조사자는 우선 설정된 문제의 상황을 정확히 파악해야 한다. 기업 내적 문제인가 외적 문제인가에 따라

15) W. Zikmund and M. D'Amico, *Marketing*, 3rd ed., 1989, p.11.

조사방법은 달라질 것이다. 예를 들면, 문제상황이 기업 내 종업원의 생산성에 관한 문제라면 조사자는 개인면접법이나 관찰법을 사용할 수 있을 것이며, 또한 문제가 되는 변수 이외에 다른 변수가 개재될 여지가 없는 경우에는 실험법을 사용할 수도 있다.

문제사항과 함께 고려해야 할 사항은 필요한 정보가 어떠한 특성을 갖고 있는지 여부이다. 예를 들어, 필요한 정보가 일반 소비자의 태도라면 우편질문법이나 전화면접법을 통하여 광범위하게 자료를 수집할 수 있을 것이다. 또한 문제 상황이 공간적으로 좁은 쇼핑 센터(shopping center)나 슈퍼마켓(super market)이며 필요정보가 물품구매자의 구매동기라면 질문법이나 개인면접법 또는 카메라 등을 통한 관찰법이 이용될 수 있다. 이상에서와 같이 조사자는 조사방법을 선택할 때, 마케팅 환경과 함께 문제사항 및 필요정보의 특성을 고려해야 한다.

(2) 조사방법의 장 · 단점 비교 및 비용의 고려

모든 마케팅 조사방법은 장 · 단점을 내포하고 있다. 따라서 여러 방법을 동시에 선택함으로써 어느 한 방법의 단점을 보완할 수도 있을 것이다. 하나의 동일한 사실을 정의하고 수집 · 분석하는 방법이 다르면 그 자료도 각각 다르게 나타난다.

자료는 그 자료를 수집한 목적과 부합될 때 이용가치가 있다. 그러므로 자료를 분석 · 수집한 기준 및 목적과, 자료를 활용할 모델과 일치하는가를 항상 검토해야 한다. 또한 정보를 수집 · 처리함에 있어서는 그 정보가 조직의 목적이나 이익에 기여하는 정도와 정보를 얻는 데 필요한 비용을 비교하여야 한다. 이러한 가치 · 원가비교는 마케팅 조사의 여러 단계와 수준에서 고려되어야 한다.

(3) 문제의 정의

마케팅 조사를 수행하기 위해서는 조사문제(research issue)를 명확히 정의해야 한다. 문제의 정의는 조사에서 핵심이 되기 때문에 이를 무시하거나 소홀히 다루어서는 안 된다. 마케팅 조사는 특정 문제의 의사결정을 위해 수행되는 것이므로 의사결정문제로부터 조사문제가 결정된다. 〈표 2-4〉는 의사결정문제로부터 조사문제가 도출되는 예를 제시하고 있다.

〈표 2-4〉 의사결정문제와 조사문제의 관계[16]

의 사 결 정 문 제	조 사 문 제
• 신 서비스의 개발	• 서비스 대안들의 효과에 대한 평가
• 새로운 영업점 개발을 통한 시장침투	• 가능한 지역대안들에 대한 평가
• 영업점의 방문고객 증가	• 영업점의 현재 이미지 조사
• 반복구매율 증가	• 현재 반복구매 정도에 대한 조사
• 광고예산의 지역적 분산	• 각 지역에서 현재의 시장침투율 조사
• 신 서비스 상품 도입 여부의 결정	• 적절한 시험시장 결정과 테스트 마케팅

그러나 문제를 명확히 규정하는 것은 경우에 따라 용이하지 않다. 예를 들어 서비스 질이 문제가 되었을 경우 그로 인하여 매출의 감소 원인이 될 수가 있지만 가격으로 인한 직접적인 영향은 없을 것이다. 이러한 경우 가격인하는 문제를 더 악화시킬 뿐이다. 비록 처음에는 저렴한 가격에 많은 사람들이 관심을 갖겠지만 결국은 나쁜 서비스 질로 인해 고객들이 떨어져 나가기 때문이다. 문제의 정의 단계에서 세심한 주의를 기울이지 않는다면 조사 프로젝트(research project)는 쓸모 없는 결과를 도출할 것이다. 그러므로 최고경영자의 관심과 예비탐색조사가 반드시 필요하다. 경험, 전문가 의견, 문헌조사, 사례분석 등 질적 조사가 반드시 수행되어야 조사할 문제와 그로 인해 유추되는 가설과 가설의 우선순위가 설정될 수 있다.

(4) 정보욕구와 원천의 명확화

문제정의가 분명하게 결정되면 문제해결에 필요한 정보목록을 작성해야 하며, 이것이 만들어지면 수집해야 할 세부자료가 밝혀지게 된다. 예를 들어, 아래와 같은 정보유형이 파악된다.

1) 판 매

특정한 시장의 문제를 파악한 후에는 서비스 범주별, 고객유형별, 지역별 판매 등의 구체적인 정보를 획득해야 한다.

2) 고객태도와 동기

관광기업 경쟁자에 대한 태도 및 동기, 구매결정(누가 · 언제 · 어디서 · 어

16) Gilbert A. Chuchill, Jr., *Marketing Research*, 3rd ed., The Dryden Press, 1983, p.30.

떻게), 서비스에 대한 만족 혹은 불만족 등이다.

3) 고객의 인지와 행동

관광시장에서의 서비스 인지(특성 · 사용 등), 광고인지, 가격인지, 구매행동(구매의도) 등의 파악을 의미한다.

4) 인구통계학적 정보

성, 연령, 결혼상태, 직업, 가족규모, 교육수준, 소득, 사회계층, 거주지역, 거주유형 등을 말한다.

근본적으로 이와 같은 정보목록은 서비스 조사문제에 대해 누가, 언제, 무엇을, 어디서, 어떻게 할 것인지를 밝히는 것이다. 이런 정보목록은 구체적으로 필요한 자료가 된다.

(5) MIS(Management Information System)와 2차 자료원의 탐색

문제가 명확히 정의되고 조사의 방향이 구체화되면 조사계획이 수립되어야 하는데, 조사계획 수립단계에서는 조사문제의 해결을 위하여 수집할 자료의 종류, 수집방법 및 분석방법에 관한 계획이 수립되어야 한다.

자료의 유형은 1차 자료(primary data)와 2차 자료(secondary data)로 구분될 수 있다. 1차 자료는 조사목적을 위해 조사자가 직접 수집하는 자료를 의미하고, 2차 자료는 다른 목적을 위하여 기존에 수집되었으나 본 마케팅 조사목적에 사용될 수 있는 자료를 말한다.

보통 필요한 자료를 정한 다음 가능한 한 2차 자료를 먼저 수집하는데, 기업이 행하고 있는 마케팅 정보 시스템이나 기존의 2차 자료를 이용하면 1차 자료의 수집에 따르는 비용과 시간을 절약할 수 있다. 2차 자료원은 아주 다양해서 기업의 내외에서 많은 자료를 구할 수가 있다. 하지만 이런 유용성에도 불구하고 2차 자료를 이용할 때는 조심해야 된다. 이미 언급한 바와 같이 관련성, 정확성, 적용성 등을 검토해야 한다.

2차 자료는 이미 타기관이 자기들의 목적을 위해 조사한 자료이기 때문에 자료수집과 절차에서 통제가 불가능하여 신뢰성도 고려해야 하며, 과거에 수집된 자료이므로 그 동안 시장여건이나 소비자 행동도 변화했을 가능성도 많다. 또한 현재 직면한 문제를 해결해줄 수 있는 적용성의 문제도 신중히 검토해서 사용해야 한다. 2차 자료에서 사용 가능한 모든 자료를 수집하고 문제의 해결을 위한 불충분한 부분을 직접조사를 통하여 실시하게 되는 것이다.

(6) 1차 자료 조사계획

2차 자료가 부족한 부분은 직접조사 방법에 의한 1차 자료 수집과정을 계획해야 한다. 먼저 조사목표를 결정하고 정보원천을 확인한 후, 조사대상자의 선택과 방법(표본조사), 조사 프로젝트를 설계하고 실행할 조사기관의 선정, 예산, 조사 스케줄, 자료처리 등을 결정한다.

1) 조사목표

조사가 성장기회를 파악하기 위해 예비적이며 질적인 방법으로 서비스 개념, 배달개념, 문제영역 등을 검증하는 탐색적 조사를 할 것인가, 혹은 마케팅 의사결정을 강화하기 위해 서비스 혹은 고객의 특성, 관계, 유사성 및 이질성을 파악하는 기술적 조사를 할 것인가를 결정한다.

2) 정보원천

관련 정보원천을 기업 서비스의 실제 혹은 잠재 구매자 어느 쪽으로 할 것인가, 또는 최종 소비자(end user)인지 중간 소비자(middleman)인지를 결정한다. 소비자인 경우 서비스 구매 결정자, 구매자, 사용자가 각기 다를 수가 있다. 혹은 서비스 제공자 선택은 공동으로 결정할 수도 있다. 그 다음에 누구를 면접할 것인지를 결정하는 것은 아주 중요하다.

이와 같은 정보원천 외에도 서비스 배달에서 중간상 역할을 하는 대리점(agent)이나 기타 프랜차이즈(franchise)점 등의 여러 사람들도 매우 중요한 의견과 경험을 제공해준다. 목표시장과 관계를 맺고 있는 여러 기관이나 판매원 등도 유용한 정보를 제공해줄 수 있는 정보원천이 된다.

3) 표본조사 계획

마케팅 조사는 시간이나 비용 등의 제약 때문에 목표시장의 일부만을 조사할 수밖에 없다. 조사대상자의 표본추출방법은 통계적으로 비확률적 표본추출방법과 확률적 표본추출방법이 있다. 비확률적 표본추출방법에는 편의추출법, 판단추출법, 할당법 등이 있는데, 이들 방법은 관리하기 용이하기 때문에 비용을 절감할 수가 있으나 오류의 개입이 많아 조사결과를 일반화하는 데는 위험이 따른다.

편의추출방법이 가장 간단한 방법으로, 항공사에서 특정 비행기를 기다리는 승객들을 대상으로 질문지를 배포해 조사하는 경우이다. 이 경우 다른 비행기를 기다리는 승객은 표본으로 뽑힐 수가 없는 것이다. 판단추출법은 조사자가 유용한 정보를 제공해주리라고 판단되는 대상만을 표본으로 선정하는 방법이다. 할당법이 이 중 가장 통계적 효율성이 높다고 보는데, 이 방법은 원래 모집단의 구성비율과 같게 표본을 추출하는 것이다. 연간 항공사 승객의 구성비율을 참고로 거기에 맞도록 조사대상의 구성을 결정하지만 구체적인 조사대상은 조사자에게 달려 있기 때문에 누가 선정될지는 사전에 알 수가 없다. 이 경우 너무 많은 특성을 동시에 충족시키려면 어려움이 따르게 된다.

확률적 표본추출방법에는 단순무작위추출법, 층화표본추출법, 군집표본추출법이 있다. 이 방법은 표본의 추출을 통계적인 방법에 의해 정하기 때문에 조사대상자가 선택될 확률을 사전에 알 수 있으며, 오류의 개입이 적어 비확률적 표본추출방법보다 예측 가능하고 신뢰도가 높다.

단순무작위추출법은 난수표에 의해 무작위로 추출하며, 층화표본추출법은 집단 내에는 동질성을, 집단간에는 이질성을 갖도록 구분한 후 표본을 무작위로 추출한다. 군집표본추출법은 집난 내에는 이질성을, 집단간에는 동질성을 갖도록 구분한 후 집단 중에서 필요한 집단을 선택하여 전수 조사하는 방법이다. 통계적 효율성은 층화표본추출법이 가장 높으나 군집표본추출법이 경제적 효율성이 높아 마케팅 조사에서 많이 이용되고 있다.

4) 조사 스케줄과 예산결정

조사를 한 번만 할 것인가 아니면 주기적으로 할 것인가, 조사를 설계하고 실행하는 데 얼마 정도의 시간이 필요한가, 조사를 종료하기까지 소요되는 예상비용은 어느 정도인가 등에 대한 결정은 조사과정과 내용에 상당한 영향을 미치는 요인이 된다.

어떤 서비스 기관도 마케팅 조사를 외부 지원 없이 단독으로 수행할 수가 없다. 따라서 전문적인 기술이나 장비는 외부 전문기관이나 전문가의 도움을 받아야 한다.

(7) 자료수집 방법의 선택

마케팅 조사는 과학적인 방법을 통하여 마케팅 정보의 수집, 분석, 해석 등을 실시하는 것으로 마케팅 조사의 기본적 방법으로는 일반적으로 관찰법

(observational method)과 질문법(survey method)을 이용하여 자료를 수집하게 된다. 관찰법은 조사자가 소비자의 행동이나 기타 조사대상을 직접 혹은 기계를 이용하여 관찰함으로써 자료를 수집하는 방법이다.

서비스 기업에서는 암행어사와 같은 역할을 하는 조사자가 종업원의 예의, 친절성, 능력 등을 관찰 조사하여 훈련, 장비의 운영, 인센티브 시스템(incentive system) 등과 같은 데서 개선점을 찾는 데 많이 이용된다. 관찰은 사람이 하는 경우와 기계가 하는 두 가지 방법이 있다.

사람에 의한 관찰인 경우 종업원, 다른 고객들의 행동을 관찰하여 필요한 개선점을 모색한다. 호텔의 경영자가 고객의 움직임과 상호작용을 관찰하여 시설설계와 영업특성을 바꾼 예도 있는데, 교통인구를 조사하여 영업장소 선정에 참고자료로 이용하는 경우가 여기에 해당된다. 기계에 의한 관찰법은 이동 카메라(movie camera)와 같은 과학장비를 동원하여 관찰하는 방법이다. 관찰법은 행위에 대한 객관적 기술은 가능하나 그런 행위에 대한 동기는 밝힐 수가 없다는 한계를 가지고 있다.

질문법은 조사자가 어떤 특정 목적의 조사를 위하여 일정한 질문서식에 따라 피조사자에 대하여 각종 질문을 통해 필요한 자료를 수집·조사하는 것을 말한다. 이 방법은 가장 신중하게 실시해야 하는데, 신중하지 않으면 오류를 범하기 쉽다. 응답자는 그들이 조사받고 있다는 사실을 알고 있기 때문에 조사자에게 잘 보이려고 대답을 왜곡할 수가 있으므로 이런 편견의 개입을 극소화하도록 조사자는 대책을 강구해야 한다.

1) 심층면접법(depth interviews)

전문적인 훈련을 받은 조사자가 피조사자를 직접 면접하는 것으로, 공식화된 질문서 없이 특정 주제에 대해 심도 있게 질문을 하는 방법이다.

2) 표적집단 면접법(focus group interviews)

소수의 고객을 초청하여 서비스 기업이 관심 있는 주제에 대해 토론하게 한다. 이때 면접원은 조사문제나 목적을 명확히 이해하고 있어야 하며, 토론을 적절히 이끌어갈 수 있도록 숙련된 테크닉이 필요하다. 여기서 얻은 자료는 유용하지만 일반화하기 곤란하기 때문에 좀더 공식화된 조사로 구체화할 필요가 있다.

3) 체계화된 질문면접법(structured questionnaire interviews)

체계화된 공식질문서를 작성하여 대규모 표본에게 질문하는 조사방법으로, 대부분의 조사는 이 방법을 일컫는다. 심층면접법이나 표적집단 면접법이 질적인 예비탐색조사인 반면 질문지법은 기술적이고 양적인 조사방법이다. 질문지법이 1차 자료를 획득하는 데 가장 빈번하게 이용되는 이유는 비교적 관리하기가 쉽고, 측정 가능한 변수로 결과가 나오기 때문이다.

질문지법은 개인면접, 전화면접, 우편면접으로 나누어진다. 개인면접법은 피조사자를 방문해야 하기 때문에 비용과 시간이 많이 투입되지만 응답자와 그 환경을 파악할 수가 있고, 광고물이나 책자 등을 보여줄 수가 있어 이상적인 방법이다.

전화면접법은 신속한 자료수집이 가능하다는 것이 최대의 장점이다. 이 방법의 필요조건은 질문의 수가 적고 질문의 구성이 간단하여 이해하기 쉽고 간단하게 회답할 수 있어야 한다. 또한 능률성과 통제가 결합된 방법이어서 즉시 결과를 얻으려 하는 서비스 기업에서 많이 이용되고 있다.

우편면접법은 매우 폭넓은 응답자로부터 자료를 수집할 수 있고, 정직한 답변을 기대할 수 있어 널리 이용된다. 지역 서비스업체에서는 지리적 제약 때문에 이용에 한계가 있다. 그러나 회수율이 낮고 회수하는 데 많은 시간이 걸리며, 이를 보완할 금전적 혹은 비금전적 인센티브가 필요하다.

〈표 2-5〉 3가지 접촉방법의 장점 및 단점[17]

구분 \ 접촉방법	우편조사	전화조사	대면조사
융통성	빈 약	좋 음	우수함
수집될 수 있는 자료의 양	좋 음	적 당	우수함
면접자 효과에 대한 통제	우수함	적 당	빈 약
표본의 통제	적 당	우수함	적 당
자료수집의 속도	빈 약	우수함	좋 음
회수율	빈 약	좋 음	좋 음
비용	좋 음	적 당	빈 약

(8) 질문지의 구성

질문(survey)은 질문지(questionnaire)를 이용하여 조사대상자로부터 체계적으로 정보를 수집하는 방법으로서, 가장 널리 사용되는 자료수집방법이다. 이를 이용하여 자료를 수집하는 구체적인 방법으로는 개인면접, 전화면접, 우편면접이 있다. 이들 방법에 대한 비교는 다음의 〈표 2-6〉과 같다.

17) *Marketing Research : Measurement and Method*, 3rd ed., by Donald S. Tull and Del I. Hawkins, Macmillan Publishing Company, 1984.

〈표 2-6〉 질문방법의 비교

질문방법 / 내용	개인면접		우편면접	전화면접
	호별방문	호텔현장		
자료 처리속도	중간 또는 신 속	신 속	회송에 대한 통제력이 없음	매우 신속
응답자의 협조	탁 월	중 간	중 간	양 호
질문의 신축성	매 우 신축적	매 우 신축적	고정적	중 간
질문지의 길이	길 다	중간 또는 길다	유인 제공에 따라 다름	중 간
응답자의 오해 가능성	낮 다	낮 다	가장 높다	중 간
응답자에 대한 조사자의 영향	높 다	높 다	없 다	중 간

질문지의 설계에서는 도입부, 여과질문, 필요한 정보에 관한 질문, 분류정보질문, 확인정보질문의 순서로 구성된다. 도입부에서는 조사의 목적을 밝히고 협조를 부탁하며, 조사 주체를 밝히기도 한다. 여과질문은 응답자가 질문에 답할 자격이 있는지 여부를 가려내기 위한 질문이다.

예를 들어 ○○항공사를 이용한 적이 있는가를 질문하여 없다고 대답한 사람은 더이상 대답을 할 필요가 없기 때문에 제거한다. 다음 조사할 정보에 관한 질문은 대답하기 용이하고 관심이 가는 질문을 먼저 하는 순서로 진행된다. 분류정보는 응답자의 성, 연령, 학력, 소득, 직업 등과 같은 인구통계학적 질문을 의미하며 확인정보는 보통의 경우 익명을 요구해 삭제하지만 조사참여에 대한 보답을 하기 위해 이름이나 주소, 전화번호를 기록하게 할 수도 있다.

(9) 자료의 수집

질문지가 작성되면 질문지 작성자는 자기가 작성한 질문지가 매우 잘 구성된 것으로 간주하기 때문에 사전시험을 통하여 질문이 정확하게 전달되는지, 부족한 점은 없는지 점검하고 필요에 따라 수정·보완하지 않으면 안된다. 질문지 시험을 하고 나면 조사자를 모집·선발·훈련을 실시한 후 이들의 활동을 잘 감독하여 조사과정에서 오류가 발생하지 않도록 해야 한다. 현장조사가 종결되면 다음 자료처리에 들어간다.

(10) 자료의 분석

일단 조사자가 조사문제를 해결하기 위해 충분한 자료들을 현장작업을 통해 얻게 되면 마케팅 관리자의 의문사항에 대답을 제시할 수 있도록 가공·처리되어야 한다. 자료분석은 보통 컴퓨터에 의하여 이루어지는데 자료의 분석을 위해서는 먼저 준비작업이 선행되어야 하며, 준비작업으로서는 자료의 정리, 편집(editing)과 코딩(coding) 및 자료의 통계적 또는 정성적 분석이 이루어지게 된다. 자료분석의 구체적인 형태는 경영자의 정보요구사항, 조사설계 및 수집된 자료의 성격에 따라 달라지게 된다.

(11) 분석결과의 보고

결과보고서는 조사의 개요와 절차 및 발견사항들을 포함해야 한다. 또한 결과보고서는 마케팅 조사전문가들이나 이해할 수 있는 조사전문용어나 통계용어들을 지양하여 마케팅 관리자가 쉽게 이해할 수 있도록 표현되어야 한다.

분석된 자료의 결과를 서비스 기업의 실제상황에 적합하게 해석하고 서비스 기업이 앞으로 취해야 할 지침을 제시해야 하며, 결론 혹은 제안을 최고의사결정자에게 보고형식을 이용하여 제시해야 하는데 서면보고, 구두보고 혹은 영상보고를 할 수가 있다. 그 다음 조사결과가 의사결정에 어떻게 영향을 주고 있는가를 계속으로 사후관리(follow-up)해야 한다.

〈표 2-7〉 자료의 분석과 보고에 적용될 수 있는 통계기법

척 도	비교방법	평균치 측정	유의도 검정방법	대표적인 예
명목척도	측정 대상물의 확인과 비교	최빈치	비모수 통계검정	상표의 인지 여부, 인구통계학적 특성의 예
서열척도	순위비교	중위수	비모수 통계검정	상표선호도 사회계층 품질분류
등간척도	간격비교	산술평균	비모수 통계검정과 모수 통계검정	온도 상표 및 광고인지도
비율척도	절대대소비교	기하평균	비모수 통계검정과 모수 통계검정	판매량 구매자 수효 구매확률

4. 관광 서비스 마케팅 조사의 문제점

마케팅 조사는 상술된 바와 같이 시장을 정확히 파악하고 고객의 요구수준과 맞지 않는 내용을 바탕으로 마케팅 전략을 수정·보완하거나 새로운 전략을 수립할 수 있으나 무형성의 서비스 상품에는 조사자의 주관이 개입되는 등 많은 문제점을 내포하고 있다. 구체적인 문제점은 다음과 같다.

(1) 서비스 조직이 마케팅 조사를 보는 태도

아직도 많은 서비스 조직이 마케팅 활동(marketing activity)을 비윤리적으로 생각하는 경우가 있어 마케팅 조사를 기업활동의 일부로 여기지 않고 있다. 특히, 전문 서비스업에서 서비스와 고객에 대한 인식이 올바로 정착되지 않은 경우가 많다. 서비스 조직의 규모가 대부분 영세하고 한 지역을 중심으로 사업을 하는 관계로 비용을 들여서 마케팅 조사를 할 여유가 없으며, 그럴 필요성을 느끼지 못하고 있다. 즉, 서비스 조직이 시장을 독점하고 있는 경우 마케팅 조사가 불필요하다고 생각하고 있다.

서비스 조직의 경영자는 대부분 마케팅에 대한 지식이나 훈련이 부족하여 마케팅 조사의 중요성을 잘 인식하지 못하고 있다. 특히 서비스 조직은 그들이 항상 고객과 직접 접촉하고 있기 때문에 고객을 잘 알고 있다고 믿고 있기 때문에 별도로 조사활동을 할 필요가 없다고 생각한다.

(2) 서비스에 대한 2차 자료의 부족과 질적 저하

서비스의 특성상 2차 자료의 보존이 곤란하고 관리되는 자료라 할지라도 질적으로 떨어지기 때문에 서비스에서 마케팅 조사시 필요한 2차 자료가 축적이 안 되어 있고, 또 여러 분야로 분산되어 실제 사용하기도 어렵다.

(3) 서비스 모방의 용이

서비스 특성에서 연유된 문제로 인한 서비스의 무형성 때문에 서비스와 관련된 테스트(test)가 곤란하고, 새로운 서비스를 개발해도 특허로 보호받기가 힘들어 서비스 혁신보다는 서비스 개선에 초점을 두게 된다. 따라서 타 기업이나 영업장에서 실시되고 있는 신 서비스를 모방하려는 경향이 많다.

또한 서비스 개념을 정확하게 기술할 수가 없어 표준화도 어렵다. 서비스 상품, 서비스 배달장소와 과정, 관련된 사람들간의 명확한 구분이 안 되어 서비스 개념 테스트가 힘들다.

(4) 신 서비스 마케팅 조사의 어려움

새로운 신 서비스에 대한 마케팅 조사에서, 특히 상술된 바와 같이 문제가 많이 발생하게 되는데 서비스 자체가 모호하여 신 서비스에서 얻게 되는 편익이 무엇인지 명확하게 기술하기가 힘들다는 점이 마케팅 조사를 어렵게 한다.

제 4 절_마케팅 정보 시스템

1. 마케팅 정보 시스템의 개념

마케팅 정보 시스템은 MIS(marketing information system)로 약칭되고 있는 것으로서, 콕스(D.F. Cox)와 굿(R.E. Good)은 "마케팅 의사결정을 내릴 때에 이용하기 위한 정보를 규칙적이고, 계획적으로 수집하고, 분석하고 제시하기 위한 일련의 순서 및 방법이다"[18]라고 정의하고 있다.

또한, 브라이언(R.H. Brien)과 스태포드(J.E. Stafford)는 마케팅 정보 시스템이란 "마케팅 관리자의 책임 영역에서 의사결정의 기초로 이용하기 위해 기업의 내외에서 수집된, 관련이 있는 정보를 질서 있게 흐를 수 있도록 기획된 사람, 기계 및 순서로 구축되어 상호작용을 하는 집합체이다"[19]라고 정의하였다.

한편, 버렌슨(C. Berenson)은 "마케팅 정보 시스템이란 마케팅에 있어서 관리자의 의사결정을 위해 할 수 있는 기초를 제공하는 것과 같이 정보의 흐름을 만들어내도록 기획된 사람, 시설, 방법 및 통제의 상호작용을 하는 구조이다"[20]라고 정의하고 있다.

---

18) D.F. Cox and R.E. Good, How to Build a Marketing Information System, *Harvard Business Review*, 1967, May-June, p.145.
19) R.H. Brien & J.E. Stafford, Marketing Information Systems : A New Dimension for Marketing Research, *Journal of Marketing*, 1968, July, p.21.
20) C. Berenson, Marketing Information Systems, *Journal of Marketing*, Vol. 33, No. 4, 1969, p.16.

이상의 정의에서 알 수 있는 바와 같이 마케팅 정보 시스템의 목적은 마케팅 분야에 있어서 마케팅 관리자가 내리는 의사결정에 대해 시기적절하게 기초적인 정보를 제공하는 것이며, 이와 같이 목적을 효율적으로 수행해나아가기 위해 마케팅 정보 시스템은 사람, 시설, 방법 등을 통합적으로 기획하는 것이다.

2. 마케팅 정보 시스템의 의의와 필요성

관광기업은 마케팅 활동을 수행하는 과정에서 다양한 의사결정을 하게 되는데, 이러한 의사결정의 결과는 마케팅 정보의 양과 질에 따라 달라진다고 볼 수 있다. 오늘날과 같이 급변하는 환경 속에서 성공적인 기업경영은 바로 얼마만큼 객관적이고 과학적이며 체계적인 정보를 기초로 한 의사결정을 경영자가 적시에 내릴 수 있느냐에 달려 있다 해도 지나친 표현이 아닐 것이다.

고객 중심의 마케팅 개념이 일반화되고 기업의 사회적 책임에 대한 관심이 높아지고 있는 상황에서 기업경영자는 목표시장인 소비자와 그 소비자를 둘러싼 시장환경에 대해 높은 관심을 갖지 않을 수 없다. 이렇게 시장환경이 급변하게 됨에 따라 이에 부응하는 마케팅 전략을 수립하기도 그만큼 어렵다는 의미를 내포하고 있다. 더욱이 경쟁구조가 과거처럼 가격을 중심으로 한 가격경쟁에서 비가격경쟁으로 전환됨에 따라 유효한 마케팅 수단을 강구하려면 더 많은 정보가 필요하다. 이러한 방대한 양의 정보를 신속하고 정확하게 처리하려면 이를 체계적으로 수집·정리·보관·검색할 수 있는 시스템이 절대적으로 필요하다.

3. 마케팅 조사와 마케팅 정보 시스템의 비교

마케팅 조사가 마케팅 정보 시스템의 한 하위 시스템으로 간주되고 있음을 앞에서 설명하였으나, 크리스프(R.D. Crisp)는 마케팅 조사를 "마케팅 문제에 관한 적절한 사실의 체계적, 객관적 탐색과 연구"[21]라고 정의함으로써 마케팅 정보 시스템과의 유의점을 지적하고 있지만 마케팅 조사와 마케팅 정보 시스템의 특징을 대조적으로 살펴보면 〈표 2-8〉과 같다[22]. 즉, 마케팅

---

21) R.D. Crisp, *Marketing Research*, McGraw-Hill, 1957, p.3.
22) W.J. Stanton, *Fundamentals of Marketing*, McGraw-Hill, 1981, p.39.

조사는 한 프로젝트(project)에서 시작하여 그것으로 끝나는 경향이 짙고, 문제해결을 위한 자료를 수집하는 데 치중하는 반면에 마케팅 정보 시스템은 미래 지향적으로 계속적인 활동에 치중하며 문제해결은 물론 문제예방에도 주력한다. 또한 마케팅 조사는 외부자료를 취급하는 것이 보통이나 마케팅 정보 시스템은 내부 및 외부자료를 모두 다루고 있는 점에 차이[23]가 있다.

〈표 2-8〉 마케팅 조사와 마케팅 정보 시스템의 비교[24]

마 케 팅 조 사	마 케 팅 정 보 시 스 템
• 외부정보의 취급에 역점을 둔다. • 문제해결에 치중한다. • 프로젝트별 기준으로 실시되기 때문에 단속적이다. • 과거정보에 초점을 둔다. • 반드시 컴퓨터에 기반을 둔 것은 아니다. • 하나의 정보원만이 마케팅 정보 시스템에 투입된다.	• 내·외부 자료를 모두 취급한다. • 문제해결뿐만이 아니라 문제예방에도 치중한다 • 지속적으로 존재하는 하나의 시스템이다. • 미래 지향적이다. • 항상 컴퓨터에 기반을 둔 과정이다. • 마케팅 조사 외에도 다른 하위 시스템을 포함한다.

그러나 회계담당 부서와 비마케팅 분야에서는 내부적인 마케팅 자료를 수집하고 처리하여 관광상품이나 서비스의 영업장별 또는 상품별 성과를 평가하기 위하여, 판매량과 판매경비를 분석하는 것으로 보아 마케팅 정보 시스템을 갖지 않은 회사일수록 마케팅 조사의 필요성을 절실히 느낄 것이다. 마케팅 정보 시스템을 구비하고 있는 관광기업에서도 하위 시스템으로서의 마케팅 조사는 대단히 중요한 것이며, 마케팅 조사 프로젝트는 마케팅 시스템의 중요한 자료원이 되고 있다.

4. 마케팅 정보 시스템의 구성요소

마케팅 정보 시스템을 구성하고 있는 주요 시스템과 그 내용은 [그림 2-2]와 같다. 그림의 왼쪽편에는 마케터들이 주시해야 할 외부환경이 표시되어 있다.

---

23) 최병용, 신마케팅론, 박영사, 1981, pp.93~94.

24) W.J. Stanton, *Fundamental of Marketing*, 8th ed., McGraw-Hill, 1987, p.64.

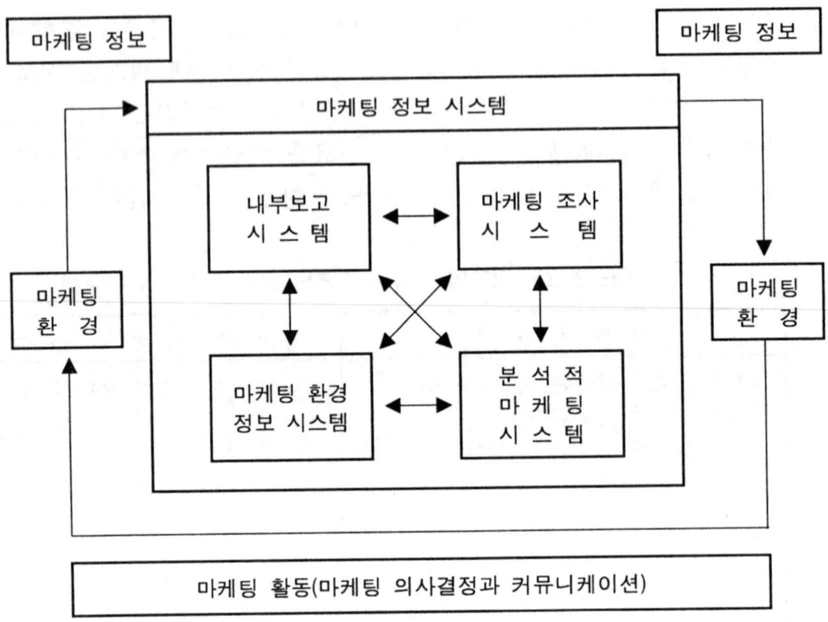

[그림 2-2] 마케팅 정보 시스템의 구조[25)]

외부환경을 구성하고 있는 요소로는 목표시장, 유통경로, 경쟁자, 대중 및 거시환경 요인으로, 이러한 외부환경의 변화나 추세를 검토하는 마케팅 정보 시스템의 구성요소는 내부보고제도, 마케팅 정보수집제도, 마케팅 조사제도, 그리고 마케팅 분석 수단으로 되어 있으며, 그 정보는 적절한 마케터의 마케팅 계획, 집행, 통제하는 데 유용한 자료가 되는 것이다. 이와 같이 이루어진 마케팅 결정과 마케팅 커뮤니케이션(marketing communication)의 형식으로 마케팅 활동이 수행되어 마케팅 환경에 다시 피드백(feedback)되게 된다.

(1) 내부보고 시스템

내부보고 시스템(internal reports system)은 마케팅 경영하에서 초기부터 활용되어왔던 하위 시스템으로서, 내부회계 시스템(internal accounting system)이라고도 한다. 일반적으로 주문, 판매, 재고수준, 수취계정, 지급계정 등을 보고해주는 것이다. 이를 통해 제공되는 정보, 즉 주문(order), 인도(shipping),

---

25) 김원수, 마케팅 정보 시스템, 박영사, 1983.

청구(billing) 등의 사이클(cycle)을 통하여 경영자는 문제와 새로운 기회를 발견할 수 있고, 실적과 예상과의 비교가 가능하다. 이 시스템의 효율성이 높아지려면 판매보고가 적시에 이루어져야만 하고, 이용자 중심 보고 시스템(user oriented reports system)이 형성·운용되도록 하여야 한다.

(2) 마케팅 환경정보 시스템

내부보고 시스템은 결과자료(results data)만을 제공해주는 데 비해, 마케팅 환경정보 시스템(marketing intelligence system)은 주로 기업 외부의 마케팅 환경동향에 관한 일상적인 우발자료(happenings data)를 제공하는 하위 시스템으로 마케터가 외부 마케팅 환경의 동향에 관한 정보를 일상적으로 얻을 수 있도록 해주는 일종의 정보원과 절차로 구성되어 있다.

마케팅 환경정보 시스템은 마케팅 관리자가 마케팅의 환경변화에 창조적으로 적응할 수 있도록 참고자료를 정리하여 마케팅 전략에 활용·적응시키는 기능을 담당한다. 따라서 환경정보(intelligence)는 사실 혹은 자료에 지적인 처리를 가한 결과에 의해서 얻게 되는 지식으로서, 일반 정보원 중에서 선정, 평가 및 해석한 결과가 정책적인 측면에서 볼 때 중대한 의미가 있다고 밝혀진 정보들로 작성된 것이므로 일반정보보다는 상위개념에 놓여 있다.

(3) 마케팅 조사 시스템

마케팅 조사 시스템(marketing research system)은 관광기업의 경영자가 해결해야 할 문제에 대하여 의사결정을 정확히 할 수 있도록 구체적 정보를 수집·분석·평가·보고하는 기능을 수행한다. 이 시스템에서는 광고활동의 유효성 측정, 소비자 선호조사, 판매원 감사 등에 대해서 분석하여 경영자에게 보고서를 제출한다.

마케팅 관리자가 특수한 조사·연구를 하여 의사결정을 할 필요가 있는 경우 조사 프로젝트(research project)를 기획·설계하여 필요한 정보를 수집·제공하는 시스템이다.

(4) 분석적 마케팅 시스템

분석적 마케팅 시스템(analytical marketing system)은 마케팅 자료나 마케팅 문제를 분석하는 일련의 고도기법을 갖추고 있어서 우리가 일반적인 방법으로 분석하여서는 잘 알 수 없는 조사결과나 결론을 얻을 수 있도록 분석하는 시스템이다. 이 시스템은 마케팅 결정지원 시스템(MDSS : marketing decision support system)을 형성하고 있는 통계 뱅크와 모델 뱅크(model bank)가 저장되어 있는 컴퓨터 시스템이다. 이를 통해 마케팅 관리자는 컴퓨터 단말장치를 이용하여 과거에는 접근하기 어려웠던 저장된 정보를 검색·처리하여 여러 가지 의문에 대한 해답을 얻을 수 있다.

사 례[26]

청도 소싸움축제 평가보고서

'2000 청도 소싸움축제'가 경상북도 청도군 이서면 서원천 둔치에서 3월 15일에서 19일까지 5일간의 일정으로 펼쳐졌다. 문화관광부 지정축제인 청도 소싸움축제는 이번으로 2회째를 맞으며 내국인 방문객 40여 만 명과 외국인 방문객 1,000여 명을 유치하는 성과를 올렸다.

이 조사보고서에서는 청도 소싸움축제 기간에 방문객과 지역주민, 상권을 대상으로 실시한 설문조사를 통해, 전년에 대비하여 어떤 측면이 개선되었는지 알아보고, 지방문화축제 개발의 성공적 모델로 확실히 자리매김하기 위해 보완해야 할 점에 대해 알아보기로 한다.

프로그램의 다양화와 시설확충으로 방문객의 좋은 반응을 얻어 '2000 청도 소싸움축제'는 처음 열렸던 1999년의 축제에 비해 내용면이나 시설면에서 한층 발전된 모습을 보여주었다. 축제 프로그램의 경우 작년에는 소싸움경기, 로데오, 싸움소 타기 등의 프로그램에 그쳤지만 이번 축제에는 전시, 체험, 이벤트, 경기로 나누어진 다양한 프로그램이 펼쳐져 방문객들에게 단지 소싸움만을 구경하는 데 그치지 않고, 색다른 볼거리 · 놀거리를 제공한다는 측면에서 좋은 반응을 얻었다.

축제장의 규모나 시설측면에서 볼 때, 경기장, 먹거리장터 등의 공간을 확대하였고 주차장 규모를 1만 평에서 2만7천 평으로 대폭 확대하여 방문객들의 편의를 도모하였다. 또한 방문객용 휴게실을 따로 마련하고 화장실을 2배로 확대하였으며, 특히 외국인과 여성전용 화장실을 따로 설치하기도 하였다.

안내소의 경우에는 종합안내소 1개소에서 청도역, 터미널 각 1개소와 축제장 3개소 등으로 늘려 운영하였다.

청도 소싸움축제 평가를 위한 설문조사 개요

방문객을 대상으로 한 설문조사는 행사장을 방문한 국내방문객을 대상으로 총 420매를 조사하였으나 부적절한 설문을 제외하고 382매를 최종적으로 분석하였으며, 외국인 방문객 총 130명에게 설문조사를 실시하여 110매를 확보하였다.

또한, 청도 지역주민과 지역상인에 대한 설문조사는 축제기간 중 청도 읍내

---

26) 디스, 관광연구원, 2000.

상가와 거리를 방문하여 각각 81명과 111명 대상으로 조사를 실시하였다. 조사는 문화관광부에서 정한 관광축제 평가척도 모델을 활용하였다.

소싸움 이외의 다양한 볼거리 제공과 전략적인 홍보 마케팅 전략 수행

청도 소싸움축제는 문화관광부 지정 축제 중의 하나로 전국 각지의 싸움소가 모인 소싸움대회와 일본 소와의 한·일전, 미군 로데오협회의 한우 로데오 등 다채로운 볼거리로 많은 흥미를 유발하는 축제로 자리잡고 있으며, 타 지방자치단체의 문화축제개발 모델이 되고 있다. 이는 주제가 확실한 볼거리와 계획적인 홍보가 잘 어우러졌다는 데서 그 원인을 찾을 수 있다.

전략적인 홍보 마케팅의 수행은 많은 언론들의 관심을 집중시켜 해외의 NHK, BBC에서도 특집 프로그램을 제작하였고, 국내 축제 최초로 인터넷 생방송이 시도되어 국내뿐만 아니라 전세계적으로 축제를 확대시킬 수 있는 기반이 마련되었다.

프로그램면에서는 농경생활 전시관, 미술관, 예쁜 소 선발, 야간 이벤트 등 소싸움뿐만 아니라 다양한 볼거리와 체험 이벤트를 제공함으로써 방문객들로부터 좋은 반응을 얻었다. 또한 민간단체의 활발한 참여로 행사진행을 원활하게 유지시키는 데 도움이 되었는데, 민간단체의 참여는 단순한 업무보조의 의미를 벗어나 지역주민의 참여도를 높인다는 데서 그 의미를 부여할 수 있다.

이번 축제에서 문제점으로 지적된 부분으로는, 축제장 내에 쓰레기통이 많지 않아서 미관상 불결한 이미지를 줄 수 있었고, 곳곳에 전통미를 살린 안내판이 설치되었으나 그 수가 부족해 주 동선에서 벗어나 있었다는 점을 들 수 있다. 지역의 제한된 사회기반시설을 바탕으로 40여 만 명이라는 많은 관광객을 일시에 유치한 이번 청도 소싸움축제는 관람객 수용능력에 있어 현재의 시설로는 포화상태에 이르렀다고 생각되므로, 시설의 보완이 이루어지고, 청도를 대표할 수 있는 다양한 먹거리 개발과 행사장 내 메뉴 다양화, 서비스 질의 개선이 이루어진다면 전체 행사 이미지의 상승효과를 기대할 수 있을 것으로 보인다.

지방문화축제 개발의 성공 모델로서 세계적인 축제로 발돋움할 단계

'2000 청도 소싸움축제'는 향후의 지방문화축제 개발 성공 모델로서 자리매김하고 있다. 40여 만 명의 방문객과 1,000여 명의 외국인들이 방문한 기록은 비교적 교통이 불편한 지역으로는 놀랄 만한 일이다. 전년도에 문화관광부 지정 축제로 지정된 이후 규모나 시설, 운영 측면에서 발전을 거듭하고 있는데, 이는 가히 타 지방문화축제의 성공 모델로서 역할을 수행하기에 충분할 것이다.

이제 '청도 소싸움축제'는 규모의 성장보다는 질적인 성장이 필요한 시기이다. 그 이유로 첫째는 사회간접자본과 기반시설의 한계를 들 수 있다.

'청도 소싸움축제'가 전국규모의 대형 이벤트로 자리잡고 있지만 1년에 5일 정도의 축제를 위하여 도로나 호텔 등 사회기반시설에 무리한 투자를 하는 것은 어려운 이야기이다. 관광에의 시설투자는 대규모 투자를 필요로 하며, 그 투자분에 대한 회수기간은 매우 길게 나타나는 편이다. 청도군에서 대규모 상설경기장의 건립을 추진하는 것은 청도가 소싸움의 메카로서 발전하고 방문객에게 더 나은 서비스와 소싸움의 상설화라는 좋은 영향을 주지만 그것을 지속적으로 유지하기 위해서는 많은 노력이 필요하다. 소싸움경기장에 대한 체계적인 운영계획과 수익계획이 다른 지자체의 사례와 많은 해외사례의 연구를 통해 확립되어야 할 것이다.

둘째는 이제 '청도 소싸움축제'는 세계적인 축제로 발돋움할 단계에 이르렀다는 것이다. 금번 축제에서 볼 수 있듯이 일본, 영국, 홍콩 등의 많은 언론이 '청도 소싸움축제'에 많은 관심을 표명하였고, 축제의 내용을 자국민들에게 널리 보도하였다. 하지만 실질적인 운영 측면에서는 아직 외국 방문객이 편안하게 참여할 수 있기에는 부족한 점이 많은 것이 사실이다. 물론 시설에의 투자도 있겠지만 자본의 투자는 위에서 설명한 것처럼 회수의 어려움이 따르므로 실질적으로 가장 먼저 개선해야 하는 부분은 서비스의 질적 개선과 지속적이고 체계적인 마케팅 홍보가 더욱 더 필요한 시점으로 여겨진다.

셋째는 수익성의 증대이다. 축제의 주체, 즉 생산자는 청도군과 청도의 지역주민이 되고 객체, 소비자 혹은 방문객은 외국·외지인이어야 하는 것은 필수적이다. 지역주민은 축제를 개최하고 운영하여 축제에 참가하고, 외지인은 그 축제를 참관하고 관광을 즐기며 소비하며 축제에 참가하는 것이 가장 바람직한 수익 모델일 것이다. 위와 같은 사항을 지속적으로 수행한다면 '청도 소싸움축제'는 세계적인 축제로 발돋움하고, 또한 지역경제에 큰 영향을 미치는 축제로의 성장이 기대된다.

제 3 장

관광시장 세분화

제 1 절__시장 세분화

1. 시장 세분화의 의의

시장 세분화(market segmentation)란 용어는 스미스(Wendell R. Smith)가 처음 사용하였는데, 그는 시장 세분화를 "소비자나 사용자의 욕구에 대하여 제품과 마케팅 노력을 합리적이며 보다 정교하게 맞추는 행위"[27]로 정의하였다. 또한 쉬프만(L. Schiffman)과 카눅(L. Kanuk)은 시장 세분화란 "전체시장을 여러 개의 동질적인 고객집단으로 구분하고 하나의 독특한 마케팅 믹스로 도달될 수 있는 표적시장(target market)으로서, 하나 또는 여러 개의 세분시장을 선정하는 과정이다"[28]라고 정의하여, 시장 세분화가 마케팅 전략을 전개해나가는 과정의 한 단계임을 명백하게 지적하고 있다.

이러한 관점은 기업의 핵심적 과업이 표적시장이 추구하는 효익과 욕구를 결정하고 경쟁자에 비해 이 시장이 원하는 바를 보다 효과적으로 충족시키는 방향으로 마케팅 전략을 수행해야 한다는, 이른바 마케팅 지향적 사고

27) Wendell R. Smith, Product Differentiation and Market Segmentation as Alternative Marketing Strategies, *Journal of Marketing 20*, 1956, p.5.

28) L. Schiffman and L. Kanuk, *Consumer Behavior*, Prentice Hall, Englewood Cliffs, 1978, p.25.

(marketing oriented concept)의 출발점이라고 할 수 있다.

따라서 시장 세분화는 보다 효과적인 마케팅 믹스의 개발을 위해서 전체 시장을 상품이나 서비스에 대한 욕구가 비슷한 영업활동에 의미있는 동질적 부분시장으로 나누는 작업이라고 정의할 수 있다. 즉, 시장 세분화란 이질적인 전체시장을 동질적인 몇 개의 세분시장으로 나누는 행위를 말하며, 각 세분시장의 수용에 따라 마케팅 전략을 전개하는 데 그 의의가 있다.

호텔 산업에 있어 시장 세분화는 본래 상품차별화에서 출발하였다. 1981년 로버트 하저드(Robert Hazard)는 '퀄리티 인(Quality Inn)'의 최고경영자가 되었는데, 그가 물려받은 프랜차이즈 호텔(franchise hotel)들은 다양한 성격을 지니고 있어 고객들은 혼란을 느끼고 있었다. 그는 이를 타개하기 위해 상품 및 서비스를 컴퍼트 인(Comfort Inn), 퀄리티 인(Quality Inn), 퀄리티 로열(Quality Royal)의 세 가지 범주로 차별화하고 각 범주마다 상이한 이미지를 느낄 수 있도록 광고하였다. 이와 같은 사고는 크게 성공을 거두게 되었고, 그 후 다른 호텔들도 이를 뒤따랐다.

오늘날 호텔 기업에서 시장 세분화는 보편적인 전략수단이 되었으며, 염가 호텔(budget hotel), 저가 호텔(economy hotel), 중가 호텔(middle tier hotel), 고급 호텔(suite hotel), 최고급 호텔(up scale hotel) 등의 구분이 널리 이용되게 되었다. 관광·숙박산업에서 진실로 시장 세분화를 실천한다는 것은 마케팅 컨셉을 실현하는 것이며, 소비자 행동을 연구하는 주된 이유도 세분화 전략을 개발하는 데 있다.

> **시장 세분화**
>
> 전체시장을 구성하는 잠재고객들을 동질적인 하위시장들로 나누어 분리하는 과정으로 정의할 수 있다. 마케터는 상이한 소비자들로 구성되는 전체시장에 대하여 단 하나의 마케팅 믹스를 제공하기보다 구체적인 세분시장들이 원하는 바에 맞추어 제품을 개발하고, 마케팅 노력을 집중함으로써 경쟁자에 비해 차별적 우위를 누릴 수 있다.

2. 시장 세분화의 이점

관광기업의 시장 세분화는 이질적인 시장에 있어서는 필수적인 마케팅 기법으로서 여러 가지의 이점을 제공해준다. 자신의 서비스를 이용할 고객에 대한 충분한 지식과 이해를 갖고 있으므로 기업은 자원을 낭비하지 않고 효율적으로 배분할 수 있다. 또한, 전체시장을 대상으로 하지 않고 세분시장을 대상으로 하는 만큼 시장수요의 변화에 보다 신속하게 대처할 수 있다. 이러한 세분화 과정을 통해 기업은 자원을 최적 배분할 수 있는 마케팅 믹스를 보다 효과적으로 개발하여 고객만족을 줄 수 있으며, 궁극적으로 기업의 목적을 달성하게 된다. 이것이 곧 시장 세분화의 목적이다.

시장 세분화가 현대 마케팅에서 절대적으로 필요하고 중요한 만큼, 시장 세분화는 이 목적을 달성하는 데 가장 적절한 방법으로 행해져야 한다. 효과적인 마케팅 전략을 전개하기 위해 시장 세분화는 다음과 같은 몇 가지 조건을 충족시켜야만 한다.

(1) 측정 가능성(measurability)

각 세분시장의 규모나 구매력, 즉 판매잠재력, 비용, 이익 등은 정확히 측정・비교될 수 있어야 한다.

(2) 접근 가능성(accessibility)

관광기업이 선정한 세분시장에 마케팅 노력을 집중시킬 수 있고, 이들 세분시장에 관한 자료를 쉽게 수집할 수 있는 정도를 말한다. 어떤 세분시장은 법규나 사회적 제약, 유통상의 제약요인으로 도달하기 어려운 경우도 있다. 세분시장에 효과적으로 도달할 수 없다면 의미가 없을 것이다.

(3) 실질성(substantiality)

세분시장이 별도의 마케팅 믹스 전략을 전개할 만큼 충분히 규모가 크거나, 수익성을 확보할 정도로 규모를 지닌 시장인가를 나타낸다. 또한 그런 실질성은 단기간이 아니라 상당한 기간 지속적으로 유지되어야 한다.

(4) 행동 가능성(actionability)

세분시장을 유인하고 그 세분시장에 효과적인 마케팅 프로그램을 수립하고 집행할 수 있는 마케터의 능력이나 자질을 의미한다.

> **시장 세분화의 절차**
>
> ① 시장 세분화 목표(조사의 목적)를 명확하게 설정한다.
> ② 세분시장을 정의하거나 묘사하기 위한 근거들을 선정한다.
> ③ 전체시장을 세분하기 위하여 사용할 기준(세분시장 정의변수)을 선정하고, 그에 따라 전체시장을 세분한다.
> ④ 세분시장 정의변수에 의해 분리된 각 세분시장들을 여타의 변수(세분시장 묘사변수)들로 묘사하여 세분시장 프로파일을 작성한다.

제 2 절_관광시장 세분화의 기준

시장 세분화 변수란 전체시장을 세분시장으로 나누기 위해 사용되는 개인이나 집단, 또는 조직의 제차원이나 특성을 말한다. 예를 들면, 지리적 위치나 연령, 성별, 상품사용률 등은 세분화 목적을 위해 사용될 수 있다.

세분화 변수를 선택하기 위해서는 여러 요인들이 고려되어야 하고, 세분화 변수는 제품에 대한 고객의 욕구나 용도, 행동과 관련되어야 한다. 즉, 사람들의 욕구나 용도 및 행동은 선택된 세분화 특성에 따라 차이가 있어야 한다.

동일한 시장이라도 세분화(변수) 기준에 따라 여러 가지의 다른 세분시장이 생기게 된다. 여러 가지의 세분화 방법이 있지만 흔히 사용되는 세분화 방법에는 인구통계학적 세분화, 지리적 세분화, 심리행태적 세분화, 행위적 세분화, 편익적 세분화, 여행목적별 세분화 등이 있다.

1. 인구통계학적 세분화

인구통계학적 세분화(demographic segmentation)란 연령, 성별, 직업, 소득, 교육, 사회계층, 종교, 가족 수, 가족생활 주기, 출생률, 사망률, 인종, 국적, 이주 패턴 등의 인구통계학적 변수를 기준으로 전체시장을 세분화하는 것을 의미한다. 마케터들이 흔히 인구통계학적 특성을 세분화 변수로 사용하는 이유는, 첫째 이들 제변수가 고객의 제품욕구와 구매행동 등의 인구통계학적 변수들과 흔히 높은 연관성을 갖기 때문이며, 둘째 인구통계학적 변수를 측정하기가 용이하기 때문이다. 기업의 자원과 능력은 이용되는 세분시장의 수와 범위에 영향을 준다. 또한 제품의 유형과 소비자 욕구의 이질성 정도는 특정 기업의 마케팅 접근을 위한 세부항목의 수와 규모의 지침을 제시해 준다.

예컨대, 인구통계학적 변수들의 관광 숙박산업에 대한 적절성은 다소 제약적일 수밖에 없다. 다만 연령, 가족생활 주기단계 등 일부변수들은 아직도 매우 유용한 것으로 지적된다[29].

2. 지리적 세분화

지리적 세분화(geographical segmentation)는 기후, 지역, 자연자원, 인구밀도, 도시지방, 도시규모, 하위 문화적 가치관 등의 지리적 변수를 기준으로 하여 특정 상품의 시장을 세분화하는 것이다. 즉 각각의 지역, 도시, 심지어는 인근지역에 이르기까지 각 지역의 측정욕구를 충족시킬 수 있도록 그들의 상품, 광고, 촉진, 기타 매출노력을 세분화할 필요가 있다.

예를 들면, 서울 소재의 호텔들은 서울을 중심으로 한 지역의 고객을 끌어들이고 있다. 보통 도시의 규모와 인구밀집성, 지역 TV가 지배하는 영역 등을 중심으로 세분화하는 경우가 많다.

3. 심리행태적 세분화

심리행태적 세분화(psychological segmentation)는 사회계층(social class), 라이프 스타일(life style), 개성(personality) 등을 중심으로 전체시장을 서로 다른 동질적인 집단으로 시장을 세분화하는 것을 말한다. 심리행태적 변수들은 그 자체로서 시장 세분화 도구로 사용되거나 다른 세분화 변수 척도와 결합되어 사용될 수 있다.

이러한 세분화 변수로는 사회계급, 개성 및 라이프 스타일 등이 있으나 흔히 라이프 스타일에 의한 세분화가 많이 이용된다. 라이프 스타일에 의한 세분화는 심리적 만족을 그 기능으로 하고 있는 상품, 상품의 효과를 객관

29) R.C. Lewis and R.E. Chambers, *Marketing Leadership in Hospitality*, Van Nostrand Reinhold, 1989, p.213.

적으로 평가하기 곤란한 것, 소수의 부분시장을 위해 개발된 상품으로 비교적 고가이고 상징적 의미가 있는 상품의 경우에 적합한 세분화 전략이다[30]. 따라서 관광·숙박 서비스와 같이 무형속성과 고객이 추구하는 서비스 편익이 중요한 경우 특히 효과적일 수 있다.

4. 행위적 세분화

행위적 세분화(behavioral segmentation)는 소비자가 특정 상품이나 서비스에 대해 어떻게 행동하는가에 바탕을 두고 시장을 세분하는 것이다. 상품이나 서비스의 사용률이나 사용 여부, 상품의 사용 양상, 상품의 편익, 상품 충성도, 상품이나 서비스에 대한 태도, 구매준비상태 등의 변수를 사용한다.

행위적 변수들은 대개 상품사용과 관련한 어떤 측면을 포괄한다. 그래서 전체시장은 사용자와 비사용자로 구분될 수 있으며, 사용자는 다시 중사용자, 경사용자로 구분된다. 또한 고객들이 관광상품이나 서비스를 어떻게 사용하는가에 따라 시장을 세분할 수도 있다. 상품이나 서비스를 구매하는 고객들을 만족시키기 위해서는 상품이 보다 사용하기 용이하고, 안전하며 편리한 어떤 특성을 갖도록 설계하고 특별한 유통이나 촉진, 가격정책을 창안해야 할 것이다.

5. 편익적 세분화

편익적 세분화(beneficial segmentation)란 고객이 상품으로부터 얻고자 하는 편익을 기준으로 시장을 세분하는 기법이다. 대부분의 세분화 변수들은 변수와 고객욕구간의 의도된 관계를 의미하지만, 편익적 세분화는 고객들이 추구하는 편익이 바로 그들의 제품욕구라는 점에서 차이가 있다. 즉, 편익적 세분화의 효과는 숙박업의 경우 고객에겐 서비스 편익의 묶음(bundle)을 구매한다는 점에서 편익적 세분화가 유용한 세분기준임에 틀림없다. 서비스의 경우 편익이 곧 구매를 유발시키므로 세분화 노력은 편익의 측면에서 시장이 분할되고 난 후에 실시해야 효과적이다. 또한 호텔의 고객이 희구하는 편익은 편리한 입지, 청결함 및 가격이 중요한 것으로 지적되고, 회합 모임

---

30) R.W. Struse, Life Style Research Inappropriate for Some Categories of Product, *Marketing News*, June, 1977, p.9.

의 기획자들은 음식의 질과 식음료 서비스가 중요한 편익이라고 말하고 있다.

편익적 세분화의 가장 큰 장점은 고객의 욕구를 직접적으로 파악할 수 있다는 것이다. 편익을 변수로 할 경우 특정상품에 대한 고객의 구체적 욕구에 주목하게 되므로 추론의 필요성이 없어진다.

이 같은 편익을 기준으로 시장을 세분하고, 각 세분시장에 속한 사람들의 다른 속성을 파악할 수가 있다. 아래 〈표 3-1〉는 도심지 호텔에서 사용한 시장 세분화의 한 예이다.

〈표 3-1〉 숙박기업의 세분화 전략(도심지 호텔의 경우)31)

소비자 세분시장	전문가	하루 묵고 가는 자	회합참석자	여행객	현지인
주요한 추구편익	서비스	활동	즐거움	가치	가격
인구 통계학적 특성	30세 이상 고소득의 기업 종사자, 자주 여행하는 남자	20~40세 중·상의 소득, 자주 여행을 하는 자	집단에 따라 다름	20~50세 중소득 부부, 여성, 가끔 여행	20~40세 관료, 중견 관리자
지리적 특성	미국 전체	미국 전체	현지/미국 전체	현지/미국 전체	현지
행동특성	성취에 바탕, 높은 자아몰입, 자주 이용자	기대에 바탕, 높은 자아몰입	비판적, 가끔 이용자	가끔 이용자, 비안정적	가끔, 중간 정도 이용자
라이프 스타일	보수적	활동적	중간 계층	사회적 상위 계층자	가치 지향적
중심 식음료	호텔 식당 커피숍(조식)	룸서비스, 바, 라운지, 커피 숍	연회, 바, 라운지	호텔 식당, 커피숍(조식)	커피숍(중식), 호텔 식당
추정시장 점유율	20%	25%	35%	10%	10%
호텔사업 전체에 대한 추정 점유율	5%	40%	30%	5%	20%

31) James M. Degen, Segmentation Strategies for the 80s, *Restaurant Business*, October, 1, 1980, p.250.

제 3 절_세분화의 최적 기준 선택

시장 세분화를 하는 데 있어 유용하게 이용할 수 있는 기준 중에서 가장 적합한 하나 혹은 그 이상의 최적 세분화 기준을 선택하여야 한다. 최적 기준의 선택은 기업을 둘러싸고 있는 제요소에 대한 세밀한 연구와 검토를 통해 이루어져야 한다.

서비스 기업은 제상황에 대한 충분한 고려를 통해 하나의 기준만을 세분화 변수로 이용할 수도 있고, 그렇지 않고 몇 개의 변수를 결합하여 세분화할 수도 있다. 단일 기준을 통한 세분화의 경우 그 절차는 간단하나 소비자 욕구에 대한 만족할 만한 충족에는 다소 부족할 수도 있다. 반면에 다수의 변수를 결합하여 시장을 세분화할 경우 각 세분시장에 대한 보다 많은 정보를 보다 정확히 충족시킬 수 있다.

예를 들어, 관광객을 특정 지역에 유치하고자 하는 지방자치제 관광담당자는 다음과 같은 세분화 변수들을 결합하여 예상관광객을 규정할 수 있다.

〈표 3-2〉 관광지의 시장 세분화

매력요소	시장／방문지역	고객 특성	편익성
특산품(술, 의상 등) 시설／항구／호텔 테마 공원 이벤트／스포츠 문화／역사 사냥／오락 자연자원 일광／스키	외국 관광지 국내 관광지 계절적 관광지 연중 관광지	나이 수입 가족 결혼 여부 직업 생활양식 윤리／종교	가격 이용 편리성 질 식음료 다양성 시설

〈표 3-3〉은 해외 배낭여행 시장을 세분화하기 위해서 여행사 이용객의 추구편익 속성과 인구통계학적 특성, 이용 특성 등을 기준으로 이용한 사례이다. '세분시장 1'은 여행을 통해 가격／편리추구, 탐험추구, 자아탐색추구, 사회적 교류추구를 하려는 시장으로서 20세 이하의 젊은 층이 소속되어 있으며, 직업으로서는 회사원, 공무원, 월평균 소득에 있어서는 200만 원 이하, 여행기간은 5~7일, 연평균 여행횟수는 4회 이상의 여행빈도가 많은 사람들로 구성되어 있다. 그리고 여행경비는 31~40만 원, 이용숙박 형태는 여관을

주로 이용하는 경우이다.

'세분시장 2'는 여행을 통해 탐험추구, 자아탐색추구, 휴양/휴식추구를 하려는 시장으로서, 연령에 있어서는 21~30세, 직업에 있어서는 자영업, 전문직, 월평균 소득은 301만 원 이상, 여행기간은 8~10일, 연평균 여행횟수는 3회, 여행경비는 51~60만 원, 이용숙박 형태는 콘도, 여행사 지정숙소를 주로 이용하는 경우이다.

'세분시장 3'은 여행을 통해 레저/문화활동추구, 위락추구, 자연감상추구를 하려는 시장으로서, 연령층은 31세 이상이, 직업은 자영업, 월평균 소득은 201~300만 원, 여행기간은 11~13일, 연평균 여행횟수는 2회, 여행경비는 61만 원 이상, 이용숙박 형태는 민박인 경우이다.

〈표 3-3〉 해외 배낭여행 시장 세분화[32]

기 준	세분시장 1	세분시장 2	세분시장 3
추구편익요인	가격/편리추구 탐험추구 자아탐색추구 사회적 교류추구	탐험추구 자아탐색추구 휴양/휴식추구	레저/문화활동추구 위락추구 자연감상추구
연령	20세 이하	21~30세	31세 이상
직업	회사원, 공무원	자영업, 전문직	자영업
월평균 소득	200만 원 이하	301만 원 이상	201~300만 원
여행기간	5~7일	8~10일	11~13일
연평균 여행횟수	4회 이상	3회	2회
여행비용	31~41만 원 71만 원 이상	51~60만 원	30만 원 이하 61만 원 이상
이용숙박시설	여관	콘도, 여행사 지정숙소	민박

32) 전기환 · 안대희, 여행사 이용객의 추구편익에 관한 연구, 김천대학 논문집 제18집, 1997, pp.463~491.

시장 세분화의 예

캐나다 관광청(CTC)은 올해에도 지역별 마케팅 활동을 활발히 진행할 계획이다.

1995년에 설립되어 매력적인 관광지인 캐나다를 홍보하고, 정부와 민간 분야에 캐나다 관광정보를 제공하는 등 캐나다 관광진흥 홍보 기능을 수행하고 있는 CTC는 최근 2001/2002년 주요 마케팅 전략을 발표했다.

CTC는 목표시장을 미국의 휴가여행시장을 비롯하여 미국의 회의·컨벤션·인센티브 여행시장, 유럽시장, 아시아·태평양시장, 남미시장, 캐나다 국내시장을 대상으로 세분화할 방침이다.

먼저 미국의 휴가여행시장을 대상으로 한 마케팅 활동은 뉴욕, 보스턴, 시카고, 샌프란시스코, LA, 달라스, 미니애폴리스, 애틀랜타, 마이애미, 피닉스를 주요 홍보대상 도시로 정해 캐나다의 광범위한 볼거리를 알릴 계획이다. 또한 여행상품을 제공할 업체간의 협력을 도모해 캐나다의 연중 패키지 여행상품 개발을 장려하고, 언론매체를 통해 휴가 여행지로서 캐나다를 부각시키도록 유도할 방침이다.

미국의 회의·컨벤션·인센티브 여행시장 마케팅을 위해 캐나다를 기업 회의 담당자들이 선호할 수 있는 장소로 만드는 데 주안점을 두고, 캐나다를 지속적으로 회의 대상지로 알려나가고, 마케팅 프로그램에 대한 범위를 확대해나간다는 전략이다.

유럽시장 마케팅 활동은 주요 목표시장을 겨냥해 캐나다의 이미지를 쇄신하고, 소비자에게 적절하고 효과적인 정보를 제공해 캐나다의 관광상품에 대한 관심을 높이는 데 있다.

아시아·태평양시장을 대상으로는 저렴하면서도 역동적인 고품질 4계절 휴양지인 캐나다를 널리 알려 여행 도소매업자들로 하여금 캐나다 여행상품에 대한 관심을 높이고, 캐나다 여행 관련 업체와 협력, 특별한 패키지 상품을 개발해 여행상품 공급망을 확대할 계획이다.

남미시장 마케팅 활동은 브라질과 멕시코에 초점을 맞춰 캐나다 여행에 관한 홍보활동을 전개해 캐나다 여행상품의 판매를 늘려 여행상품 공급망 확대도 도모할 계획이다.

한편 캐나다 국내시장에선 국내에서 사계절 내내 다양하고 광범위한 여행경험을 할 수 있다는 인식을 확산시키기 위해 여행업자로 하여금 고객이 반응할 수 있는 혁신적인 패키지 상품을 개발하도록 유도하고, 집중적인 마케팅 활동과 소매 여행업자의 적극적인 참여를 이끌어낸다는 계획이다.

— 여행신문, 2001년 2월 23일자 —

시장 세분화 전제조건

① 시장이 내부적으로 동질성을 갖고 외부적으로 이질성을 보여야 한다.
② 전체시장 또는 세분된 시장의 규모가 별도의 마케팅 믹스를 제공받을 수 있는 정도로 커야 하는 경제성의 조건을 충족시켜야 한다.
③ 세분화 변수를 이용하여 전체시장을 세분하였을 때 각 세분시장의 규모나 구매력 등의 크기가 계량적으로 평가될 수 있어야 한다. 즉 측정 가능성이 있어야 한다.
④ 촉진이나 유통경로가 용이한 접근 가능성이 있어야 한다.
⑤ 실행 가능성이 있어야 한다.

제 4 절__표적시장의 규명 및 선정

이질적 시장을 세분화 기준을 통해 나누면 몇 개의 동질적인 시장으로 분해된다. 시장을 나눈 후에 서비스 기업이 착수해야 할 다음 단계는 바로 자신에게 가장 적합한 표적시장을 선택하는 것이다. 즉, 자사의 마케팅 노력을 투입할 시장의 범위를 결정해야 하는 것이다. 여기에서 표적시장이란 서비스 제공자가 자신의 마케팅 노력을 특별히 기울이는 고객집단으로 정의할 수 있다.

그러나 앞에서도 살펴본 바와 같이 시장 세분화의 주된 목적은 세분시장별로 그에 적합한 마케팅 전략을 수립하여 이를 효과적으로 실행함으로써 서비스 기업이 마케팅 목표를 효율적으로 달성하는 데 있다.

1. 세분시장의 평가

시장의 효율적인 관리를 위해 전체시장을 세분화한 다음 적절한 표적시장을 선정하는 것은 시장 세분화 전략 형성에 매우 중요한 요소이다. 따라서 다음과 같은 요인을 분석하여 세분시장을 평가해야 한다.

(1) 세분시장 요인

세분시장의 평가요인으로서는 세분시장의 규모와 세분시장의 성장률, 그리고 상품의 수명주기로 구분할 수 있다.

1) 세분시장의 규모

세분시장을 평가하기 위해서는 시장의 규모가 매우 중요한 역할을 한다. 그러나 세분시장의 규모가 크다고 기업의 수익을 보장해주지는 않는다. 즉, 시장의 규모가 작을지라도 이윤의 폭이 클 수도 있다는 것이다.

2) 세분시장의 성장률

대개 기업들은 상품이나 서비스의 판매를 통한 매출이나 이익률의 지속적인 성장을 기대하고 있기 때문에 세분시장의 높은 성장률은 바람직한 세분시장의 특성으로 받아들여지고 있다. 이러한 이유로 인하여 기업들 사이에 성장률은 치열한 경쟁을 유발시키기도 한다. 따라서 표적시장을 선정할 경우에는 세분시장의 성장률과 이에 따른 미래의 경쟁상황을 고려하여 결정해야 할 것이다.

3) 상품의 수명주기

시장의 점유율과 성장률을 분석할 경우에는 반드시 상품의 수명주기도 정확하게 파악해야 한다. 왜냐하면 세분시장의 상품 수명주기가 도입기나 성장기일 경우에는 작은 규모의 시장으로 성장률도 빠를 것이다. 반면 상품의 수명주기가 성숙기일 경우에는 시장의 규모가 크고 성장률이 빠르기 때문이다.

(2) 경쟁요인

세분시장을 평가하기 위해서는 반드시 경쟁에 대한 요인을 고려해야 한다. 만약 경쟁을 고려하지 않고 세분시장을 평가하여 표적시장을 선정하였다면, 표적시장 선정의 다음 단계인 포지셔닝 과정에서 경쟁상품과의 경쟁적 우위의 획득이 곤란해질 수 있기 때문이다. 따라서 세분시장을 평가하는 과정에서는 자사의 상품이나 서비스가 표적시장으로 선정했을 경우 경쟁적 우위를 점할 수 있는가를 우선적으로 확인해야 한다.

1) 현재의 경쟁자

현재 각각의 세분시장 내에 참여하고 있는 경쟁자들을 철저히 분석하여 경쟁의 정도를 파악해야 한다. 경쟁의 강도가 크면 클수록 세분시장에 참여하고 있는 경쟁자들은 타기업과의 경쟁에서 이기기 위해서 많은 마케팅 비용을 지불해야 하며, 경우에 따라서는 가격경쟁도 불사해야 한다. 또한 세분시장을 평가하기 위해서는 경쟁의 강도뿐만 아니라 경쟁우위의 확보 가능성 여부를 분석해야 한다. 그 이유는 세분시장 내에서 아무리 경쟁강도가 크다 할지라도 경쟁적 우위를 확실하게 확보하고 있다면 결과적으로 시장의 경쟁에서 우위를 확보할 수 있기 때문이다.

2) 잠재적 경쟁자

잠재적 경쟁자들은 비록 현시점에서는 경쟁의 강도에 영향을 미치지 않지만 기업의 수익률에는 간접적으로 영향을 미칠 수 있다. 즉, 세분시장의 참여자들이 높은 수익률을 획득하고 있다면 경쟁자들로 하여금 시장진입을 촉진시키는 원인이 되기 때문이다. 따라서 현재의 세분시장 내에는 참여하고 있지 않을지라도 앞으로 시장에 참여할 가능성이 있는 경쟁자들도 고려해야 한다.

(3) 자사와의 적합성

모든 기업은 경영의 사명과 목표가 명확하고 조직의 구성이 다르기 때문에 아무리 매력적인 세분시장일지라도 기업의 사명과 목표에 일치하지 않으면 기업은 그 세분시장을 선택할 수 없을 것이다. 또한, 자사의 자원이나 기존시장의 마케팅 믹스와 조화를 이루지 못할 경우에도 표적세분시장으로서의 가치를 잃을 수 있기 때문에 세분시장 평가에 기존시장과의 조화 여부를 검토해야 한다.

2. 표적시장의 선정

마케팅 전략으로 마케팅 관리자는 세분시장을 다각도로 분석한 후 진입할 가치가 있는 시장 및 범위를 결정하고, 선정한 표적시장에 대한 포지셔닝을 결정해야 한다. 즉, 마케팅 관리자는 세분시장의 매력도 평가를 통해 하나 이상의 표적세분시장 진입을 결정하는데, 현재의 시장상황을 신중히 고려하여 어느 세분시장에 진출할 것인가를 결정해야 한다. 표적시장의 선정에 관한 내용은 다음(제 5 절)에서 구체적으로 설명하였다.

제 5 절 _ 표적시장의 선정 유형

관광 서비스의 차별화를 고려해서 표적시장 선정으로 고려될 수 있는 유형은 [그림 3-1]과 같이 5가지 유형이 가능하다.

첫째, 관광 서비스／시장 전문화 유형이다. 이것은 서비스와 시장에서 모두 전문화하는 것으로서, 대체로 소규모의 마케팅 조직들에 의해 채택된다. 신혼여행 패키지 상품만을 마케팅하는 여행사는 전체시장을 연령층으로 세분할 때 결혼 이전의 20～30대라는 특정한 세분시장만을 대상으로 하면서 패키지 상품(package products) 중에서도 신혼여행 패키지만을 제공함으로써 서비스와 시장 모두에서 전문화하고 있다.

둘째, 관광 서비스 전문화 유형이다. 이것은 전체시장의 잠재고객들에 대하여 특정한 제품을 전문화하여 마케팅하는 시장포괄 전략이다. 해외여행 패키지(overseas tour package)를 마케팅하는 전문 여행사는 성별／연령별 모든 세분시장을 대상으로 패키지 상품을 제공하기 때문에 서비스 측면에서 전문화한 것이다. 즉, 단일 관광 서비스를 개발하여 다양한 관광시장에 접근하는 유형이다.

셋째, 관광시장 전문화 유형이다. 이것은 특정한 세분시장만을 대상으로 하여 그들이 필요로 하는 거의 모든 제품을 제공하는 시장포괄 전략이다. '키세스 여행사'는 대학생이라는 특정한 세분시장에 대하여 그들이 필요로 하는 광범위한 여행상품(배낭여행, 영어연수, DIY 상품 등)을 마케팅하고 있다.

넷째, 선택적 전문화 유형이다. 이것은 다수의 세분시장이 유망하다고 판단될 경우에 다수의 서비스／시장 전문화를 추구하는 것이다. 즉 관광기업의 목표와 자원에 부합되는 몇 개의 관광세분시장을 선택해서 표적시장으로 삼는 경우이다.

다섯째, 완전포괄 유형이다. 다양화를 추구하는 마케팅 조직에서 흔히 찾아볼 수 있는 시장포괄 전략인데, 전체시장의 잠재고객들을 대상으로 하여 그들이 필요로 하는 광범위한 제품들을 마케팅하는 전략이다. 관광기업의 자원이나 능력이 풍부할 때 가능한 유형이다.

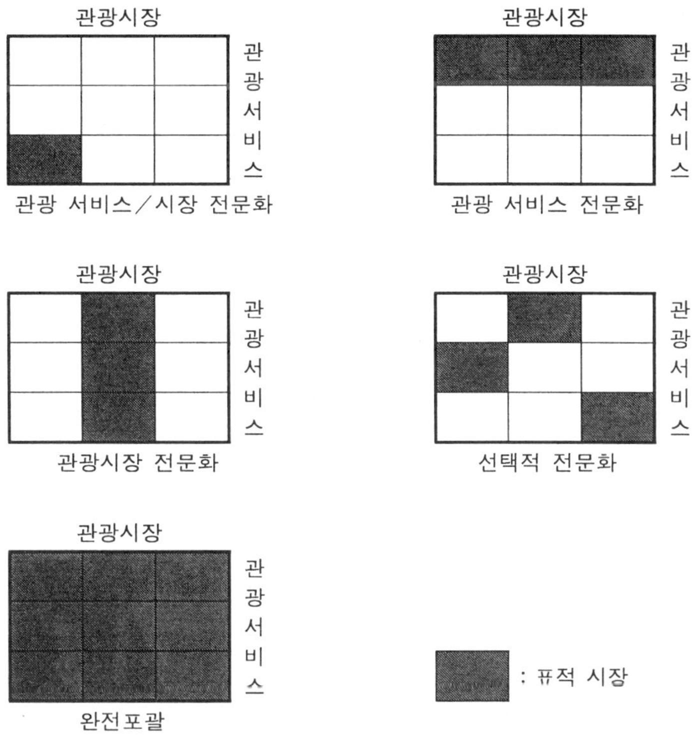

[그림 3-1] 세분시장의 표적화 선정 유형[33)]

33) 김홍철, 관광 마케팅관리, 두남출판사, 1997, p.80.

사 례[34]

FIT에 대응하는 일본 여행업계

개인고객에 도전한다

개별여행의 진전은 전문성이 높은 소규모 여행사들을 여행업계의 중심에 올려놓고 있다. 고객이 원하는 여행목적을 정확히 판단하여 개인의 여행계획을 수립해주는 것이 여행자들로부터 호응과 각광을 받고 있다.

그러나 규모가 큰 대형여행사도 개인여행 시장에 진출하려 하지만 계속 패키지 판매를 해왔기 때문에 시행착오를 반복할 뿐이다. 시장이 너무 커서 실상을 알기 어렵지만 개인고객에 제대로 대응하지 못한다면 앞으로 경영에 치명적이 될 것이다. 개인여행 전문점과 FIT센터 등 일선의 주요 여행사를 조사하여 개별여행에 대한 대응방안을 검토하고자 한다.

국내 300개 점포에 새로운 코너 개설

'FIT센터'라는 잘 들어 보지 못한 코너가 JTB 각 점포에 등장했다. 개인여행을 취급하기 위한 전문 코너로, 앞으로 2년 동안 국내 300점 전점포에 배치할 예정이다.

FIT란 개인자유여행(free independent travel)으로, 개인여행자의 예정에 맞추어 비행기나 호텔 등을 준비해주는 코너로서 1993년에 동경 유라쿠초 지점에 최초로 도입한 이후, 현재까지 37점포에 설치해온 것을 단번에 전국적으로 전개한다. JTB는 종전, 해외여행에 대해서는 '룩(look)' 등 패키지 여행을 주로 판매해 왔으나, 여행경험이 풍부한 젊은이를 중심으로 "단체행동에 속박받지 않고 자신의 기호에 따라 여행을 하고 싶다"고 생각하는 여행자가 급증, 새로운 시장에 대한 대응에 몰리게 되었다.

이전부터 개인여행을 취급해오긴 하였으나 장기여행 등 특수한 유형의 여행이 많았었다.

1994년도 JTB가 취급한 해외여행자는 204만 명이었다. 이 중 14만3천 명이 개인여행자로 매출액은 404억 엔이었다. 1995년도는 1996년 1월 시점에서 14만1천만 명, 매출은 703억 엔으로 크게 늘어났다.

---

34) 디스, 관광연구원, 2000.

유라쿠초 지점 FIT센터의 다나카 소장은 "개인여행의 기본은 1~2명이다. 패키지 여행으로는 만족치 못해 어디서 무엇을 하고 싶다는 명확한 목적을 가진 여행자가 늘어나고 있다"며 점포에 찾아오는 사람들의 경향을 설명한다. 다나카 소장은 "조금이라도 여행을 저렴하게 해보자는 취지로 비행기와 호텔만을 예약해서 출발하는 고객도 많다. 호텔은 상품이 구비되어 있는 풍부한 JTB에서 예약해도 항공권은 저가격 전문점에서 구입하는 고객도 있다. 이러한 계층도 떠안아 가지 않으면 안 된다"고 설명한다.

여행업계에서는 '개인여행이야말로 여행 본래의 모습'이라는 공통적인 인식이 있다.

그러나 이때까지는 언어문제 등 해외에 불안감을 떠안은 여행자가 많았던 점과 개인여행은 판매에 일손이 많이 든다는 선입관 때문에, 특히 대기업은 개인여행에 소극적이었다. 그러나 저가격 항공권 등장이 여행대금에 대한 소비자의 견해, 여행 스타일을 바꿔놓았다. 단체용 티켓(ticket)을 판매하는 저가격 항공권은 엄격하게 말하면 법률위반으로 대체가 되지 않는 등 일반 티켓에 비해 제약도 많지만 이미 사회적으로 인지되어 있다.

예약 등 일손이 많이 걸려 수익문제 발생

JTB의 요코미조 상무는 "우리 회사는 종전 점포에서 고객의 상담을 받으면서 상품을 판매해왔다. 고객의 요구에 응해 여행을 만드는 소재의 지식을 갖춘 사원을 늘려, 개인여행 시장에 착수하겠다"며 의욕적이다. JTB의 사업규모를 살려 FIT센터를 활성화시키고 싶다고 한다. 그러나 문제는 수익측면이다.

패키지 여행이라면 일정한 이익이 가격에 포함되어져 있는 이상, 전 여정의 예약도 일괄로 할 수 있으나 개인여행이 되면 예약에 일손이 걸린다. 또한 비행기를 제외하고 호텔이나 현지에서의 교통수단에 대한 예약에 수수료가 걸리는 것을 고객에게 설명할 필요가 있다. 가격만 비교하기 위해 점포에 찾아오는 고객도 많아 낭비도 생긴다.

요코미조 상무는 "점포에서의 판매효율을 올리는 것이 당면과제"라고 하며, 현재 점포에서는 비행기와 호텔 2박 분을 조합시킨 '자기 마음대로' 여행의 취급에 힘을 기울이고 있다. 개별상품을 판매해나갈 때에, 힘이 되는 것은 컴퓨터이다.

FIT센터에는 전세계 비행기 좌석을 예약할 수 있는 단말기와 JTB 컴퓨터 시스템이 갖추어져 있다. TRIPS에는 전세계의 호텔 5,000군데가 각 호텔에 대한 정보와 함께 등록되어 있다. "객실에 드라이어가 있는가"라는 세세한 항목에서부터 객실이 비어 있는 상황확인 및 예약도 할 수 있는 시스템이다.

현지에 정통한 전문가를 육성하고 싶다

유라쿠초 지점의 다나카 소장은 “기본적으로 기계를 구사할 수 있게 되면 점포에서의 접객은 가능하다. 그러나 대부분의 고객은 점포에 오기 전에 잡지나 가이드북을 읽고 상당한 지식을 갖추고 있다. 이러한 고객에게 대응하려면 판매하는 측도 현지사정에 정통한 전문가를 육성할 필요가 있다”고 말한다. 지금까지 해외여행 카운터에서 각 사원이 전세계에 대한 상품을 취급해왔던 JTB의 판매방법과는 크게 다르다.

현재 각 FIT센터의 운영은 통일되어 있지 않다. 예를 들어, 유라쿠초 지점에서는 처음에 카운터에서 접객을 한 사원이 마지막까지 그 고객을 담당하지만 신주쿠 지점에서는 고객정보를 공통화시켜 누구라도 접객할 수 있도록 체계를 짜고 있다.

접객의 매뉴얼화도 과제 중 하나이다. TPI의 FIT 판매부장인 모리다시는 FIT 코너를 설치한 JTB 37 점포를 순회했던 경험에서 “FIT 전임 판매원을 설치하면 확실히 개인여행 매출이 늘어난다. 접객 때문에 일손이 걸린다 해도, 고객의 질문에는 일정한 패턴이 있어 익숙해지면 접객시간은 단축할 수 있다”고 말한다. 실제로 다나카 소장은 “여행을 판매하는 사람으로서는 패키지 여행보다도 고객의 요망에 따르면서 여행을 짜주는 쪽이 일하는 보람이 있을 것이다. 지금은 가격경쟁이 심해 수배료를 받기 어려운 면이 있으나 질 높은 컨설팅을 할 수 있으면 언젠가는 요금을 청구하기 쉬워진다”고 말한다.

JTB는 ‘자기마음대로’ 여행을 이용한 여행자용으로 여행을 한 곳에서 24시간 체제하는 상담창구를 설치하는 등 개인여행에 대한 환경정비도 동시에 추진하고 있다. 그러나 새로운 시장에 진입하는 데는 대기업 나름대로의 장애가 따른다. 개인여행 판매에 관계하는 사원 중 1명은 “FIT센터에서는 저가격 항공권을 취급하고 있으나, 업계 최대기업인 JTB가 업계의 질서를 무너뜨리는 항공권을 판매하는 것은 사내 외에서 비판의 목소리가 있다”고 털어놓는다.

또한 광고로 가격이 저렴하다는 점을 강조한바, “JTB라면 신뢰할 수 있다고 생각해 여행을 의뢰해왔는데 저가격 판매노선으로 치달아서는 곤란하다”며 이용자로부터 비판이 제기된 적이 있었다. 왜냐하면 허니문 등 비즈니스 클래스(business class) 등을 이용한 고급의 개인여행도 늘어나고 있어 고급 이미지를 중요시하는 개인여행에는 여전히 만만치 않은 인기가 있기 때문이다. 저가격 항공권까지 사용해 개인여행을 확대하는 점에 저항이 강한 것이다.

JTB의 이미지가 무너질 것을 염려하는 소리도 내부에서 나오고 있다. 그러나, 마쓰바시 사장은 “여행사로서 소비자가 요구하는 점에는 대응해야 한다. JTB의 이미지나 간판에 집착하지 않겠다”며 명쾌하게 말한다. 개인여행에 대한 본격적인 착수는 JTB를 크게 바꿀 가능성이 있다.

제 4 장

관광 포지셔닝

제 1 절 __ 포지셔닝의 개념

운동경기에서 선수들은 각자 위치가 정해져 있고, 수행해야 할 임무가 부여되어 있다. 자기의 포지션(position)에 맞는 역할을 잘 수행했을 때 그 선수에 대한 평가가 관중들의 마음속에 자리잡게 된다. 팬들의 마음속에 특정의 인물이 수비선수와 공격선수로 인식되는 것처럼 서비스 기업들도 이와 같은 인식을 소비자로부터 받고 있는 것이다.

포지션은 특정상품에 대해 소비자들이 갖는 인지로서, 그 상품과 연관된 인상, 경험, 정보 등을 통하여 소비자의 마음속에 형성된다. 따라서 각 기업체는 자사상품이 소비자들의 마음속에 바람직한 위치를 잡을 수 있도록 자사상품을 부각시키는 노력을 하게 되는데, 이러한 노력을 포지셔닝(positioning)이라 한다[35].

하나의 상품이나 서비스에 여러 종류의 상표가 존재할 때 소비자가 어떤 상품이나 서비스를 선호하여 선택할 것인가는 소비자들의 상표 이미지, 즉 포지션에 의해 결정된다. 포지션이란 특정기업이 생산·판매하는 상품에 대해 소비자가 느끼는 좋거나 나쁜 심상 내지 감정이다. 이러한 소비자들의 상품에 대한 포지션에 의하여 포지셔닝이 이루어지고, 이에 따라 기업의 성

---

35) 반병길, 마아케팅관리론, 남영문화사, 1984, pp.210~212.

패가 결정된다[36]. 한 제품의 포지션은 경쟁상품과 비교하여 그 제품에 대해 소비자가 갖고 있는 소비자 지식, 인상, 느낌 등이 혼합되어 형성된다[37]. 포지셔닝은 이러한 포지션을 형성하는 과정으로 볼 수 있다.

하히트(Antti J. Haahit)에 의하면 포지셔닝이란 '상품의 이미지를 고양시키기 위한 광고 전략'이라고 정의하기도 하고, '상품차별화의 기법'이라고 정의하기도 한다. 또한 포지셔닝을 '전략적으로 의사결정을 하기 위하여 시장을 세분하기 위한 하나의 접근방법' 또는 '마케팅 프로그램의 개발 전략[38]'으로 보고 있다. 헤스켓(J.L. Heskett)은 가장 성공한 서비스 기업은 경쟁자와 관련하여 독특한 위치를 얻기 위해 그들로부터 자신을 분리해낼 수 있는 기업이라 했다.

이처럼 소비자가 우리의 서비스를 경쟁 서비스와 비교해서 어떻게 인식하고 평가하고 있는지, 그 결과 소비자 마음속에 우리 서비스가 어떻게 자리잡고 있는지를 파악한다는 것은 효과적인 경쟁 전략을 수립하는 데 있어 매우 유용한 정보가 된다.

포지션이란 일반적으로 상대적 위치, 상황 또는 지위라고 정의될 수 있다.

구매 목적물인 상품은 여러 가지의 객관적·주관적 속성으로 구성되어 있다. 호텔의 객관적 속성이라면 위치, 상품구성, 등급, 시설, 가격 등이라고 할 수 있으며, 주관적 속성은 보이지 않는 것으로 멋, 사치성, 이용으로 나타내는 위신 등이라 할 수 있을 것이다. 객관적 속성(상품)이든 주관적 속성(소비자의 인식)이든 모두 마케팅의 대상이 되고 있는데, 무엇보다도 예상고객의 마음속에서 바람직한 포지션의 창조가 강조되고 있다. 고객이 인식하고 있는 상표 이미지는 상품 자체에서 찾을 수 있는 것보다는 소비자의 지적 인식의 소산이며, 제품의 진실한 물적 특성과 전혀 다르게 나타나는 경우도 있는 것이다.

트라우트(J. Trout)와 리스(A. Ries)는 제품의 객관적 특성에 관하여는 '포지션'이라는 용어를, 주관적 요소에는 '포지셔닝'을 사용하여 포지션과 포지셔닝을 구분하고 있다[39]. 그러나 아벨(D.F. Abell)과 하몬드(J.S. Hammond)는 이를 구분하지 않을 뿐더러 분석의 대상을 상품에 한하지 않고 기업 전체, 사업부, 프로젝트, 제품 라인, 상표 등 모든 단위(unit)를 포함하고 있다.

---

36) 임종원, 현대마케팅관리론, 무역경영사, 1987, pp.278~279.

37) 윤중현·이수동 공역, 현대마케팅론, 범한서적주식회사, p.250.

38) Antti J. Haahit, Finland's Competitive Position as A Destination, *Annals of Tourism Research 13*, 1986, pp.11~35.

39) Jack Trout and Al Ries, How to Position Your Product, *Advertising age*, May 8, 1972, also Dennis H. Tootelian, Ralph. M. Gaedeke, and Leete A. Thompson, *op. cit.*, pp.322~323.

제 2 절_포지셔닝의 근거와 역할

1. 포지셔닝의 근거

관광기업의 성패를 좌우하는 가장 기본적인 요인은 관광상품이나 서비스와 같은 제공물(offerings)의 경쟁적 좌표를 설정함으로써 차별화된 관광상품이나 서비스를 제공하는 능력일 것이다. 따라서 관광시장에 진입하는 호텔기업의 경우 시장 내에서 가장 바람직하다고 판단되는 호텔의 이미지를 소비자에게 심어줄 필요가 있다.

관광상품에 대해 구매고객이 갖는 이미지는 그 기업과 관련된 인상, 경험, 정보 등을 통하여 소비자들의 마음속(consumer's mind)에 형성되는 것으로, 호텔 기업은 그들의 상품이 고객들의 마음속에서 바람직한 위치를 차지할 수 있도록 이미지와 상품 및 서비스를 부각시킬 수 있어야 한다. 이러한 노력을 우리는 포지셔닝의 근거라 볼 수 있다.

즉, 포지셔닝의 근거는 관광기업이 경쟁기업들과의 관계를 나타내기 위해서, 그리고 세분시장의 관광상품이나 서비스의 구매자들을 이해하고 평가하기 위해 제공하는 서비스 및 기업의 이미지나 가치를 디자인하는 행동이라고 할 수 있다.

또한 포지셔닝 전략의 근거는 소비자의 마음속에 특별한 상품의 이미지를 형성하는 것이다. 이것은 모든 마케팅 믹스의 요소들에 포함될 수 있는 핵심적인 전략을 개발하는 것이다. 다시 말하면 특정상품의 범주에 속하는 여러 개의 상표들 가운데 의사결정에 직면한 소비자들이 가지는 심리적 상태에 대한 차별화를 의미하는 것으로 볼 수 있다[40].

2. 포지셔닝의 역할

관광기업의 포지셔닝은 시장 세분화와 표적시장 선정에서 얻은 정보를 기초로 하여 서비스 개념을 파악하고 이를 세부적인 마케팅 믹스 전략으로 전환하는 데 중추적인 역할을 한다. 관광기업이 시장에서 바람직한 포지션을

---

40) T.E. Barry, *Marketing, An Integrated Approach*, Dryden, 1986, p.124.

갖지 못하고 흔들릴 때 언제든지 경쟁기업으로부터 공격을 받을 수 있고, 소비자로부터 외면당하게 된다. 관광기업 시장에서 확실한 포지셔닝 전략이 수립되어 있으면 경쟁기업의 모방과 진입으로부터 자신을 보호할 수 있고, 이미 확보한 서열과 위치를 유지하기 위해 혁신을 계속 추구하게 된다.

관광기업이 포지셔닝을 하는 이유는 이를 통해 확인된 메시지를 전해야만 선택적 지각이라는 소비자 지각에 쉽게 부합될 수가 있고, 경쟁이 치열한 상황에선 차별적 이미지를 구축해야 상표충성을 확보할 수 있으며, 광고홍수로 혼란을 느끼는 사람들에게 선택적 주의를 끌려면 효과적인 포지셔닝이 필요하기 때문이다.

마케팅 관리에서 포지셔닝은 다음과 같은 역할을 한다.

(1) 진단도구의 제공

포지셔닝은 제품과 시장간의 관계를 정의하고 이해하는 데 필요한 진단적 도구를 제공한다. 특정한 속성에 대해 소비자는 경쟁 서비스와 어떻게 비교하는가? 우리가 수행하고 있는 서비스가 소비자의 욕구를 충족시키고 있는가? 그 가격에서 서비스에 대한 예상 소비수준은 어떠한가?

(2) 시장기회의 확인

포지셔닝은 관광상품의 판매자나 서비스의 제공자에게 시장기회를 확인해준다. 우선 신 서비스 도입을 위해서 어느 세분시장을 목표로 제공해야 할 속성을 파악할 수 있다. 기존 서비스의 재설계를 위해서는 같은 시장을 혹은 새로운 시장을 대상으로 할 것인가? 어떤 속성을 추가하고 탈락시키고 변경할 것인가? 어느 속성을 광고에서 강조할 것인가를 알게 된다. 어떤 서비스가 고객의 욕구를 충족시키지 못하는지, 또 과잉경쟁에 직면하고 있는지를 파악하게 해준다.

(3) 마케팅 믹스의 결정

포지셔닝을 통해 가격수준, 지불절차, 서비스 제공장소의 위치, 유형, 서비스 가용시기, 목표시장의 특성, 강조해야 할 메시지, 이용할 커뮤니케이션 채널(communication channel) 등에 대한 결정을 보다 쉽게 내릴 수 있다. 따라서 포지셔닝은 경쟁자에 대응할 수 있는 다른 마케팅 믹스를 결정하게 한다.

제 3 절 _ 포지셔닝의 전제조건

정확한 포지셔닝을 결정하려면 정확한 시장조사가 먼저 이루어져야 한다. 이 조사의 기본적인 대상영역은 최소한 다섯 가지, 즉 시장, 경쟁, 고객, 자사의 강·약점, 고객의 지각에 대한 조사이다.

가장 중요한 점은 정확하고 바람직한 조사에 의해서 자사의 포지셔닝을 어떻게 결정하느냐이다. 조사는 전략상의 잘못으로 자사 브랜드를 시장공간의 잘못된 부분에 포시셔닝한 것을 규명할 수도 있다. 자사 브랜드가 현시장에서 불리한 위치를 차지하고 있을 때 상품의 재배치를 통해서 재포지셔닝(repositioning) 전략을 수립할 수도 있다.

모든 전략은 어떤 위험을 안고 있다. 이 위험의 현실적 판단은 철저한 자기분석이 선행조건이 된다. 성공적인 포지셔닝 전략을 적용하는 것도 효율적 이윤창출 가능성(synergy potential)을 지각, 자신의 강·약점을 알기 위한 목적으로 자사 또는 조직에 관해 엄밀한 자체분석이 행해진 후 환경을 연구하는 것이다.

전략성공의 열쇠는 시너지(synergy) 잠재력의 활용이다. 시장은 동적이고 소비자의 상품에 관한 이상적 관점은 변화하고 있다. 목표가 달라지면 상품이 달라지고, 포지셔닝 또는 경쟁상대가 달라지면 상품도 달라져야 한다.

이와 같이 소비자의 요구(needs)를 속성으로 묘사한 소비자 상품의 이상적 관점이 브랜드(brand)의 특성에 가까워야 구매확률이 높아질 것이고, 시장공간에서 우위를 차지할 것이다.

제 4 절 _ 포지셔닝의 과정

1. 포지셔닝 수준의 결정

포지셔닝 전략의 첫번째 단계는 어떤 수준에서 이것을 실행할 것인지를 결정하는 것이다. 어떤 서비스의 경우 특정 조직체 자신의 포지셔닝뿐만 아니라 그 조직체가 소속되어 있는 산업 전체 차원의 포지셔닝도 중요하다 할 수 있다. 아래 그림은 몇몇 사찰관광지를 대상으로 상대적 친밀도의 포지션을 나타낸 것인데, 특정 관광지의 관리자들은 이러한 지각도를 정규적으로 그려봄으로써 고객이 지각하는 특정 관광지의 수준을 알 수 있을 것이다.

2. 중요 속성의 규명

일단 포지셔닝을 실행할 수준을 결정하고 난 후에 수행해야 할 단계는 중요 속성의 규명이다. 여기서 중요 속성이란 여러 속성 중 특정 세분시장 구성원들이 특히 중요시하는 속성을 말한다. 〈표 4-1〉은 관광지의 중요 속성들을 나타낸 것이다.

〈표 4-1〉 관광지 중요 속성[41]

연 구 자	관 광 지 속 성
J.N. Goodrich	경치, 지역주민의 태도, 적절한 숙박시설, 휴식 및 긴장해소, 문화에 대한 흥미, 음식, 수상스포츠, 쇼핑시설, 유흥, 골프 및 테니스 등
Var, Beck & Loftus	자연적 요소, 사회적 요소, 역사적 요소, 오락 및 쇼핑시설, 부대시설 및 숙박시설과 휴식
Riche & Zine	8개의 일반속성(자연경관, 문화, 사회적 성격, 관광지의 접근 가능성, 관광객을 맞는 태도, 부대시설, 물가수준, 스포츠, 오락시설, 쇼핑 및 상업시설), 12개의 사회적 · 문화적 요소(전통, 음식, 역사, 건축양식, 공예품, 오락활동, 예술 및 음악, 언어, 일에 대한 태도, 복장, 교육, 종교)
Antti J. Haahti	화폐가치, 접근성, 스포츠 시설, 심야유흥 및 위락시설, 평화롭고 조용한 휴가, 친근하고 친절한 사람들, 자연공원 및 캠핑, 문화적 경험, 아름다운 풍경, 새로운 목적지
이애주	수상 스포츠 시설, 골프 · 테니스를 즐길 수 있는 시설, 역사적 · 문화적 흥미거리, 경치, 주민의 친절성, 휴식과 휴양시설, 쇼핑시설, 음식, 오락시설, 숙박시설
서태양	정신건강성, 향토성, 문화성, 자연환경성 요인 등 26개 속성
김원인	비일상적 경험을 통한 기분전환／긴장해소, 체험을 통한 산 교육의 효과, 목적지까지의 용이한 도달, 새롭고 아름다운 경관감상, 다양하고 볼 만한 동식물, 지난날의 추억／향수, 비일상적이고 재미있는 특별활동／이벤트, 친구 · 친지 · 가족과의 우의／사랑 증진, 특별하고 좋은 음식, 즐겁고 다양한 쇼핑기회, 경제적 여가활동 공간, 안전하고 쾌적한 매력적인 장소
이광원	아름다운 자연, 휴양과 휴식, 주민의 친절함, 역사적 · 문화적 휴식지 등 12개 속성
김성혁 · 안대희	여행목적지의 명성, 접근성, 기후, 여행목적지의 물리적 속성, 경관, 주민의 친절성

41) 박진영 · 김영규 · 권정택, 관광지 속성을 이용한 사찰관광지의 포지셔닝에 관한 연구, 구미1대학 논문집, 2001, 재인용.

그런데 이러한 중요 속성들은 여러 상황적 요소에 의해 영향을 받는다. 즉, 각각의 소비자들은 서비스 구매를 위한 의사결정시 자기 나름의 기준을 사용하며, 동시에 서비스 사용 목적에 따라서 기준을 달리한다. 또한 서비스 사용의 시기와 서비스 구매의사결정 단위도 이러한 의사결정에 영향을 미친다.

결국 소비자는 서비스를 구매할 경우 이러한 상황적 요인에 기인한 속성들의 차별적 인식을 기초로 각 선택 대안들을 평가하고 선택하게 된다. 그런데 여기에서 한 가지 재미있는 것은 소비자들이 일반적으로 가장 중요하게 여기는 속성들이 서비스를 선택할 때에 가장 중요한 요소로서의 기능을 수행하지 않는 경우도 있다는 것이다.

예를 들어, 대다수 비행기 이용자들은 항공사 선택에 있어 비행기의 안전을 가장 중요한 속성으로 꼽는다. 그러나, 항공사들은 안전성에 있어 대부분 비슷한 수준의 기준을 세워두고 있기 때문에 사실상 안전이라는 속성으로 항공사를 평가하기는 곤란할 것이다. 따라서 고객들은 좌석의 안락함, 이용시간의 편리성, 기내식의 질과 같은 하위 순서의 속성을 기준으로 항공사를 선택하게 된다.

그러므로 서비스 선택시 실제적으로 가장 결정적인 요소로 작용하는 속성을 규명해내는 연구가 필요하며, 이러한 연구 결과는 서비스 포지셔닝의 기초를 형성하게 된다.

중요 속성 혹은 결정 속성을 찾아내는 가장 간단한 방법은 특정 서비스를 이용하는 고객을 직접 만나서 어떤 요소가 중요한지를 물어보는 것이다. 예를 들어 신혼여행 패키지 상품을 개발하고자 할 때 신혼여행 대상자인 미혼남녀들을 직접 만나 신혼여행 선택시 가장 중요한 요소들은 무엇이며, 그것은 어떤 이유 때문인가를 구체적으로 알아보는 것이다.

3. 포지셔닝 맵의 작성

중요 속성을 규명하고 난 후에는 포지셔닝 맵(positioning map) 위에 서비스 제공기업 각각의 위치를 잡아야 한다. 상품이나 서비스는 다음 그림과 같이 일반적으로 고객에게 가장 중요하다고 생각되는 두 가지 속성을 이용한 2차원 포지셔닝 맵이 주로 이용된다. 그리고 이때 이용되는 주요 속성은 주차공간이나 가격과 같은 객관적인 속성일 수도 있고, 친절함이나 친숙성과 같은 주관적인 속성일 수도 있다.

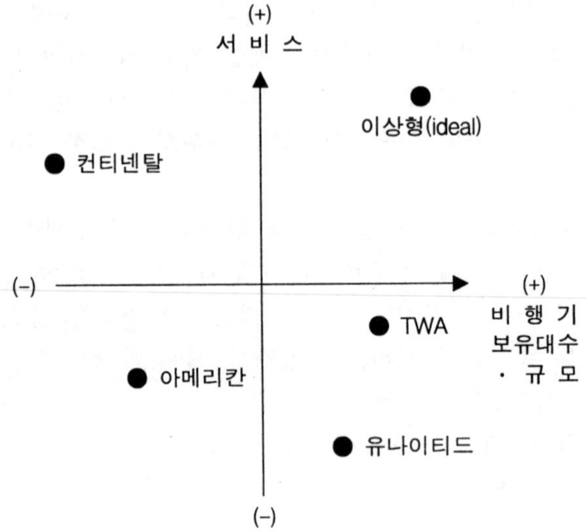

[그림 4-1] 2차원을 이용한 포지셔닝 맵42)

[그림 4-1]은 4대 항공사에 대한 2차원 포지셔닝 맵의 예이다. X축은 비행기의 보유대수, 즉 규모이고, Y축은 항공사의 측정된 서비스를 설명하고 있다.

서비스 측면에서 컨티넨탈 항공사가 최고의 질적 서비스를 제공하고 있는 것으로 지각되었다. 인적 서비스의 질적 측면에서 컨티넨탈 항공사의 아메리칸 항공사와 TWA사는 보통 수준인 것으로 나타내었다. 그리고 유나이티드 항공사는 나머지 세 항공사보다 뒤떨어지는 것으로 지각되었다. X축인 규모면에서 TWA와 유나이티드는 비행기 보유대수가 많은 대형 항공사로 지각되었고, 아메리칸은 보통 수준, 컨티넨탈은 승객들이 대형항공사가 아닌 것으로 지각하고 있었다.

이러한 포지셔닝 맵을 통해 우리는 자사 서비스의 위치뿐만 아니라 경쟁기업의 서비스 위치까지 파악할 수 있다. 또한 전체시장뿐만 이니라 각 하위 세분시장별로 좀더 상세한 포지셔닝 맵을 작성함으로써 자사 서비스의 세분시장 위치까지도 명확하게 규명할 수 있다.

[그림 4-2]는 관광시설요인과 각 사찰별 지각도이다. 이를 세부적으로 분석하면 다음과 같다.

42) 한경수, 관광객행동론, 형설출판사, 1997, p.180.

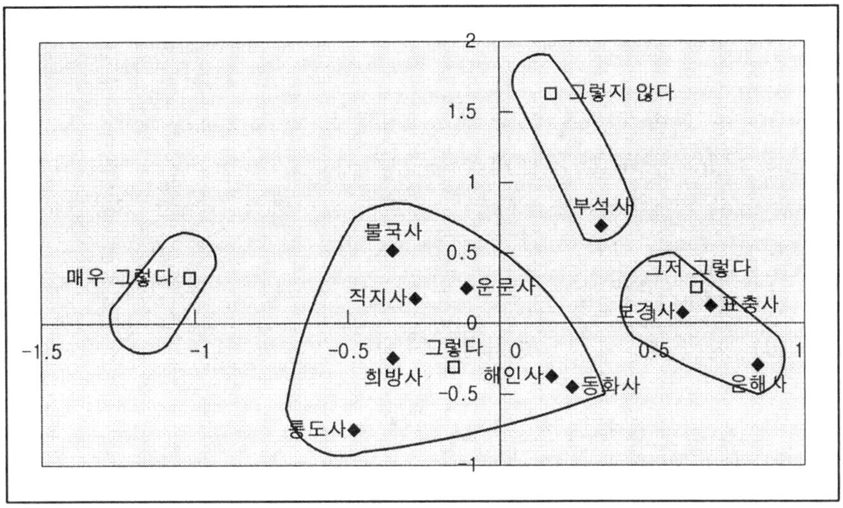

[그림 4-2] 사찰관광지 포지셔닝 맵43)(자사 및 경쟁사 파악에 유용)

관광시설요인의 이미지면에서 '매우 좋다'고 지각된 사찰은 범어사였고, '좋다'고 지각된 사찰은 불국사, 해인사, 운문사, 직지사, 동화사, 희방사, 통도사 등이었다. '그저 그렇다'의 중간적인 이미지를 가진 사찰은 보경사, 표충사, 은해사였고, '좋지 않다'는 부정적인 이미지를 가진 사찰은 부석사였다. 대부분의 사찰들이 시설개선을 통해 주변환경을 개선하는 노력들을 하였고, 그 결과 많은 관광객들은 관광시설면에서 대체로 만족해하는 것을 알 수 있다.

4. 포지셔닝 대안의 선택과 실행

일단 한 기업이 자사의 위치를 파악하였다면 다음으로 취해야 할 행동은 자사의 현위치를 유지·강화할 것인가 아니면 이동시킬 것인가를 결정하는 것인데, 다음과 같은 3가지 포지셔닝 대안이 실행 가능하다.

43) 박진영·김영규·권정택, 관광지 속성을 이용한 사찰관광지의 포지셔닝에 관한 연구, 구미1대학 논문집, 2001.

(1) 현위치의 강화

이는 현재 위치를 고수하는 포지셔닝 전략 대안이다. 이러한 현위치 강화의 대표적 사례가 롯데제과의 롯데 껌 광고 전략이다. 광고에서 "껌이라면 역시 롯데 껌"이라는 CM송을 유행시켜 시장 1위의 선두를 지키는 포지셔닝에 성공했다.

(2) 미충족 시장 위치의 선점

이 전략은 어떤 경쟁자에 의해서도 선점되지 않은 시장의 틈새를 찾아내어 이 부분을 점유하는 전략이다.

(3) 재포지셔닝

재포지셔닝(repositioning)의 개념은 현재의 위치를 버리고 새로운 포지션을 찾아가는 것을 의미한다. 말보르 담배의 경우 애초에는 여성용 담배로 포지셔닝되었다가 나중에 터프(though)한 남성용 담배로 재포지셔닝함으로써 오늘날 세계 최고의 담배 브랜드로 성장했다.

제 5 절 _ 상품의 포지셔닝 전략

1. 포지셔닝 전략의 개발

포지셔닝 전략(positioning strategy)은 소비자의 지각에 확실한 위치를 잡기 위한 기본적인 의사결정으로, 이런 전략을 개발하기 위해서는 다음과 같은 세 가지 분석이 필요하다.

먼저 시장분석을 통해서 수요의 전체 수준과 추세, 수요의 지역적 위치 등과 같은 요인을 결정한다. 그 다음 시장 세분화의 대체적 방법을 고려해서 세분시장의 규모와 잠재력을 평가한다. 각 세분시장 내의 고객의 욕구와 선호, 그리고 경쟁자에 대한 인식을 조사한다. 다음은 기업내부 분석으로서, 기업내부 분석은 자원(재정, 인력, 노하우, 물적 자산 등), 제약과 한계, 경영자의 가치와 목표(수익성, 성장성, 전문적 선호 등) 등과 같은 것을 분석한 후 표적시장을 선택한다. 표적시장을 기존 서비스로 충족할 것인지, 아니면 신 서비스로 충족시킬 것인지도 결정한다. 경쟁분석은 직접·간접의 경쟁자를 확인하고, 그들의 강점·약점을 파악한다. 이를 기업내부 분석 결과와 연결하면 어떤 표적시장에다 어떤 편익을 제공할지가 분명해진다.

이와 같은 세 가지 분석 결과를 통합하게 되면 자연히 시장에서 바람직한 위치의 포지셔닝이 이루어지고, 구체적인 행동계획인 마케팅 믹스가 결정될 수 있을 것이다.

여기서 주의해야 할 점은 특정 표적시장을 다른 경쟁기업이 공략할 수도 있다는 점이다. 만일 같은 시장 포지션을 여러 기업이 동시에 추구하고 있다면 어떻게 할 것인가에 대한 철저한 분석이 있어야 한다. 가능한 모든 경쟁자의 반응을 예상해보려면 현재 및 잠재 경쟁자를 파악하여 그들의 입장에서 기업내부 분석을 해보아야 한다. 기존시장과 경쟁자 분석을 통해 앞으로 경쟁자가 어떤 행동을 취할지를 예상해서 만일 경쟁자가 보다 나은 서비스 개념으로 같은 표적시장을 노린다면 행동계획을 재고하는 것이 현명하다.

특히, 포지셔닝 전략개발에서 중요한 것은 소비자 선택을 정확히 이해하는 일이다. 표적시장에서 올바른 서비스 개념을 개발하려면 어떤 속성이 그 표적시장에서 중시되고 경쟁자보다 그런 속성을 잘 제공할 수 있는지를 알아야 한다. 서비스를 이용하는 목적이 무엇인지, 누가 서비스 구매를 결정하는지, 서비스를 이용하는 시기는 언제인지, 서비스를 혼자 이용하는지 집단으로 이용하는지를 파악해야 한다.

여기서 유념해야 할 점은 경쟁 서비스와 차별화하는 서비스 속성이 항상 가장 중요한 것은 아니라는 점이다. 예를 들어, 항공여행에서 안전성을 고객들이 중요하게 고려하지만 대부분의 항공사가 다 안전하다고 인식되면 안전성은 소비자 선택에 영향을 미치는 중요한 속성은 아니다. 오히려 기내의 서비스나 친절성 같은 것이 차별적 특성이 된다. 따라서 소비자 선택에서 어떤 요인들이 차별화가 가능한 결정요인인지를 파악하는 것이 포지셔닝 전략개발에서 중요한 전제가 된다.

2. 마케팅 전략상의 기초

관광기업은 고객을 대상으로 유형이나 무형의 상품을 가지고 재화를 만들어내는 수단인 동시에 서비스를 동반한 업무를 통하여 잠재고객과 장·단기

투숙객을 위한 마케팅 전략이라 할 수 있다.

관광 서비스의 각 부서들은 관광 마케팅의 자연발생적 변화와 적응성에 주의를 집중시켜야 한다. 관광기업의 각 영업장은 새롭게 변화하는 고객의 욕구를 충족시키는 것은 물론이고, 고객에게 기대 이상으로 서비스를 다양화하여 제공하도록 노력을 해야 한다.

관광기업의 상품구매자나 서비스 이용자들이 요구하는 변화는 관광 마케팅의 우위성을 지키기 위하여 전략적 측면에 의존하고 있는 것이고, 전략적 계획의 수립은 [그림 4-3]과 같은 과정으로 이루어진다.

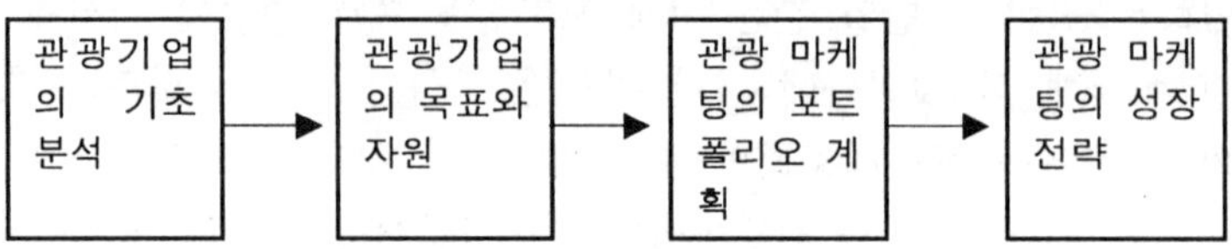

[그림 4-3] 전략계획 수립과정[44]

3. 마케팅 포지셔닝 전략방향 설정

마케팅이란 인간의 욕구와 필요를 충족시키기 위하여 원하는 것을 서로 교환하는 과정이다[45].

이러한 교환과정은 전반적인 설계를 필요로 하는데, 그것은 명확히 규명하기는 힘들지만 일단 욕구단계와 필요성을 인식하고 상대방에게 잘 전달하여 결과를 얻을 때 최고치를 달성시키기 위한 것이 바로 포지셔닝의 개선이라 하겠다.

관광 마케팅에서 포지셔닝의 개선은 바로 서비스가 주종을 이룬다고 볼 수 있으나 일단 목표를 추구하는 데는 전반적인 업무에 모두 균일한 대안을 설정하는 것이 중요하다고 본다.

우선 전략의 주요 방향 선택은 호텔 자원의 분할을 기점으로 하여 관광기업의 전략적인 경로를 설계하는 것이다.

관광 마케팅 전략은 관광 마케팅 목표를 보조할 수 있도록 개발해야 하며, 관광기업 영업의 국내 · 외 시장 점유율을 증가시키기 위해서 유형 또는

44) Philips Kotler, *Marketing Essentials*, Prentice-Hall, 1984, p.401.
45) P. Kotler, *Ibid*, p.4.

무형의 제품, 즉 각종 관광시설이나 서비스 등을 다각화하여 점유율을 증가시켜야 할 것이다.

새로운 외국인 유치와 미개척 외국인을 투숙객으로 하기 위해서는 관광기업 자체 내에서 미개척국의 언어연구와 민간차원의 공적인 사회활동 등을 통하여 상품의 개발과 민간차원하에서 외교적인 측면을 공략해야 하고, 가격할인과 단체관광객을 유치함으로써 광의적인 관광 마케팅 전략이 이룩될 것이다.

관광 마케팅 전략들은 보다 자세하게 표현되어야 하며, 관광기업에 대한 판촉의 강화는 더 많은 광고와 서비스 종업원을 필요로 한다는 것을 중시해야 한다. 이렇게 구체적인 방향으로 목표를 전환하고 목표를 설정하면 계획과 통제를 보다 용이하게 해줄 것이다.

포지셔닝 절차

① 소비자들에게 새로운 제품의 개념을 묘사해준 후 기존제품 상표들과 신제품 개념을 둘씩 짝지어 유사성의 정도를 평가한다.
② 소비자들에게 제품속성에 따라 각 상표를 평가하게 한 후, 속성과 상표들 사이에 최적의 적합을 결정함으로써 각 속성의 방향을 밝혀준다.
③ 소비자들에게 각 상표와 신제품 개념에 대한 그들의 선호순위를 결정하도록 요구한 후, 각 소비자를 그가 가장 선호하는 상표에 가장 가깝고 가장 덜 선호하는 상표에 가장 멀도록 지각지도상에 표시하는 것이다.
④ 제품속성들의 선호자료를 이용하여 속성과 제품간의 이상점을 파악할 수 있도록 한다.

제 5 장

관광 마케팅 믹스

제 1 절_관광 마케팅 믹스의 개념

마케팅 믹스(marketing mix)는 1964년 보덴(N.H. Borden) 교수에 의해서 명명된 것으로, 맥카시(E. McCarthy)에 의해서 정립된 개념이다. 즉, 마케팅 믹스는 제환경의 변화 가운데 기업이 통제 가능한 전략적 요소들을 최적으로 조합하여 기업의 목표달성이 가능하도록 마케팅 활동을 실제로 조정하는 수단이다. 따라서 이러한 마케팅 믹스는 유형적인 상품을 생산하고 공급하는 기업뿐만이 아니고 무형의 서비스 상품을 제공하는 기업에서도 동일한 의미를 갖고 있다.

관광기업에서는 관광표적 시장에 대한 모든 통제 가능한 마케팅 수단의 결합으로 관광자의 욕구 충족을 통한 기업의 이윤을 창출하는 마케팅 활동이다.

마케팅 믹스의 개념을 정립시킨 맥카시는 마케팅의 업무를 상품 또는 서비스의 판매를 통하여 특정 소비자 집단의 욕망을 충족시켜주는 것으로 파악하고, 그 요소로는 4P 요소인 상품(products), 유통(place), 가격(price) 그리고 촉진(promotion)의 분석 및 믹스를 제시하였다. 이에 대해 붐스(B.H. Booms)와 비트너(M.J. Bitner) 같은 학자는 서비스가 생산과 소비가 동시에 이루어지고 그 과정에 소비자가 참여해야 하는 특성을 고려해 서비스 마케팅 믹스에 기존의 4P's에 참여자(participants), 물리적 증거(physical evidence), 서비스 조립과정(process of service assembly) 등과 같은 세 가지 믹스 요소를 추가하여 7P's를 제시하고 있다.

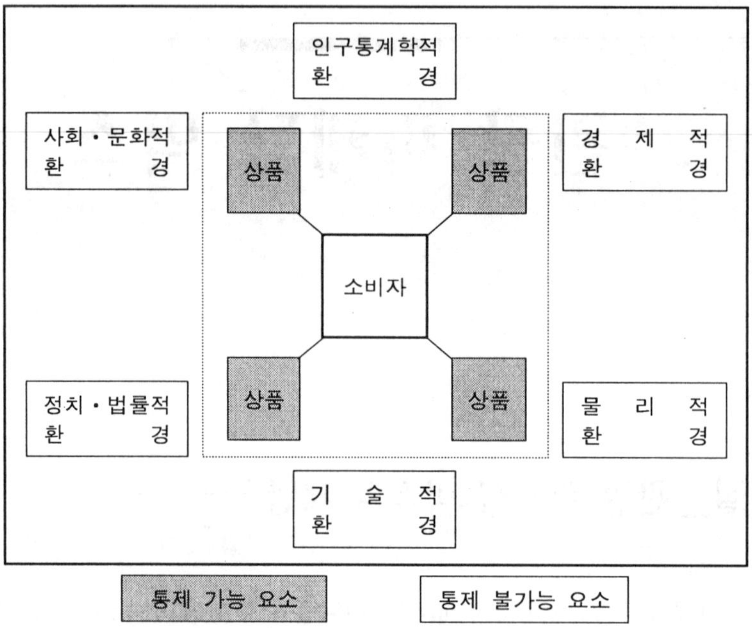

[그림 5-1] 마케팅 믹스와 마케팅 환경요소

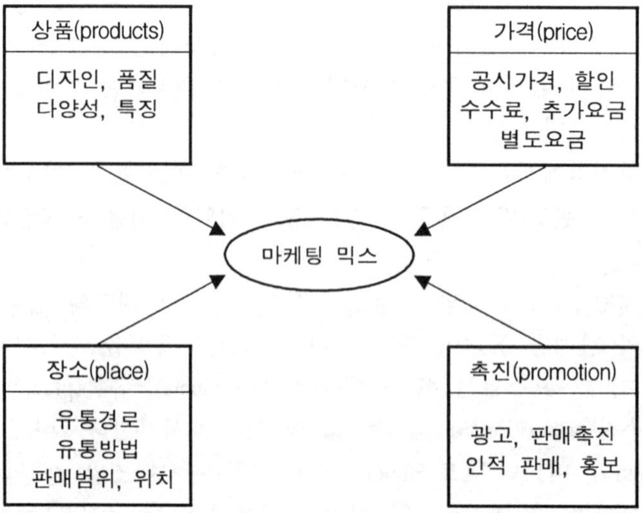

[그림 5-2] 제조업체의 마케팅 믹스

관광기업 또는 비영리조직체가 현재 및 잠재 고객에게 제시하게 되는 제공물로서 유형의 상품은 물론 부가되는 서비스, 아이디어 및 그들의 조합을 포함한다. 소비자는 상품 자체를 구입하는 것이 아니라 편익 혹은 혜익(benefits)으로 전환된 서비스 속성을 구입하는 것이기 때문에 서비스는 무형적이기는 하지만 그것이 판매의 대상이 된다는 점에서 상품범주에 포함된다.

고객들은 흔히 조직으로부터 단순히 유형적인 상품 이상의 것을 기대하는 경우가 많다. 따라서 마케팅 관리자는 기본적인 서비스 또는 상품만이 아니라 그것에 부가될 수 있는 모든 여분의 것을 포함하는 총상품(total products)을 제공해야 한다.

서비스가 저장성이 없고, 또 대부분 수송될 수 없다는 한계가 있지만 마케팅 관리자는 기대되는 고객수요에 부응하기 위해 일정 수준의 서비스 산출 능력을 갖추고 있어야 한다. 서비스 기업은 수요를 추적하여 적정한 대응책을 강구하기 위해 구체적으로 다음과 같은 전략을 이용한다.

(1) 서비스 추적 전략(service chase strategy)

일시적으로 값싼 노동력을 이용하여 단기간에 서비스 제공능력을 증대시키는 방법이다. 이것은 서비스 산출에 많은 기술이 요구되지 않아 값싼 비숙련자를 이용해도 무리가 없는 서비스에서 흔히 이용된다.

(2) 서비스 수준유지 전략(service level strategy)

예측할 수 없는 단기적 수요변동은 어쩔 수 없는 것으로 받아들여 서비스 제공능력을 미리 예측된 단기최적수준에서 유지하는 방법이다. 이는 숙련된 종업원이 비교적 높은 임금으로 일정 수준 이상의 기술이 요구되는 서비스를 제공할 때 흔히 이용된다.

(3) 총상품 구성 전략(total products strategy)

서비스를 여러 속성들의 총체적 개념으로 파악하여 서비스 속성의 일부를 변화시킴으로써 탁월한 효과를 얻을 수가 있다.

제 2 절_관광상품 전략

1. 관광상품의 정의

일반적으로 상품이란 상거래, 즉 교환의 대상이 되는 재화인데 재화(goods)란 인간의 기본적 욕구 또는 욕망을 충족해줄 수 있는 경제가치를 가진 모든 것을 말한다. 고객은 이를 구매·사용·소비함으로써 그들의 생활을 유지·향상시키므로 상품은 단순한 교환의 대상으로 그치는 것이 아니라 영업장의 목표고객인 소비자의 입장에서는 바로 그들의 삶을 이어가기 위해 필요한 생활자원(life resources)인 것이다. 그러므로 상품에는 물리적 대상물, 사람, 장소, 서비스, 조직, 아이디어 등이 포함된다.

관광상품은 관광객의 욕구를 충족시키면서 관광에 관련된 제품과 서비스가 조합된 상품을 의미하는 것으로, 관광상품을 구매하는 경우에는 많은 부분의 서비스를 구매하는 것이다.

일반유형상품의 경우 상품력은 그 관광상품이 가지는 고객의 욕구충족력(가치, 효용)과 이를 얻기 위해 고객이 지출해야 하는 가격에 따라 달라진다. 고객의 욕구충족력인 효용이나 가치는 품질 이외에도 공급자의 지명도, 영업장에 대한 이미지나 충성도, 공급자가 제공하는 애프터서비스(after service)나 품질보증과 영업장이 제공하는 서비스 등에 따라서도 달라지는 것이다.

총상품(total products) 개념에서 상품의 이러한 속성을 알 수 있다.

물리적 상품은 그 상품이 가지는 기능적인 면과 미적 측면을 포함한 개념이다. 눈에 보이는 크기, 형태, 무게와 화학적·생물학적 구조 등의 기능적인 면은 실제 그 상품이 그렇게 기능하도록 만들어졌기 때문에 가장 중요한 측면이다. 이 기본적인 기능이 잘못되면 상품의 다른 측면은 아무런 의미가 없게 된다. 상품의 미적인 면은 오감에 호소하는 측면이다. 보이고, 냄새 맡을 수 있고, 느끼고, 듣고, 맛볼 수 있어야 상품의 품질이 향상된다.

확장된 의미의 상품은 이러한 물리적 상품의 개념 외에 판매상황에서 제공되는 모든 서비스를 포함한 것이다. 고객은 상품을 구입할 때 이러한 물리적, 확장된 개념의 상품 이외의 무엇인가를 찾는다. 그들은 상품을 구매할 때 그 상품으로부터 다른 방식의 혜택을 기대한다.

포괄적 상품이란 기존의 이러한 측면 외에 고객이 상품을 구매하고, 사용하고, 소유함으로써 파생되는 심리적 혜택을 포함하는 것이다. 고객은 지명도, 안전, 독립, 사랑 등을 얻기 위하여 상품을 구매한다.

이러한 세 가지 수준의 상품개념은 [그림 5-3]과 같이 핵심상품(core products), 실제상품(tangible products), 확장상품(augmented products)으로 분류되기도 한다.

그러나 관광상품은 순수한 유형상품과는 달리 고객의 욕구를 충족시킬 수 있는 핵심 요소는 포괄적인 상품의 개념이라 할 수 있으며, 특히 관광상품은 제공하는 종업원의 서비스가 매우 중요하기 때문에 종업원에 대한 서비스의 교육이 철저히 이루어져야 한다.

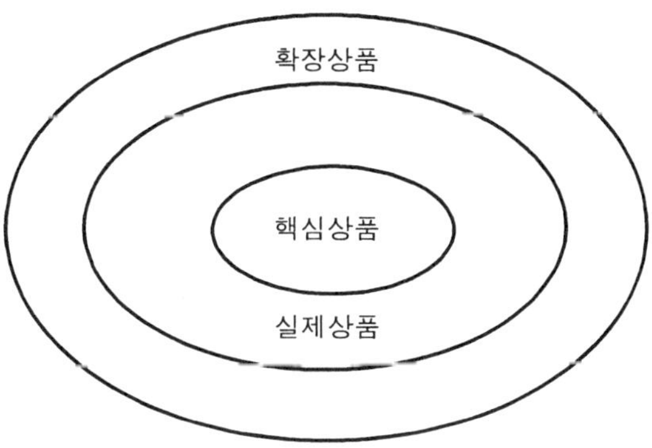

[그림 5-3] 유형상품의 세 가지 수준

(1) 핵심상품

상품에 있어서 가장 근원이 되는 것으로, 이는 구매고객이 실제로 구입하는 무엇인가에 관한 차원인 것이다. 따라서 핵심상품은 고객이 상품을 구매할 때 그들이 획득하고자 하는 핵심적인 이점이나 당면하고 있는 문제를 해결해주는 서비스로 구성된다.

예를 들어, 고객이 항공기를 이용하여 유럽여행을 할 경우 고객은 항공기가 정시에 출발하고 정시에 도착하면서 안전한 기내 서비스(in-flight service)를 구매하는 것이 핵심편익인 것이다. 또한 호텔에서 숙박을 하는 고객은 안전한 객실에서 편안하게 숙박할 수 있는 호텔의 객실을 구매하는 것이다.

(2) 실제상품

실제상품은 상술한 핵심상품을 실제상품으로 형상화시켜야 그 가치를 부여할 수 있는 것이다. 즉, 소비자가 실제로 느낄 수 있는 물리적 형태의 상품이나 서비스를 의미한다. 실제상품은 보편적으로 품질의 수준, 특성, 상품명, 스타일 및 포장 등의 속성을 포함하고 있다. 이와 같은 속성들은 모두 핵심적인 이점을 고객에게 전달할 수 있도록 결합되어야 한다.

(3) 확장상품

상품으로서의 가치를 인정받기 위해서는 핵심상품과 실제상품을 추가적으로 서비스와 이점으로 결합한 확장상품이 되어야 한다. 예를 들면, 여행사에서 관광객들에게 관광 패키지 상품을 개발할 경우에는 관광을 하는 데 있어서 일어날 수 있는 문제를 완전히 해결할 수 있는 방법을 제시함으로써 패키지 상품 이상의 어떤 것을 제공해야 한다. 특히, 유형적 특성이 없는 관광상품은 상품이 주는 이점이나 혜익을 가능하면 가시화하기 위해 노력해야 할 것이다.

2. 관광상품의 구성요소

관광기업이 판매하는 상품 및 서비스는 그 종류가 다양하고 특정한 고객층을 겨냥하기 위한 독특한 상품 믹스를 가지고 있다. 이러한 상품 믹스는 관광기업 조직체 내에서 실행 가능한 요소로 구성되어 있으며, 고객의 욕구를 충족시키는 데 필요한 각종 서비스(service), 프로그램(program), 편의시설(convenience facility) 등을 포함하고 있다. 또한 관광상품은 종업원, 건물외관, 편의시설, 기업의 이미지 등이 적절하게 결합되어 제공되기 때문에 하나의 예술이라 해도 지나친 표현이 아닐 것이다.

(1) 종업원의 서비스

종업원의 서비스는 관광상품 믹스 중에서 가장 중요한 요소로서 종업원의 행위, 외모, 복장 등을 의미하며, 상품의 가치평가와 관광기업의 이미지를 개선시키는 데 커다란 역할을 한다.

1) 외 모

관광기업의 종업원이 고객에게 서비스를 제공하기 위해서 외모가 깔끔하면서 세련된 모습으로 영업장에서 근무를 하면 우선 가시적으로 고객에게 호감을 줄 수 있을 것이다. 따라서 관광기업에서는 종업원의 개인위생을 철저히 하여 고객에게 신선감을 줄 수 있도록 해야 한다.

2) 친 절

최근의 관광기업 마케팅 목표(marketing objective)는 상품이나 서비스의 판매량에 초점을 두는 것이 아니라 고객만족에 초점을 맞추고 있다. 따라서 고객에게 부가적인 서비스로서 친절의 중요성이 대두되고 있다. 환언하면, 종업원의 친절도는 관광 서비스 상품의 부가가치를 높여 고객을 만족시킬 수 있다는 원리이다.

3) 복 장

종업원의 복장은 유니폼(uniform)이라고도 하며, 사전적 의미로는 형용사로서 '동일한' '한 모양의' '일정한'이라는 의미와, 명사로서 세복, 군복, 관복의 의미를 가지고 있다. 이는 곧 개개인의 개성을 배제한 채 동일한 모양의 복장을 착용한다는 현상이다. 적어도 유니폼을 착용한다는 것은 한 조직에 속해 있다는 것을 의미한다. 유니폼을 착용하였다는 것은 그 유니폼이 대변하는 조직을 대표한다는 것이며, 따라서 그 조직이 요구하는 행동 및 현상을 보여주어야 한다는 것이다.

관광기업은 종업원들의 유니폼 착용을 통해 종사원 개개인의 다른 생각이나 개성을 효율적으로 억제하는 동시에 그들 기업의 이름으로 결속하여 소속감을 가지게 하는 효과를 얻을 수 있다.

유니폼의 예는 주위에서 쉽게 찾아볼 수 있으며, 누구나 경험해보기도 한다. 각 학교에서는 교복이라 부르는 유니폼들을 정해 소속원들에게 입도록 하고, 소속원들은 그것으로 일체감을 맛보기도 한다. 유니폼을 통해 구성원들은 소속감, 일체감, 자부심 등을 느끼는 대신 각자의 개성을 상당부분 양보한 채 그 조직이 요구하는 태도와 행동, 심지어는 생각까지도 나타내는 것이다.

따라서 관광기업에서는 종업원들의 유니폼으로 인한 조직의 소속감을 통해 서비스 제공자로서의 자긍심을 갖게 함으로써 고객에게 보다 세련된 서비스를 제공할 수 있는 계기가 된다고 할 수 있다.

(2) 건 물

관광기업에 있어서 상품이나 서비스를 판매하는 내부시설이 아무리 좋아도 외부의 건물에서 풍기는 조형미나 색채 등이 고객의 마음을 사로잡지 못하면 잠재고객을 유인하는 데 어려움이 있을 것이다. 따라서 관광 서비스 상품을 판매하기 위해서는 일단 고객을 내부로 유인할 수 있는 건물의 물리적 상태와 청결성이 전제되어야 할 것이다. 이러한 이유로 호텔 기업의 건물은 독특한 디자인과 색채로 아름답게 단장하고, 항공사의 항공기 역시 독특한 무늬와 색채로 항공사의 이미지를 나타내고 있다.

1) 표 식

표식은 관광기업을 고객이 쉽게 알아볼 수 있도록 기업의 이름표지판, 방향표지, 옥외광고표지판 등의 다양한 표지판을 설치하고 있다. 따라서 건물의 외부에 이와 같은 표식도 기업의 이미지와 관련이 있기 때문에 마케팅 차원에서 신중하게 처리해야 한다.

2) 색 채

색채는 관광기업의 영업장 성격 또는 시설의 배치, 서비스의 특성에 따라 고객의 눈이 피로하지 않은 색을 선택하는 것이 중요하다. 최근에는 상품을 돋보이게 하기 위해 색채 마케팅(color marketing)까지 등장하고 있다.

(3) 내부환경

내부환경은 고객이 관광상품을 구매하거나 관광 서비스를 제공받는 장소의 실내환경을 나타내는 것이다. 즉, 고객이 관광 서비스의 수행과 의사소통을 용이하게 해주는 유형적 단서로서 고객이 경험하게 되는 물적 자원이다. 특히 관광기업은 특성상 서비스의 편익을 구체적으로 제시하기가 어렵기 때문에 긍정적인 이미지나 사업의 특성을 나타내기 위해서는 유·무형의 단서나 변수를 잘 이용해야 한다. 이러한 유형의 물적 환경은 서비스의 상징적 가치를 암시하는 단서로서, 서비스 평가(service evaluation)에 많은 영향을 미치기 때문에 고객만족 경영에 있어서 중요한 요소인 것이다.

따라서 관광기업은 고객의 불확실성을 감소시켜줄 수 있는 물적 환경의 유형적 단서가 가능하면 많이 제시되도록 물적 환경을 설계하도록 해야 한다[46]. 여기에는 건물의 실내장비, 부대시설, 가구, 조명시설, 주차장, 색채, 온도 등이 있다.

1) 가 구

실내에 설치되는 가구는 영업장의 분위기에 어울리는 색상과 디자인으로 마치 집에서 느낄 수 있는 것처럼 아늑하고 편안하게 배치되어야 한다. 예를 들면, 호텔의 객실에 비치되어 있는 가구는 모두가 객실의 분위기를 살릴 수 있도록 객실의 공간을 덜 차지하는 방법으로 수직적인 가구를 사용하고, 항공사 카운터의 경우 고객이 쉽게 알아볼 수 있는 색상과 친근감을 느낄 수 있도록 콤팩트하게 꾸미는 것이 좋다.

2) 조 명

영업장의 실내조명은 고객이 편안함을 느낄 수 있는 중요한 요소이다. 대부분 실내조명은 직접조명이 아닌 간접조명으로 전체적인 분위기를 연출한다. 따라서 호텔의 식당에서는 너무 밝은 조명보다는 은은하면서도 식탁의 분위기를 강조할 수 있는 조명방법으로 표현하고 있다. 그리고 항공기의 실내조명은 전체 조명과 개인 좌석에만 비출 수 있는 부분조명으로 구분하여 편안함과 안락함을 동시에 추구할 수 있도록 하고 있다.

3) 색 상

실내의 색상은 고객의 층에 따라, 영업장의 특성에 따라 다양하게 표현할 수 있으나 대개 실내의 색상은 기업이 추구하는 사명과도 관련이 있기 때문에 체인 호텔(chain hotel) 기업의 경우 건물 외부나 내부의 색상을 동일하게 하여 마케팅 도구로 이용하기도 한다. 실내의 색상은 기본적으로 영업장의 위치나 고객의 연령층을 충분히 고려하여 선정하는 것이 좋다.

(4) 시 설

시설 역시 물리적인 단서로서 관광상품을 생산하고 서비스를 제공하는 데 필수적인 요소이다. 시설은 고객의 욕구를 반영하고 안전성과 효율성을 고려하여 설치되어야 하며, 주변환경에 잘 어울리도록 설계가 되어야 한다. 호텔 기업의 경우 객실, 식당, 헬스클럽(fitness center), 수영장(swimming pool),

46) 박호표, 호텔관광 마케팅, 하현사, 1998, p.314.

연회장(function room), 로비 숍(lobby shop), 바(bar) 등이 대표적인 시설로서, 고객의 편리성, 호텔의 주변환경이나 위치를 고려하여 디자인되고 배치되어야 한다.

1) 안전성

우선 시설에 있어서 가장 기본적인 요소는 안전성으로서, 고객이 시설을 가장 안전하게 이용할 수 있도록 해야 한다. 예를 들면, 식당의 경우 바닥이 너무 미끄럽거나 계단이 너무 가파르지 않게 설계되어야 하며, 헬스클럽이나 수영장의 경우 시설을 이용하는 고객이 다치지 않도록 신중을 기하여 기구나 안전도구를 배치하도록 해야 한다.

2) 편리성

시설의 안전성이 검증된 다음에는 고객이 시설을 이용하는 데 있어서 가장 편리하게 이용할 수 있도록 과학적으로 설계되고 배치되어야 한다. 또한 쾌적한 분위기 가운데 관광상품이나 서비스를 이용할 수 있도록 독특한 시설로 기업의 상품과 서비스를 차별화하기 위한 노력이 필요하다.

3) 효율성

고객이 시설을 이용하는 데 있어서 기업경영 측면에서 가능하면 에너지를 절감하고 노동력이 적게 투입되어 효율을 극대화할 수 있도록 설계되어야 한다.

(5) 이미지

일반적으로 대상이 동일하여도 사람들은 각기 다른 이미지를 갖게 된다. 이것은 사람마다 그의 생활가치, 경험, 배경과 욕구가 다르기 때문이다. 이와 같이 생활가치, 경험, 욕구는 개인의 지각, 사고, 감정에 영향을 주게 되는데 이런 요인들의 상호작용으로 이미지가 형성되는 것이다. 관광기업 이미지의 형성은 기업으로부터의 직접경험, 매스컴(mass communication)을 통해서 형성된 간접경험, 친지나 친구와 같은 준거집단을 통해서 형성된 간접체험, 소비자 자신의 특성이 관련된 영향요인이 된다.

그러나 인간이 특정 대상에 대한 이미지를 구성하는 데 있어서 관련된 모든 정보를 다 이용할 수는 없다. 따라서 대부분의 경우에 있어 이미지를 형성하는 중추적 속성(central traits)을 바탕으로 평가를 하는 경우가 많다[47]. 이러한 제한된 수의 중추적 속성들은 그밖의 다른 속성들에까지 영향을 주어서, 대상에 대한 전체적인 정보가 불충분한 경우에도 이미지를 형성하고, 그것을 기준으로 평가를 내릴 수 있게 된다.

서비스의 경우 이미지를 결정하는 가장 중요한 요인은 바로 서비스 기업 자체이다. 서비스 기업이 창조하는 이미지는 크게는 서비스 본질에 의해서 결정된다. 그 외에 조직, 문화, 인간, 시장세분(고객)이 있다.

이미지는 기업에서 나오지만 그런 이미지가 나중에 다시 기업에 영향을 미친다. 만일 관광기업이 자신들이 서비스로 인해 얻은 이미지가 우수하고 친절하다면 서비스 기업은 확립된 이미지와 부합되는 마케팅 전략을 계획하여 실행하게 된다. 소비자들의 기업에 대한 이미지 형성은 동일한 메시지에 접촉했을 때에도 소비자들의 개인적 특성, 특히 해당 메시지의 커뮤니케이션에 대한 관심과 지식, 개개인 인지체계를 고려한 정보처리과정과 주요 의존매체 그리고 개개인이 소속된 사회적·문화적 환경의 차이에 따라 달리 처리될 수 있다.

관광기업은 이미지를 여러 가지 목적에 이용할 수가 있다. 우선 전략적 포지셔닝(strategic positioning)에 이용할 수가 있다. 그리고 좋은 이미지를 갖고 좀더 효과적인 시장침투를 할 수가 있다. 이미지가 좋으면 기업이 필요로 하는 여러 가지 자원에 쉽게 접근할 수가 있고, 그런 자원을 획득하는 비용도 줄일 수가 있다. 이미지가 좋으면 종업원들의 동기부여가 높아 생산성도 크게 향상된다.

이미지가 목표로 하는 집단은 고객이다. 이미지가 좋은 기업은 고객에게 서비스 질에 기대를 높여주고, 그들에게 판매를 하는 데 투입되는 비용도 크게 줄게 만든다. 또한, 이미지가 좋으면 기업에 대한 충성도를 높이고 긍지를 높인다.

바꾸어 말하면, 관광기업의 이미지는 기업의 물리적인 특성과 고객의 심리적인 특성의 종합으로 이루어지는 기업에 대한 전체적인 인상이라고 할 수 있으며, 이 관광기업 이미지는 환경 변수, 고객속성 변수, 기업속성 변수들이 총체적으로 결합된 결과 고객이 특정 기업을 인식하는 총체적인 이미지라 할 수 있다. 이는 기업에 대한 태도에 해당한다고 할 수 있으므로 기업 이미지를 통해서 고객들의 관광상품 선택을 예측할 수 있다고 하겠다.

이와 같은 변수들은 상호 결합되어 고객이 기업에 대한 태도결정에 영향을 미친다. 따라서, 관광 마케팅 활동에서는 고객들로 하여금 우호적인 기업

47) Steven Penrod, *Social Psychology*, New Jersey, Prentice-Hall, 1983, pp.168～177.

이미지를 형성시키고자 노력해야 한다. 왜냐하면, 우호적인 기업 이미지는 선택에 가장 근접하게 만들어주는 선행지표가 되기 때문이다.

3. 관광상품의 특징

(1) 무형성

관광상품은 무형성(intangibility)으로서, 유형적 상품은 색상이나 디자인 및 성능 등의 외관 실체를 살펴보고 구매할 수 있으나 관광상품은 유형적인 단서에 서비스가 부가되어야 하기 때문에 직접 경험해보지 않고는 평가할 수가 없다.

유형상품에 부가되는 서비스는 필연적으로 무형적이기 때문에 고객에게 견본(sample)을 제시하기가 불가능하여 소비자가 구입하기 전에는 미각(taste), 지각(feel), 시각(see), 청각(hear), 후각(smell) 등의 감지가 불가능하다[48]. 따라서 서비스의 구입은 고객의 입장에서 볼 때 약속이나 상징의 구입인 것이다. 인간은 서비스를 소요하기보다는 단지 경험하기 때문이다.

따라서 관광상품의 무형성은 역시 서비스 특성 중 가장 본질적인 것이라 할 수 있겠다.

(2) 소멸성

소멸성(perishability)은 재고가 불가능하므로 계획생산이나 주문생산을 해야 하고, 서비스는 시간과 공간이 특정되어 있어서 서비스의 주체와 객체가 반드시 형성되어 존재하기 때문에 항공권이나 호텔 객실은 당일 모두 판매되어야 하나 그 잔여 석은 예약으로 소비되어야 한다. 호텔의 생산은 숙박을 위한 객실을 대여해줌으로써 비로소 가능한 것이고, 여기 재고는 존재할 수 없다. 빈 객실의 경우 자본의 미가동 부분에 지나지 않는다.

사용되지 않은 서비스는 즉시 소멸하지만 상품의 경우에도 부패와 구식화는 그 상품의 판매 가능한 수명을 제한하므로 소멸성은 서비스와 제품의 공통된 특성이며, 이 둘의 구별은 소멸성의 속도에 의한다. 또한 서비스는 미래 수요를 대비하여 대량 생산되어 저장될 수 없지만 서비스 요원의 훈련, 의사소통, 장치의 개발, 서비스를 배달하는 기술의 창출 등은 미래 수요를

48) William J. Station, *Fundamentals of Marketing*, 7th ed., N.Y. McGraw-Hill Book Co., 1984, p.444.

대비한 생산과 동등한 것이다[49].

(3) 생산과 소비의 동시성

동시성(simultaneity)은 서비스의 생산과 소비를 위해서는 서비스 혜택을 받는 대상이 어떤 사람의 육체적·정신적 상태이건 소유권이건간에 서비스의 생산과정에 참여한다는 점에서 생산, 소비의 동시성과 비분리성을 갖게 되는 것이다. 여기서 그 의미를 확실히 하기 위하여 동시성이라 함은 서비스는 생산·소비 과정에 서비스 요원, 서비스 시설, 소비자가 함께 참여하여야만 서비스의 생산·소비가 이루어진다는 것을 의미하며, 비분리성(inseparability)은 서비스 자체인 그 생산의 결과를 저장하거나 수송할 수 없다는 것을 의미한다고 볼 수 있다.

서비스에서는 생산과 소비가 분리되지 않고 동시에 이루어진다. 따라서 서비스의 생산과 배달 및 소비가 분리될 수 없기에 마케팅 측면에서 제품과 상이한 특성을 갖게 된다.

(4) 이질성

관광산업은 물론 서비스의 개별판매에서도 서비스를 표준화한다는 것은 불가능하다. 동일한 서비스의 제공 과정에서도 소비자의 기분, 서비스 제공자의 성격 및 분위기에 따라 소비자에게 주는 서비스는 서로 다른 형태로 제공되기 마련이다.

즉, 이질성(heterogeneity)이란 서비스 품질의 표준화가 어렵다는 특성을 말한다. 이는 서비스의 생산과정에는 소비자가 직접 참여하기 때문에 각 소비자의 요구 수준에 따라 서비스 질의 수준이 달라지기 때문이다.

(5) 계절성

관광상품과 서비스는 앞에서 살펴본 바와 같이 저장이 불가능하여 소멸되는 특성 때문에 수요에 매우 민감한 편이다. 수요가 연중 일정하지 않고 고객이 처해 있는 환경에 따라서 변화하기 때문에 계절에 따라서 수요의 변동이 심하다. 즉, 계절성(seasonality)은 주말과 주중 또는 계절과 계절간의 수

---

49) R.G. Wyckham, P.T. Fitzroy & Mandey, Marketing of Services, *European Journal of Marketing*, Vol. 9, No. 1, 1975, p.62.

요변동에 따라 비수기(low season), 완충기(shoulder season) 및 성수기(high season)로 구분되는 특성을 일컫는다.

따라서, 영업계획을 수립할 경우에는 수요의 결정요인을 파악하고 정확하게 예측하는 일이 선행되어야 한다. 이와 같은 수요의 주기가 파악되면 여기에 대응되는 적절한 마케팅 노력이 있어야 한다.

이러한 수요의 불균형으로 인한 경영상의 어려움을 극복하기 위하여 관광기업의 경영자들은 성수기에는 수요를 어느 정도 감소시키는 마케팅 활동(de-marketing)의 일환으로 할인가격을 적용하지 않고, 비수기나 완충기에는 수요를 증대시키기 위한 노력으로 패키지 상품을 개발하거나 시장의 수요상황에 따라 탄력적 가격(flexible price)을 적용하고 각종 판매촉진(sales promotion)을 실시하여 수익의 극대화를 위한 마케팅 활동을 전개하고 있다.

〈표 5-1〉 2008년 월별 관광객 입국현황[50)]

월	외국인 관광객 수(명)		성장률(%)	구성비(%)	
	2007년	2008년		2007년	2008년
1	436,461	485,081	11.1	6.8	7.0
2	469,937	530,505	12.9	7.3	7.7
3	529,708	592,515	11.9	8.2	8.6
4	531,517	569,835	7.2	8.2	8.3
5	524,629	570,224	8.7	8.1	8.3
6	523,509	539,839	3.1	8.1	7.8
7	527,772	568,446	7.7	8.2	8.2
8	584,759	580,894	-0.7	9.1	8.4
9	557,825	587,853	5.4	8.7	8.5
10	646,106	650,504	0.7	10.0	9.4
11	562,287	579,022	3.0	8.7	8.4
12	553,730	636,151	14.9	8.6	9.2
계	6,448,240	6,890,869	100.0	100.0	100.0

(6) 종업원의 의존성

일반적으로 관광기업의 상품은 크게 유형적인 물적 서비스(physical service), 무형적인 인적 서비스(human service), 그리고 유형적 서비스와 무형적 서비스의 결합에 의한 운영적 서비스(managerial service)로 구분할 수 있

50) 문화관광체육부 통계자료

다. 그러나 상품의 유형적 단서가 되는 물적 서비스도 중요하지만, 인적 서비스는 무형적 서비스로서, 관광상품의 진정한 부가치를 제공하기 때문에 매우 중요한 역할을 한다.

아무리 유형적 단서인 건물의 외관 및 영업장의 편의시설이 좋아도 상품과 서비스를 제공하는 종업원의 정성어린 서비스가 함께 동반되지 않는다면 관광상품은 그 가치를 잃고 말 것이다. 또한, 고객의 요구와 기대를 파악하여 충족시켜줌으로써 고객만족이라는 환대산업(hospitality industry)의 목표를 창출해가기 위해서는 인적 서비스가 필수요소인 것이다. 따라서, 관광기업은 고객의 다양한 욕구충족을 위해서는 프로 정신(professional spirits)을 바탕으로 한 교육훈련과 함께 전문적인 인력을 확보해야 하는 노동 집약적(labor intensive) 및 개성 집약적(personality intensive)이라는 특성이 있다.

4. 상품 수명주기

사람이 태어나서 일정한 활동을 하다가 일생을 마치듯이 상품도 처음 출시되어 소비자의 사랑을 받다가 패션이 지나면 자연스럽게 도태되고야 마는 수명이 있기 마련이다. 상품의 수명주기(PLC : product life cycle)란 상품이 탄생하여 판매되고 그 수명이 다하는 과정을 의미한다.

일반적으로 상품의 수명주기는 도입기(launch), 성장시(growth), 성숙기(maturity), 절정기(saturation), 쇠퇴기(decline)의 단계를 거친다. 따라서 관광기업은 상품이 쇠퇴기에 이르기 전에 새로운 상품을 개발하여 기존상품과 동시에 판매할 수 있도록 해야 지속적으로 고정고객을 확보할 수 있을 것이다. 또한 고객들의 개성과 선호도에 따라 상품을 선택할 수 있도록, 복수의 상품을 유지할 수 있도록 끊임없이 상품개발에 노력을 기울여야 하겠다.

(1) 도입기

상품이 출시되어 도입기에 판매할 경우에는 고객들에게 상품에 대한 정보가 부족하기 때문에 판매의 속도가 느리고, 판매를 위해서 많은 노력과 시간이 투입된다.

(2) 성장기

시장에 상품에 대한 정보가 제공됨에 따라 상품에 대한 인지도가 높아지면서 서서히 성장하여 판매량이 증가하기 시작하는 시기이다.

(3) 성숙기

상품에 대한 명성이 고조되면서 판매가 빠른 속도로 증가하고, 시장의 침투가 급속도로 확산되어 상품의 판매량과 이익이 증가하면서 비용은 감소하는 시기이다.

(4) 절정기

성숙기를 지나 상품의 판매량이 극대화되는 시기로서, 상품을 판매하는 데 있어서 고이윤을 유지하는 반면 판매를 위한 노력은 적게 투입되는 시기이다.

(5) 쇠퇴기

상품이 성숙기와 절정기를 거치는 동안 자사 또는 경쟁사가 대체품을 출시하거나 상품의 패션이 지나면 기존의 시장을 유지하기가 점점 어려워지기 때문에 판매량이 감소하면서 비용은 증가하는 시기이다.

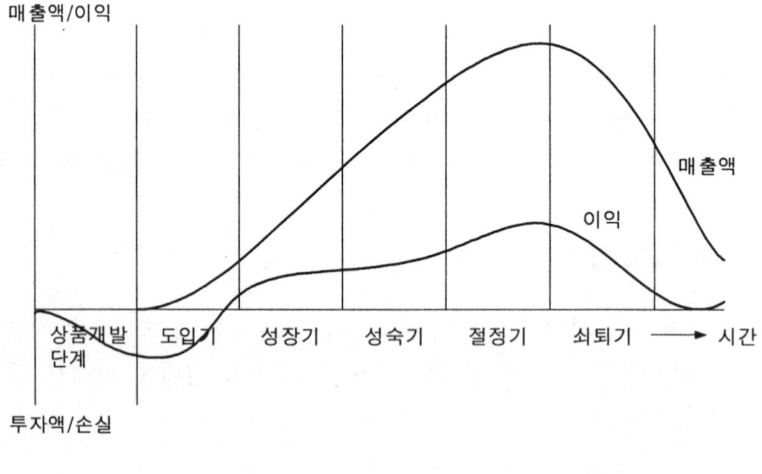

[그림 5-4] 상품 수명주기상의 판매액과 이익

사 례[51)]

철도종합관광상품이 떠오르고 있다

코레일 팩과 한일 공동승차권

'일반열차 활용 패키지 관광상품'은 연중 또는 계절별, 테마별로 주관여행사를 지정하여 정기열차의 좌석을 활용한 패키지 관광상품이다. 여기에는 신혼여행, 온천상품, 여름상품, 코레일 팩 등이 있다. 여기서 주목할 만한 상품은 코레일 팩과 한일 공동승차권 같은 것이다.

코레일 팩은 1987년 1월부터 시작된 것으로 외국인이 한국을 여행할 때 한국철도와 한국의 유명관광지를 편리하게 돌아볼 수 있도록 패키지화한 상품으로, 내국인은 이용할 수 없다. 코레일 팩을 처음 운행할 때는 외국인을 위한 국내여행 인바운드 패키지 상품이 활성화되지 않은 상태였기 때문에 좋은 반응을 얻을 수 있었다.

1988년부터 시작된 한일 공동승차권은 한국의 철도청과 일본철도 6개사, 선박 등의 수송기관이 참여하여 이를 하나의 승차권으로 묶어 한국과 일본을 여행할 수 있는 제도로, 현재 9개사가 참여하여 공동으로 운영하고 있다.

한일 공동승차권을 이용할 경우 한국의 새마을호 운임이 10% 할인되는 것을 비롯해 부관 및 관부 훼리 30%, 일본철도 신간선 9~30% 할인, 구주선박 할인으로 한일 양국을 저렴하고 편리하게 이용할 수 있는 제도이다. 한일 공동승차권은 매년 5천여 명이 이용하고 있다.

코레일 팩과 한일 공동승차권은 연중 매일 운행되고 있다.

정동진 해돋이와 영덕 해돋이 관광열차

정동진은 우리나라 철도역 중에서 바다와 가장 가까운 역으로, 선로와 바다의 거리가 불과 30m에 불과하다. 정동진역이 해돋이 관광의 명소로 알려지기 시작한 것은 TV 드라마 '모래시계'에 아름다운 기찻길 바다정경이 소개된 후 이곳을 찾는 이들의 발길이 잦아지게 되고, 이에 '정동진역 해돋이 관광열차'가 운행되기 시작하면서 본격적으로 알려지기 시작했다.

정동진 해돋이 관광열차는 현재 정동진의 아침 해뜨는 시각을 감안하여 매월

51) 디스, 관광정보연구원, 2000.

별로 운행시각을 조정, 청량리역에서 매주 수요일과 금요일에 출발하는 무박2일 코스로 운행되고 있으며, 피서철인 7월 17일부터 8월 15일까지는 매일 운행할 계획이다.

정동진 해돋이 관광열차는 지난 6월 23일 한국능률협회가 주관하는 '1998 KMA 히트 상품 대상'에서 여행부문 본상 수상상품으로 선정되는 쾌거를 올리기도 했다.

1997년 2월부터 매주 금요일마다 운행된 정동진 해돋이 관광열차를 이용한 여행자는 지금까지 약 24만 명에 이르고, 이로 인한 수입도 약 28억 원에 이른다.

정동진 해돋이에 이어 다시 한번 TV 드라마 인기 여파를 이용한 영덕 강구항 해돋이 관광열차상품이 나왔다. 영덕 강구항은 MBC TV 드라마 '그대 그리고 나'의 촬영장소로 우리나라의 유일한 대게 생산지이다. 이 상품은 주변의 주왕산관광과 연계하여 이루어지고 있다.

철도관광상품의 마케팅 전략

1998년 이후 철도청에서 개발하고 있는 관광상품은 '영덕, 강구항 관광' '사랑의 영화열차' '기차로 떠나는 어린이 국토여행' '변산 조개잡이' 등이다. 몇몇 철도관광상품으로 적잖은 성과를 올린 철도청은 신혼열차 이후 주춤했던 철도관광의 새로운 가능성에 도전하고 있다.

우리나라의 철도는 국영이다. 그렇기에 민영이나 공사 형태로 운영되는 외국과는 다른 시스템을 갖고 있는 셈이다. 그래서 오히려 영리추구보다는 국민들을 위한 열차운행에 더 신경을 쓰고 있는 듯하다. 철도청이 기획하는 상품은 국민들의 여행편의를 제공하기 위한 것이다. 국민들이 최소의 비용으로 최대의 효과를 누릴 수 있는 상품개발에 더욱 주력할 생각이다.

현재 철도청에는 고객관리팀이 있어 철도여행고객에 대한 배려도 잊지 않고 있다. 철도관광상품의 판촉활동은 주로 언론사를 통해서 이루어진다. 광고보다는 오히려 기사가 더 많은 실정이고, 철도청 자체가 확보하고 있는 판매망(760여 개)을 통해 홍보를 한다. 물론 주관 여행사의 판촉활동도 빼놓을 수 없다.

유럽의 유레일 패스나 영국의 잉글랜드 패스 등 외국의 유수한 철도관광상품과는 아직 비길 바 못 되지만 한국의 철도관광의 가능성에 대해서는 새로운 기대를 가져도 좋을 듯하다. 국내관광객들뿐만 아니라 외래관광객을 위한 철도관광상품 활성화를 위해서 철도청은 한국관광공사와 연계하여 일본, 중국 등에 30여 개의 상품을 홍보하고 있다.

제 3 절 _ 관광상품의 가격 전략

가격은 관광기업의 상품·서비스에 대한 대가로 주어진 화폐 또는 상품 서비스의 크기를 말하는 것이다. 그러나 고객은 항상 거래를 통해 얻게 되는 가치와 그들이 지불하는 대가가 합리적이기를 바란다. 따라서 가격을 설정할 경우에 목표시장에서의 경쟁상태와 가격에 대한 잠재고객의 반응이 고려되어야 한다.

가격은 비교적 변화시키기가 용이하기 때문에 경쟁수단으로 자주 이용되는데, 극단적인 가격경쟁은 가격전쟁(price war)을 초래하여 관광기업 경쟁자 모두에게 손해를 주게 된다. 그리고 가격은 상품 서비스 이미지를 구축하는데 도움이 되기도 하는데, 이는 가격-품질(price-quality)의 상관관계가 큰 작용을 하기 때문이다.

관광기업에 있어서는 서비스가 상품에 비해 수요탄력성이 높기 때문에 대부분 경쟁에 기초한 가격설정을 많이 사용해 시가에 따라 가격을 결정하거나 약간 낮게 설정하는 것이 일반적이다.

관광기업의 가격정책은 매우 민감한 것이어서 마케팅 관리자는 마케팅 환경을 적절히 고려하여 가격을 정해야만 한다. 가격이 경쟁사에 비해서 높으면 판매량에 절대적으로 부(-)의 영향을 미치고, 가격이 낮으면 판매량은 증가할 수 있으나 관광기업의 이미지를 떨어뜨릴 수 있으며, 총매출액에도 영향을 미치기 때문이다.

1. 원가중심가격

원가중심가격 전략(cost pricing)은 가격을 정하는 데 있어서 원가를 기준으로 책정하는 것으로, 시장의 성격에 따라 선도기업인 경우에는 이와 같은 원가중심가격 전략을 적용하기도 한다.

(1) 원가 플러스(cost plus) 가격 전략

상품이나 서비스의 제 경비(total cost)를 포함한 전체 원가에 미리 정한 총마진(total margin)을 붙여서 가격을 결정하는 것이다. 주로 호텔 기업의 식음료

가격결정에 이용되는 이 방법은 판매가격에다 총마진을 연관시키는 것이다.

(2) 마크업(mark up) 가격 전략

관광식당에서 가장 많이 이용하는 방법으로서, 그 품목의 변동비(variable cost)에 일정액을 추가하거나 원하는 구성에 어느 정도의 비율로 추가하는 방법 혹은 이 두 가지 방법을 혼용하는 방법이다.

(3) 손익분기(break-even) 가격 전략

특정상품이 얼마만큼의 판매량과 가격에 손익분기가 이루어지는가를 결정하기 위해 사용되는 것으로, 이것은 고정비(fixed cost)와 변동비를 구분하는데 손익분기점은 동일한 고정비와 변동비를 사용하면서 여러 가격에서 요구되는 양을 찾아냄으로써 여러 수요에서 종합적인 이익이 얻어질 수 있도록 수입선을 그리는 것이다.

(4) 기여마진(contribution margin) 가격 전략

상품이나 서비스를 변동비보다 높은 개념으로 판매하면 이익을 내지 못할 때라도 고정비에 대해서는 기여를 한다는 개념에서 출발한다.

2. 경쟁가격

경쟁가격 전략(competitive pricing)은 관광기업에서 가장 많이 이용되는 가격결정방법의 하나로, 특히 새로 창업하는 관광기업에서는 높은 가격을 정하기도 어려울 뿐만 아니라 낮은 가격은 다른 경쟁자의 비판을 받을 수가 있고, 때로는 경쟁자도 가격을 인하하는 결과를 초래할 수가 있어 대부분이 방법이 채택되고 있는 현실이다.

경쟁가격은 기업간의 뚜렷한 차이를 고객이 느끼지 못하고, 가격구조가 그 수준의 가격을 인정한다면 기업은 시장에서 고객들에게 형성된 가격대를 벗어나지 못하는 것이 일반적이다. 따라서 가격을 정하거나 다른 경쟁사들의 가격에 대응하기 전에 상품, 시장 그리고 경쟁에 대해서 철저히 분석해야 한다.

가격결정 전략에 필요한 경쟁자의 정보는 다음과 같다.

- 공표된 경쟁가격이동에 대한 경쟁자의 반응
- 과거의 가격이동에 대한 경쟁자의 반응
- 경쟁자의 가격변동시기 및 변동요인
- 경쟁자의 특별 캠페인에 대한 정보
- 경쟁자의 비용 추정치
- 가격전쟁에 따르는 재무적인 생존능력

3. 시장수요가격

시장수요가격 전략(market demand pricing)은 원가보다 상품에 대한 수요의 강약과 고객의 지각을 중요시하여 가격을 결정하는 것이다. 시장의 수요분석을 통하여 시장의 규모를 파악하고, 그에 대한 시장점유율을 고려하여 가격을 결정하는 방법이다.

4. 고객가격

고객가격(customer pricing)은 고객이 관광상품에 대한 위치와 품질에 따라 가격을 정하는 전략으로서, 이 가격 전략은 고객을 우선으로 하여 정해진다.

(1) 고객／가치

관광기업의 고객이 가격에 대한 위치, 가격에 대한 품위, 가격에 대한 서비스·품질 등에 따라 상품이나 서비스를 평가하는 가치가 있는데 이러한 것들이 구매결심과정에 영향을 미친다. 그러므로 경영진은 고객이 정당한 가격을 지불하고 있다는 것을 느낄 수 있도록 상품과 서비스에 대한 가격의 균형을 기초로 한 가격을 정해야 한다.

(2) 기대가격

고객들은 그들이 문제해결을 위해서 지불하기를 기대하는 가격을 염두에 두고 있기 때문에 가격에 대한 반응이라는 것은 이러한 기대가격에 따라 달라지는 것이다. 가격 결정자는 상품이나 서비스에 대한 가격이 너무 높거나, 낮은 가격대를 피하여 고객이 기대하는 수준의 가격으로 정해야 한다.

(3) 심리적 가격

최종적인 가격을 결정할 때 소비자의 심리적 반응을 고려하여 가격을 결정하는 것으로서, 대부분의 고객들은 높은 가격은 높은 품질로, 낮은 가격은 낮은 품질로 인식할 수가 있기 때문에 높은 가격의 상품이나 서비스는 판매가 잘되는 반면 낮은 가격의 것은 잘 팔리지 않을 수가 있다. 즉, 이러한 상황에서 고객이 기꺼이 지불하고자 하는 심리를 이용한 가격결정의 방법이다. 이 심리적 가격결정법에는 단수가격(odd-even pricing), 관습가격(customary pricing), 위신가격(prestige pricing) 및 가격 라인(price lining) 등이 있다.

제 4 절 관광상품의 유통 전략

모든 상품이 그러하듯이 상품을 최종 소비자에게 판매하기 위해서는 직접거래와 간접거래가 존재한다. 즉, 상품의 거래비용을 고려하여 상황에 따라 최종 소비자가 아닌 중간상이라는 경로를 통하여 상품을 판매하기도 하는데, 이러한 유통방법을 간접유통이라고 말한다. 즉, 관광상품의 유통은 관광서비스 상품의 생산과 소비과정을 연결해주는 조직구조로서 관광기업과 고객을 연계해주는 일련의 과정을 말한다. 관광기업에서는 다면적 유통구조(multi-dimensional distribution structure)를 가지고 있어서 제조업의 유통과는 비교되는 특성을 가지고 있다.

1. 유통 시스템

관광상품의 유통 시스템(distribution system)은 관광기업이 생산하는 서비스 상품을 고객에게 전달하는 제반구조를 의미하는데, 유통구조의 경로 중간업자를 살펴보면 다음과 같다.

(1) 관광도매업자(tourism wholesaler)

판매경로를 통해 항공사 및 운송 수단과 지상 서비스 공급업자의 서비스를 공중에게 판매하는 기업 실체를 의미한다. 관광도매업자는 관광의 기획(tour planning)과 준비, 마케팅, 예약 그리고 투어를 직접 운영하는 업자를 말한다. 예를 들어 여행도매업자에 대한 세계관광기구(WTO : world tourism organization)의 정의를 살펴보면 여행도매상이란 '여행수요를 미리 예상하여 여행목적지에서의 수송과 객실 그리고 여행에 필요한 서비스(여행, 유흥)를 준비하여 이를 완성품으로 만들어 여행사 또는 자사영업소를 통해 개인과 단체에게 일정가격으로 판매하는 유통경로상의 기업'이라고 정의를 하였다.

(2) 관광소매업자(tourism retailer)

관광기업의 판매와 예약업무를 담당하는 것을 주업으로 하는 중간업자로, 관광 시스템을 중심으로 볼 때 주로 여행사를 말한다. 여행사는 관광기업을 대신해서 일정량의 상품이나 서비스를 계약에 의하여 확보하거나 또는 단체 여행객일 경우 관광기업의 영업사정에 따라 판매대행을 하며, 판매시 관광기업으로부터 일정률의 판매 수수료를 받는다.

(3) 투어 오퍼레이터(tour operator)

일반적으로 관광기업의 상품이나 서비스를 포함한 포괄여행의 형태인 패키지 투어(package tour)를 고객에게 제공함으로써 중개인의 역할을 한다. 투어 오퍼레이터는 공급자로부터 각 상품을 대량으로 싸게 구입함으로써 고객에게 저렴한 상품을 제공할 수 있다. 고객은 결과적으로 단일상품이나 포괄상품을 구매하는 편리함뿐만 아니라 투어 오퍼레이터의 구매력에 의해 가능하게 된 상대적인 저가격으로 인하여 혜익을 얻을 수 있다.

(4) 포상관광 기획자(incentive travel planner)

관광기업이 종업원들을 대상으로 기업내의 특별한 목표를 달성한 대가로 제공하는 포상여행객을 모으거나 계획하는 사람을 말한다.

(5) 회의 기획자(meeting planner)

회의나 무역박람회 등에 참석하는 사람들을 위하여 관광숙박시설 등을 알선하는 것이다. 우리나라에서는 아직까지 활성화되고 있지 않지만 선진국에서는 전문적인 알선업자가 회의, 박람회 등을 처음부터 끝까지 전반적인 과정을 감독하기도 한다.

(6) 예약대리점

예약대리점(sales agent)은 독립적인 판매 및 예약망을 갖지 못한 관광기업을 위해 소정의 예약알선 수수료를 받고 판매대리점의 기능을 수행하는 기관들이다. 이 기관들은 대개 소정의 수수료 외에도 상당한 액수의 가입비 및 연회비 등을 수수하고, 판매대리점의 기능을 수행해주고 있다.

일반적으로 일정지역에서 한정된 영업으로 인하여 해외시장의 판매량이 취약한 기업이 흔히 이용한다. 그러나 대규모 관광기업들도 예약대리점을 이용하기도 하는데, 그것은 특정지역에서의 판매노력을 고양하고자 하기 때문이다.

일단 예약대리점으로 지정되면 그들은 직판(direct sale), DM(direct mail), 광고, 홍보 등 가능한 모든 수단을 동원하여 그 기업을 대신해서 예약업무를 담당하게 된다. 흔히 구매예상고객에게 직접우편을 보내고 판매권유 전화를 통해 예약을 유도하는 방법을 이용한다. 우수한 예약대리점은 회의 기획자(meeting planner) 등과 같은 여타 여행중개업자들에게도 특정기업의 공간이용 가능성, 요금의 협상 및 기타 부대시설에 관한 정보 등을 제공하고 예약을 대신하기도 한다.

2. 관광기업의 유통경로 유형

관광기업의 경우 유통경로의 유형은 생산자와 소비자간에 관광상품의 전달과 매개역할을 생산자가 직접 담당하는 경우도 있고, 중간업자인 도·소매업자를 통하는 경우 등 다양한 경로로 필요한 정보를 제공한다. 일단 선택이 이루어지고 난 다음에는 필요한 예약을 가능하게 하는 목적하에 수행된다.

일반상품 마케팅에서와 같이 호텔 기업의 유통경로는 대체적으로 다음의 [그림 5-5]와 같은 4단계 유통경로로 구성된다[52].

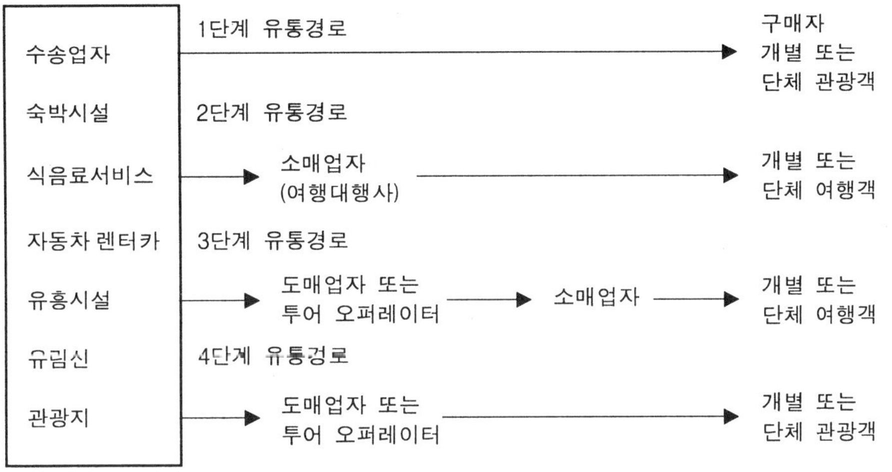

[그림 5-5] 호텔 서비스의 유통경로

여기서 특수한 경로참가자(specialty channeler)는 소매업자와 고객간에서 활동하는 이들로 고객이나 공급업자를 대표하는데 보상여행 기획자, 회합 및 모임 기획자, 협회실무자, 기업의 여행담당 부서 등이 이에 해당된다. 호텔 기업을 중심으로 유통경로를 살펴보면 다음과 같은 경로들이 있다.

(1) 1단계 유통경로

1단계 유통경로는 숙박 서비스의 처음 공급자가 관광 숙박객들에게 직접 판매하는 것을 말하는데, 예를 들어 호텔은 그 자체의 판매부와 예약부를 통하여 고객에게 직접 호텔 상품을 판매한다.

(2) 2단계 유통경로

2단계 유통경로에는 공급자와 숙박객 사이에 하나의 중간상만이 포함된다. 즉, 여행소매업자인 여행대행사가 개입하여 역할을 수행하게 되면 그 대가로 일정액의 수수료가 지급된다.

---

52) Chuck Y. Gee, Dexter J.L. Choy and Makens, *The Travel Industry*, The AVI Publishing Company Inc., 1984, p.126.

(3) 3단계 유통경로

3단계 유통경로는 두 가지 중간상을 포함한다. 즉, 여행소매업자와 도매업자 또는 투어 오퍼레이터(tour operator)를 포함한 경로로서 일반적으로 여행상품 판매경로의 전형적인 형태라고 하겠다.

(4) 4단계 유통경로

4단계 유통경로는 3단계 유통경로의 형태를 따르고 있으나 추가적인 중간상을 포함한다. 즉, 판매업자의 입장에서 보면 특수한 경로참가자는 여행단체 조직자(tour group organizer)가 되는 것이 보통이다.

[그림 5-5]에서 나타낸 바와 같이 개별적인 수송업자들은 경로 믹스(channel mix) 구성을 대개 한 가지 이상의 유통경로로 구성하고 있다. 대부분의 주요 항공사들은 일반 고객, 기업, 기타 단체고객들에 대해 직접촉진을 하고 있다. 그러나 이러한 직접경로 외에도 고객은 여행대행사를 통해 예약을 하고 항공권을 전달받는 간접경로를 이용할 수도 있는데, 이런 방식이 항공여행의 상당한 부분을 차지하고 있다. 또한 항공사는 다른 유형의 여행중개업자들을 이용하는 방법을 택하기도 한다. 즉, 전문적인 업계지에 광고를 하거나 여행중개업자 등이 기획한 여행 패키지의 일원으로 참여하는 수단이 이용된다.

호텔업은 이상과 같은 체계에서 설명될 수 있는데, 즉 고객은 여행목적지의 호텔에 직접 예약을 하거나 체인 호텔의 중앙예약본부에 예약할 수도 있으며, 여행대행사나 항공사를 통해 간접적으로 예약을 할 수도 있다. 나아가 여행판매업자 및 오퍼레이터, 보상여행 기획자, 기업여행 관리자 또는 회합 및 모임 기획자 등을 통해 간접적으로 예약을 하는 것도 가능하다.

3. 관광기업의 유통경로별 장·단점

(1) 장 점

1) 직접유통경로(direct distribution channel)

직접유통 시스템에서 관광상품이나 서비스의 공급자가 얻을 수 있는 이점으로서는 절차의 단순화 및 오류의 최소화, 부수적인 판매기회, 융통성, 이윤의 증가 그리고 통제력 확대 등이 있고, 여행자가 얻을 수 있는 이점으로는 융통성, 시간절약, 정확성 등이 있다.

2) 간접유통경로(indirect distribution channel)

간접유통 시스템에서 공급업자가 얻을 수 있는 이점은 판매 및 판매경로의 확대와 초과판매력에 대한 비용부담 제거를 할 수 있는 이점이 있으며, 여행자가 얻을 수 있는 이점으로서는 선택대안의 다양성, 가격의 저렴성 등이 있다.

(2) 단 점

1) 직접유통경로

직접유통경로에서 공급자의 단점은 판촉활동으로 인한 비용이 증가하고 많은 인원의 마케터가 필요하다는 점이다.

2) 간접유통경로

간접유통에서 공급자의 단점으로는 판매수수료와 할인된 가격으로 인한 매출액 대비 이익률의 감소이다.

4. 유통경로기구에 대한 대응책

(1) 유통경로기구에 대한 촉진 전략

숙박 서비스의 경우 유통경로기관들은 고객과 직·간접으로 접촉함으로써 공급 및 수송업자 및 목적지 마케팅 조직들의 사업에 주요한 역할을 담당한다. 따라서 공급업자 및 목적지 마케팅 조직들은 이들을 별도의 표적시장으로 간주하여 주의를 기울이는 것이 필요하다. 유통경로기관들로 하여금 특정한 숙박 서비스를 보다 많이 이용하도록 하는 전략에는 견인 전략과 추진 전략이 있다.

견인 전략(pull strategy)은 숙박기업이 소비자에 대하여 자신의 상품 서비스와 상표에 대한 광고를 충분히 하여 소비자의 수요가 환기되도록 촉구함으로써 소비자로 하여금 유통경로기관에 대해 자사상표의 상품, 서비스를 지명 구매하도록 견인한다는 의미에서 견인 전략이라고 한다. 숙박업에 있어서 견인 전략을 적용하는 대표적인 수단은 상용고객 우대제도이다. 이러한 방법으로 촉진수단을 이용하면 고객은 그 상품 서비스에 대해 더 큰 선호와 구매욕구를 갖게 되고, 유통경로기관에 그 상품 서비스의 구매를 의뢰하게 된다.

반면 추진 전략(push strategy)은 숙박기업이 대 소비자 광고 등에는 주력하지 않고 판매원의 인적 판매 활동을 중심으로 유통기관들을 통해 상품 서비스를 판매하는 전략이다. 이는 유통기관 원조나 유통계열화 등을 통해 유통경로기관들이 자사의 상품 서비스를 권장 판매하여 제품이 고객 쪽으로 밀려가도록 추진하는 것이다. 숙박기업에서 추진 전략을 적용하는 대표적인 수단은 낮은 요금을 부과하는 것으로, 예컨대 평상시에는 10%의 할인을 제공하던 것을 비수기에는 20% 할인해주는 것이다. 그밖에도 무료객실, 무료여행, 현금 보너스 등이 이용되기도 한다.

한편, 최근 들어 많이 이용되는 추진 전략으로는 촉진유대관계(promotional tie-in)의 구축이 있다. 이는 흔히 호텔이나 레스토랑에 많이 보급되고 있는 것으로, 일정한 조건하에서 광범한 지역에서 동일한 판매량을 확보함으로써 매출을 확대하려는 목적으로 결성된다. 이를 조직하는 기관은 서비스를 제공하는 기관으로부터 일정한 수수료를 받고 고객을 주선한다.

전형적인 예로는 호텔과 항공사간, 호텔과 렌터카(rent-a-car) 회사간의 유대관계 등이 있다.

대부분의 경우, 한 가지 전략만으로는 마케팅 목표를 달성하기 어려우므로 양전략을 경우에 따라 적절히 혼합·병용하여 이용하기도 하는데, 이러한 전략을 견인-추진 혼용 전략(pull-push strategy), 또는 풀 - 푸쉬(pull-push) 혼용 전략이라고 한다. 이것을 마케팅 믹스의 상대적 비중에서 본다면 양전략의 중간에 해당한다고 볼 수 있다.

(2) 유통경로기구에 대한 마케팅 절차

유통경로기관에 대한 마케팅은 사업 세분시장의 조사 및 선정, 정위화 방법과 마케팅 목적의 결정 및 여행중개업자에 대한 촉진 믹스의 수립과 같은 3단계의 절차에 따라 이루어진다.

1) 사업 세분시장의 조사 및 선정

흔히 공급 및 수송업자, 목적지 마케팅 조직들이 보유한 기업 내부의 예약등록 기록은 업계 마케팅을 위한 최상의 정보원천이 된다. 예를 들면 숙박시설에 대한 등록자료에는 고객의 주거지, 직장, 알선 여행사 등이 포함된다. 이들 자료를 분석하여 중요한 시장영역과 여행 도소매업자 및 회합 모임 기획자 등을 파악하고, 이들을 계속적으로 유인할 수 있는 수단을 강구해야 한다.

2) 정위화 방법 및 마케팅 목적의 결정

관광산업의 경우 점차 격심한 경쟁에 직면해 있고, 대부분 많은 서비스 기관이 상호의존하고 있으므로 공급·수송업자 및 목적지 마케팅 조직들은 고객과의 관계에 있어 자신의 이미지나 지위를 정립하는 것 못지 않게 업계 내에서 독자적 이미지나 지위를 확보하는 것도 매우 중요하다. 따라서, 서비스 특성, 혜익, 문제해결 및 요구, 세분시장별로 마케팅 목적을 명확히 설정해주는 것도 중요한 과세이다. 왜냐하면 그렇게 함으로써 기업에서 촉진을 더욱 현실성 있게 계획하고 촉진노력의 성공 여부를 평가하는 것이 용이하기 때문이다.

3) 여행중개업자들에 대한 촉진 믹스의 구축

촉진 믹스는 광고, 인적 판매, 판매촉진 및 홍보의 혼합인데 공급 및 수송업자와 목적지 마케팅 조직들은 각각의 고객대상별로 다른 촉진 믹스를 개발할 필요가 있다. 이 부분에 대한 상세한 내용은 촉진부분에서 설명하고자 한다.

제 5 절 __ 관광상품의 촉진 전략

마케팅은 제품이나 서비스의 설계를 잘해서 이를 생산하고 적절한 가격을 매겨 유통시키는 것으로 끝나는 것이 아니다. 마케팅의 또다른 임무는 고객들에게 우리 서비스나 제품이 어디서 팔리고 있는지를 알리고, 다른 서비스와 비교하여 장점을 인식시키며, 궁극적으로 기존의 구매성향을 바꾸거나 혹은 신 서비스를 사용케 하는 것이다. 따라서 이러한 업무를 알리고, 설득시키고, 바꾸게 하는 전략이 바로 촉진 전략이다.

그런데, 유형재와는 달리 관광 서비스 상품은 무형재인 경우가 많기 때문에 촉진활동이 상당히 까다로울 수밖에 없다. 즉 제품의 멋진 디자인을 보여주고 동시에 그 제품의 뛰어난 기능을 화면으로 또는 그림으로 실현함으로써 소비자의 호기심과 구매심리를 자극할 수 있는 유형재와는 달리 서비스는 보이지 않기 때문에 특정 서비스가 고객에게 줄 수 있는 진실, 즉 가치의 실체적 전부를 오해 없이 전달하기가 어려울 수밖에 없다.

따라서 관광기업은 입지조건과 시설, 서비스의 정도, 서비스 요금을 검토한 후에 고객의 수요를 측정하여 판매촉진업무를 집행해야 한다. 관광기업의 서비스 및 상품을 고객에게 구매하도록 요구할 목적으로 서비스 상품의 효능과 가치에 대하여 정보를 제공하거나 설득하는 마케팅 노력으로서 마케팅 관리자는 자사 상품의 우수성을 현재 또는 잠재 고객에게 전달하기 위한 촉진자로서의 역할이 필요하다.

촉진 믹스(promotional mix)의 구성요소로서는 마케팅 관리자가 활용할 수 있는 촉진수단은 매우 다양하나 일반적으로 광고(advertising), PR 및 홍보(public relations & publicity), 판매촉진(sales promotion), 인적 판매(personal selling) 등으로 구분할 수 있다.

관광상품의 촉진 전략에 관한 내용은 제6장에서 구체적으로 설명하였다.

사 례[53)]

연말 외식업계 마케팅 전략 비교 분석

수험생을 잡아라!

겨울이 시작되는 11월에 가장 큰 이슈는 역시 대학수학능력시험일 것이다. 특히, 수능시험고객을 잡는 일은 성수기로 가는 첫 관문이어서 이때 많은 고객을 확보해야 겨울장사를 제대로 할 수 있다는 것이 마케팅 담당자들의 판단이다.

대학수학능력시험이 끝나면 그 동안 시험 때문에 움츠려 있던 수험생들이 외식시장으로 쏟아져나오게 된다. 이들은 패밀리 레스토랑의 예비고객이기 때문에 외식업체들은 수험생들을 잡기에 심혈을 기울인다.

지난해에도 '칠리스'가 20% 할인혜택을, '피자헛'은 1주일간 콜라 피처를 무료로 제공하는 등 각 외식업체에서 수험생들을 잡기 위한 마케팅이 펼쳐졌었다. 특히, '베니건스'는 수능이 끝난 후 2주간 수험표를 가진 수험생 고객에게 20% 할인혜택을 제공했으며, 이때 대학 합격기원 쿠폰을 제공하고 후에 쿠폰과 함께 합격통지서를 가지고 오는 수험생에게 2만8천 원 상당의 메뉴 중 한 가지를 무료로 제공하는 행사를 실시하는 등 수능 수험생들을 겨울 내내 잡아두는 마케팅을 실시, 큰 효과를 보았다.

'마르쉐'는 수능 전에 매장을 방문하는 고객들에게 합격부적을 나누어주는 행사를 실시할 예정이다. 쿠폰(coupon)이 포함된 캐릭터 부적을 모든 고객에게 제공하는데, 이는 "고객들의 대부분은 주위 친구나 가족, 친척 등에 수험생이 있을 것으로 예상하고 하는 행사"라고 전하는 '마르쉐'는 "수능이 끝난 후에 고객을 유치하기보다 수능 전에 미리 고객을 예약해놓는 것"이라며 한 발 앞서가는 마케팅 전략을 구사하겠다고 밝혔다. 이 쿠폰을 나중에 수험생이 가지고 오면 사용할 수 있도록 해준다.

'토니로마스'와 '스파게띠아'를 운영하는 '선엣푸드'는 매장뿐 아니라 롯데백화점과의 제휴 마케팅을 통해 수능 이벤트를 실시할 계획이다.

"수능을 끝낸 수험생들은 비단 외식업체의 고객이 될 뿐 아니라 여러 소비문화에 있어 주목표고객으로 떠오른다"고 말하는 '토니로마스'는 국내에서 가장 고객이 많은 롯데백화점에 수능이 끝난 수험생들이 몰려들 것을 예상, 수능고객에게 사은품 제공과 함께 홍보도 할 것을 계획하고 있다.

---

53) 호텔과 레스토랑, 2000년 11월호.

계절감각을 살린 마케팅

크리스마스를 포함, 연말연시에는 계절감각을 살린 마케팅이 주류를 이룰 것으로 보인다.

우선 겨울 스포츠로 인기 있는 스키와 연계한 마케팅이 있다. 스키를 즐기는 고객층은 중산층의 젊은이들, 가족이 많아 패밀리 레스토랑들의 고객과도 일치하기 때문에 고객들에게 일석이조의 만족감을 주고 또 고객을 끌어들일 수 있다.

'칠리스'는 지난해에 실시했던 스포츠 이벤트가 반응이 좋아 올해도 계속할 예정이다. 고객들에게 스키 이용권, 스키 세트 등을 추첨을 통해 제공하는 행사로, 기존고객 사은 및 신규고객 유입에도 한몫 할 것으로 예상하고 있다.

'토니로마스'는 스키 캠프를 준비중에 있다. 회원들을 대상으로 무료강습을 계획하고 있으며, 장소가 멀어지거나 기간이 길어질 경우 최소한의 숙박비를 요금으로 모집하는 스키 캠프, 스노보드 캠프를 개최할 것이라고 밝혔다. 한편 '토니로마스'는 겨울이라는 시각적이고 계절적인 요소와 대비되게 '따뜻한' 마케팅도 준비중이다.

시각장애자를 위한 마케팅을 출판사와 제휴하여 준비중이고, 장애인 고객을 위해 점자 메뉴판 및 점자책을 매장에 비치할 예정이며, 인터넷에도 읽어주는 서비스를 도입할 것을 계획하고 있다.

"역시 겨울 하면 기대되는 것은 크리스마스와 연말연시에 주고받는 선물"이라고 밝히는 외식업체의 한 관계자는 그런 이유로 모든 외식업체들이 선물을 주는 프로모션을 준비중인데, 특히 여기저기 경품을 제공하기 때문에 좀더 고객들의 구미에 맞는 경품을 제공하는 외식업체가 경쟁에서 유리할 것이라고 전했다.

겨울 메뉴로 고객 유혹

레스토랑은 역시 메뉴가 제일이라는 전략하에 겨울장사를 위해 신 메뉴를 출시하는 곳도 많다. '우리들의 이야기' '스카이락' 'TGIF' 등이 11월에 메뉴 개편을 준비중으로, 특히 '스카이락'은 겨울이라는 계절적 특성을 살려 따뜻한 국물이 있는 메뉴를 선보일 예정이다.

'TGIF'는 메뉴뿐 아니라 현재 8페이지의 메뉴 북을 12페이지로 늘려 단순한 주문도구가 아닌 마케팅 툴로서 역할을 더할 예정이다.

"TGIF에서만 즐길 수 있는 다양한 비알콜 음료 등 비주얼적인 면을 강조한 메뉴 판을 만들 계획"이라고 설명하는 'TGIF'의 한 관계자는 메뉴 측면에 있어 대표적인 인기 메뉴인 잭다니엘 글레이즈드 립스, 잭다니엘 스트립 스테이크 등 잭다니엘 소스를 사용하는 4가지 메뉴를 보다 업그레이드할 예정이며 화히타메뉴도 스페니시 라이스를 추가, 업그레이드된다고 밝혔다. 또한 잭다니엘 폭찹 메뉴, 오리엔탈 메뉴 등 10여 가지의 새로운 메뉴를 선보여 고객만족을 높일 예정이다. 한편 겨울 메뉴 개편을 하지 않는 외식업체들도 대부분 겨울대목을 위해 가을에 메뉴 개편을 마친 상태다.

사이버마켓도 강화

사이버 공간에서의 마케팅도 강화된다. 오프라인상의 직접적인 마케팅뿐 아니라 온라인상의 고객들의 만족감도 높이기 위해 홈페이지를 개편한 외식업체들이 많으며, 11월에도 지속적으로 진행중이다. 특히, 기존에 일반 전화선을 통한 인터넷이 속도가 느려 단순히 정보를 빨리 볼 수 있도록 하는 데 중점을 두었던 것에 비해 초고속 인터넷 환경이 일상화되어가는 시점에서 다양하게 보여줄 수 있는 인터넷 사이트로의 개편이 주류를 이루고 있다.

이미 'TGIF' '피자헛' '스카이락' 등이 고객과의 더 가까운 1대 1 커뮤니케이션 맞춤 서비스로 홈페이지 환경을 개편, 대대적인 이벤트 행사를 펼쳤고, '씨즐러'와 '선엣푸드'도 11월중에 홈페이지 개편을 할 예정이다.

"고객과의 효율적 커뮤니케이션을 위해 10월 중순경 홈페이지를 개편했다"고 밝히는 '스카이락'의 손석배씨는 "고객 바이오리듬 관련 메뉴 추천, 고객의 각 점포 평가제도 등의 기능을 추가했으며, 특히 CJ 패밀리 클럽에게 나가는 이메일 마케팅도 함께 제공, 홈페이지에 오지 않고도 정보를 볼 수 있게 시스템을 강화했다"고 설명했다.

'이오코퍼레이션'에서 '선엣푸드'로 회사명을 변경한 '토니로마스'와 '스파게띠아' 등도 홈페이지를 개편할 예정이다.

"전용선으로 인해 초고속 인터넷 인구가 급속히 늘어 이에 맞게 개편하는 추세"라고 설명하는 '씨즐러'의 이인규 과장은 "그 동안 온라인 회원을 운영하지 않았던 씨즐러에서 처음으로 온라인 회원을 모집하며 관리하기 쉬운 인터넷에 중점을 두어 본사나 매장에서 자료를 직접 업데이트할 수 있도록 만들 예정"이라고 밝혔다. 또한 "메뉴, 매장사진, 동영상 등 멀티미디어적인 기능을 살려 정보를 최대한 전달할 수 있는 홈페이지로 개편할 것"이라고 덧붙였다.

패밀리 레스토랑의 새로운 동반자, 백화점

목표시장이 같다는 점은 패밀리 레스토랑들이 백화점과의 연계 마케팅에도 적극적으로 나서는 이유가 된다. 올해 들어 20~30대 여성층이 주고객이라는 공통점을 가져 공동 마케팅을 하는 사례가 늘고 있다. 백화점에 입점한 'TGIF'나 '미르쉐'뿐만 아니라 '토니로마스' '스파게띠아'가 롯데백화점과 공동 프로모션을 진행중이며, '씨즐러'도 강서점 오픈을 영등포 롯데백화점과 연계해 롯데 회원들에게 혜택을 제공하고 홍보를 할 예정이다. 특히 '토니로마스'와 '스파게띠아'는 단발성 이벤트가 아닌 6개월간 장기제휴를 맺어 수능 마케팅을 비롯 크리스마스, 신년 마케팅 등도 롯데와 함께 진행할 계획이다. 한편, 패밀리 레스토랑 중에는 자사상품권이나 외식상품권 등 상품권의 폭이 좁았던 점을 감안, 연말 상품권 사용이 많아질 때 매출을 올리기 위해 기타 다른 상품권과 제휴할 계획도 있는 것으로 알려졌다. 가장 많이 팔리는 백화점상품권이나 주유상품권들도 중요한 타깃이며, 이외에 신진 상품권인 관광상품권, 엔젤플러스 등과도 제휴를 조심스레 타진해보고 있다.

제 6 장

관광시장의 판매촉진

제 1 절 _ 광 고

1. 광고의 개념

오늘날과 같은 대량생산(mass production)과 대량소비(mass consumption)가 연결되어야 하는 마케팅 시대에 있어서는 대량광고에 의한 대량전달이 전제가 되어야 한다.

따라서 상품을 기획하는 것만큼이나 마케팅 전략상 광고가 매출에 매우 중요한 영향을 미친다고 할 수 있다.

그러나 광고라 해도 그 정의가 일정치 않으며, 여러 학자들에 의해서 각기 다르게 정의되고 있다. 프레이(A.W. Frey)는 "광고(advertising)란 회사와 기업단체 그리고 개인에 의해서 각종 매체(수단)를 통해서 사람들에게 살포하는 비대인적, 시각적, 청각적 메시지로부터 성립하고 있다"[54]고 정의하였고, 캐논(J.T. Cannon)과 위챠드(J.A. Wichert)는 "광고는 두번째의 가장 중요한 판매촉진 형태"[55]라고 정의하였다.

그리고 비교적 합리적이라고 생각되는 AMA의 정의를 보면, "광고는 이름

54) A.W. Frey, *Advertising*, 1953, p.4.
55) J.T. Cannon & J.A. Wichert, *Marketing Text and Cases*, 1953, p.364.

을 명시한 광고주에 의한 유료 형태(paid form)의 아이디어, 상품 및 서비스의 비인적 제시(non-personal presentation)와 촉진"[56]이라고 간주하고 있다.

한편 커뮤니케이션의 한 형식으로 이해한다면, 라이트(J.S. Wright)는 "광고란 커뮤니케이션 매체를 통한 통제 또는 제어된 확인 가능한 설득이다"[57]라고 정의하였다.

광고가 가지는 기타 커뮤니케이션과의 차이는 광고는 인적 판매보다 광고범위가 넓고, 합리성을 바탕으로 소구하며, 감정적 소구로서의 선전(propaganda)과 다르다.

광고란 "명시된 광고주가 유료의 대금을 지불하고 상품이나 서비스, 또는 아이디어를 비인적 매체를 통해 제시하고 촉진하는 모든 형태의 커뮤니케이션 수단"이라고 정의된다. 또한 광고개념은 "어떤 방법으로든지 광고 메시지 안에 명시된 기업이나 비영리단체 혹은 개인이 여러 가지 형태의 커뮤니케이션을 통해 특정집단의 구성원들에게 정보를 제공하거나 설득하고자 하는 유료의 커뮤니케이션이다"[58]라고 정의되는 것처럼, 오늘날 광고의 개념은 단순한 마케팅 차원을 넘어 영리기업뿐만 아니라 비영리단체까지 그 폭이 넓어졌다.

광고가 갖고 있는 특성을 구체적으로 보면, 첫째로 광고요금을 지불해야 하며, 둘째로 비인적 매체 즉 대중매체(신문, TV, 라디오, 잡지 등)를 이용하고 있고, 셋째로 광고주가 있고, 넷째로 불특정다수를 상대하고 있으며, 다섯째로 광고 메시지를 이용해 대중을 설득시키려는 의도가 강한 커뮤니케이션 수단이라는 점을 들 수가 있다.

광고가 촉진수단으로 가장 널리 이용되고 있으나 광고만이 촉진의 효율성을 높이는 것은 아니다. 왜냐하면 광고 자체가 상품 서비스의 부족을 계속적으로 보완해줄 수는 없으며, 우수한 품질과 여타의 촉진수단 및 합리적 마케팅 활동이 상호 조화되어야만 그 기능을 효과적으로 발휘할 수 있기 때문이다.

2. 광고의 목적

광고는 소비자에 대해 자사의 상품이나 서비스를 알리고 설득하여 행동의 변화를 가져오는 것이지만 결과적으로 매출액의 증대를 추구하여 경영이익

56) Committee on Definitions, American Marketing Association, Marketing Definitions, *A Glossary of Marketing Terms*, 1960, p.9.

57) J.S. Wright, D.S. Warner and W.L. Winter, *Advertising*, 3rd, 1971, p.10.

58) S. Watson Dunn & A.M. Barban, *Advertising*, 4th ed., Englewood Cliffs, 1984, p.3.

을 획득하는 데 있다. 이런 광고목적에는 광고하는 상품이나 서비스의 존재와 사용결과, 혜익(benefits) 등을 알려 소비자의 직접적인 반응을 유도하는 직접목적과 상품이나 서비스에 대한 사정을 잘 알려서 이해를 높이고 호의적인 태도로 환기시켜서 간접적으로 자기상품을 구매하도록 유도하는 간접목적이 있다. 어떤 목적이든 다같이 총수요량의 증가를 추구함으로써 대량생산의 유지를 가능하게 하고, 나아가서는 소비수준이나 문화생활을 향상시키고, 관광기업과 소비자간의 친분을 조성하는 목적도 갖고 있다고 하겠다.

광고는 광의로 소비자나 잠재고객에 대하여 어떤 아이디어를 판매하는 것이지만 실제에 있어서는 상품판매의 한 수단이어서 그 목적하는 바는 결과적으로 매출액의 증가를 추구하여 경영이익을 획득하려는 데 있다. 활동형태에 따라 직접적인 광고목적과 간접적인 광고목적으로 구분하여 살펴보면 다음과 같다.

광고의 직접목적은 광고하는 상품이나 서비스의 존재와 사용결과, 이익, 사용방법을 알려서 그 광고상품을 구매하도록 하고 또는 견본(sample)이나 카탈로그(catalogue) 같은 것을 청구하게 하는 등 직접적인 반응을 소비자에게 요구하는 것이다. 반면 간접목적은 상품이나 서비스에 대한 사정을 잘 알려서 이해를 높이고 호의적인 태도를 환기시켜서 간접적으로 자사상품을 구매하도록 유도하려는 것이다.

따라서 광고의 직접목적과 간접목적은 다같이 수요총량의 증가를 추구함으로써 대량생산의 유지를 가능하게 하고, 나아가서는 소비수준이나 문화생활을 향상시키고, 기업과 사람간의 관계를 긍정적으로 만들려는 목적을 갖는다고도 할 수 있다. 그리고 광고의 목적은 관광기업이 판매하는 상품에 대해 더 한층 호의적으로 반응하도록 시도하는 데 있으며, 이런 목적달성을 위해 고객에게 정보를 제공하거나, 고객이 바라는 바를 변화시키게 하거나, 특정기업의 상품을 선호함에 필요한 근거를 마련해주는 데 있다.

3. 광고의 기능과 유형

광고의 기능은 크게 관광기업경영 측면과 사회경제적 측면, 두 가지로 구분하여 설명될 수 있다. 광고는 그 활동에 내포된 여러 가지의 기능을 갖고 있지만 주요한 기능으로는 첫째로 정보제공의 기능, 둘째로 수요자극의 기능, 셋째로 설득의 기능, 넷째로 교육의 기능, 다섯째로 사회복지의 기능으로 구분할 수 있다. 그러나 관광기업의 경영 측면에서 광고는 판매량의 유지 또는 증대, 이미지 향상에 있다. 따라서 관광기업에서 실행하고 있는 광고의 기능들을 구체적으로 살펴보면 다음과 같다.

1) 시장잠입의 용이

시장의 예상구매자에게 신상품 또는 새로운 서비스를 미리 알려 그것의 시장잠입(market penetration)을 수월하게 할 수 있도록 지원한다.

2) 시장확대

광고는 사회대중의 잠재고객에게 상품 및 서비스의 존재를 널리 알리고 설득하여 시장확대를 도와준다.

3) 판매지원

광고는 소비자의 판매저항을 감소시켜주기 때문에 중간상이나 판매원의 판매활동이 원활하게 진행될 수 있도록 도와준다.

4) 상품의 제시

광고의 사진이나 그림을 통해 잠재고객(potential customer)에게 상품이나 서비스를 제시하는 효과를 갖게 해준다.

5) 구매욕구의 자극

광고는 잠재구매자에게 상품이나 서비스의 존재, 용도, 성능, 기타정보를 제공해주며, 그들의 구매욕구를 적극적으로 자극 환기시켜 수요를 창조하는 기능을 갖고 있다. 아마 이 기능이 광고의 가장 핵심적인 기능일 것이다.

이상에서 살펴본 바와 같이 광고는 소비자에게 상품, 서비스 및 기업에 대한 정보를 알리고 설득하여 그들의 행동을 수정할 수 있는 기회를 포착할 수 있으며, 회상시키는 기능을 갖고 있다.

광고는 위와 같은 기업경영 차원뿐만 아니라 경제, 사회, 문화 등 제반 분야에서 다양한 기능을 수행하고 있다. 우선 상품에 대한 수요를 진작시켜 결과적으로 기업의 대량생산을 가능케 하여 가격인하의 효과를 가져오며, 인적 판매의 업무를 간소화하거나 제거시켜 유통비용을 절감시킨다.

또한 선의의 경쟁을 유발시키는 기능으로 새로운 기술개발을 통한 품질향상을 도모하게 만든다. 아울러 소비자가 필요한 여러 가지 생활정보를 제공하여 생활수준의 향상과 건전한 소비풍토를 조성하게 해준다. 그러나 광고는 이와 같은 순기능 측면뿐만 아니라 불필요한 수요나 소비를 조장하여 과 소비를 불러오거나, 소비의 획일화, 품질만능주의, 향락퇴폐주의 조장 등 역기능도 있다는 것을 인식해야 한다.

관광상품의 광고는 경영형태에 따라서 많은 차이를 보이고 있고 여러 가지 유형의 광고가 있으나 이미지 광고(image advertising)가 주류를 이루고 있다. 독립기업의 경우는 이미지 광고는 물론이고 서비스나 상품을 동시에 광고해야 하기 때문에 많은 비용과 노력이 투입되지만 체인 기업의 경우는 체인의 이미지를 고취시키기 위한 체인 전체나 지역별 광고(umbrella advertising)를 하기 때문에 독립기업보다는 비용과 노력이 적게 든다는 장점이 있다.

[그림 6-1] 호텔 상품광고

한편, 광고의 유형은 지리적 범위, 광고내용, 소구형태, 광고매체, 광고주, 목표 오디언스(target audience) 등의 기준에 따라 여러 가지로 구분될 수가 있다. 대개 기업들 사이에서의 광고내용에 의한 광고유형은 상품광고, 기업광고 및 공익광고로 나누어진다.

(1) 상품광고

상품광고(product advertising)는 상품의 속성을 중심으로 현재 및 잠재적 구매자를 대상으로 하는 광고이다. 이는 직접적으로 상품의 판매를 촉진(promotion)할 목적으로 광고를 실시하기 때문에 판매촉진 광고라고도 하며, 상품이 차별화되어 경쟁상품과 다른 특성을 가졌거나 신상품 도입시 효과적이다.

따라서 상품광고는 상품에 관한 좋은 이미지를 예상구매자가 가지도록 상품 자체의 판매를 위한 강점을 설득·이해시킴으로써 상품을 신뢰하고 기억하게 하여 구매하도록 유인하는 것이다.

사 례[59)]

여행사 광고전쟁 '위험수위'

패키지사 제살깎기식 광고전 '살벌'

'불특정 다수'를 대상으로 모객활동에 나서는 패키지 여행업체들의 광고전이 '위험수위'를 넘어선 지 오래다. 그 결과 머지 않아 그 중 몇몇 업체들이 패키지 여행상품 유통시장에서 자연스럽게 도태될 수밖에 없다는 '총체적 위기론'이 확산일로에 있다. 혹자는 오는 가을 시즌을 전후로 아웃바운드(outbound) 여행업계가 지난 1997년의 대공황 국면 못지 않은 심각한 위기국면에 빠져들 공산이 크다고 지적한다.

유력 일간지 여행사 광고담당 한 실무책임자는 최근 본지 취재진을 만나 "환난 이후에 1~2년간 잠잠하던 여행사간 광고전쟁이 이미 불붙어 위기의식을 느끼지 않을 수 없다"며 "마치 지난 1997년의 비극이 다시 일어날 조짐이 높다고 보고, 현금이 아니면 여행사 광고를 받지 않고 있다"고 사태의 심각성을 귀띔해 주었다.

가을 시즌 패키지 여행업 대위기설

IMF 사태 이전보다 조선·중앙·동아 등 이른바 유력 3대 일간지에 주 1회 이상 3~5단 통 이상의 광고를 게재하는 패키지 여행업체 숫자는 더욱 많아졌다. 물론 환난 이전과 다른 것은 이미 쓴맛을 본 상당수의 여행업체들이 "지나친 광고전의 전개는 자기 무덤 파기나 다름없다"고 인식해 조심하려는 기색이 역력한 측면도 보인다. 그러나 유력 일간지 광고전에 참가한 대부분의 신생 패키지 여행업체들은 광고를 통해 모객한 해외여행객을 제대로 수용할 만한 항공좌석을 확보하지 못해 애간장을 태우고 있다.

국내 항공업계 관계자들은 여름 시즌의 항공좌석 공급량이 환난 이전의 90% 수준에 불과하지만 해외여행 수요는 이미 97% 수준으로 회복돼 항공좌석 부족난이 심각하다고 얘기한다. 말하자면 신문광고를 내지 않더라도 제발로 찾아오는 해외여행 수요를 제대로 수용하기도 어려운 실정이라고 한다. 물론 해외여행 상품정보가 부족한 일반 소비자 입장에서는 여행사의 지명도를 떠나 신문에 광

---

59) 여행정론(www.tbj.co.kr), 2000년 6월호

고를 내는 여행사 문을 두드리는 경향이 강하다. 그러나 여행사 입장에서는 아무리 벌떼처럼 고객이 몰려와도 비수기에 실적을 쌓지 않은 경우 배정되는 시리즈 항공좌석 수가 적을 수밖에 없어 고민이다.

이들 업체들은 어쩔 수 없이 그 동안의 실적에 힘입어 상당수의 시리즈 좌석 블록(block)을 확보한 하나투어 · 모두투어 · 롯데관광 · 자유여행사에 모객 분을 고스란히 넘겨야 하는 실정이다. 환난 이후 대한항공 · 아시아나 항공사는 물론 외국적 항공사들도 수익성 제고 차원에서 전체 항공좌석 중에서 20%만 단체객에 할당하고 나머지는 항공료가 비싼 개인에게 배정하는 판매정책을 펴고 있다.

올해 들어 대대적인 유력 일간지 광고전과 TV 광고전까지 펼치고 있는 3W투어의 경우 확보해놓은 항공좌석 부족으로 모객 인원의 상당수를 모두투어 · 하나투어에 넘기고 있는 실정이다. 그러다보니 업계 일각에서는 “충분하고도 치밀한 사전 준비 없이 광고전에 뛰어든 신생 패키지 여행업체들로 인해 간판(間販) 전문 패키지 여행업체만 기대 이상의 성과를 거두고 있다”고 지적한다.

외국적 항공사의 한 관계자는 “신생 패키지 여행업체들이 광고전에 뛰어들기에 가장 적당한 호기는 지난 1998년 하반기부터 1999년 5월 이전까지였다”며 “그 이후에 뛰어든 업체들은 이미 실기해 광고전 참여는 ‘밑 빠진 독에 물 붓기’나 다름 아니다”라고 혹평한다.

이와 관련해 항공사 관계자들은 “불특정 다수를 대상으로 영업활동을 전개하는 패키지 여행사 입장에서 신문광고는 가장 효과적인 마케팅 수단”이라며 “그러나 충분한 자금 확보와 치밀한 광고 · 영업 전략 수립과 실행 없이 그저 광고만 내면 된다는 발상으로 나서는 것은 자기파멸의 지름길”이라고 입을 모은다.

(2) 기업광고

기업광고(corporate advertising)란 특정상품이나 서비스를 판매할 목적이 아니라 소비자나 일반대중으로 하여금 기업 또는 판매업자에 대하여 우호적인 태도를 갖거나 좋은 이미지를 갖도록 하는 광고를 말한다. 즉, 기업의 사회적 공헌이나 사회적 유용성을 알림으로써 기업의 명성(celebrity)을 높이거나 이에 대한 신뢰감을 가지도록 함으로써 특정기업에 대한 호의(favor) 형성에 도움이 된다. 따라서 상품이나 서비스의 차별화가 체계적으로 형성되지 않은 경우에 기업광고는 효과적일 수가 있다.

[그림 6-2] 항공사의 기업광고

(3) 공익광고

공익광고(public advertising)는 시민정신의 함양이나 사회공익을 구현하기 위한 광고 등으로, 예를 들어 교통법규 준수, 환경보호운동, 헌혈운동 등과 같은 주제의 광고이다. 기업에서 공익성 있는 광고를 협찬하거나 자금지원을 하는 것도 공익광고의 영역에 속한다.

4. 광고의 메시지 전략

(1) 표현 전략의 필요성과 메시지 선정

광고 전략(advertising strategy)의 성패 여부는 관광기업의 수익성에 막대한 영향을 미친다. 그리고 광고 전략에 있어서의 성공과 실패를 결정하는 중요한 요인은 올바른 광고매체(advertising media)를 통하여 올바른 표적집단에 적절한 소구를 하는 데 있다고 말할 수 있다.

다시 말하면 광고는 표적집단(target group)을 정확하게 인지하여 그 표적집단에 대하여 소구를 얼마만큼 강도 있게 실시할 수 있는가에 의하여 그 효용이 좌우된다. 일반적인 광고목표집단의 확정기준은 통계적인 특징, 집단의 공통적인 특징, 심리적인 특징, 공간적인 특징에 의하여 구분된다.

광고 전략에 있어서 광고목표집단의 선택은 매체선택과 결부되어 있는 사항이므로, 매체선정 문제와 더불어 목표 오디언스는 설정된 것으로 간주해야 한다. 적절한 광고소구의 선택은 광고 전략 중에서 가장 어려운 과제 중의 하나이다. 광고의 표적집단이 설정된 후, 창조적 전략(creative strategy)이 필요한 이유는 다음과 같다.

첫째, 광고소구는 소비자의 기호(tastes), 욕구(wants) 및 태도(attitudes)에 적합해야 한다.

둘째, 문안(copy)이나 도안(illustration), 배안(layout)은 보편적으로 이해가 되는 것이어야 한다.

셋째, 표현언어는 표적집단에서 이해되도록 해야 한다.

광고 메시지는 광고 메시지의 작성(message generation), 메시지의 평가와 선택(message evaluation and selection), 그리고 메시지의 실현(message execution)이라는 크리에이티브 전략(creative strategy)의 개발을 위한 세 단계

를 거쳐 이루어진다.

광고 메시지 작성을 위한 아이디어의 수집을 위해서는 소비자나 거래처, 전문가 그리고 경쟁기업 담당자들과의 대화를 통해 이들의 의견을 수집·활용함으로써 자사상표의 파악을 통한 메시지 전략을 수립하는 연역적 방법과 상품의 구매형태와 고객의 상품구매목적이나 성향을 사전에 명확히 설정한 후 이의 상호 조합을 통해 메시지 전략을 수립하는 귀납적 방법이 일반적으로 활용되고 있다.

광고 메시지는 여러 대안의 작성을 통하여 이들 대안에 대한 평가를 하고, 가장 메시지 전달에 효과적이라고 판단되는 광고 메시지를 선택해야 한다. 즉, 메시지의 내용이 상품에 대하여 바람직하거나 흥미를 끌 만한 내용을 담고 있는가(desirability), 또한 독창적이고 차별화된 무엇인가를 담고 있는가(exclusiveness), 그리고 메시지가 신빙성, 즉 믿을 만한 내용(believability)인가의 세 가지 기준을 가지고 평가해야 한다. 이상적인 메시지는 우선 주의(attention)를 집중시키고, 흥미(interest)를 끌며, 욕망(desire)을 유발시키고, 기억(memory)하게 하여 행동(action)으로 이끄는 것이다.

(2) 광고의 개발과 실행

1) 광고목적의 명확화

일반적 기업광고 목적의 구성을 요약해보면 정보전달(informing), 설득(persuading) 및 상기(reminding)이다. 이를 숙박기업에 적용해본다면 〈표 6-1〉과 같다.

효과적인 숙박광고는 고객 및 잠재고객이 경쟁자에 비해 자기 기업을 선택할 상황을 창출하는 것이다. 따라서 광고를 효과적으로 설계하기 위해서는 가능한 한 목표고객에 대해 많은 것을 알고 있어야 한다. 고객이 숙박서비스를 어떻게 구매하고 경쟁자와 달리 자기기업을 어떻게 인식하고 있는지를 파악해야 한다. 따라서 고객과 시설, 그리고 경쟁자에 대해서 정보를 갖고 있으려면 구체적이고 정확한 상황분석이 요구된다.

숙박기업이 광고의 효과를 극대화하기 위해서는 우선 고객을 세분화해야 한다. 세분화 방법은 보통 지리적 변수, 서비스 이용의 형태, 편익, 심리행태적(psychologic behavioral) 또는 인구통계학적(demographic) 변수를 이용하여 고객을 세분화하게 된다.

〈표 6-1〉 숙박기업의 광고목적60)

1. 정보전달	• 시장에 새로 도입된 서비스에 대한 인지창조(예 : 새로운 운항 노선, 유람여행 패키지, 호텔, 메뉴 등의 고지) • 새로운 서비스의 특성 설명 • 고객 및 기타 대중들에게 가격변경 사실을 고지 • 기업의 서비스에 대한 잘못된 인식 수정 • 새로운 목표시장에의 소구 • 서비스를 구매하는 데 대한 고객의 의심이나 두려움 해소 • 기업의 이미지 구축 및 제고
2. 설 득	• 기업의 서비스에 대한 고객선호의 증가 • 기업이나 상표에 대한 고객충실성의 증가 • 경쟁자의 서비스를 이용하는 고객들을 자사의 상표로 이용하도록 설득 • 고객들로 하여금 서비스를 지금 또는 가까운 미래에 구매하거나 예약하도록 설득 • 제공되는 서비스의 유형이나 질에 대한 고객지각의 변화
3. 상 기	• 고객이 서비스를 구매 또는 예약할 수 있는 장소를 상기시킴 • 특정시설이나 서비스가 자기기업에만 고유하다는 사실을 상기시킴 • 고객들이 언제 서비스를 예약해야 하는가를 상기시킴 • 서비스의 존재 자체를 고객에게 상기시킴

시장의 세분화를 통해 파악된 세분시장(market segment)에서 표적시장을 선택하여 그 시장의 고객을 공략하게 되는데, 이때 다음과 같은 문제를 확인해 두어야 한다.

첫째, 목표시장에서 가장 중요한 것이 무엇인가?
둘째, 목표시장의 고객이 자기기업을 어떻게 인식하고 있는가?
셋째, 목표시장의 고객이 경쟁자를 어떻게 인식하고 있는가?
넷째, 어떤 차별화수단을 이용해야 한정된 자원으로 가장 큰 효과를 올릴 것인가?
다섯째, 이와 같은 질문을 통해서 기업은 시장에서 자사의 포지셔닝(positioning)을 하게 되고, 그에 따라 지향해야 할 광고의 방향이 설정될 수 있다.

따라서 어떠한 형태의 광고일지라도 목적을 효과적으로 달성하기 위해서는 다음과 같은 사항이 분명하게 결정되어야만 한다.

---

60) A.M. Morrison, *Hospitality and Travel Marketing*(New York : Delmar Publishers, 1989), p.328.

첫째, 광고의 커뮤니케이션 과업
둘째, 도달해야 할 목표 오디언스
셋째, 광고를 통해 추구될 변화의 정도
넷째, 광고목표를 달성하기 위한 시간범위

2) 광고대행사의 선정

광고는 사내의 특정 부서에서 만들어질 수도 있고 외부의 광고대행사를 이용할 수도 있다. 오늘날 광고의 중요성이 증가함에 따라 주로 대기업에서는 광고목표나 예산의 결정, 매체계획(media plan)의 작성, 그리고 실제 광고내용을 개발하는 것을 주업무로 하는 전문 부서나 회사를 설립하는 경향이 많아지고 있다. 특히, 최근에는 일부 대기업집단에서 자사의 광고업무를 전담하기 위해 독립조직으로 하우스 에이전시(housc agcncy)를 설립하기도 한다. 하지만 외부 광고대행사를 이용하는 경우가 대부분이다.

만약 광고대행사를 이용하게 될 경우 대행사의 규모, 경쟁관계에 있는 상품, 서비스 광고의 제작 여부, 경험 및 전문적 기술의 정도, 접촉 가능성 등을 종합적으로 고려하여 적절한 광고대행사를 선정해야 한다.

기업이 광고대행사를 이용하는 것은 다음과 같은 이점이 있기 때문이다.

첫째, 개방성이 있으며 객관성을 유지할 수가 있고 아이디어 원천에 입각한 합리적 판단을 할 수 있다.

둘째, 대행사의 변경이 가능하므로 졸속한 위탁을 피할 수 있으며, 위험부담이나 실패를 전가 또는 회피할 수 있다.

셋째, 기존의 패턴과는 전혀 다른 광고를 게재할 수가 있다.

넷째, 창조성이 넘치는 절차에 따라 광고를 할 수 있다.

대부분의 관광기업은 광고를 전담하는 광고대행사를 선정하여 광고대행업무를 하고 있으나 요즘에는 자격미달의 대행사가 난립하고 있기 때문에 광고대행사를 선정할 경우에는 신중하게 대행사의 경험이나 능력을 검토한 후 결정해야 한다.

3) 협동광고 실시 여부의 고려

협동광고(cooperative advertising)란 2개 이상의 기업이 단일광고를 공동부담하에 개발·시행하는 광고의 형태로서 관광·숙박산업에서 자주 이용되는 광고방법이다. 협동광고가 효과적인 결과를 얻기 위해서는 상호이익을 볼 수 있는 목표시장과 광고목표를 정하는 일이 중요하다. 협동광고를 하면 공동으로 비용을 부담하기 때문에 비용을 절감할 수 있고 우량기업과 함께 광고를 하면 광고주의 이미지나 포지셔닝을 고양시키며, 고객의 욕구와 제휴업체 서비스간의 관련성으로 시너지 효과를 기대할 수 있기 때문에 설득력이 높아진다. 반면에 광고계획시 시간이 많이 걸리고, 독점적 통제가 어려워 독자적인 광고목적을 충분히 달성할 수 없는 한계도 있음을 고려하여 시행해야 한다.

〈표 6-2〉는 호텔 기업의 협동광고에 대한 분류를 나타내고 있다.

〈표 6-2〉 숙박기업의 협동광고[61]

목표시장	촉진유형	가능한 참여업체
개인고객	브로슈어, 매체광고, 직접우편, 판매촉진, 소비자 여행쇼	항공사, 여행도매업자, 여행대행사, 관광협회, 정부담당부처, 기타 보완적 관광사업체
단체고객	브로슈어, 신문잡지광고, 판매권유방문, 출간이용광고	항공사, 국내여행도매업자, 여행대행사, 기타 관련 관광사업체
관광업계	브로슈어, 업계 지향 인쇄물, 판매 권유방문, 직접우편, 판매촉진, 에이전트 훈련, 리셉션, 업계 출간물 광고 에이전트, 여행도매업자 및 여행기고가를 위한 친교여행	항공사, 여행도매업자, 관광협회, 기타 관련 관광사업체

4) 광고매체의 선정

광고매체(advertising media)는 광고 메시지를 예상고객에 도달되게 하기 위한 전달수단이다[62]. 주요 매체로는 인쇄매체와 방송매체가 있는데, 인쇄매체(print media)는 신문, 잡지, 직접우편(direct mail), 포스터, 기타 옥외광고(outdoor advertising)가 포함된다. 반면 방송매체(broadcasting media)는 TV, 라디오(radio), 비디오 테이프(video tape), 컴퓨터 그래픽(computer graphic) 등이 해당된다.

따라서 광고기획을 담당하는 사람은 광고하려는 상품이나 서비스를 구매할 수 있다고 판단되는 구매력을 가진 독자층이나 시청자 등을 고객으로 하

61) *The Economic Planning Group of Canada, Tourism is Your Business : Marketing Management* (Ottawa, Ontario : Yourism Canada, 1986), p.166.
62) Maurice I. Mandell, *Advertising*, 2nd ed., Prentice-Hall, 1974, p.299.

고 있는 적정 광고매체를 선택하여 광고를 게재해야 하며, 또한 광고매체마다의 특성과 고객층을 선정하는 매체 믹스(media mix)의 효과적 활용이 필요하다[63].

상품으로서 광고매체의 가치를 구성하는 요소를 살펴보면 다음의 〈표 6-3〉과 같다.

〈표 6-3〉 매체가치를 구성하는 요소

매체의 양적 가치	매체의 질적 가치	매체의 경제적 가치
• 매체의 도달범위 • 시청자 수 • 독자 수	• 시청자, 독자층 구성 • 매체가 지닌 전달력 • 대상에게 주는 심리적 효과 등	• 광고요금 및 제작비 • CPM(개인, 세대별) • Cost per Thousand • Prospects 1%마다의 총비용 등

광고매체로는 신문이나 잡지 또는 업계간행물 따위의 인쇄매체(printing media)와 텔레비전, 라디오 따위의 전파매체(broadcasting media), 그리고 스페셜티 광고, 옥외광고, 교통광고, POP 광고, 잡동사니 광고 따위의 기타 여러 가지 광고(other media)가 있다.

광고매체들의 각각 수행하는 기능적 특성은 〈표 6-4〉와 같다.

5. 광고예산의 책정방법

광고비는 매출액과 바로 음양의 관계를 맺고 있으므로 양(+)의 방향으로 극대점에서, 음(-)의 방향에서의 극소점에서 광고비를 확정해야 한다. 특히, 광고비의 많은 부분을 차지하는 매체집행비용은 그 중요성이나 가능성에 비추어 상승효과를 기대할 수 있고 빠른 시일 내에 적은 비용으로 목표에 도달할 수 있도록 잘 조화시켜 운용되어야 한다.

그러나 호텔 기업에서 체인 호텔(chain hotcl)이나 프랜차이즈 호텔(franchise hotel)의 경우는 본사에서 지역별 또는 상표의 이미지 광고[64]를 실시하고 있기 때문에 개별적인 광고는 자호텔이 개발한 특정한 상품이나 서비스만을 위해 광고를 실시하는 경우가 많다.

63) 신연섭, 광고실무론, 1986, pp.222~229.

64) 이와 같이 지역적으로 또는 체인 본부에서 실시하는 광고를 일반적으로 umbrella advertising이라고 하는데 체인 호텔의 장점이기도 하다.

〈표 6-4〉 주요 매체의 특성

<table>
<tr><th colspan="2">매 체</th><th>대 상</th><th>경 제 성</th><th>특 징</th><th>알맞은 업종</th></tr>
<tr><td rowspan="4">매스컴과 매체</td><td>신문</td><td>일반대중</td><td>가격이 싸다
(1인당)</td><td>독자 수, 주목률의 안정, 구매자가 있어 꼭 읽는다.
반복하여 읽는다.
가독성
지면에 의한 영향</td><td>서적, 부동산, 백화점, 금융, 영화</td></tr>
<tr><td>잡지</td><td>전문가</td><td>조금 비싸다</td><td>특정계층으로 구성, 색조를 완전하게 사용, 기사와 연동이 가능</td><td>호텔, 식품, 화장품, 자동차, 카메라</td></tr>
<tr><td>TV</td><td>일반대중
(프로필)</td><td>시청률에
따라 다르다</td><td>색과 음의 움직임
반복광고의 영향이 강하다.
CM의 오락성</td><td>약품, 식품, 화장품, 자전전문점</td></tr>
<tr><td>라디오</td><td>학생
운전기사</td><td>가격이 싸다</td><td>싸다
청취자와 대화</td><td>식품, 약품, 전축, 자동차</td></tr>
<tr><td rowspan="5">기타</td><td>직접
우편</td><td>대상을
국한</td><td>비싸다</td><td>정확한 반영
매력적인 설득
견본을 보일 수 있다.</td><td>호텔, 서적, 통판, 백화점, 은행, 보험</td></tr>
<tr><td>산지</td><td>지역을
국한</td><td>조금 싸다</td><td>매력적인 설득</td><td>소매점, 부동산</td></tr>
<tr><td>차내
광고</td><td>회사원
직장여성</td><td>조금 싸다</td><td>뉴스성
회사원에게 강하다.</td><td>약품, 잡지, 양복, 서비스업</td></tr>
<tr><td>옥외
광고</td><td>번화가</td><td>비싸다</td><td>눈에 띈다.</td><td>사명, 상표명</td></tr>
<tr><td>네온
사인</td><td>통행인</td><td></td><td>강한 인상을 준다.</td><td>특별업종 없음</td></tr>
</table>

이러한 광고예산은 경영자나 마케터가 주관적으로 결정할 수 있으나 일반적으로 다음과 같은 방법으로 결정한다.

(1) 임의할당(arbitrary allocation)

최대가용법(all-you-can-affordable method) 또는 가용자금기준법(affordable method)이라 불리는 방법으로, 가장 간단한 방법이다. 즉, 서비스 마케팅 담당자나 최고경영자(CEO)가 일정기간 동안 얼마를 광고비로 지출할 것인지를 경쟁자의 지출 등을 고려해서 임의로 결정하는 것이다. 이 방법은 분명히 합리성이 결여되어 있고, 광고예산과 광고물의 질이나 양과 연계하는 아무런 노력이 없어 바람직한 방법이라고는 할 수 없다. 따라서 이와 같은 방법은 광고예산이 마음대로 책정될 수 있다는 자유자재성이 있어 좋으나 오늘날과 같은 격심한 경쟁환경하에서의 광고책정법으로는 적극성과 탄력성이 전혀 없는 비합리적인 방법이라 할 수 있다.

(2) 매출액 비율법(percentage of sales)

광고예산 결정시 간단하게 책정할 수 있는 방법의 하나로, 전년도 매출액(revenue for last year) 또는 익년도 예상 매출액(revenue forecast for next year)의 일정비율을 광고예산으로 결정하는 방법이다. 이 방법의 약점은 광고를 통해 소비자들의 인지와 욕구가 높아져 판매가 증대될 경우에도 판매량에 따라 광고예산이 결정된다는 논리적 약점을 갖고 있다.

이러한 약점이 있음에도 불구하고 이러한 방법이 대부분의 기업에 의해 현실적으로 가장 많이 채택되고 있는 이유는 이 방법을 채택함으로써 광고비는 대략 시장에서의 매출액에 비례하게 되며, 광고에 의한 경쟁의 정도가 그것에 의해 제약되기 때문이다.

(3) 경쟁사 대응법(competitive-parity method)

경쟁자 기준법 또는 동업자 등가법이라고도 불리는 것으로, 경쟁업자가 책정하는 광고비를 기준으로 해서 자사의 광고예산을 결정하는 방법이다. 그 기준으로는 해당업계의 의견 선도자(opinion leader)가 되는 경우도 있으며, 동업종의 평균 광고비를 산정해서 이를 기준으로 결정할 수도 있다. 이 방법은 과학적인 근거가 있는 것은 아니나, 분명한 것은 적어도 광고에 의한 경쟁적 균형을 유지하기 위한 간단한 방법임에 틀림이 없다. 다만, 기업규모, 상품종류, 생산량 등의 측면에서 제약이 있으며, 경쟁기업이 실시하고 있는 방법이 최량의 방법이라는 보장이 없다는 데에 한계가 있다.

(4) 목표과업법(objective and task method)

목적법(objective method) 또는 과업법(task method)이라고도 불리는 방식으로서, 일정한 매출목표를 결정한 다음에 이를 달성하기 위해 필요하다고 여기는 광고예산을 산출하는 방법이다. 이 방법은 현재 실시되고 있는 광고예산 결정방법 중에서 비교적 과학적이라고 간주되는 방법이며, 마케팅 계획을 달성하기 위해 필요한 광고비를 모든 마케팅 예산과의 관계에 있어서 산출하고자 하는 방식이기도 하다. 목표관리와 광고관리비라는 이중적 방향에서 목표의 재산정 또는 광고비의 재산정 등의 상호확인 절차를 거칠 수 있다.

(5) 판매단위법(unit of sales method)

매출단위법 또는 단위당 누적법이라고도 불리는 방법으로, 상품단위마다 일정한 예산을 계상하고 이 단위당 예산을 합계한 것을 예정판매량에 곱해서 광고비 총액을 결정하는 방법이다. 이 방법은 매출액 비례법과 비슷한 방법으로, 항상 광고비와 매출액을 연계(match)시키는 매우 간편한 방법이라 할 수 있다. 이 방법은 총광고예산(total budget)을 미리 정해놓고 이 금액을 각 상품에 배분하는 식의 총액할당법이 채택될 경우가 많다. 각 상품에 배분할 만한 충분한 광고예산이 염출될 수 없는 입장이 대부분의 경우로 나타나기 때문이다.

광고예산의 총액이 결정되면 이를 세분시장별, 지역별, 매체별, 기간별로 할당한다. 상이한 세분시장은 그들의 중요도에 따라 광고비를 배정하고, 경쟁이 치열한 지역에는 더 많은 광고예산을 할당한다. 성수기(high season)에 수요를 강화하기 위해, 혹은 비수기(low season)에 수요를 유발시키기 위해 계절별로 광고예산 할당을 달리할 수도 있다.

6. 광고의 효과

대개 경영자들은 광고를 비용 개념으로 인지하여 단시일 내에 효과를 기대하고 있으나 실제로는 투자 개념으로 보아야 할 것이다. 물론 최종적인 광고의 목적은 매출액을 증가시키기 위한 것이지만 광고효과를 정확하게 측정하기란 곤란하다. 광고 형태에 따라 그 효과를 측정하기 위한 여러 가지 도구가 이용되기도 한다. 따라서 광고효과는 광고의 목적을 얼마나 달성하였지를 일정한 기준에 의하여 측정해야 하는데, 이 책에서는 커뮤니케이션 효과의 측정과 판매량 효과의 측정으로 나누어 살펴보기로 한다.

(1) 커뮤니케이션 효과의 측정

1) 광고 전의 측정기법(pretesting)

① 직접평점법(direct rating) : 비교적 신뢰성이 낮은 측정기법으로서, 소비자나 광고전문가를 대상으로 하여, 그들을 광고물에 노출시켜 평가하는 기법이다.

② 포트폴리오 기법(portfolio test) : 이는 시험광고를 포함한 5∼10개의 광고를 책자의 형태로 만든 후 소비자들에게 송부하여 검토하게 한 뒤에 그들이 관심을 가졌거나 기억되는 것을 질문해봄으로써 각 광고대안을 평가해보는 방법이다.

③ 실험실기법(laboratory test) : 소비자가 광고를 보고 이에 대한 심리적 반응으로서 야기되는 심장의 고동이나 혈압, 눈동자의 깜박임 및 땀 흘림과 같은 반응을 기계장치를 통해서 측정하는 여러 기법을 말한다.

2) 광고 후의 측정기법(post-testing)

① 연상법(recall test) : 광고매체에 노출된 적이 있는 사람들로 하여금 전월책자나 부착물에 포함된 광고를 연상하도록 하여 그들이 기억하는 모든 것을 말하게 하는 방법으로, 회상기록에 따라 특정 주의도나 기억도를 측정할 수 있다.

② 인식법(recognition test) : 인식법은 흔히 숙독률 검사(readership test)를 통해 이루어지는데, 이는 광고가 게재된 광고물을 읽는 독자들에게 그 간행물의 기사내용 혹은 광고를 기억하고 있는지의 여부를 질문해보는 방식을 취하게 된다.

그런데 인쇄광고의 측정기법으로서 소위 스타치 숙독법(starch readership service)이 있다. 이는 다음의 세 가지 측도를 사용한다.

① 주의(noted) : 잡지에서 광고를 본 사람의 비율

② 주목/연상(seen/associated) : 광고와 관련하여 정확히 상품과 광고주를 확인한 사람의 비율

③ 숙독(read most) : 광고물 중 문안부분의 반 이상을 본 사람의 비율

(2) 판매효과의 측정

1) 판매액 조사법(sales test)

직접우편광고 하나만을 광고매체로 사용하는 경우에 주문 획득액은 곧 광고효과를 나타내준다. 그러나 광고의 누적된 효과가 나타나는 경우가 있으므로 약간의 공제를 하지 않으면 안 된다.

경우에 따라서는 인구 및 구매력과 같은 시장조건이 비슷한 수개의 지역을 선정하고, 각 지역마다 상이한 광고문안을 사용하여 광고를 한 후 각 지역판매액의 변화를 검토함으로써 광고효과를 판별하기도 한다. 이때 광고효과는 각 지역으로부터의 판매액 변화를 통하여 판단한다.

또한 시험도시(test city)와 통제도시(control city)를 각각 수개 지역으로 선정하여 과거에 실시되던 그대로 통제도시에만 광고함으로써 판매액이 어느 정도 증대하는가 검토하는 경우도 있다.

2) 상품사용자 조사법(product user test)

가정을 방문하여 관광상품의 구매상태를 조사하거나 패널(panel)을 조직하여 구매상황을 기록하게 하거나, 또는 유형상품의 구매상황을 파악하기 위해 각 가정의 휴지통 속에 있는 상품포장지나 빈 포장상자에서 간접적으로 사용상황을 조사하는 방법이다. 그러나 광고소구를 받지 않은 사람도 구매할 수 있으므로 이를 고려하지 않으면 안 된다.

제 2 절 _ 홍 보

홍보(publicity)는 판매목적보다는 관광기업의 이미지를 대중에게 심어주는데 목적이 있다. 관광기업의 홍보활동은 크게 나누어서 고객, 종업원, 지역사회, 국내외 홍보활동이 있다. 광고보다 높은 신용가치가 있으므로 전문적인 홍보요원을 필요로 한다.

관광기업에서는 자기업의 홍보업무를 전담할 수 있도록 최고경영자 직속으로 운영되고, 대규모의 기업에서는 마케팅 부서(marketing division) 내에 홍보실을 운영하기도 한다.

1. 홍보의 개념

광고가 비대인적, 시각적, 청각적 메시지로부터 유상적 수단이라면 홍보는 판매촉진의 의도를 갖는 정보, 사진, 기사 등이 신문, 잡지, TV, 라디오 등에 무상으로 제공될 때 광고와 구별해서 이것을 홍보라고 한다[65]. 광고는 광고주가 의도하는 대로 광고의 메시지를 마음대로 결정하여 소비자들에게 전달하지만 홍보는 있는 그대로를 사진이나 사실을 기사화시켜 무료로 소비자들에게 노출하기 때문에 훨씬 객관적이고 신뢰성이 있다.

2. 홍보의 유형

(1) 고객을 위한 구내홍보

기업내의 카운터, 부대시설, 식당 및 오락시설을 소개하는 책자(brochure)를 상품을 구매하는 고객이 쉽게 볼 수 있도록 비치하여 고개의 상표선호도(brand loyalty)를 고양시킨다. 특히, 호텔에서는 객실 고객을 대상으로 객실내에 호텔의 부대시설을 홍보하기 위한 각종 인쇄물이나 호텔 컴퓨터 시스템(PMS : property management system)의 프로그램을 이용하여 TV 모니터(monitor)에 서비스에 대한 설명을, 그리고 시각적 서비스는 호텔 상품의 정보제공과 홍보의 역할을 겸한다.

(2) 종업원을 위한 구내홍보

관광기업 종업원의 사기와 충성심을 높이고 기업의 정보를 공유하기 위하여 종업원을 위한 사보를 발행하거나 공공장소를 이용하여 상품 및 서비스에 대한 내용을 알리는 활동이다. 최근에는 자기업의 최고경영자의 경영철학이나 상품이나 서비스에 대한 내용을 특별한 프로그램으로 히여 종업원들의 참여도를 높이는 경우가 점점 증가하고 있다.

---

65) 손대현, 관광 마케팅론, 일산사, 1990, p.294.

(3) 지역사회를 위한 홍보

지역사회는 기업의 근원이며, 법적 · 상업적인 기관으로 관계를 가지므로 지역 내의 모임 등에 참가하여 좋은 유대관계를 유지해야 한다. 더욱이 요즘은 지방자치시대로 인한 지역주의가 강화되었기 때문에 지역의 관광기업이 성장하기 위해서는 국내외 여행자를 많이 유치하여야 하고, 유치된 고객을 가장 안전하고 편안하게 모시기 위해서는 지역의 단체나 공공기관의 협조가 절대적으로 필요하기 때문에 항상 원만한 관계를 유지하기 위한 상호 협조체제를 이루어야 한다.

관광기업의 상품이나 서비스를 비롯한 사건 등의 공식적인 외부발표는 반드시 홍보실 팀장을 경유하여 실시되기 때문에 관광기업의 대변인 역할을 하고 있다. 따라서 만약 기업에 사건이나 사고가 발생하였을 경우에도 그 내용에 대한 외부발표는 창구를 일원화하여 홍보실에서 담당하도록 하고 있다.

(4) 국내외 홍보활동

국내외 홍보는 신문, 잡지, TV, 라디오 등을 이용하여 기업을 알릴 수 있는 방법으로 기업을 기사화하도록 해야 한다. 체인 기업인 경우에는 체인 본부에서 다양한 매체와 지속적인 관계를 유지하고 있기 때문에 이러한 국내외 홍보가 매우 유리하다.

3. 공중관계

(1) 공중관계의 개념

공중관계(public relations)의 개념은 흔히 혼동되어 사용되는 경우가 많다. 공중관계는 여러 가지로 해석되고 있지만 보통 "기업 또는 조직의 활동에 영향을 받는 공중에 대하여 호의를 획득할 목적으로 수행하는 일체의 활동 및 태도"라고 할 수 있다. 즉, 공중관계는 대중과의 관계를 유지시키는 과정으로서, 현재 관광기업이 추구하고자 하는 행위에 따라 외부와의 관계에 많은 영향을 미친다.

기업이 계획하고 있는 기업의 목표, 전략, 전술, 목표시장, 행동계획 등의 전체적인 마케팅 계획을 수행하기 위해서는 일반 대중과 원만한 관계를 유지해야만 성공적으로 계획을 실현시킬 수 있다. 그러나 일반대중과의 긍정적인 상호혜익의 유지는 결코 우연히 이루어지는 것은 아니다. 그것은 구체적인 계획에 따라 적극적인 자세로 개별적인 접촉에 의해서 이루어지는 것이다.

공중관계에서 기본적으로 필요한 한 가지 수단은 정확한 정보를 제공할 수 있는 조직을 구성하는 것이며, 정보의 제공을 일원화하는 것이다. 프레스 키트(press kit)의 개발은 이와 같은 목적을 성취하기 위하여 도움을 줄 수 있다. 참고로 프레스 키트의 기본적인 구성은 다음과 같은 내용으로 한다.

1) 팩 시트

팩 시트(fact sheet)는 현재 관광기업에서 제공 가능한 각종 시설물이나 상품 및 서비스에 관한 사항을 인쇄물을 통하여 제시하기 위한 수단이다. 예를 들면, 호텔 기업의 경우 호텔의 이름, 주소, 전화번호, 최고경영자나 주요 간부의 이름, 상품이나 서비스의 특성, 시설물의 특성이나 이름 및 수용량 등이다. [그림 6-3]은 호텔 팩 시트의 예이다.

2) 지역 비즈니스 및 관광지의 소개

관광기업의 주변에 있는 관련 관광지나 인근지역의 편의시설 등을 구체적으로 설명한 브로슈어(brochure) 등을 말한다. 주로 외부 관광객의 주변관광에 대한 이해를 돕기 위한 수단이다.

3) 상품 및 서비스 믹스의 특징

상품 및 서비스 믹스에 대한 특징이나 장점을 명시한다. 예를 들면, 호텔 기업에서 제공되는 특실의 형태와 특징, 건축물의 특징, 식음료 서비스의 특징 및 특별히 제공되고 있는 서비스의 내용 등이다. 이때 주변의 경쟁사와 차별화된 서비스가 있을 경우 매우 효과적이다.

4) 사 진

고객이 사용하고 있는 건물의 내부와 외부를 보여주기 위한 것으로, 특별한 시설이나 공간 및 서비스 장면 등을 사진으로 찍어 외부에 공개한다. 또한, 관광지나 관광시설을 이용하는 장면 등을 사진으로 제작하여 잠재고객들의 이해를 돕기 위한 수단으로 이용되기도 한다.

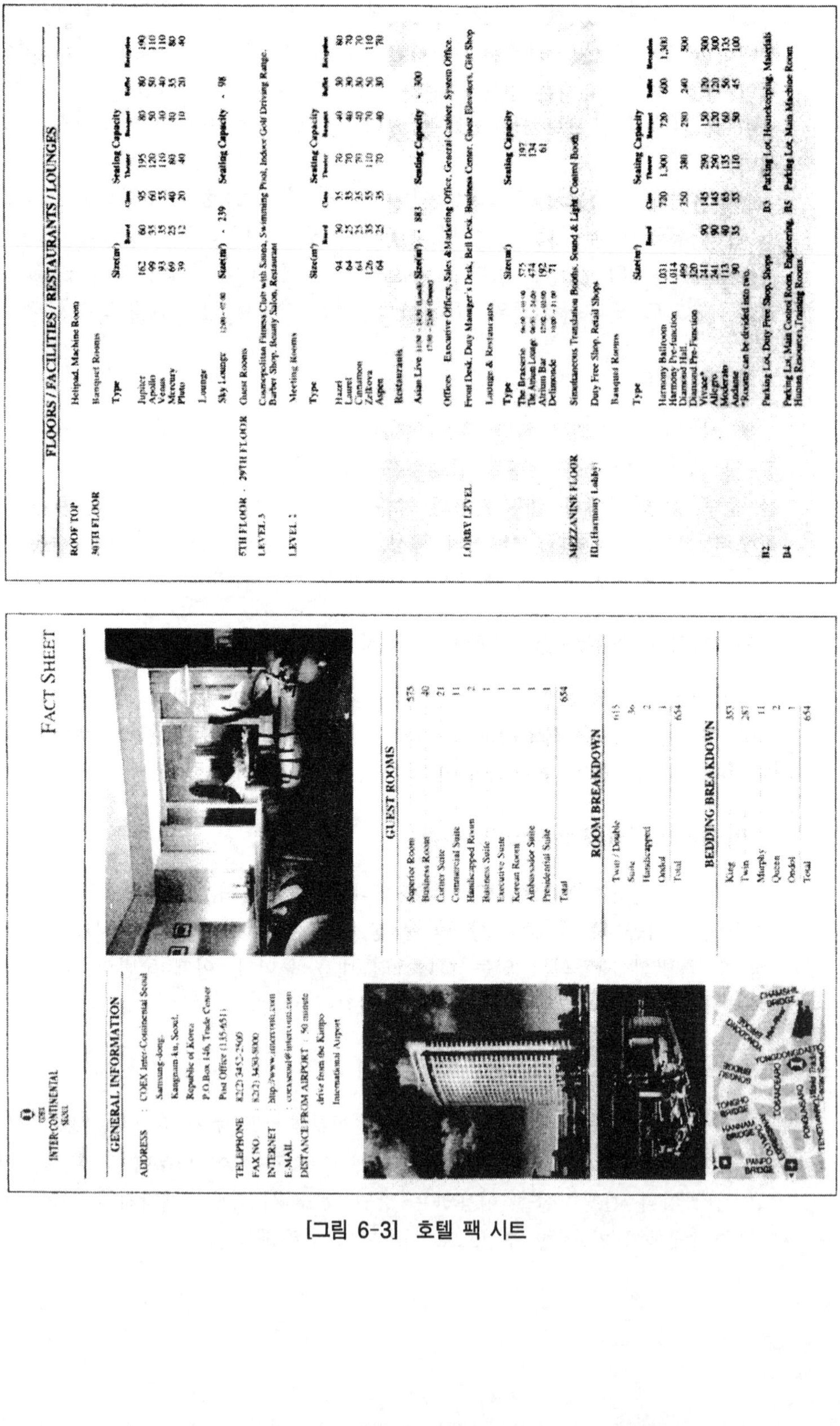

COEX INTER·CONTINENTAL SEOUL

FACT SHEET

GENERAL INFORMATION

ADDRESS : COEX Inter-Continental Seoul
Samsung-dong,
Kangnam-ku, Seoul,
Republic of Korea
P.O.Box 146, Trade Center
Post Office (135-651)

TELEPHONE : 82(2) 3452-2500
FAX NO. : 82(2) 3430-8000
INTERNET : http://www.intercontic.com
E-MAIL : coexseoul@intercontic.com
DISTANCE FROM AIRPORT : 50 minute drive from the Kimpo International Airport

GUEST ROOMS

Superior Room	575
Business Room	40
Corner Suite	21
Commercial Suite	11
Handicapped Room	2
Business Suite	1
Executive Suite	1
Korean Room	1
Ambassador Suite	1
Presidential Suite	1
Total	654

ROOM BREAKDOWN

Twin / Double	615
Suite	36
Handicapped	2
Ondol	1
Total	654

BEDDING BREAKDOWN

King	353
Twin	287
Murphy	11
Queen	2
Ondol	1
Total	654

FLOORS / FACILITIES / RESTAURANTS / LOUNGES

ROOF TOP — Helipad, Machine Room

30TH FLOOR — Banquet Rooms

Type	Size(m²)	Board	Class	Theater	Banquet	Buffet	Reception
Jupiter	162	60	95	195	80	80	190
Apollo	99	35	60	120	50	50	110
Venus	93	35	55	110	40	40	110
Mercury	69	25	40	80	40	35	80
Pluto	39	12	20	40	10	20	40

Lounge

Sky Lounge 12:00~02:00 Size(m²) - 239 Seating Capacity - 98

5TH FLOOR - 29TH FLOOR — Guest Rooms

LEVEL 3 — Cosmopolitan Fitness Club with Sauna, Swimming Pool, Indoor Golf Driving Range, Barber Shop, Beauty Salon, Restaurant

LEVEL 2 — Meeting Rooms

Type	Size(m²)	Board	Class	Theater	Banquet	Buffet	Reception
Hazel	94	30	35	70	40	30	80
Laurel	64	25	35	70	40	30	70
Cinnamon	64	25	35	70	40	30	70
Zelkova	126	35	55	110	70	50	110
Aspen	64	25	35	70	40	30	70

Restaurants

Asian Live 11:30~14:30 (Lunch) 17:30~23:00 (Dinner) Size(m²) - 883 Seating Capacity - 300

Offices — Executive Offices, Sales & Marketing Office, General Cashier, System Office.

LOBBY LEVEL — Front Desk, Duty Manager's Desk, Bell Desk, Business Center, Guest Elevators, Gift Shop

Lounge & Restaurants

Type		Size(m²)	Seating Capacity
The Brasserie	06:00~01:00	575	197
The Atrium Lounge	06:00~24:00	474	134
Atrium Bar	17:00~02:00	192	61
Delimonde	10:00~21:00	71	

MEZZANINE FLOOR — Simultaneous Translation Booths, Sound & Light Control Booth

HL (Harmony Lobby) — Duty Free Shop, Retail Shops

Banquet Rooms

Type	Size(m²)	Board	Class	Theater	Banquet	Buffet	Reception
Harmony Ballroom	1,031		720	1,300	720	600	1,300
Harmony Pre-function	1,014						
Diamond Hall	499		350	380	280	240	500
Diamond Pre-Function	320						
Vivace*	241	90	145	290	150	120	300
Allegro	241	90	145	290	120	120	300
Moderato	113	40	65	135	60	56	135
Andante	90	35	55	110	50	45	100

*Rooms can be divided into two.

B2 — Parking Lot, Duty Free Shop, Shops　B3 — Parking Lot, Housekeeping, Materials

B4 — Parking Lot, Main Control Room, Engineering, Human Resources, Training Rooms　B5 — Parking Lot, Main Machine Room

[그림 6-3] 호텔 팩 시트

5) 최고경영자의 약력

최고경영자의 경력이나 특기사항을 간략하게 정리하여 인쇄매체나 방송매체에 알려 기업과의 친숙감을 조성한다. 공중관계로 인하여 원만한 관계를 유지해야만 하는 매체들은 보통 다음의 〈표 6-5〉와 같다.

〈표 6-5〉 공중관계의 주요 채널

구 분	매 체
인 쇄 매 체	시 발행인(city editor) 음식 발행인(food editor) travel editor finance editor style section editor travel and tourism／business section editor feature columnists
방 송 매 체	station manager new director new announcers station personalities

(2) 공중관계의 기법

관광기업이 일반대중으로부터 호의적인 이미지를 유지하기 위한 공중관계에는 여러 가지 방법이 있으나 일반적으로 다음과 같은 방법들이 있다.

1) 뉴스 릴리스

뉴스 릴리스(news release)는 관광기업의 고객들이 관심을 둘 만한 이벤트(event)나 인물에 대한 정보를 매체를 통하여 각 언론사에 공개하는 것이다. 기업에서는 정기적으로 이러한 정보를 기사화하기 위하여 각 언론매체에 전송한다. 따라서 기업의 각종 정보를 기사화하기 위해서는 언론매체의 담당자와 좋은 관계를 유지해야 한다. 왜냐하면 매체 및 언론사에서는 각 사의 기사방향에 맞추어 보도를 하는 긍정적인 반응과 무관심으로 인한 부정적인 반응이 나올 수 있기 때문이다.

2) 사 진

사진(photographs)은 일반대중이 관심을 끌 수 있도록 시설물이나 인물을 전문적인 방법으로 촬영한 뒤 필요한 곳에 전달하여 기업의 이미지나 상품 및 서비스에 대한 홍보에 참고할 수 있도록 하는 것을 말한다.

3) 서 신

서신(letters)을 이용한 공중관계는 필수적인 방법으로서, 기업에서 외부로 나가는 모든 서신에 기업의 메시지(message)를 포함하는 경우도 있고, 관광기업이 고객의 사후관리를 위하여 보내는 서신에도 포함될 수 있다. 따라서 외부로 나가는 모든 서신은 기업이 정하고 있는 양식에 따라 통일되어야 하고, 필요할 경우 특별한 메시지를 삽입하는 경우도 있다.

4) 뉴스레터

뉴스레터(news letter)는 요즘 관광기업에서 가장 많이 이용하는 방법으로서, 주기적으로 발행되는 뉴스레터는 공중관계에 중요한 역할을 하기 때문에 뉴스레터를 작성할 때에는 전문적인 식견을 바탕으로 제작해야 한다.

제 3 절_판매촉진

판매촉진(sales promotion)은 소비자나 유통경로 기관들로 하여금 특정상품 및 서비스를 보다 신속히, 그리고 보다 많이 구매하도록 고무하려는 목적으로 고안된, 주로 단기적인 다양한 유인수단의 집합을 말한다. 광고가 구매에 대한 이유를 제공하는 것이라면 판매촉진은 구매를 위한 유인을 제공하는 것이다.

또한 판매활동과 마케팅 활동을 유사한 개념으로 인식하는 사람들이 많지만, 판매는 판매자의 욕구에 치중하는 반면, 마케팅은 구매자의 욕구에 주안점을 둔다는 데 차이점이 있다[66].

미국 마케팅협회(AMA)의 용어정의위원회는 1960년에 판매촉진을 광의와 협의의 두 가지 개념으로 규정하고 있는데, "광의의 판매촉진은 인적 판매, 광고, 홍보 등을 포함하여 소비자의 구매를 자극하는 모든 활동이고, 한정된 의미에서의 판매촉진은 소비자의 구매와 거래점의 효율성을 자극하는 인적 판매, 광고, 홍보를 제외한 마케팅 활동으로서, 예를 들면 진열, 전시, 전람회실연, 기타의 비상례적이고 비반복적인 판매활동"[67]이라고 판매촉진의 정

66) T. Levitt, Marketing Myopia, *Harvard Business Review*, 38, No. 4, July-August 1960, p.46.

의를 내렸다.

여기서 광의와 협의의 해석상 차이는 판매활동을 촉진하는 대상 범위가 전자는 인적 판매, 광고, 홍보 및 그밖의 여러 가지 보완적 판매를 대상으로 하는 데 반하여 후자는 인적 판매, 광고, 홍보를 보완하면서 효율성을 도모하는 활동을 주요 대상으로 하고 있다는 점이다.

그런데 오늘날과 같은 치열한 경쟁환경하에서 관광기업의 판매촉진은 호텔 고객이나 여행알선업자와의 사이에 양호한 관계를 유지 · 양성하면서 기업의 판매력을 계속적으로 증대시키기 위한 인적 판매, 광고, 홍보, 기타 일체의 수요창조를 위한 판매활동이라고 정의할 수 있다.

1. 관광기업 판매촉진의 본질

판매촉진(sales promotion)이란 소비자의 욕구를 자극하고 판매를 증진시키기 위한 공중관계(public relations), 인적 판매(personal selling), 광고(advertising) 이외의 활동을 말하는 것으로서, 잠재고객의 태도와 행동에 영향을 주기 위하여 판매자와 잠재구매자간에 정보를 커뮤니케이션(communication)하는 것이다. 다시 말해 촉진이란 설득적 커뮤니케이션(persuasive communication)을 통해 상품 및 서비스의 유통을 보다 원활히 하고, 수요를 자극 · 환기시킴으로써 기업이 기대하는 판매증대를 도모하는 일련의 활동을 말한다.

촉진활동(promotional activity)은 잠재적 소비자의 내재적 구매의욕을 자극하여 계속적인 구매활동을 유발시키기 위한 메시지(message)를 전달하고, 설득시키는 것이다.

촉진전략(promotional strategy)은 고객과의 설득적 커뮤니케이션을 계획하고 실천하는 것으로, 마케팅 커뮤니케이션(marketing communication)과 밀접한 관계를 가지고 있다. 따라서 판매촉진 활동은 상품이나 서비스를 구매하거나 상품에 대한 구체적인 정보 획득 등의 특별한 인센티브(special incentive)를 제공함으로써 이루어지는 직접적인 유인활동(direct persuasive activity)이라고 할 수 있다.

---

67) Committee on Definitions of the American Marketing Association, *Marketing Definition : A Glossary of Marketing Terms*, ed. by R.S. Alexander, AMA, 1960.

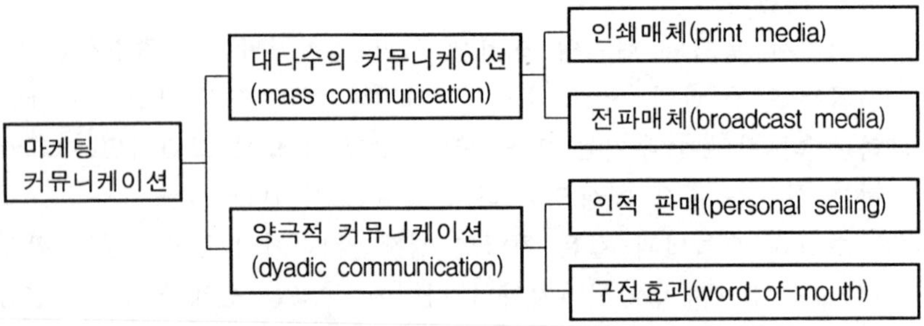

[그림 6-4] 마케팅 커뮤니케이션의 유형[68)]

마케팅 커뮤니케이션이란, 첫째 표적시장 내에서 바람직한 반응을 얻기 위해 그들에게 통합적 자극을 제시하며, 둘째 현재의 메시지를 수정하고 새로운 커뮤니케이션 기회를 확인하기 위해 시장으로부터 얻어진 메시지(피드백)를 수신하고 해석하기 위한 경로를 설계하는 과정이라고 할 수 있다.

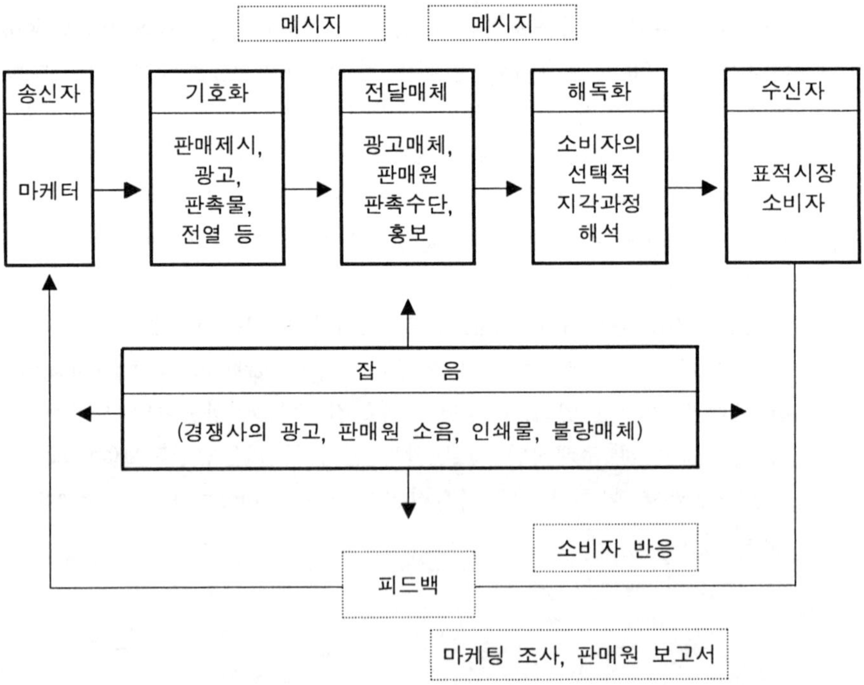

[그림 6-5] 마케팅 커뮤니케이션 과정

68) 유동근, 현대마케팅관리론, 석정, 1998, p.344.

이러한 정의는 마케팅의 주체인 기업이 시장관련 메시지의 송신자이자 수신자임을 지적하는 것으로, 분명히 마케팅 컨셉과 조화를 이루는 것이다[69]. 쌍방적인 성격의 마케팅 커뮤니케이션 과정은 [그림 6-5]와 같이 나타낼 수 있다.

이러한 마케팅 커뮤니케이션은 일반적으로 촉진보다 넓은 의미로 사용된다. 다시 말해서 광의의 마케팅 커뮤니케이션에는 상품, 가격, 경로, 촉진의 4P가 모두 포함되지만, 협의의 마케팅 커뮤니케이션 믹스에는 촉진, 광고, 인적 판매, 홍보, 판매촉진만이 포함된다. 관광기업이 아무리 훌륭한 서비스 상품을 생산·창출하고 있어도 고객이 반드시 그 상품의 존재, 욕구충족의 품질(want-satisfying qualities), 획득 가능성에 대하여 스스로 알아보지는 않으며, 서비스 상품의 구매시 많은 선택의 범위를 가지고 있다.

소비자는 자신의 과거경험이나 제한된 정보를 가지고 구매의사 결정을 하여, 새로운 서비스 상품이나 서비스에 무관심을 보이거나 구매저항(purchase resistance)을 보이기도 한다. 촉진의 본질은 바로 이러한 소비자의 관성(consumer inertia)을 극복하기 위한 데 있다[70].

2. 촉진의 역할

관광산업은 사람 중심의 산업으로서, 관광기업에서 생산하는 서비스는 미리 구매할 수 없고, 상표화할 수 없으며, 메뉴상에 나타나지 않는다. 서비스는 보이지 않으며, 성공적인 영업을 위해서는 절대적으로 필요한 수단이라 할 수 있다. 종업원의 환대정신은 매출을 증진시키고 이익을 증진시킬 수 있으며, 이것은 곧 고객 만족과 종업원 만족 및 동기부여로 이어질 것이다. 호텔 기업의 식음료 서비스도 역시 분위기, 편의 및 사회적 접촉 등을 판매한다. 이와 같은 모든 것은 환대정신에 관련되어 있으며, 무형성이다.

서비스 믹스(service mix)의 한 요소인 촉진은 목표고객과 기타 관련 시청자들에게 서비스와 관련된 내용을 전달하는 기업의 마케팅 활동이다. 촉진활동은 실제 및 잠재 고객들에게 서비스 기업의 서비스 상품에 대해 알리고 수요를 환기시키려는 목적을 가지고 있다. 관광기업의 마케팅 활동의 성공 여부는 촉진활동에 의해 크게 좌우된다.

오늘날과 같이 치열한 경쟁 가운데에서 촉진은 서비스 기업의 성공에 있

69) 유동근, 촉진전략론, 조일문화사, 1983, p.58.
70) 오상락·유동근, 최신마아케팅론, 동성사, 1997, pp.305~309.

어 핵심적인 역할을 한다. 서비스가 무형성이기 때문에 구매자들이 특정 서비스의 특성이나 편익을 완전히 이해하기도 힘들고, 또한 그 서비스가 그들의 욕구를 얼마나 충족시킬 수 있는지 평가하기도 힘들며, 다른 서비스 제공자의 서비스와 구별하기도 힘들기 때문이다.

이와 같은 것들은 서비스를 구매해서 사용한 후에도 사실 힘들다. 예를 들어 항공기를 이용하는 승객들의 경우 승객은 그들의 욕구에 가장 알맞은 항공사를 잘 선택했는지 또는 원하는 좌석을 배정받았는지, 항공료가 적정한지를 쉽게 판단할 수가 없다.

이런 불확실성 때문에 서비스 기업의 촉진 메시지가 서비스의 특징과 편익을 강조하기도 하지만 강력하고도 뚜렷한 기업 이미지를 창조하여 유지시키는 데도 아주 중요한 역할을 한다. 따라서 촉진의 목적은 경쟁자의 서비스와 자사의 서비스를 차별화하여 구매자 마음속에 뚜렷한 차별성을 부각시키는 일이다. 이러한 이유로 인하여 최근의 대부분 관광기업은 판매촉진 예산을 대폭 늘리고 있으며, 광고 비율을 줄이고 있는 추세이다.

관광기업에서 실시하고 있는 판매촉진 활동의 역할을 살펴보면 다음과 같다.

(1) 소비자 인지의 증대

이것은 새로운 고객을 유치하기 위한 첫번째 단계이다. 고객을 창출하기 위해서는 행동을 위한 욕구나 관심을 자극해야 한다. 광고 역시 인지도를 증대시키기 위한 것이지만 가끔 고객의 인지가 구매행동으로 전환되기까지는 특별한 판매촉진이 필요하다. 이와 같은 이유로 기업은 판매촉진을 강화하여 상품이나 서비스에 대한 고객의 인지도를 높이고 있다. 따라서 다양한 프로그램으로 잠재고객을 유인하여 구매의욕을 자극하는 활동을 전개하고 있다.

(2) 새로운 상품의 소개

대부분의 관광기업은 새로운 상품이나 서비스를 개발하는데, 그와 같은 상품이나 서비스를 목표시장의 고객에게 인지시키고 관심을 이끌 수 있는 가장 좋은 방법은 특별한 판매촉진활동이다. 그 수단으로서는 촉진을 위한 플라이어(promotional flyer)의 제작 및 발송, 기업 내 초청 및 발표회(invitation and presentation) 등이 있다.

(3) 고객 수의 증대

현재의 관광시장에서 수요와 공급이 여유가 없고 경쟁력이 증대될 경우 어느 한 지역에서 시장점유율의 증대는 곧 경쟁사의 비즈니스를 직접적으로 빼앗는 것이다. 이와 같은 경우 기업은 고객이 현재 제공받고 있는 서비스보다 향상된 조건을 제시할 수 있는 촉진이 필요하다. 바꾸어 말하면 치열한 시장경쟁하에서 매출증대를 위한 판매촉진은 경쟁사의 고객을 자기업으로 전환시키는 것을 의미한다. 따라서 촉진은 잠재고객을 위해 사용되는 용어이다.

(4) 경쟁사와의 경쟁

만약 경쟁사가 자기업의 비용으로 시장점유율을 증대시키고 있다면 판매촉진 책임자는 경쟁사의 촉진에 주의를 기울여 새로운 촉진방법으로 경쟁사의 촉진활동에 대처할 것이다. 예를 들면 호텔 기업의 메리옷 호텔(Marriot Hotels)은 재구매고객 프로그램(frequent guest program) 제도를 도입한 최초의 호텔이지만 메리옷 호텔이 도입한 이 제도가 성공적이었기 때문에 다른 경쟁사에서도 경쟁에 대처하기 위하여 고객 재구매 프로그램 제도를 도입하게 되었다.

서비스는 특허화가 곤란하기 때문에 다른 서비스를 어렵지 않게 모방할 수 있는 것처럼 경쟁사의 서비스 개발이나 판매촉진활동도 쉽게 모방할 수 있다. 따라서 자기업 성공적인 판매촉진활동은 경쟁사에서 쉽게 모방하거나 그대로 복사한다는 것을 간과해서는 안 된다.

(5) 현재고객의 구매증진

각각의 상품이나 서비스를 구매할 때에는 가격이 비싸지만 여러 상품이나 서비스를 동시에 이용할 수 있도록 묶어서 패키지 상품(package product)을 개발하여 전체 가격보다 저렴한 가격으로 제공한다면 구매빈도가 적은 상품도 할인된 가격으로 판매할 수 있으므로 매출을 증대시킬 수 있다. 그러므로 판촉활동은 비교적 비싼 가격의 상품이나 서비스를 조합하여 할인한 가격으로 판매하여 고객을 자극시킬 수 있다. 따라서 판매촉진의 맨 첫번째 목적은 고정고객을 자극시켜 판매를 증진시키는 것이다.

〈표 6-6〉 고객의 유형과 요구되는 판촉활동의 결과

고객의 유형	내 용	판촉활동의 결과
현재의 고객	언제나 자사의 상품이나 서비스를 구매하는 고객	• 구매행동의 강화 • 구매의 증진 • 구매시기의 변화
경쟁사 고객	언제나 경쟁사의 상품이나 서비스를 구매하는 고객	• 경쟁사 충성도의 경감 • 자사의 촉진 브랜드 구매설득
일반잠재고객	다양한 상품이나 서비스를 구매하는 고객	• 자사의 상품이나 서비스 구매 빈도의 증진
가격 지향 고객	상품이나 서비스를 구매하는데 있어서 가격을 가장 중요시하는 고객	• 저렴한 가격으로 구매호소 • 부가가치를 부각시킴
미이용자	상품이나 서비스를 전혀 구매하지 않는 자	• 상품이나 서비스의 인지도 제고 • 상품이나 서비스 구매가치의 설득

(6) 비수기의 수요증대

일반적으로 관광기업은 특별한 경우가 없는 한 비수기(off season)가 있기 마련이므로 촉진활동은, 예를 들면 비즈니스 호텔(business hotel)의 경우 주말(weekend)의 영업을 증대시키고 휴양지 호텔(resort hotel)에서는 비수기나 완충기(shoulder season)의 영업을 활성화시킨다. 또한 식음료 서비스의 경우도 촉진활동은 수요가 적은 주중이나 주간의 영업을 활성화시킬 수 있다.

대부분의 호텔이 비수기나 완충기의 매출부진을 극복하기 위해 각종 프로그램으로 판촉활동을 실시하고 있다. 예를 들면 대부분의 호텔 식당은 오후 5시에서 7시 사이의 이른 저녁시간, 이른바 해피 아워(happy hour)에 방문하는 고객에게는 특별히 할인된 가격으로 식사를 제공하여 수요를 자극시킬 수 있다.

3. 촉진의 기능과 목적

(1) 판매촉진의 기능

판매촉진은 고객에게 상품과 서비스에 관한 정보를 전달하고, 이들 상품과 서비스의 편익을 알리며, 구매행동에 대하여 설득하는 수단과 여러 가지 아이디어를 제공하는 마케팅 관리자의 기구라 할 수 있다[71].

여기에서도 알 수 있는 바와 같이 판매촉진의 주요한 기능은 정보제공과 설득이라 하겠다.

1) 정보제공 기능(information function)

잠재고객이 상품과 그 편익(benefits)을 알아야만 구매 및 소비를 하게 되므로 정보의 제공은 판매촉진의 가장 기본적인 기능이라 할 수 있다. 상품에 대하여 올바른 정보를 제공하게 될 경우 그것은 일종의 교육적 효과를 가져와서 소득의 유효 적절한 지출을 위한 지침이 되기도 한다.

2) 설득 기능(persuasion function)

판매촉진은 정보제공의 단계에 머무르지 않고 송신자인 기업이 원하는 성과를 성취할 수 있도록 추진되어야 하고, 잠재고객의 마음을 변화시켜 구매로 연결되는 설득과정을 포함하고 있어야 한다. 따라서 소비자의 구매심리과정에 합치되는 메시지를 작성하여 기업이 기대하는 행동을 소비자가 따라할 수 있도록 설득하게 된다. 이때 그 표현방법이 사회에서 요구하는 도덕적 기준에서 벗어나면 여러 가지 폐해가 발생하게 되므로 메시지의 내용에도 각별히 관심을 가져야 한다.

기업에 있어서의 촉진적 노력은 이와 같은 두 가지 기능의 발휘에 의해 어떠한 형태로든 구매량을 증대시키게 마련이기 때문에 오늘날 마케팅 관리에서 차지하는 판매촉진의 의의는 매우 크다고 할 수 있다.

(2) 판매촉진의 목적

정보제공과 설득을 통하여 잠재고객이나 거래처와 양호한 관계를 유지하면서 기업의 판매력을 지속적으로 확대시키려는 판매촉진은 다음의 4가지 목적을 가지고 대행된다.

1) 수요의 창조 및 자극

스탠톤(Stanton)에 따르면 판매촉진의 목적은 궁극적으로 수요창조이며 수

---

71) P.G. Davidoff and D.S. Davidoff, *Sales & Marketing for Travel and Tourism*, National Publishers, 1983, p.82.

요자극이라 한다[72]. 소비자는 여러 단계의 심리적 과정을 거쳐서 구매활동을 하게 되는데 정보전달과 설득을 통하여 소비자의 욕구를 환기 자극해야 하기 때문에 수요의 창조 및 자극은 판매촉진의 기본적인 목적이라 할 수 있다.

그런데 기업은 마케팅의 본질을 망각하고 단지 판매증대를 위하여 소비자의 욕구를 환기하고 자극하는 데에만 급급해서는 안 된다. 소비자의 욕구를 환기 및 자극함에 있어서는 사회적 윤리적인 범주 내에서 이 욕구가 합리적으로 처리되어 구매활동으로 이어지도록 도움을 주는 판매촉진이 되어야 할 것이다.

2) 판매저항의 제거

판매저항(sales resistance)이란 구매자가 상품구매를 망설인다는 의미로서, 구매자의 입장에서는 구매저항이라고도 할 수 있다. 구매저항의 원인으로는 가격, 품질, 서비스 등 여러 가지의 원인이 있다. 판매촉진 활동은 바로 이러한 구매저항을 최소화하거나 제거시켜주는 역할을 한다. 따라서 자사상품에 대한 구매저항이 있는 고객을 잘 파악하여 판매저항을 제거하기 위한 적절한 수단이 고려된 판매촉진이 강구되어야 할 것이다.

3) 상표충성도의 획득

상표충성도(brand loyalty)란 어느 특정상표에 대해서 충실하게 계속적으로 선호하는 행동경향을 의미한다. 기업의 입장에서는 상표충성도에 대해서 항상 유의를 하고 특히 자사상품에 대한 시장점유율, 수요의 추이나 변화 등이 문제가 될 경우 세심한 주의가 필요하다. 호텔 기업의 경우 유사상품이 범람하여 상표충성도를 부각시키기 쉽지 않으므로[73] 고객에게 좋은 인상을 주기 위하여 알리고, 유인하고, 만족시키고, 고정고객으로 전환시키는 일에 판매촉진의 주안점을 두어야 할 것이다.

4) 조정의 활동

조정이란 판매촉진의 간접적인 목적이라고도 할 수 있는 활동이며, 그 활동 내부에 있어서의 부내 조정뿐만 아니라 사내 콘테스트, 판매원 훈련, 판매회의 등에 이르기까지 광범위한 사내촉진 문제를 포함하게 된다. 또한 대외적으로는 관광관련 기업, 소비자, 지역사회와의 조정도 매우 필요하다.

---

72) Stanton, *Fundamentals of Marketing*, 4th ed., N.Y. McGraw-Hill, 1975, p.536.

73) P.G. Davidson and D.S. Davidson, *op. cit*, pp.12～20.

4. 촉진의 실행

판매촉진에 사용되는 수단은 매우 다양하다. 판매촉진을 기획함에 있어서 시장의 유형, 판매촉진의 목적, 경쟁조건, 수단별 비용 등을 고려해야 한다. 판매촉진 수단은 누구를 대상으로 실시하느냐에 따라 대 판매점 판매촉진, 대 소비자 판매촉진, 그리고 대 사내 판매촉진의 세 가지로 구분된다. 이들 영역별 구체적인 판촉수단은 다음의 〈표 6-7〉과 같다.

〈표 6-7〉 주요한 판매촉진 수단

소비자 판매촉진 수단	사내 판매촉진 수단
쿠폰(coupon) 현금 반환 증정품 제공 무료견본품 경연, 내기 트레이드 스탬프(trade stamp) 트레이드 쇼(trade show), 진열 구매시점 광고(POP) 공장 견학, 쇼 해외시찰 초대 특별 서비스(세트 판매, 특별포장 등)	판매경진대회 판매기법훈련 판매회의 판매용구 구매시점 광고(POP) 리베이트(rebate)

판촉활동을 실행하는 데 있어서 다양한 방법들 중에서 관광·숙박기업에 보다 적합한 것을 살펴보면 다음과 같다.

(1) 특별판촉물의 제공

특별한 광고물의 제공은 잠재고객이나 판매가능고객 또는 유통경로기관, 제휴업체들에게 무료품목을 제공하는 것으로, 흔히 광고주의 이름, 로고 또는 광고 메시지가 새겨지며, 사무용품 및 기타 평범하지 않은 품목을 선택해야 한다. 볼펜, 컵, 종이 누름기, 재떨이, 열쇠고리, 손가방, T셔츠 등이 흔히 이용된다. 그러나 관광기업들이 저마다의 독특한 판촉을 제작하지만 관련 기업들이 제공하는 일반적인 품목은 판촉의 효과를 떨어뜨리기도 한다. 이러한 특별판촉물이 효과를 거두기 위해서는 다음 네 가지 조건을 충족시켜야 한다.

첫째, 특정목표시장이나 유통경로기관을 위해 특별히 선택되어야 하고, 선택된 품목은 그들에게 유용하거나 매력적인 것이어야 한다.
둘째, 특정한 촉진목적에 근거하고 있어야 한다.
셋째, 다른 촉진 믹스들과 밀접한 관련성을 유지해야 한다.
넷째, 독창적으로 디자인되어야 하고, 받는 사람이 장기간 이용할 수 있거나 장기간에 걸쳐 판촉물에 대한 가치를 느낄 수 있어야 한다.

특별판촉물은 신축적으로 이용될 수가 있다. 즉, 제공대상을 가변적으로 조정할 수가 있고, 전달수단 또는 매체도 우송, 판매원의 현장방문시 직접전달, 유통경로기관에 배치 등 여러 가지를 선택할 수가 있다.

(2) 견 본

견본(samples)이란 고객에게 어떤 상품이나 서비스의 시용을 위해 무료로 제공하는 것이다. 견본제공(sampling)은 새로운 상품이나 서비스를 소개할 경우 가장 효과적인 방법이고, 반면에 가장 비용이 많이 소요되는 방법이다. 견본은 방문배달, 우편배달, 다른 상품에 끼워주기 등의 방법으로 제공된다. 견본이 이용되는 경우는 새로운 상품의 소개나 기존상품의 개량시, 상품의 사용경험자가 적거나 경쟁상품의 상표충성도가 높을 때 많이 이용된다.
관광기업에서는 서비스의 무형성으로 견본품을 제공하는 것이 쉽지 않다. 그러나 레스토랑(restaurant), 바(bar), 라운지(lounge) 등에서는 특정 메뉴 품목이나 음료의 무료견본품을 제공하기도 한다. 또한 친숙함을 높여주기 위한 여행(familiarization trip)이나 무료로 서비스를 제공하는 것도 일종의 견본품 제공의 예이다.

(3) 전시회 참가지원

많은 관광기업들이 전시회(trade show)에 참가한다. 전시회에 참가하는 것은 소형 촉진 믹스(mini-promotional mix)를 결합하는 것과 비슷하다. 일부 참여업체들은 유통경로기관이 그들의 전시장소를 방문하도록 초청장을 보낸다. 전시회에 참가하는 것은 비교적 많은 비용이 소요되지만 미래판매의 조성, 고객과의 접촉유지, 신상품 소개, 새로운 고객의 탐색, 고정고객에 대한 판매량 확대 등 여러 가지를 기대하기 때문이다.

(4) 구매시점 광고

구매시점 광고(POP : point of purchase advertising)는 관광기업 내의 영업장 입구 및 영업장 내에서 고객에게 직접 소구하는 각종 형태의 광고와 진열로서, 영업장 촉진의 일환으로 실시된다. 구체적으로 윈도우 디스플레이(window display), 카운터나 고객이 쉽게 볼 수 있는 공간에 상품에 대한 내용을 소개하는 팜플렛, 식탁 위의 텐트카드(tent card) 등을 들 수 있다. POP 광고는 소비자의 구매시점에서 구매행동을 유발하는 촉진수단으로, 흔히 충동구매(impulsive buying)와 그들의 정서적, 감정적 및 심리적 구매욕구를 유발하는 대 소비자 촉진수단이다.

(5) 교육훈련 세미나 프로그램

관광기업의 고객을 접촉하는 종업원이나 판매대리점 관련자들을 대상으로 경영합리화나 세일즈맨십(salesmanship)의 향상을 목적으로 주로 이루어진다. 특히, 가격이 비싸거나 상품이나 서비스의 고유한 특성을 강조해야 할 경우에 매우 효과가 있다.

교육 및 훈련방법으로는 교육자료의 우송, 본사 내 교육, 전문기관 의뢰 등이 있다. 관광 관련 기업들은 항공사, 여행도매업자, 유람선사, 관광지 마케팅 담당자 등이 이들을 위한 세미나(seminar), 워크숍(workshop), 리셉션(reception), 전문교육 프로그램을 기획 및 지원하고 여행 중개업자에 대한 교육훈련에 많은 비용을 투자한다. 이것은 교육훈련을 통해 여행대행사가 고객에게 서비스를 판매할 때 보다 자세하고 정확한 정보를 제공할 수 있게 하기 위해서이다.

(6) 시청각자료의 제공

관광기업의 서비스는 유형상품에 무형적 서비스를 포함하고 있기 때문에 현장판매시 여러 가지 문제점을 유발시킬 수 있다. 즉, 호텔 기업의 서비스 판매원은 유형의 상품을 제시할 수가 없으므로 시연해 보일 수가 없다. 따라서 시청각자료는 이들이 예상고객들에게 자신이 소속한 기업의 서비스의 내용과 질을 이해시키는 데 매우 효과적인 수단이 된다. 사진, 슬라이드(slide film), 비디오테이프(video tape) 등을 제작・배포하여 판매촉진 활동에 보조수단으로 활용하고 있다.

(7) 쿠 폰

쿠폰(coupon)은 특정한 상품이나 서비스를 구입할 경우에 구매자가 그 증서를 발부하여 그 소지자가 일정한 상품이나 서비스를 구매할 때 소정의 할인혜택을 받을 수 있도록 하는 증명서이다. 이는 사람들이 상품이나 서비스를 구매하도록 유도하는 방법으로서, 견본품 다음으로 효과가 있다고 한다. 이는 우편, 잡지, 신문, 상품포장, 브로슈어 등을 통해 전달되거나 고객에게 직접 전달된다. 쿠폰은 성수기 상품의 판매 고양에 효과적이고, 신상품의 조기사용을 유발할 때에도 효과적이다. 호텔 기업에서 이용되는 쿠폰은 주로 자체에서 발급된다.

요즘에는 관련 업계와 업무를 제휴하여 공동으로 판매촉진활동을 하는 경우가 증가하고 있다. 예를 들면, 호텔과 항공사간에 호텔의 회원이나 항공사의 회원 등 특정한 고객을 위하여 판매촉진을 할 경우 호텔에서는 객실과 식음료 등을 할인하고, 항공사에서는 항공료를 할인하여 서비스를 제공하는 쿠폰을 발행하기도 한다. 또한 호텔에서는 투숙자에게 부대시설이나 식음료의 판매촉진을 위해 각종 할인 쿠폰이나 무료 쿠폰을 제공하기도 한다. 〈표 6-8〉은 호텔 회원을 위한 무료 쿠폰의 내용을 보여주고 있다.

〈표 6-8〉 호텔 쿠폰

WITH OUR COMPLIMENTS

We are pleased to offer Gold members of MERIDIEN exceptional value when staying with Forte and Meridien Hotels & Resorts.

* Complimentary upgrade, subject to availability at time of check-in.
* Complimentary entrance into our Health Club at selected Hotels.
* Complimentary daily breakfast at UK and London hotels.
* No additional charge for second person sharing same room.

Name of Guest:______________________________

Membership No. :______________________________

Reservation : Le Meridien Seoul Booking Centre (02) 3789 -6352

(8) 가격인하(price off)

정가인하(off list)라고도 하며, 일정기간 동안 구매된 상품이나 서비스에 대하여 정가에서 직접 할인해주는 것을 의미한다. 이는 흔히 특정 서비스(특정 메뉴, 특정 항공료 등), 목표시장(사업목적 여행자, 노인, 어린이 등), 지리적 영역 또는 시기 등에 따라 제한을 두기도 한다. 또한 가격인하는 쉽게 채택할 수는 있으나 자칫하면 가격경쟁을 유발할 위험이 있다. 따라서 가격인하는 단독적으로 적용하기보다는 다른 촉진 믹스의 일부로 이용하는 것이 효과적이다.

그리고 가격인하는 새로운 서비스 도입시나 광범위한 지역에서 단기에 산발적으로 이용할 경우에 효과가 높다. 특히, 호텔 기업의 상품이나 서비스는 저장이 불가능하다는 특징이 있기 때문에 당일에 판매를 완료하기 위한 노력으로 수요의 상황에 따라 가격을 인하하여 판매하는 경우가 많다.

(9) 경 품

경품(premium)은 상품이나 서비스 구입을 유인 또는 자극시키거나 그 보상으로서 특정 상품 또는 서비스와는 별도의 상품 서비스를 구매액에 연결시켜 제공하는 판매촉진의 수단이다. 일반적으로 호텔 기업에서 경품으로 이용되는 판매상품은 객실과 부대시설의 조합으로 구성되는 경우가 대부분이다. 경품조건의 판매는 자극이 강한 즉효적 판촉수단이므로 경품을 중단하면 효과의 지속을 기대하기 힘들며, 매력적인 경품개발이 힘들고, 소비자의 반발 혹은 정부규제가 많아 이용에 있어 신중을 기해야 한다. 예를 들면 특정한 기간에 객실상품을 구입하면 헬스클럽이나 수영장을 무료로 사용할 수 있다거나 아침식사를 무료로 제공하는 경우가 있다.

(10) 경연대회, 추첨, 게임

경연대회(contest)와 추첨 및 게임은 고객이나 중간상 또는 판매원이 현금, 여행, 선물 등의 행운을 잡을 수 있는 기회를 부여하는 것이다.

경연대회는 광고나 상품기획(merchandising)에 소비자를 참여시키는 방법으로서, 호텔의 뉴스레터에 호텔의 상품이나 서비스에 관련된 문제를 제시하여 고객들의 참여를 유도하는 것이고, 추첨(sweepstakes)은 서비스를 구매하는 고객의 이름과 주소를 제출받아 제비뽑기를 실시하는 것이며, 게임은 특정한 게임자료에 의하는데, 예컨대 요리대회, 빨리 먹기(마시기)대회, 재료 알아맞히기 등이 여기에 해당된다.

(11) 리베이트(rebate)

이는 흔히 항공사나 여행사가 판매대리점 등을 통한 판매촉진의 수단으로서 판매업자 또는 사용자에 대해 일정기간의 거래액(량)을 산출기간으로 하여 가격을 변경함이 없이 일정기간 경과 후에 지불금액의 일부를 일정비율로 환불해주는 방법으로, 가장 전형적인 판매점 촉진수단 중의 하나이다. 구매량을 기준으로 하는 수량 리베이트, 목표달성 리베이트, 성수기 이전의 구매자에 대한 계절 리베이트, 협조적인 거래처에게 지불되는 지불 리베이트 등의 유형이 있다.

5. 성공적인 판매촉진 관리

관광기업의 영업을 효율적으로 관리하고 자기업의 상품이나 서비스를 외부의 고객에게 알리고 구매의욕을 불러일으켜 매출로 연결시키기 위해서는 여러 가지 방법이 있겠으나 성공적인 판매촉진을 위하여는 다음과 같은 단계를 거쳐야 한다.

(1) 목표시장(target market) 선정

관광기업의 마케팅 담당자는 영업실적을 수시로 분석하고 해석하여 그 결과에 따라 전략적 대책을 마련하고 구체적인 행동계획을 수립해야 한다. 마케팅 활동 분석의 결과에 따라 어느 시장은 판매촉진활동을 통한 유인 전략을 구사할 필요가 있을 것이다. 이와 같이 판매촉진의 활동을 적용할 목표시장을 정확히 규정할 필요가 있다. 목표시장을 정함으로 해서 정확한 진단과 건강한 시장으로 전환시킬 수 있는 적절한 판촉수단이 결정되기 때문이다.

(2) 목적의 구체화

1) 세부목적

판매촉진을 수행하기 위해서는 구체적이고 정확한 행동계획과 달성하고자

하는 목표가 수립되어야 한다. 목적이 구체적으로 수립되면 성취하고자 하는 판촉활동의 방향이 정확히 설정되기 때문이다.

2) 기대효과

달성하고자 하는 목적에 따라 판촉활동의 수행으로 인하여 얻은 효과를 측정하기 위한 기대효과가 설정되어야 한다. 이러한 것들은 마케팅 책임자나 최고경영자가 의사결정을 하는 데 많은 도움이 되기도 한다. 한편 판촉활동을 종료하였을 경우에도 그 결과를 평가할 수 있는 자료로 이용될 수 있다.

(3) 촉진수단 선정

판촉수단의 장・단점과 시장의 상황에 따라 그 상황에 가장 적합한 방법을 선정하는 것으로, 이러한 판매촉진수단은 많은 경험을 필요로 하는 것이다. 또한 가장 효과적인 촉진의 수단을 선정하기 위해서는 맨 먼저 시장을 정확하게 파악하고 있어야 한다.

(4) 아이디어에 대한 의견수렴

어떤 업무를 수행하기 위해서는 수많은 아이디어가 있을 수 있으나 시장상황에 가장 효과적으로 적용될 수 있는 아이디어를 수집하여 가장 적합한 아이디어(idea)들을 선정할 필요가 있다. 그렇기 때문에 목표시장의 공략에 필요한 각종 판촉수단에 관한 모든 잠재 아이디어를 동원한 후 가장 적합한 방법을 선정하도록 해야 한다. 이때 신중히 고려해야 할 상황은 판촉활동을 하기 위한 비용과 상품의 원가이다.

(5) 촉진주제 선정

촉진활동을 하는 데 있어서 활동의 주제를 선정하는 것은 매우 중요하다. 촉진을 위한 주제선정은 창조성이 강하고 호텔의 내부고객인 종업원이나 외부고객이 모두 관심을 끌 수 있는 내용과 형태로 선정되어야 한다. 주제를 선정할 경우 고려해야 할 사항은 다음과 같다.

- 촉진 카피 라인(copy line) 또는 태그 라인(tag line)
- 잠재고객의 관심을 끌 수 있어야 한다.

- 촉진 주제가 기업의 내·외부에 사용이 가능해야 한다. 외부에는 영업적인 측면이고 내부는 종업원의 흥미와 사기를 불러일으킬 수 있는 내용이어야 한다.
- 촉진의 내용이 기업의 상품이나 서비스의 개념을 포함하고 있어야 한다.

(6) 촉진예산 수립

촉진활동을 수행하기 위해서는 반드시 내·외부의 비용을 포함한 예상되는 총비용이 산출되어 미리 조달되도록 해야 한다. 이와 같은 예산은 고객의 참여 정도에 따라 여러 수준으로 원가와 매출에 영향을 미치게 된다. 만약 촉진활동에 대한 예산이 충분히 확보되어 있지 않으면 촉진활동을 하는데 많은 제약을 받을 수 있으며, 반대로 부진한 매출창출에 비교하여 과다한 예산을 책정하였다면 비효율적인 활동이 될 것이다.

따라서 촉진예산은 전년도의 촉진예산에 얼마의 예산을 가감하여 결정하는 방법을 지향하고, 순수하게 계획된 촉진활동을 위한 방법으로 책정해야 한다. 이와 같은 예산책정 방법을 다음에 설명되는 제로베이스 예산책정(zero-based budgeting)[74]이라고 한다.

(7) 촉진을 보조하기 위한 광고 및 미디어 선정

판촉활동을 보조하기 위하여 시장상황에 따라 촉진 캠페인을 극대화하기 위한 가장 효과적인 매체를 선정하는 것 역시 매우 중요하다. 촉진 보조수단으로 매체를 선정하고 구체적인 계획을 수립할 때에는 광고의 시기와 공간을 확보해야 한다.

(8) 계획표 작성

촉진을 위한 통합적인 방법으로 활동을 통제할 수 있는 구체적인 활동계획(action plan)이 요구된다. 이 계획표는 관련 부서나 개인이 해야 할 내용을 수록하기 때문에 효과적인 통제가 가능하다. 촉진을 위한 계획표를 작성하기 위해서는 철저하게 시장상황을 고려하여 신중하게 결정해야 한다.

---

74) '제로베이스 예산책정'이란 과거의 행사에 인플레이션을 고려하여 예산을 관례적으로 책정하는 전통적인 방법과는 대조적으로 관광기업의 마케팅 부서에서 마케팅 예산을 책정할 경우 과거의 내용을 전혀 무시하고 예상매출을 달성하기 위하여 반드시 필요한 촉진활동을 위한 예산을 확보하는 것이다.

(9) 서비스 요원의 내부교육 실시

판촉활동을 실시하기 전에 전체의 서비스 요원은 고객에게 판촉을 위한 캠페인(campaign) 기간 동안에 고객을 설득하여 구매를 유도하기 위하여 반드시 판촉활동에 대한 목적은 물론이고 구체적인 내용을 습득해야 한다. 따라서 구체적인 행동계획이 확정되면 종업원을 대상으로 교육을 실시해야 하는데 교육내용은 대개 판촉활동의 기간, 목적, 기대효과, 서비스 제공의 숙달 등이다.

(10) 촉진활동 수행

일단 판촉활동에 대한 모든 준비가 완료되면 촉진활동이 시작되는데, 사전에 계획된 프로그램에 따라 고객을 대상으로 일사불란하게 계획된 촉진활동이 실시되어야 한다.

일부의 기업에서는 촉진활동의 계획이 모호하여 실제로 적용하는 데 있어서 많은 혼란을 초래하는 경우도 있기 때문에 사전에 구체적인 활동계획이 수립되면 관련 부서에 촉진활동의 목적과 내용이 정확히 전달된 상태에서 실행되어야 한다.

(11) 평　가

판촉활동을 종료하고 추구하였던 목표와 실제의 내용을 분석하여 촉진활동을 통한 서비스의 개선 및 매출의 증진에 미친 영향 등을 평가한다. 아무리 치밀한 계획과 교육을 실시하더라도 미비한 점이 있게 마련이다.

촉진활동 기간중에 발견된 부족한 점이나 향상되어야 할 서비스는 다음의 촉진활동을 위하여 기록을 남긴다. 이러한 자료는 다른 상품의 촉진을 계획할 때 많은 도움이 될 것이다.

6. 판매촉진 예산

판촉을 위한 예산을 확보한다는 것은 쉬운 일이 아니다. 대부분의 경영자들은 경영의 가장 기본원리로서 지출은 줄이고 매출은 최대화시키기를 원하기 때문이다. 그러나 최근의 경쟁력이 강화되고 공급이 수요를 초과하고 있는 시대에는 과거의 불특정다수를 위한 촉진예산을 확보하는 것보다 올바른 고객을 대상으로 촉진활동을 강화해야 하기 때문에 상품이나 서비스에 대한 고객의 자극을 위한 판촉예산 배정이 증가하고 있는 추세이다.

일반적으로 호텔에서는 총예상매출액의 일정한 비율로 예산을 책정하나 요즘은 과거의 정보나 관례적인 행사는 지양하고 시장상황을 고려하여 제로베이스 예산책정방법을 채택하고 있다.

제 4 절 _ 인적 판매

1. 인적 판매의 개념

인적 판매(personal selling)는 일반적으로 마케팅 믹스(marketing mix)라고 불리는 활동으로 구성되어 있는 마케팅 활동의 일부분이다. 소비자의 그룹(consumer group)이나 잠재 소비자와 판매사원간의 개인적인 커뮤니케이션(personalized communication)이며, 이것은 많은 정보를 제공할 수 있고 매우 직접적인 설득의 기능을 의미한다. 인적 판매 활동이 대중광고에 비하여 범위가 좁지만 개별적인 접촉을 통하기 때문에 촉진 믹스(promotion mix) 중에서 가장 효과적인 요소이다.

관광상품은 저장이 불가능하고 무형성이라는 특성 때문에 상품을 구매할 때 고객들은 전문적인 관광상품의 보조수단에 의존해야 한다. 즉, 고객은 관광기업에서 생산하는 상품이나 서비스를 진열대나 진열장에서 직접 선택할 수가 없기 때문에 잠재구매자는 관광상품을 구입할 때 판매사원에 전적으로 의존하는 경우가 많다.

인적 판매는 직접대면이나 전화에 의한 구매자와 판매자간의 인적 접촉의 결과로서 발생되는 판매로 정의할 수 있다. 그러므로 인적 판매는 주문판매에서 창조적 판매에 이르기까지 그 범위가 매우 넓다[75].

주문판매는 고객들이 관광상품에 대해서 익숙해져 있거나 상품에 대한 속성을 이해하고 있을 경우 가능하다. 즉, 주문판매는 판매사원의 노력과 비용이 처음보다는 훨씬 적게 투입된다. 그러나 창조적 판매는 대부분의 고객이 관광상품이나 서비스에 익숙해져 있지 않기 때문에 매우 복잡한 단계를 거쳐 판매활동이 이루어진다. 판매사원은 판매를 창조하기 위해서 고객의 욕

75) 김성혁, 관광 마케팅론, 대왕사, 1993, p.354.

구를 철저히 파악해야 하며, 상황에 따라 자기업의 상품이나 서비스를 추천하고 그것들을 구매하도록 설득하는 과정이 필요하다.

인적 판매는 프로모션 믹스의 구성요소 중 가장 중요한 역할을 한다. 광고나 판매촉진활동의 수행을 위해서는 대규모의 비용과 노력이 투입되지만 인적 판매는 관광상품의 수요를 실질적인 구매로 전환시킬 수 있으며, 상품에 대한 메시지를 고객에게 전달하기 용이하고, 고객의 즉각적인 반응을 수렴할 수 있다는 장점이 있다. [그림 6-6]은 마케팅 믹스와 촉진 믹스간의 관계를 그림으로 나타내고 있다.

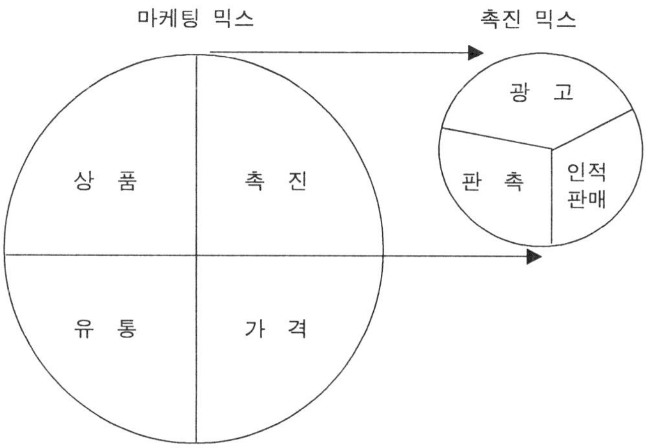

[그림 6-6] 마케팅 믹스에서 인적 판매의 관계[76]

2. 인적 판매의 중요성

(1) 판매비용의 중요성

상품이나 서비스의 판매는 고객이 직접 방문하여 판매비용의 투자 없이 구매활동이 이루어지는 경우도 있으나 대부분의 인적 판매는 활동의 범위나 정도에 따라 비용이 발생하게 마련이다. 따라서 관광기업에서는 판촉사원들을 대상으로 판매에 대한 비용을 일정한 출장여비 규정에 따라 지급하고 있다.

76) Robert F. Hartley, *Sales Management*, Merrill Publishing Co., 1989, p.4.

일반적으로 광고는 상품이나 서비스에 관심이 없는 소비자에게도 노출되어 접할 수 있기 때문에 구매의사를 전혀 파악하지 못하는 단점이 있지만 인적 판매는 구매의 확률이 비교적 높은 잠재고객을 설득하기 때문에 상품의 구매로 연결시킬 확률이 대단히 높다. 그러므로 최근에 관광산업에서는 인적 판매에 많은 예산을 책정하여 판매의 기회를 확대하고 있다.

관광기업의 판촉요원들은 새로운 고객을 창출하기도 하지만 특히 고정고객의 관리에 더 많은 비중을 두고 있기 때문에 특별히 마련된 프로그램과 판촉요원의 관리능력으로 고정고객(loyal customer)의 유지에 많은 노력을 기울이고 있다.

(2) 매출의 창출

관광기업의 기본적인 목표는 상품이나 서비스의 판매를 통하여 기업의 매출을 창출하는 것이므로 매출 없는 판매활동의 기능은 의미가 없을 것이다. 유형상품을 취급하는 일반기업에서는 특히 이러한 인적 판매의 의존도가 매우 낮은 편이나 환대산업인 관광기업에서는 경영의 특성상 유형상품에 무형상품의 서비스를 포함하여 판매해야 하기 때문에 판매원에 의한 인적 판매의 의존도가 매우 높다고 할 수 있다.

실제로 판매원의 설명이나 고객을 대하는 태도 및 친절도 등이 고객의 구매의욕에 많은 영향을 미쳐 구매 여부가 결정되는 경우가 대부분이기 때문에 판촉활동을 하는 종업원의 역할이 대단히 크다고 할 수 있다. 따라서 관광기업에서는 인적 판매의 효과를 극대화하기 위해 고객을 대하는 기법이나 화법을 교육훈련을 통하여 강화하고 있다.

(3) 기업의 홍보

고객은 관광기업을 방문하여 상품이나 서비스를 구매할 때 판매원의 미소, 상품에 대한 지식, 외모나 태도 등으로 그 기업의 서비스 수준을 판단하고 기업의 이미지를 평가하기 때문에 서비스를 담당하는 종업원은 곧 기업의 홍보를 담당하고 있는 것이다.

만약 관광기업의 서비스 요원 태도가 불손하다거나 복장이 불결하다면 기업의 이미지가 하락함은 물론이고 서비스를 구매할 의사를 상실해버릴 것이다. 따라서 고객은 관광기업 판촉팀원의 일거수일투족을 평가하고 관광기업의 서비스 수준을 짐작하기 때문에 관광기업에서는 판촉요원의 자질향상을 위한 각종 교육 프로그램을 마련하고 정기적으로 전문가 교육을 시키고 있다.

판촉활동을 위하여 기업체나 단체를 일정한 계획에 의하여 방문활동을 하다보면 접촉하는 고객이나 잠재고객은 호텔의 서비스 수준을 평가하게 되고, 그 평가결과에 따라서 고객이나 잠재고객에게 관광기업의 서비스에 대한 긍정적인 면은 더욱 더 강화를 하고, 부정적인 면은 긍정적인 면으로 전환시킬 수 있는 기회가 되기 때문에 기업을 홍보하는 효과를 얻을 수 있다.

3. 인적 판매의 역할

(1) 정보원의 역할

고객에게 정보를 제공함과 동시에 고객으로부터 정보를 입수하는 것을 의미한다. 판촉사원은 관광기업을 대표하여 고객과 접촉하기 때문에 고객을 상대로 관광상품이나 서비스에 대한 구체적인 정보를 제시할 수 있어야 한다. 관광기업은 하루에도 수많은 고객이 방문하여 필요한 상품을 구입하고 개인적인 서비스를 제공받는 곳이기 때문에 판매사원이 고객을 접촉하는 과정에서 정보의 교환이 이루어진다. 고객에 대한 가장 정확한 정보를 접할 수가 있으며, 또한 상황에 따라서 고객에게 관광기업의 신상품이나 영업 전략에 관한 사항 등을 제공할 수 있기 때문에 관광기업에서 근무하는 판매사원은 모두가 정보원의 역할을 수행한다고 볼 수 있다.

(2) 교육자의 역할

고객만족을 위한 영업활동 과정의 새로운 기법이나 서비스 또는 경영효율화를 위한 새로운 서비스가 등장할 때에는 고객을 대상으로 새로운 상품이나 서비스에 대한 정보의 제공과 함께 고객을 이해시키기 위하여 교육시키지 않으면 안 된다.

관광기업의 접객요원은 새로운 상품을 사용하는 방법이나 설비의 작동방법 등의 내용을 고객에게 교육을 해야 하며, 관광기업의 편의시설의 사용방법 등도 가르쳐주어야 하는 역할을 한다. 이때 주의해야 할 사항은 호텔 자체의 상품이나 시설 이외의 상식에 가까운 다른 서비스에 관한 내용을 이야기할 경우에는 고객도 알고 있는 경우가 있으므로 고객의 자존심을 자극하지 않도록 해야 한다.

(3) 이익관리자의 역할

서비스를 제공하는 접객사원은 단지 고객이 필요로 하는 상품을 주문받아 판매하는 기능이 아닌 상품의 판매행위가 이루어졌을 경우 발생하는 이익을 고려하여 이익을 극대화할 수 있는 판매방법으로 영업관리를 해야 한다. 즉, 상품이나 서비스를 판매하였을 경우 얼마만큼의 이익을 얻을 수 있는지 항상 염두에 두어야 한다.

예를 들면, 서비스 요원의 판매기술 능력 여하에 따라 수익률의 차이가 있기 때문에 가능하면 이익이 많은 상품을 많이 판매하거나 구매량이나 상황에 따라 이익률을 고려하여 판매가를 조정하는 것이다. 따라서 접객요원은 항상 상품의 원가를 파악하고 판매활동에 임해야 보다 효과적으로 상품의 판매에 대한 관리를 할 수가 있다.

(4) 기획자의 역할

관광기업 내의 영업장에 관한 영업은 전적으로 서비스를 제공하는 종업원에 달려 있다고 해도 지나친 표현이 아니다. 그렇기 때문에 서비스를 제공하는 종업원은 자기가 담당하고 있는 영업장 내의 매출증대와 고객을 만족시킬 수 있는 나름대로의 아이디어를 창출하여 보다 많은 고객을 유인할 수 있는 방안을 강구하고 실천할 수 있는 기획자의 역할을 수행한다. 따라서 경영진은 영업활성화에 대한 기획을 입안할 경우 최일선(front line)에서 판촉을 담당하는 종업원의 목소리를 귀담아들을 필요가 있다.

(5) 컨설턴트의 역할

관광상품이나 서비스를 구매하기 위해 방문하는 고객에게 상품이나 서비스에 대한 정보를 제공하여 고객을 설득하고, 또한 상품이나 서비스에 문제가 발생하였을 경우 문제해결을 위한 자문(consulting) 역할을 수행한다. 따라서 서비스를 담당하는 종업원은 상품에 대한 정확하고 깊이 있는 지식을 습득해야 하며, 예상되는 문제점에 대한 사항도 숙지하고 있어야 하겠다.

(6) 의사결정자의 역할

고객을 접촉하는 종업원은 고객측면에서 보면 관광상품이나 서비스를 제공하는 기업을 대표하여 상품을 판매하고 서비스를 제공하는 것이므로 고객으로부터의 불만이나 상품에 대한 문제가 발생한 경우, 또는 판매시 고객이 요구하는 사항이 기업의 영업 전략과 맞지 않을 경우 현장에서 상황에 따라 즉시 의사결정을 하여 고객으로 하여금 신속한 반응으로 고객과 관광기업간의 신뢰를 구축할 수 있어야 한다.

일부기업에서는 프론트 라인(front line)에서 고객을 접촉하면서 근무하는 종업원에게 고객의 불평을 접하였을 때 신속한 처리가 요구되는 특별한 상황에 처할 경우에는 종업원이 스스로 결정하여 처리하는 권한을 위임(empowerment)하고 있다.

(7) 기업홍보의 역할

고객과 접객요원과의 쌍방 커뮤니케이션(two-way communication)이 이루어지는 과정에서 서비스 판매담당 종업원은 고객에게 기업을 선전할 수 있는 절호의 기회이므로 영업장의 이미지나 프로다운 매너(professional manner)로 고객을 접촉하여 고객과의 긍정적인 관계를 유지해야 한다. 이러한 고객과의 긍정적인 관계는 기업의 상품이나 서비스의 판매활동에 있어서 고객으로부터 의사결정을 할 수 있는 시간을 단축할 수 있다. 일반적으로 광고가 '나를 사주세요(buy me)'라면 PR은 '나를 사랑해주세요(love me)'로 표현할 수 있다.

(8) 품질관리자의 역할

관광기업의 종업원은 고객의 욕구에 따라 자사의 상품을 적절하게 제시(presentation)하고 상품마다의 특징과 장점을 파악하여 고객의 필요에 따라 최적의 상품을 추천하여 상품에 대한 부가가치를 극대화할 수 있도록 서비스 상품의 품질관리를 담당하기도 한다. 이때 고객의 수요에 따라 관광상품을 적절하게 배정하여 매출의 극대화를 추구하도록 해야 한다.

(9) 설득자의 역할

고객을 무리하지 않는 범위 내에서 설득하여 구매력을 증대시키고, 가능하면 소비행동을 바꿀 수 있도록 설득하여 기업의 매출을 증대시키고, 관광상품이나 서비스에 대한 불평을 극소화하여 고객만족경영을 유도해야 한다.

고객은 서비스를 제공하는 종업원의 적극적인 태도로 인하여 신뢰를 구축하면 필요 이상의 구매력을 발휘하며 기쁜 마음으로 서비스를 구매하는 습관이 있다. 그러므로 잠재고객의 설득단계는 고객이 호텔에서 제공하고 있는 서비스의 진실성을 인식한 다음의 단계라고 할 수 있다.

(10) 서비스 제공자의 역할

관광기업의 경영은 '사람산업'이기 때문에 소비자에게 상품을 판매하는 것 이외에 부가적으로 서비스를 제공하여 상품 자체와 부가적 상품을 포함하는 패키지 상품을 판매하는 역할을 한다.

4. 판매의 절차

여기에서 언급하게 되는 판매의 절차는 관광기업의 판촉부에서 근무하는 종업원이 상품판매를 위한 각종 활동을 위해 관광기업의 상품이나 서비스를 보여주거나, 이미 상품을 판매한 경우에 대한 일련의 과정을 살펴보기로 한다.

(1) 고객영접

관광기업의 서비스는 영접으로부터 시작되기 때문에 따뜻한 안내 서비스는 고객을 편안하게 해준다. 그러므로 처음으로 관광상품이나 서비스를 구매하기 위해 방문하는 고객을 차별하지 않고 정중하게 모시는 것이 대단히 중요하다. 고객의 영접은 원칙적으로 관련 부서에서 실시하지만 판매촉진을 위한 활동으로 판촉부 종업원이 함께 참여해야 하는 경우가 많이 있다.

(2) 상품의 추천

관광상품이나 서비스의 구매빈도가 높은 고객은 상품 및 서비스에 대한 구매를 스스로 결정하지만 그렇지 못한 경우에는 고객의 수준에 알맞은 상품 및 서비스를 추천하게 되는데, 이때에는 고객의 요구를 충분히 파악한 후 신중하게 다루어야 한다.

(3) 서비스 제공

고객이 상품이나 서비스를 구매하기 위해 주문을 했다면 고객은 오래 기다리지 않는다는 속성이 있기 때문에 서비스를 신속하게 그리고 요구한 서비스를 정확하게 제공하도록 최선의 노력을 다해야 한다. 이때 고객이 혼자일 경우에는 상황에 따라 적당히 대화의 주제를 이끌어내어 대화의 상대가 되어주면 서비스의 수준이 높아진다는 사실을 기억해야 한다.

예를 들면 호텔 일식당의 스시 카운터(sushi counter)에서 음식을 주문하여 식사를 하는 고객에게 주방장이 스시 요리에 대한 이야기나 일식에 대한 최근의 동향 등을 이야기하면서 상호간 교제의 시간이 된다면 고객이 느끼는 서비스의 품질은 훨씬 향상된 수준이 되어 기대 이상의 서비스가 될 것이다.

(4) 환 송

고객이 서비스를 제공받고 관광상품이나 서비스를 구매하거나 제공받고 떠날 때 최상의 기분을 유지하도록 고객을 접촉하는 종업원은 최선의 노력을 다해야 한다. 왜냐하면 이 순간의 서비스는 반복구매의 여부를 결정하는 중요한 순간이기 때문이다. 이때 잊지 말아야 할 사항은 고객은 항상 자신이 제공받은 서비스를 평가하는 습관이 있기 때문에 고객으로부터 서비스에 대한 의견을 접수해야만 한다는 것이다. 이때 접수된 고객의 의견은 기업의 서비스 개선에 많은 도움이 될 것이다.

5. 판매저항

고객과의 접촉으로부터 서비스를 제공할 때에는 언제나 판매저항이나 불만이 발생될 수 있기 마련인데, 이러한 것들을 지혜롭게 극복해야만 한다. 고객은 여러 가지 이유로 인하여 상품추천에 저항을 할 수 있다. 이러한 판매저항을 극복하면 구매의 확률이 높아진다는 사실을 인식해야 한다. 일반적으로 판매저항을 극복하기 위한 방법은 다음과 같다.

- 고객의 이야기를 방해하지 않고 경청한다.
- 판매사원이 고객을 이해하고 있다는 것을 보여주기 위하여 고객의 말을 수용하면서 조심스럽게 자신의 의견을 제시한다.

• 구체적인 사실에 초점을 맞추거나 구매혜택 또는 대체상품을 보여줌으로써 저항에 반응한다.

6. 판매종결

고객에게 여러 가지 서비스 상품을 추천하여 고객의 긍정적인 반응을 얻어냈을 경우 판매사원은 그 자리에서 고객을 설득하여 판매를 종결해야 한다. 즉, 고객과 서비스 상품에 대한 혜익, 특징 등의 여러 가지 의견을 교환하고 주변상품의 구매에 대해서도 추천을 하여 고객이 긍정적으로 반응하였다면 반드시 구매항목과 구매량 등을 재확인하여 구매자와 확실한 판매를 성사시켜야 한다.

7. 사후관리

판매를 종결한 다음에는 고객과의 지속적인 관계를 유지하기 위하여 고객으로부터 획득한 정보를 중심으로 기업의 상품이나 서비스 등을 주기적으로 소개한다거나 기업 자체에서 실시하는 각종 행사에 초대한다. 또한 고객을 구매잠재력에 따라 분류하고, 구매력(buying power)이 있다고 판단되는 고객에 대해서는 기업경영에 참여의식을 고취시키고 상품이나 서비스에 대한 구매를 상기시키기 위해 기업에서 발행하는 간행물이나 뉴스레터(news letter) 등을 우송하여 재구매 고객으로 전환시키도록 최선을 다해야 한다.

제 5 절_내부판매 촉진

내부판매 촉진(internal sales promotion)이란 상품이나 서비스를 구매하기 위하여 방문한 고객에게 서비스를 제공하는 종업원이 프로 기질을 발휘하여 고객을 감동시키기 위한 활동이다. 종업원이 고객을 감동시키기 위해서는 우선 종업원 스스로가 감동할 수 있는 환경을 조성해야 한다. 이러한 환경을 조성하기 위해서 종업원은 상품의 지식을 습득해야 하고 서비스 자질을 키워나가야 하겠다.

1. 판매기회의 증진

서비스 제공에 대한 프로 정신이 부족하여 판매기회를 놓쳤을 경우 매출에 부(-)의 영향을 미치고 고객 불만족의 원인이 되기도 한다. 고객은 관광기업을 방문했을 경우 자기가 지불해야만 하는 대가로 융숭한 대접을 기대하고 있다. 이러한 기대를 충족시켜주지 못하면 고객은 기업의 서비스 구매를 주저할 것이다. 따라서 고객을 접촉하는 종업원은 언제나 진실한 모습으로 프로다운 서비스(professional service)를 제공할 수 있도록 최선의 노력을 다해야 한다. 프로의 자질을 갖춘 서비스 요원이 제공하는 서비스에 감동한 고객은 추가 서비스를 기꺼이 구매할 것이다.

이와 같이 고객을 대상으로 진정한 서비스를 제공하기 위해서는 무엇보다도 내부조직의 시스템이 안정된 상태에서 경영진과 종업원의 상호간 신뢰를 바탕으로 이루어져야 한다. 이러한 신뢰는 종업원들의 사기를 증진시켜 대고객 서비스에 있어서 고객을 만족시킬 수 있는 수준의 서비스를 제공할 수 있어 결국은 판매를 증진시킬 수 있는 기회의 폭을 넓힐 수 있을 것이다.

2. 고객접객 요원의 교육

관광기업 경영자는 종업원을 선발(recruitment) 및 오리엔테이션(orientation)을 실시하고, 상품에 대한 지식을 교육해야 하며, 동기부여를 해야 하는 책임이 있다. 그러나 이와 같은 것들은 우연히 이루어지는 것이 아니고, 쉽게 이루어지는 것이 아니다.

종업원을 선발할 때에는 모든 일에 적극적이고 서비스 지향적인 성격(service oriented personality)의 소유자로서 경영이념에 합당한지를 확인해야 한다. 일단 일정한 기준에 의하여 선발된 종업원은 광범위한 교육 프로그램으로 고객 지향적이고 서비스 지향적인 마인드를 중심으로 집중적으로 교육하여 프로의 자질을 길러주도록 해야 한다.

(1) 상품의 지식(products-service knowledge)

고객을 대상으로 상품을 판매하기 위해서는 무엇보다 상품과 서비스에 대한 상품의 종류나 성격 및 특징 등 구체적인 지식을 습득해야 한다. 그렇지 않으면 고객의 요구를 충족시킬 수 없기 때문이다. 고객들은 자기가 구매하고자 하는 상품이나 서비스에 대한 내용을 충분히 파악하려는 습성이 있다. 따라서 고객들의 상품이나 서비스에 대한 문의에 언제라도 친절하게 응대하기 위해서는 상품에 대한 폭넓은 지식을 숙지하고 있어야 하겠다.

예를 들면, 항공사의 경우 자사에서 운항되고 있는 비행기 스케줄(flight schedule)은 물론이거나 각 항공기의 좌석의 형태 및 크기, 제공되는 각종 아메니티(amenities) 등이다. 이러한 상품의 지식의 습득은 주로 반복적인 교육훈련에 의해서 이루어질 수 있다.

(2) 물리적 기술(physical skill)

상기된 상품지식은 머리 속으로 암기를 함으로써 쉽게 습득을 할 수 있지만 물리적 기술은 물리적인 방법에 의하여 가능하다. 예를 들면, 항공여행 예약을 위한 컴퓨터의 조작, 발권, 비상탈출 방법 등은 물리적인 연습을 통하여 숙달시킬 수 있다. 따라서 종업원의 서비스 제공능력의 수준에 따라 현장에서 살아 있는 교육(OJT : on the job training)[77]을 실시해야 한다.

(3) 태도(attitude)

태도는 쉽게 바뀌지 않는 개인의 인식이나 신념에 관련된 것이기 때문에 다른 교육보다 어렵다. 태도는 고객에게 서비스를 제공할 때 개인의 행동이나 동기부여가 절대적으로 영향을 미치기 때문이다. 고객은 작은 실수는 인정을 하지만 종업원의 무책임한 행동이나 게으른 행동에 대해서는 절대로 용서하지 않는다는 것을 알아야 한다. 따라서 고객에게 적극적이고 외향적인 성격으로 대하도록 평소에 훈련을 통하여 숙달되도록 노력을 해야 한다.

고객들은 관광기업의 종업원에 대한 접객태도에 대해서 자주 언급을 하듯이 종업원의 접객태도는 관광기업의 서비스 수준을 결정하는 주요한 요소가 되기도 한다.

(4) 재보증(reassurance)

서비스를 담당하는 종업원은 고객을 대상으로 제공하고 있는 서비스에 대

77) OJT란 영업장이나 서비스 제공현장에서 실제로 판매나 서비스를 제공하면서 교육을 실시하는 것을 의미하는 것으로, 이론적인 교육보다 현장감을 익힐 수 있어 훨씬 효과적이다.

하여 장점이나 특징 등을 설명하여 이해시키고 확증시켜줄 수 있는 능력을 길러야 한다. 그리고 고객으로부터 불만이 발생하였을 경우에는 상황에 따라 적절히 불만을 처리할 수 있는 능력을 향상시킬 수 있는 교육을 받아야 한다. 따라서 내부 판매촉진은 관광기업 내부에 있는 고객을 대상으로 실시하는 마케팅으로서, 일단 방문한 고객들에게 기업의 서비스와 상품에 대한 이미지를 확증시켜주기 위한 마케팅 활동이다.

3. 엔터테인먼트

엔터테인먼트(entertainment)는 최근에 고객의 관심이 집중되고 있는 분야이다. 다양한 형태의 서비스와 엔터테인먼트는 고객을 쉽게 유인할 수 있는 수단이 되고 있다.

특히, 요즘에는 카페(cafe)나 식당에서 라이브 음악(live music)과 함께 가수나 코미디언(comedian)이 출연하여 고객이 구매하는 상품의 부가가치를 증대시킴으로써 판촉의 역할을 담당하고 있다. 이러한 부가적인 서비스를 추가함으로써 고객이 구매할 수 있는 폭을 넓일 수 있고, 휴식을 위한 촉매제 역할을 한다.

4. 기타 판매촉진 기술

상기된 여러 가지 방법의 판촉방법 외에도 관광기업의 상품이나 서비스의 판매촉진을 위한 수단으로 기업의 브로슈어(brochure)나 팜플렛(pamphlet) 등을 이용하거나 미니 달력(mini calendar) 또는 수첩 등을 이용하여 자사의 상품이나 서비스에 대한 정보를 전달하기도 한다.

예를 들면, 호텔에서는 객실이나 식음료의 판매촉진을 위한 방법으로 식당 식탁 위의 텐트카드(tent card), 호텔 브로슈어(hotel brochure), 미팅 플래너(meeting planner) 등을 통하여 고객들에게 구매동기를 부여하는 물리적인 방법과 종업원이 숙지하고 있는 각종 정보도 판매를 촉진할 수 있다.

(1) 기업의 로고

기업의 로고(logo)는 고객들이 쉽게 인지할 수 있도록 상품이나 시설물에

표시하는데, 관광기업의 업무차량이나 시설물에 부착한 기업의 로고는 판매 촉진의 일부분이다.

(2) 시설의 구체적 설명

관광상품이나 서비스의 구매빈도가 낮은 고객을 위하여 기업 내에 있는 편의시설에 대한 명확한 내용의 설명도 판매촉진활동이다.

(3) 시설물의 접근을 위한 지도나 이용방법

관광지의 경우는 편의시설이 매우 넓은 장소에 분포되어 있기 때문에 시설물을 이용하기 위해서는 간단한 지도가 필요하다. 또한 서비스나 편의시설의 이용방법에 대한 안내책자나 입간판 등도 판촉의 수단이 될 수 있다.

(4) 보다 구체적인 정보제공자

고객이 관광 서비스를 제공받는 데 있어서 불편을 느끼지 않도록 관광기업의 관련 정보를 상세하게 제공하는 행위도 판촉활동이다.

(5) 상품, 서비스 및 부가 서비스

고객의 관심을 유도하기 위해 시설물의 기본적인 서비스 이외의 주변 서비스를 설명하여 구매를 자극하는 행위이다.

제 6 절_세일즈 콜

1. 세일즈 콜의 필요성

관광기업의 판매촉진 부서(sales promotional department)의 기본 업무는 거래처(accounts)를 관리하여 경쟁사로 이탈되는 비즈니스를 방지하고, 경쟁사의 거래처를 자기업으로 유인하여 비즈니스로 연결하고, 새로운 시장을 개척하는 역할이 주를 이루고 있기 때문에 거래처를 관리한다는 것은 판촉 부서의 모든 것이나 다름이 없다. 이와 같이 거래처를 방문하면서 수집한 여러 가지 정보나 의견을 영업 전략(sales strategy)을 수립할 때 참고자료로 활용하기도 한다. 판촉부에서 실시하고 있는 판매촉진의 일부분인 세일즈 콜(sales call)의 목적은 일반적으로 다음과 같다.

(1) 거래처의 관리

관광상품이나 서비스의 구매량을 현재의 수준으로 유지하거나 향상시키기 위해서는 고객과의 지속적인 관계가 매우 중요하다. 그러나 최근에는 고객의 수준이 향상되고 경쟁사의 출현으로 말미암아 고객과의 지속적인 관계유지가 쉬운 일이 아니다. 따라서 고객의 욕구를 정확히 파악하고 고객에게 가장 합리적인 가격으로 최대의 부가가치를 제공할 수 있는 방법을 강구해야 하며, 아울러 경쟁사의 활동에 대해서도 구체적인 정보를 획득하여 적절히 대처할 수 있도록 해야 하겠다. 거래처의 관리방법에는 다음과 같은 것들이 있다.

- 제공받은 서비스에 대한 의견수렴
- 거래처의 내부조직 숙지
- 거래처의 영업현황 파악
- 새로운 상품의 소개
- 비즈니스를 위한 관계개선
- 경쟁사의 정보 획득
- 시장정보 획득

(2) 새로운 시장개발

관광상품이나 서비스는 무형성이고 인적 서비스가 가미되는 경우가 대부분이기 때문에 상품의 수명이 짧은 편이므로 새로운 시장에 도전하는 자세로 상품과 서비스의 개발을 게을리하지 않도록 해야 한다. 새로운 관광시장의 개발에는 다음과 같은 방법들이 있다.

- 시장정보의 수집
- 경쟁사의 정보 수집
- 관광상품 및 서비스의 소개
- 새로운 거래처의 확보

- 기업의 이미지 개선
- 종업원의 사기 앙양

2. 세일즈 콜의 계획

세일즈 콜은 고객이나 잠재고객을 방문하여 서비스 상품의 판매를 촉진하는 과정이기 때문에 방문활동을 실시하기 위해서는 반드시 사전에 구체적이고 명확한 방문계획을 수립해야 한다. 세일즈 콜의 계획단계에서는 거래처일 경우 방문횟수를 상품의 구매량에 따라 정하지만 반드시 구매량에 따라서 방문횟수를 정할 필요는 없다. 거래처의 방문계획을 수립할 때 고려해야 할 사항은 일반적으로 다음과 같다.

(1) 방문횟수의 결정

관광기업마다 규정이 다르겠지만 일반적으로 관광상품의 구매량에 따라 등급을 결정하고 연간 계획을 수립한다. 예를 들면 항공사에서 여행사의 거래처를 항공좌석 판매 수에 따라 A, B, C, D등급으로 구분하고, 그 등급에 따라 방문횟수를 결정한다.

그러나 상황에 따라서는 매출실적에 관계없이 고객의 구매잠재력을 고려하여 방문의 빈도를 높이는 경우도 있다. 이러한 방문횟수의 결정은 마케팅 책임자와 담당자가 시장의 상황을 고려하여 효과를 극대화시킬 수 있는 방법으로 해야 한다.

(2) 방문의 우선순위 결정

거래처의 영업상황을 분석하여 그 결과에 따라 방문의 우선순위를 결정하고 본래의 방문계획을 유동적으로 운영한다. 영업상황의 분석은 마케팅 차원에서 일정시점이나 일정기간의 거래처 영업상황을 필요에 따라 PMS (property management system)를 이용하여 분석하는데 최근에는 고객을 신중하게 분석하여 관광기업의 영업에 공헌한 만큼의 보상을 한다. 이것이 바로 통합 마케팅 커뮤니케이션(IMAC : integrated marketing and communication)을 이용한 고객관리 방법의 하나이다.

방문의 우선순위는 대개 다음과 같다.

- 거래처의 고객으로부터 서비스에 대한 불평(complaints)을 접수하였을 경우
- 거래처로부터 새로운 비즈니스의 발생으로 인하여 방문요구가 있을 경우
- 정상적으로 계획된 방문
- 시장상황에 현저한 변화의 징후가 발견되었을 경우

(3) 방문목적의 명확화

세일즈 콜을 효율적으로 실시하기 위해서는 방문 전에 방문의 목적을 정확히 설정할 필요가 있다. 그러므로 대부분의 관광기업에서는 판촉부 종업원들이 거래처를 방문하기 전에 반드시 〈표 6-9〉와 같이 방문계획을 작성하도록 권유하고 있으며, 방문계획이 결정되면 사전약속의 절차와 방문에 필요한 것들을 준비할 것을 권고한다.

(4) 방문시 준비사항

방문 우선순위에 따라 방문계획이 결정되면 방문에 필요한 모든 사항을 점검하고 준비하는 단계로서, 세일즈 콜의 성공 여부는 준비단계에 있다 해도 과언이 아니다. 즉, 고객의 성향을 직·간접적으로 파악하고 방문의 효과를 극대화하기 위하여 각종 인쇄물이나 판촉물 등을 준비한다.

거래처를 방문하기 위해서는 다음과 같은 것들이 준비되어야 한다.

- 방문자의 명함(business card)
- 거래처의 영업성과 숙지(account's business performance)
- 거래처 기업조직의 파악(awareness of account's organization)
- 최근 구매자나 이용자 등의 내용 파악
- 필기도구(stationary)
- 판촉물(give-away)
- 새로운 상품정보(new products information)
- 자사 이벤트의 정보(event information)
- 비주얼 장비(visual equipment)

〈표 6-9〉 Sales Call Weekly Plan

Sales Rep. :		Date:	
Day	Account Name	Objectives	Remarks
Mon			
Tue			
Wed			
Thu			
Fri			

3. 세일즈 콜의 종류

세일즈 콜은 판촉부의 기본업무이면서 가장 중요한 활동으로서, 성공적인 방문활동은 기업의 매출향상에 많은 영향을 미칠 수 있다. 따라서 판촉부에서 근무하는 담당자는 프로다운 판촉활동을 수행하기 위하여 많은 노력을 해야 한다. 왜냐하면 거래처나 경쟁사의 거래처를 방문한다는 것은 기업을 대표해서 방문하는 것이기 때문에 고객은 판촉 담당자의 모든 언행을 기업 이미지와 관련하여 생각하기 때문이다.

판매촉진 부서의 세일즈 콜 활동에는 여러 가지 종류가 있으나 방문목적과 거래관계에 따라 다음과 같이 구분할 수 있다. 물론 세일즈 콜을 지원하는 도구로서 텔레마케팅(tele-marketing)이나 직접우편(direct mail) 등을 이용하여 세일즈 리드(sales leads)를 획득하고, 그 정보를 분석 후 방문하는 거래처 개발을 위한 방문도 있다.

(1) 방문목적에 의한 분류

세일즈 콜을 실시하기 위해서는 반드시 방문에 대한 목적을 확실하게 정해야 한다. 방문을 하는 담당자는 방문의 유형을 적당히 조합하여 계획을 수립하고 방문을 통한 판매촉진의 활동이 균형을 이룰 수 있도록 해야 한다. 기업의 판촉부 담당자에 의해서 이루어지는 고객방문의 목적은 다음과 같이 분류한다.

1) 정기방문

정기방문(courtesy call)은 관광기업의 판촉 부서 담당자가 거래처(accounts) 방문계획에 따라 정기적으로 방문활동을 실시하는 것이다. 거래처의 거래실적이나 잠재력을 고려하여 방문계획을 수립하고 특별한 경우가 없는 한 방문 계획대로 거래처를 방문하는 활동이다. 방문시에는 반드시 거래처의 관련자와 방문시간과 날짜를 사전약속(pre-appointment)해야 하며, 상대방의 업무상황을 고려해야 한다.

2) 의뢰방문

의뢰방문(call requested by customer)은 거래처에서 상품의 구매나 서비스의 이용에 관하여 문의하거나 잠재고객이 기업의 상품이나 서비스를 구매하기 위하여 방문을 의뢰하는 것이다. 의뢰를 받으면 상황을 판단하여 예상되는 서비스의 자료를 준비하고 치밀한 계획하에 신속하게 방문이 이루어지도록 해야 한다. 왜냐하면 거래처는 경쟁사와도 거래를 하고 있다는 사실을 항상 염두에 두어야 한다.

3) 촉진방문

촉진방문(promotional call)은 부정기적인 판촉활동이면서 기업의 판매촉진의 수단으로, 기존에 약정된 거래조건 이외의 촉진활동이다. 새로운 상품이나 서비스를 거래처에 소개하기 위하여 방문을 하거나 경쟁사 거래처의 유인을 목적으로 하는 특별한 판촉활동이다.

(2) 거래에 의한 분류

1) 거래처의 방문

거래처의 방문(sales call for account)은 일정한 거래조건으로 계약을 체결하고 일정한 기간 동안 서비스를 제공하는 거래처를 방문하는 것으로, 방문목적은 앞에서 언급한 내용과 같다.

거래처의 관리를 소홀히 하면 고객에게 경쟁기업과 거래를 할 수 있는 기회를 제공하는 것이기 때문에 거래처의 담당이 되면 정기적인 방문과 특별한 목적을 위한 비정기적인 방문을 실시함으로써 자기업의 현재 제공되는 서비스에 대한 의견을 수렴하여 지속적으로 향상된 서비스를 제공하도록 노력해야 한다. 판촉부의 거래처 담당자는 거래처의 모든 것을 관리하고 있기 때문에 거래처 방문객의 이동상황을 수시로 확인하여 경쟁사로 빼앗기지 않도록 최선의 노력을 다해야 한다.

2) 새로운 거래처의 방문

새로운 거래처의 방문(sales call for new customer)은 새로운 시장의 개발을 위하여 입수한 정보를 분석하고 그 결과에 따라 방문을 하는 경우와, 세일즈 브릿츠(sales blitz)와 같이 무차별적으로 특정한 지역을 동시다발적으로 방문하는 경우가 있다.

거래처가 아닌 잠재고객을 방문하여 단시일 내에 비즈니스를 기대할 수 없다. 여러 차례 방문을 하고 의사결정자(decision maker)를 초청하여 기업의 서비스와 시설을 소개함으로 해서 신뢰를 구축할 수 있는 상황이 되어야 비로소 비즈니스가 연결되기 때문에 너무 서두르는 것은 금물이다.

4. 세일즈 콜의 절차

관광상품이나 서비스를 자주 구매하거나 이용하는 고객은 주로 사회적으로 안정되었거나 기업을 경영하는 사람일 경우가 대부분이기 때문에 방문을 계획할 때에는 신중을 기해야 하고, 상황에 따라 능동적으로 대처해야 한다. 세일즈 콜은 판촉부의 종업원이면 반드시 실시해야 하는 활동이지만 고객을 방문한다는 것은 생각보다 쉽지 않기 때문에 어느 정도의 근무경력으로 일정한 수준 이상의 경력을 쌓은 후 방문활동을 실시해야 한다. 그렇지 않으면 기업을 대표하여 고객을 방문하므로 판촉사원의 사소한 실수나 미숙함이 있을 경우에는 방문목적에 역효과를 초래할 수 있기 때문이다.

(1) 방문계획 수립

기업의 영업 전략에 따라 앞에서 언급했던 것처럼 방문계획을 수립하는데 교통의 혼잡을 고려하고 방문의 효율성을 위하여 지역을 구분하는 것이 좋다. 방문계획을 수립하면 판촉부의 담당자는 관련 부서의 담당자들에게 방문계획을 통보하고, 방문처에 특별한 사항이 있는지를 점검하여 고객의 질문에 적절히 응대할 수 있도록 한다.

(2) 방문약속

1) 거래처의 경우

거래처인 경우는 정기적으로 접촉하는 담당자가 있기 때문에 사전에 방문의 목적을 전달하면 쉽게 방문약속을 할 수 있다. 그러나 가끔 최고경영자나 상사가 동행할 경우 거래처의 사장이나 간부의 방문을 주선해야 하기 때문에 방문약속을 할 경우 구체적인 방문계획을 전달해야 한다.

2) 새로운 고객의 경우

새로운 고객을 접촉하여 방문약속을 한다는 것은 여간 어려운 일이 아니다. 왜냐하면 현재 새로운 고객은 경쟁사의 상품을 구매하거나 서비스를 이용하고 있을지도 모르기 때문이다. 따라서 이러한 장벽을 넘고 약속을 한다는 것은 어렵기 때문에 능숙한 기교가 필요하다. 이러한 경우 약속은 전화나 서신을 이용하는 경우가 많으나 보통 전화를 이용하는 방법이 일반적이다. 무엇보다 중요한 것은 전혀 거래관계가 없었다고 하여 고객과 사전약속을 하지 않고 방문해서는 안 된다.

(3) 거래처의 정보파악(새로운 고객인 경우)

새로운 고객을 처음 방문한다는 것은 민감한 사안이므로 사무실의 관련자와 상담을 부드럽게 하기 위해서는 다음과 같이 소속기업의 조직과 의사결정자, 그리고 영업에 관한 사항을 파악해야 한다.

- 기업의 조직(firm's organization)
- 의사결정자(decision maker)
- 취급업무(products)
- 접촉자(contact person)
- 관광상품／서비스의 구매량(production)
- 경쟁사와의 관계(relationship with competitor)

(4) 방 문

방문을 할 경우에는 거래처에 반드시 약속시간보다 일찍 도착하여 용무를 살피고, 사무실의 관련자에게 방문사실을 전한다. 이때 만약 비서가 안내를 하는 사무실이라면 조그마한 선물을 준비하는 것도 방문을 부드럽게 하는 방법의 하나이다. 특히, 새로운 고객을 방문할 경우에는 비서가 제공하는 정보가 성공적인 방문에 중요한 단서(cue) 역할을 하는 경우가 많다. 또한 고객과의 부드러운 대화를 위하여 최근의 시사성 있는 내용이나 날씨 등으로 화제를 이어간다.

보통 판촉 담당자가 거래처나 새로운 고객을 방문할 경우의 주의사항은 다음과 같다.

- 사무실 도착 전에 화장실에서 흩뜨려져 있는 머리를 빗으로 빗고 옷매무새를 살핀다.
- 식사 후에 곧바로 방문해야 할 경우에는 화장실에서 물양치를 하고 치아를 점검한다.
- 명함이 주머니에 있는지를 확인한다.
- 필기구와 메모지를 다시 한번 점검한다.
- 고객의 정확한 성함과 직책을 확인한다.
- 사무실에 도착하면 방문약속을 명확하게 전달하여 고객과 만날 수 있도록 의뢰한다.
- 만약 고객의 사정으로 약속시간에 부재중이면 예상되는 귀사시간을 관

련 직원에게 물어보고, 늦어지면 상황에 따라 재방문계획을 결정한다.

- 고객의 사무실로 안내되었을 경우에는 정중히 인사말을 건네고 고객의 안내에 따라 착석한다.
- 처음 방문하는 고객일 경우에는 정중히 명함을 교환한다. 이때 명함이 교환되고 나면 고객의 명함이 구겨지지 않도록 조심스럽게 탁자에 올려놓고 직함과 성함을 암기한다. 이때 고객 면전에서 고객으로부터 받은 명함에 날짜를 기록하거나 메모를 해서는 안 된다.

〈표 6-10〉 명함의 교환방법

명 함 교 환 순 서
1. 명함 전달은 자기소개이기 때문에 하위자나 연하의 사람이 상위자에게 먼저 내놓는다. 2. 소개의 경우라면 먼저 소개된 사람부터 건넨다. 3. 방문객인 경우 방문객이 먼저 건넨다. 4. 상대가 두 사람 이상일 경우 손윗사람에게 먼저 준다. 5. 여러 사람과 명함을 교환할 때에는 지위가 높은 사람부터 순서대로 한다.
명함 교환시의 올바른 자세
1. 명함을 건넬 때는 오른손으로 자기의 이름이 상대방 쪽에서 보이도록 하여 읽기 쉽게 돌려서 건넨다. 2. 명함을 건네는 위치는 상대방의 가슴높이가 적당하다. 3. 오른손에 왼손을 붙여 두 손으로 건네면 정중한 느낌을 준다. 4. 앉아 있는 상태에서 명함을 주고받을 때 명함을 테이블 위로 쑥 밀어서 건네는 것은 결례이므로 반드시 손으로 건네주도록 한다. 5. 명함을 맞교환할 때에는 왼손으로 받고 오른손으로 건넨다.

(5) 상 담

고객의 사무실로 안내되어 인사를 나누고 착석을 한 다음에는 분위기에 알맞은 화제와 함께 상담이 시작되는데 방문목적에 따라 상담내용이 달라지겠지만 고객의 의중을 살펴가면서 상담을 실시해야 한다. 이때 대화를 원만하게 이어가기 위해서는 단답형 질문이나 폐쇄형 질문(closed question)은 대화를 단절할 수 있으므로 가능하면 개방형 질문(open question)을 유도하면서 상대의 정보를 획득할 수 있도록 해야 한다.

상담시에는 다음과 같은 사항에 주의를 해야 한다.

- 상대방이 대답하기 곤란한 질문은 피해야 하고, 가능하면 간접적인 질문

으로 정보를 얻도록 해야 한다. 예를 들면 사생활에 관련된 내용, 회사의 영업 전략상 비밀스러운 내용, 경쟁사에 관한 직접적인 질문 등이다.

- 고객이 업무가 바쁜 것같이 느껴지면 방문목적과 관련 없는 내용의 대화는 피하는 것이 바람직하다.
- 상담중에 고객이 쉽게 이해할 수 있도록 시각적인 자료를 제시하면서 대화를 이어간다.
- 상담중에는 이동전화나 호출기가 울리지 않도록 스위치를 끈다.
- 적당한 시간에 고객이 자사를 방문하여 관광시설을 답사하거나 상품이나 서비스를 제공받을 수 있도록 초청을 한다.
- 상담을 종료할 때에는 상담중에 교환된 내용을 다시 반복하여 고객에게 확인시킨다.
- 고객의 사무실을 나올 때는 미리 가지고 간 자사가 제작한 판촉물(give-away)을 건네고 사무실을 나온다.

(6) 보고서 작성 및 사후관리

세일즈 콜을 실시하고 난 다음에는 반드시 주요한 상담내용을 기록으로 남겨두어 필요할 경우 후속조치(follow-up)를 취해야 한다. 과거에는 파일(file)에 직접 기록하여 관리했지만 최근에는 대부분의 관광기업들이 자체 컴퓨터 시스템을 이용하여 방문내용을 입력하고 관리하는 경우가 증가하고 있다.

컴퓨터 시스템을 이용하여 고객관리를 하면 데이터(data)의 조작에 의하여 방문계획을 출력할 수 있고, 사후관리 사항도 자동적으로 출력이 되어 효율적인 관리를 할 수 있다. 고객방문을 마친 후의 사후관리는 고객과의 지속적인 관계를 유지하는 데 매우 중요한 역할을 하기 때문에 신중히 처리해야 한다.

유능한 세일즈맨은 세일즈 콜을 마치고 고객으로부터 청취한 내용을 철저히 분석하여 사소한 내용이라도 빠뜨리지 않고 처리하여 고객과의 관계를 더욱 강화한다.

제 7 절_세일즈 브릿츠

세일즈 브릿츠(sales blitz)는 영업에 관련이 있으나 판촉 부서의 종업원이 정상적으로 관리하지 못한 잠재고객을 방문하는 판촉활동으로서, 본래의 의미는 사전계획 없이 특정한 지역이나 시장을 선정하여 무차별적으로 방문하는 것이었다. 요즘에는 이러한 개념을 벗어나 지역이나 시장을 선정하여 잠재고객에 대한 기본적인 정보를 사전에 입수하여 사전약속을 하고 방문활동을 하기도 한다.

도심의 대규모 빌딩에 입주해 있는 잠재고객을 관리하기란 쉽지 않다. 따라서 이러한 활동은 세일즈 브릿츠 개념을 적용하여 일정한 기간에 동시 다발적인 방문으로 신규고객을 발굴하기 위한 활동으로도 이용되고 있다.

1. 세일즈 브릿츠의 목적

세일즈 브릿츠는 정해진 기간에 가능하면 많이 영업에 관련된 곳을 방문하여 새로운 시장을 창조해야 한다. 따라서 세일즈 브릿츠의 주요 목적은 다음과 같다.

(1) 시장상황 파악

짧은 기간 내에 일정한 지역을 사전계획에 의거하여 가능하면 많은 고객과 접촉해야 하기 때문에 현재의 시장을 정확히 이해할 수 있고, 이미 수립된 영업 전략과 비교하고 시장의 현 위치를 파악하여 필요하면 전략을 수정하거나 보강하기도 한다.

왜냐하면 세일즈 브릿츠의 대상은 주로 경쟁사의 거래처이거나 판촉부의 노력이 미치지 못했던 고객이기 때문에 기존의 거래처에서 획득하지 못했던 여러 가지 다양한 정보를 얻을 수가 있다.

(2) 새로운 거래처 확보

세일즈 브릿츠는 거래처보다 새로운 기업체나 사무실을 방문하기 때문에 경쟁사의 거래처일지라도 적당한 거래조건과 원만한 인간관계를 유지한다면 지기업의 새로운 거래처로 전환시킬 수가 있다. 실제로 현장에서의 경험에 의하면 이러한 활동으로 인하여 경쟁사의 고객이 자사의 고정고객이 되는 경우가 많이 있다. 이와 같은 활동으로 거래처를 확보하는 것은 경쟁사끼리의 파격적인 거래조건 제시 등으로 인하여 때로는 부작용을 일으키기도 한다.

(3) 판촉부 담당자의 동기부여

세일즈 브릿츠는 전혀 방문을 해보지 못한 곳을 방문하는 곳이 많고, 세일즈 브릿츠 활동의 결과로 새로운 비즈니스를 창조할 수 있는 잠재고객의 확보기회가 많기 때문에 성취욕구의 충족과 함께 판촉부 담당자에게 동기를 부여할 수 있다.

(4) 효과적인 팀워크 구축

세일즈 브릿츠는 동시에 많은 인원이 팀을 구성하여 실시하고, 필요할 경우 영업과 관련된 부서의 종업원을 선발하여 동행함으로써 효과를 높일 수 있다.

가능하면 많은 종업원이 동시다발적으로 특정지역을 샅샅이 방문하는 활동이기 때문에 종업원끼리의 팀워크(team work)가 구성되어 종업원간 또는 조직간의 단합을 강화할 수 있다. 만약 타부서의 고객접객원이 세일즈 브릿츠에 합류할 경우에는 세일즈 브릿츠에 대한 정확한 이해와 목표, 그리고 방문에 관한 기본적인 기법을 사전에 교육해야 한다.

2. 세일즈 브릿츠의 계획

세일즈 브릿츠가 잘 수행되기 위해서는 사전준비가 무엇보다 철저히 이루어져야 한다. 따라서 세일즈 브릿츠를 준비하는 담당자는 효율적인 운영을 위해 방문하고자 하는 잠재거래처의 정보를 입수하여 방문일정을 수립하고, 추가로 입수하지 못한 곳은 지역별로 나누어 무차별적으로 방문하는 계획을 수립한다.

3. 세일즈 브릿츠의 절차

(1) 활동목표의 정의

세일즈 브릿츠에 참여하는 종업원이 정확한 목표(objectives)를 이해하고 세일즈 브릿츠를 실시하고 난 후의 기대효과를 숙지함으로써 활동에 대비한 효율적인 준비작업이 이루어질 수가 있다. 따라서 마케팅 담당자는 세일즈 브릿츠를 실시해야 하는 이유와 목적에 대한 교육을 사전에 실시해야 한다.

(2) 활동계획 수립

세일즈 브릿츠의 활동목표가 정해지면 세부적으로 활동계획(action plan)과 지침을 포함한 구체적인 내용의 계획을 수립해야 한다. 일반적인 세일즈 콜과 성격이 다르기 때문에 인원구성에서부터 세일즈 브릿츠 활동을 실시할 때 잠재고객들에게 전달할 메시지나 보조판촉물 등을 철저히 준비할 수 있는 활동계획을 수립한다.

(3) 팀 구성 및 판촉물 준비

앞에서도 설명하였듯이 세일즈 브릿츠는 동시다발적으로 실시하는 판촉활동이기 때문에 동시에 많은 인원이 투입되어 짧은 기간에 소기의 목적을 달성하려는 활동이다. 그러므로 경우에 따라서는 고객을 접촉하는 부서의 종업원의 지원으로 팀을 구성하기도 하는데, 이러한 경우에는 사전에 판촉의 전문요원과 함께 팀을 구성하는 것이 효과적이다.

접객 부서의 종업원이 세일즈 브릿츠를 지원할 경우의 장점으로는 접객 부서의 종업원이 잠재고객을 방문함으로써 고객을 이해할 수 있는 기회를 가질 수 있으며, 또한 판촉부 종업원이 고객을 유치하는 데 있어서 어떠한 절차를 거쳐서 하나의 고객을 유치하기 위해 얼마나 많은 노력이 필요한가를 이해할 수 있다.

그리고 사전에 세일즈 브릿츠에 필요한 판촉물이나 인쇄물 등을 준비해야 하는데 그 내용은 대개 다음과 같은 것들이 있다.

- 브로슈어(hotel brochure)
- 질문서(questionnaire)
- 촉진상품(promotional products)
- 판촉물(hotel give-away)
- 비주얼 장비(visual equipment)
- 기타 기업에 관한 인쇄물(printing materials)
- 명함(business card)
- 보고서(report form)

〈표 6-11〉 세일즈 브릿츠 보고서 양식

<table>
<tr><td>Date</td><td></td><td>Sales Rep.</td><td></td></tr>
<tr><td>Customer Name</td><td></td><td>Contact Person</td><td></td></tr>
<tr><td>Contact No.</td><td></td><td>FAX No.</td><td></td></tr>
<tr><td>Address</td><td colspan="3"></td></tr>
<tr><td colspan="4">Expected Production per Year :</td></tr>
<tr><td>Competitor 1 :</td><td>Competitor 2 :</td><td>Competitor 3 :</td><td>Competitor 4 :</td></tr>
<tr><td colspan="4">Comments :</td></tr>
<tr><td colspan="4">Follow-up:</td></tr>
</table>

〈표 6-12〉 Questionnaire(Hotel)

Questionnaire

1. Does your company have and business connections in xxx?

----

2. Which service or product have you purchased or used before?

----

3. Have you handled incentive or meeting tour before?

----

4. Do you have a plan for incentive or meeting in xxx?
   if yes, which hotels are considered?

----

5. When are you going to xxx and stay with us?

----

6. Would you like to have any information about yyy hotel or any specific hotel?

Follow-up and additional comments:

----

(4) 교 육

세일즈 브릿츠를 효과적이고 효율적으로 실시하기 위해서는 무엇보다 사전교육을 통한 방문기법의 숙지 등이 절대적으로 필요하기 때문에 사전교육이 보다 철저히 이루어져야 한다. 방문시에 프로다운 기질을 발휘하기 위해서는 실제상황을 가상한 역할연기(role play)를 실시하여 방문시의 두려움을 제거해야 한다.

왜냐하면 오늘날과 같은 시대에 본연의 업무 이외의 용무로 방문객을 맞이한다는 것은 매우 어려운 것이다. 즉, 상대방이 관심을 두지 않는 용무로 방문하는 사람을 처음부터 반겨주지 않기 때문이다. 이러한 장벽을 제거하기 위해서는 많은 교육훈련과 실전경험이 필요하다고 하겠다. 즉 상황에 따라 그 분위기에 알맞은 행동을 할 수 있는 기법을 습득해야 하기 때문이다.

(5) 예산확보

어떠한 행사나 판촉활동을 하기 위해서는 반드시 그에 수반하는 것이 예산이다. 특히, 세일즈 브릿츠는 짧은 기간에 동시에 많은 인원이 투입되기 때문에 많은 예산이 소요된다. 따라서 세일즈 브릿츠의 계획이 수립되면 활동항목마다 필요한 예상비용을 산출하여 확보해야 한다. 이때 예산을 각 팀마다 분배할 경우에는 하루에 필요한 비용을 매일 팀장이 분배하는 방법과 세일즈 브릿츠 기간에 필요한 비용을 각 팀에게 배분하는 방법이 있다.

세일즈 브릿지 활동을 위한 예산의 주요 항목은 다음과 같다.

① 숙박비(accommodation) : 원거리의 지역을 방문할 경우 일정한 기간을 숙박해야 하기 때문에 이에 대한 비용이 필요하다.

② 교통비(transportation) : 과거에는 택시나 일반 대중교통을 이용하였기 때문에 일급으로 지급이 되었으나 요즘은 거의가 승용차를 이용하는 추세이다.

③ 식대(meals) : 식대는 세일즈 브릿츠의 형태에 따라 기업의 규정대로 지급이 된다.

④ 선물비(gift) : 반드시 필요한 항목은 아니지만 방문자의 정보에 따라 때로는 특별한 선물을 마련해야 하는 경우도 있다.

⑤ 문구대(stationary) : 기업에 대한 프리젠테이션(presentation)을 할 경우 그 효과를 극대화하기 위하여 문구가 필요한 경우가 있다.

⑥ 접대비(entertainment) : 기대되는 구매량이 많은 잠재고객일 경우 상황에 따라 접대를 해야 할 경우가 있다. 예를 들면 방문시간이 식사시간과 겹칠 경우나 진지한 내용으로 상담시간이 길어질 경우에는 식사를 하면서 상담시간을 연장시켜 많은 정보를 입수해야 한다.

⑦ 기타(others) : 전화나 세탁 등의 기타 경비

(6) 실 시

세일즈 브릿츠의 계획대로 활동을 실시해야 하는데 반드시 처음의 계획대로 이루어지지는 않는다. 왜냐하면 방문지의 상황이 바뀌거나 예상하지 못했던 상황이 발생하기 마련이므로 틀에 박힌 형태의 세일즈 콜보다 유동적인 상황에 적절히 대처하는 능력이 필요하다.

(7) 보고서 작성 및 사후관리

판촉활동을 하는 사람은 반드시 방문에 대한 결과를 보고서로 작성하여 상사에게 보고하고, 방문고객에 대한 문의나 요청사항 및 반대의견 등을 사후관리(follow-up)하도록 해야 한다.

PART

III

관광 마케팅의 응용

제 7 장

통합 마케팅

제 1 절 _ 통합 마케팅의 필요성

전통적인 마케팅에는 고객을 평균화하여 동일한 수준의 대우를 하였기 때문에 관광기업의 고정고객 대우가 공정하게 이루어지지 못했다. 이러한 불균형적인 마케팅 활동을 과학적이고 체계적인 방법으로 개선하고 마케팅 비용(marketing expense)의 투자에 대한 회수율을 극대화하기 위해 종합적인 관리가 필요하다는 것을 인식하고 있기 때문에 대부분의 관광기업에서는 통합 마케팅을 서둘러 도입하고자 마케팅 시스템 환경을 변화시키고 있다.

그러나 무엇보다 중요한 것은 마케팅 환경의 변화에 따라 최고경영자들의 사고가 합리적으로 변화해야 한다는 것이 전제되어야 한다. 최고경영자가 이러한 시스템의 고객관리를 이해하지 못한다면 통합 마케팅 시스템 적용이 불가능하거나 많은 어려움이 뒤따르기 때문이다.

1. 시장의 변화

과거 시장은 특정한 기업이 주도하였기 때문에 고객이 상품의 구매나 서비스를 제공받는 데 있어서 선택의 폭이 매우 적었으며, 고객은 관광기업이 생산・판매하는 상품이나 서비스를 정확하게 이해하지 못하였기 때문에 서비스에 대한 평가를 올바로 이해하지 못했다. 그러나 국제화의 단계를 지나 세계화를 지향하고 있는 요즘에는 상거래를 위한 외국인의 왕래가 빈번해지고, 노동시간의 단축과 더불어 관광의 욕구로 인한 관광객의 이동이 많은 경쟁자를 창출하였기 때문에 관광기업의 서비스 및 경영형태를 다변화시키지 않으면 경쟁력이 약화되어 살아남을 수 없게 되었다.

또한 고객은 점차 특정인들이 아닌 일반대중들까지도 국제감각의 서비스를 이해하고 나름대로의 욕구를 충족시키기 위한 요구사항도 다양해졌기 때문에 고정고객과 지속적인 관계를 유지하기 위해서는 상품이나 서비스를 구매하는 정도에 비례하여 보상을 해주어야 한다. 이와 같이 시장은 급속도로 변화하여 고객을 유인하기 위해서는 독특한 서비스를 개발하여 제시하고, 주변 혜익과 함께 고객의 마음을 긍정적인 차원으로 변화시켜야만 하는 시장으로 변화하고 있다.

2. 전통적 마케팅과 현대적 마케팅

전통적인 마케팅은 상품의 생산자 또는 서비스 제공자가 시장을 주도하던 시대에 판매 및 촉진의 수단으로 판매량을 통한 이익으로 기업의 목표를 달성하였으나, 현대적 마케팅은 통합적인 마케팅을 매개로 고객의 만족을 통한 이익창출로서 기업의 목표를 달성하기 위한 마케팅 시스템(marketing system)으로 변화하였다.

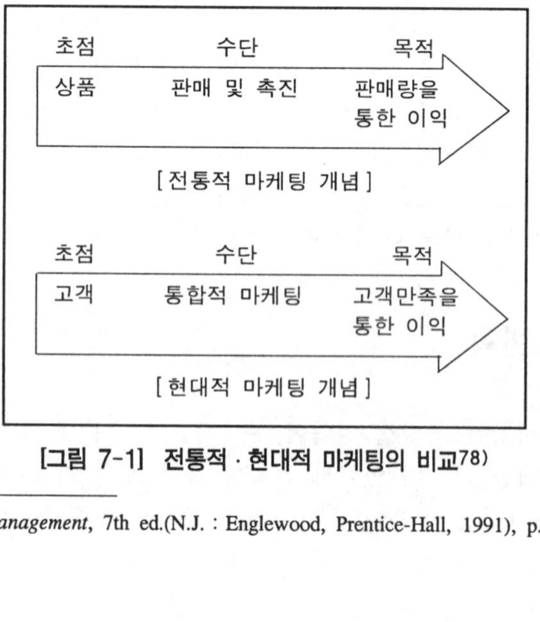

[그림 7-1] 전통적 · 현대적 마케팅의 비교[78]

78) P. Kotler, *Marketing Management*, 7th ed.(N.J. : Englewood, Prentice-Hall, 1991), p.17.

따라서, 기업의 주목적인 이익창출은 판매 지향적(sales orientation)이 아니라 고객이 먼저 만족할 수 있는 수준의 서비스를 제공해야 한다는 논리인 것이다.

고객을 만족시키기 위한 전제조건은 우선 고객을 합리적으로 대우해 주는 데서 출발하기 때문에 고객에 대한 관계설정을 위한 다각적인 노력이 필요하다. 이와 같은 내용을 도식화하면 [그림 7-1]과 같다.

제 2 절 _ 통합 마케팅 커뮤니케이션

통합 마케팅 커뮤니케이션(IMAC : integrated marketing communication)이란 매출이나 시장점유율(market occupancy rate) 등을 구체적이고 효과적으로 성취하려는 데 초점을 맞추고 그 수단으로서 마케팅 믹스 및 촉진 커뮤니케이션(promotional communication)을 조합하려는 접근방법이다.

과거의 촉진 믹스인 광고, 홍보, 인적 판매활동 등을 개별적인 활동으로 취급하였던 것을 하나의 시스템으로서 관련된 마케팅 믹스 요인까지 확대하여 전체적으로 보려는 방법일 뿐만 아니라, 소비자의 정보처리 시각으로 보고자 하는 커뮤니케이션 방법이다.

전통적인 마케팅에서는 특정한 곳에 마케팅 비용을 사용하는 것이 아니고 불특정다수의 잠재고객에게 마케팅 비용을 투자하여 마케팅 활동에 대한 효과측정이 애매모호한 경향이 있었으나, 최근에는 시장의 환경이 급속도로 변화하고 있기 때문에 마케팅 기법이 다양하게 개발되어 마케팅 활동을 위한 투자에 대한 회수를 정확하게 산정할 수 있는 시스템으로 통합적인 마케팅기법이 적용되고 있다.

이러한 마케팅 환경의 변화원인은 다음과 같다.

(1) 테크놀로지(technology)

컴퓨터 시스템을 이용한 합리적이고 효과적인 고객관리를 위한 각종 시스템이 개발되어 보다 체계적으로 관리할 수 있다.

(2) 경제의 세계화(global economics)

과거에는 상품이나 서비스 등이 국가간의 보이지 않는 국경으로 서로의 이익을 도모하기 위해 모든 것이 폐쇄적이었으나, 최근에는 무역의 국경이 제거되고 지구촌이라는 개념으로 모든 것을 접근하기 때문에 수출입이 보다 자유로워지고 있다.

(3) 경쟁력(competition)

관광상품이나 서비스는 모방이 용이하고 환대성 산업으로서 부가가치가 매우 높기 때문에 경쟁력이 강화되고 있는 추세이다.

(4) 사회 시스템(social systems)

현대의 사회는 '우리'라는 개념보다는 '나'라는 개념으로 옮겨가는 경향이 있기 때문에 개인의 개성 중심으로 매우 다양한 계층이 형성되어 점점 복잡해지고 있다.

(5) 법률(legislation)

개인적인 삶을 추구하기 위해서는 무엇보다 상대방을 존중하는 분위기를 조성해야 하기 때문에 보편타당성을 중심으로 한 각종 규제에 대한 법률이 수립되고 있다.

(6) 정치적 환경(political environment)

자국의 이익만을 위한 정치보다는 개인의 삶을 풍성하고 윤택하게 하면서 더불어 살아갈 수 있는 환경으로 바뀌어가고 있다.

이와 같이 마케팅 환경의 변화에 대처하지 못하는 관광기업은 더이상 마케팅 활동을 활성화시킬 수 없을 뿐만 아니라 생존할 수가 없는 시대가 도래하고 있다.

따라서 오늘날 관광기업의 마케팅 부서는 통합적인 마케팅 기법을 적용하여 고객만족에 대한 차별화 측면에서 마케팅 활동을 활성화시키고 있다.

제 3 절_통합 마케팅 커뮤니케이션 사이클

통합 마케팅 커뮤니케이션 사이클(integrated marketing communication cycle)이란 고객의 가치를 평균적인 수준으로 판단하여 마케팅 활동을 실시하는 것이 아니라 전체 고객의 소비행동에 따라 가치를 부여하고, 그 가치에 따라 적정한 방법으로 보상하기 위한 시스템이다. 즉, 고객을 차별화하여 기업 매출에 기여도가 큰 고객은 그만큼에 상응하는 마케팅 비용을 투자하여 대우를 해주기 위한 제도이다.

기업의 영업매출은 소수(약 20%)의 고객이 전체 매출의 대부분(약 80%)을 차지하는 것이 일반적인 매출창출의 구조이기 때문에 이 소수의 고객을 철저하게 관리하여 지속적으로 매출을 창출하기 위한 방안이다.

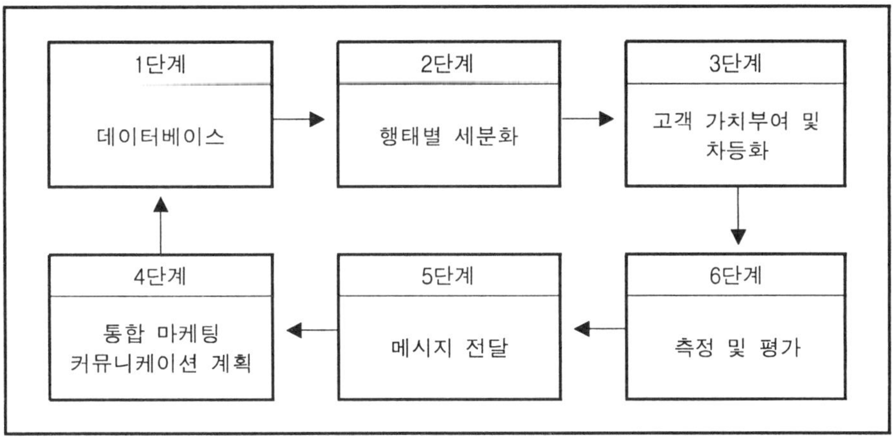

[그림 7-2] IMAC Cycle

1. 데이터베이스

통합적 마케팅 커뮤니케이션을 효과적으로 수행하기 위해서는 우선 고객 정보의 원천인 데이터베이스(database)를 확보해야 한다. 이러한 정보를 수집한 다음 이용목적에 따라 분류·분석하여 고객의 구매행동을 파악하고, 그에 알맞은 마케팅 기법을 적용할 수 있다. 따라서 마케팅 부서의 데이터베이스는 모든 마케팅 활동의 기본이 되기 때문에 가장 최신화된 정보(updated information)를 보존해야 한다.

관광기업의 대 고객 마케팅 활동에 있어서 데이터베이스의 중요성은 아무리 강조해도 지나치지 않다. 데이터베이스는 다음과 같이 유용하게 이용될 수 있다. 예를 들면, 과거에 특정 항공사를 이용했던 고객이 다시 그 항공사를 찾았을 경우 그 고객의 정보가 기업의 자체 컴퓨터 시스템에 입력이 되어 있다면 입력된 정보를 참고로 하여 고객이 선호하는 좌석을 배정하고 기타의 개인적 정보를 이용하여 고객을 만족시킬 수 있을 뿐만 아니라 서비스의 정도에 따라 고객을 감동시킬 수 있는 원동력이 될 것이다.

또한 호텔에서 숙박고객이 호텔에서 제공하는 침대의 베개에 알레르기(allergy)가 있었다면 대체품(alternative)을 비치할 수 있어 고객을 감동시킬 있을 것이다. 그리고 과거에 고객으로부터 발생했던 불평의 내용과 처리결과를 입력시킬 수 있기 때문에 상품이나 서비스를 재구매할 경우 고객을 보다 치밀하고 체계적으로 관리하여 고객의 마음을 긍정적으로 변화시킬 수 있을 것이다.

(1) 고객에게 기대 이상의 서비스 제공 가능

고객의 욕구는 다양해지고 서비스에 대한 기대수준이 향상되고 있다. 따라서 고객이 기대하고 있는 서비스를 데이터베이스의 분석에 의하여 파악할 수 있기 때문에 파악된 고객의 기대에 부응하는 이상의 수준으로 서비스를 제공할 수 있는 시스템을 구축할 수 있다.

예를 들면, 호텔 기업에서 고객에 대한 과거의 정보를 파악한 결과 고객의 사용하는 객실의 온도는 항상 25~27°C를 유지하기 원한다면 고객이 투숙하기 전에 배정된 객실의 실내온도를 원하는 온도범위로 유지하여 고객의 기대 수준을 맞출 수가 있다. 또한, 채식주의자(vegetarian)가 항공기를 이용하는 경우, 만약 이와 같은 정보가 입력이 되어 있다면 항공편 예약시 고객이 원하지 않아도 컴퓨터에 입력된 정보를 이용하여 자동적으로 특별식(special meal)을 준비할 수 있어 기대 이상의 서비스를 제공할 수 있을 것이다.

(2) 고객정보 전달과 종업원 의견수렴의 제도화

영업현장에서 고객을 접객하는 종업원은 면전에서 서비스를 제공하기 때문에 고객의 정보를 가장 많이 피부로 느낄 수 있으므로 종업원이 파악한 고객의 정보와 서비스를 나름대로 향상시킬 수 있는 의견을 수렴할 수 있다.

따라서 호텔 마케팅 부서의 고객관리 담당자는 정기적으로 접객요원(contact personnel)들로부터 고객정보를 수집하여 최신화(update)시키고, 필요할 경우에는 관련 부서에 특기사항을 통보하여 특별 관리하도록 하는 시스템을 구축하기도 한다. 그러나 이러한 제도가 정착되기 위해서는 직장내의 조직이 수직간 또는 수평간의 의사소통이 원활하게 이루어져야 가능하다.

(3) 모든 커뮤니케이션 관련성(relevance)의 획득

통합 마케팅 커뮤니케이션 사이클의 맨 처음 단계인 데이터베이스는 가장 기초가 되는 것으로, 고객의 데이터는 항상 최신화된 상태에서 유지·보전되어야 하며, 그와 같은 정보는 고객관리의 중요한 단서를 제공한다. 만약 고객의 데이터가 최신화되지 않은 상태에서 보전되고 있다면 그 데이터는 오히려 고객을 불쾌하게 할 수도 있기 때문에 주의 깊게 관리해야 한다.

예를 들어, 특정 항공기를 자주 이용하는 고객에게 항공사에서 발행되는 뉴스레터나 홍보물을 보낼 경우 근무처나 직책이 이미 바뀌었는데도 불구하고 과거의 정보를 이용하여 보냈다면 그 고객은 항공사를 부정적으로 생각할 것이다.

마케터가 고객으로부터 수집하여 관리할 수 있는 정보들은 대개 다음과 같다.

- 가장 많은 이익을 주는 고객(most profitable customer)
- 이익을 주는 정도에 따른 고객별 보상비용
- 이익을 주는 고객과의 커뮤니케이션 방법
- 투자수익률(return on investment)의 추적
- 세분시장별 이익률 관리
- 세분시장별 이익률에 따른 마케팅 비용의 배분
- 공헌도가 많은 고객에 대한 투자와 관리

2. 소비행태별 세분화

상품의 구매빈도가 높거나 서비스를 자주 이용하는 고객들은 구입하는 행

태가 다르고 서비스나 상품의 구입량이 다르기 마련이다. 과거에는 고객을 구입량에 따라 차별하지 않고 평균적으로 대우를 하였기 때문에 고정고객으로부터 불만의 요인이 되었다. 이러한 불만을 제거하고 동질의 시장끼리 세분하여 효율적으로 관리하기 위한 수단이 고객의 행태별 세분화(behavioral segmentation)이다. 즉, 일정한 기간의 구매액을 분석하여 구매액의 정도에 따라 서비스나 할인율 등이 차별화되어 적용되어야 한다는 것이다.

따라서 고객의 상품이나 서비스의 구입행태 및 구입량에 따라 차등하여 대우를 해야 하기 때문에 고객의 데이터베이스를 분석한 결과는 다음과 같은 여러 가지의 목적으로 이용된다.

(1) 구매행동에 따른 고객의 분류

상기된 내용과 마찬가지로 마케팅 비용을 합리적으로 분배하기 위해 기업에 기여한 정도에 따라 고객을 분류하는 것이다.

- 마케터는 고객에게 가치를 부여하기 위하여 고객의 중요도를 파악한다.
- 고객의 가치에 따라 투입할 비용을 결정한다.
- 구매행위를 측정 가능한 숫자로 나타내기 때문에 투자수익률을 결정할 수 있다.

(2) 구매행위에 대한 마케팅 보고서의 기초자료

- 고객의 관광상품이나 서비스의 구매나 사용빈도 및 횟수를 측정한다.
- 1회당 구매하는 구입량을 측정한다.
- 선호하는 상품이나 서비스를 파악한다.
- 예약자를 파악한다.

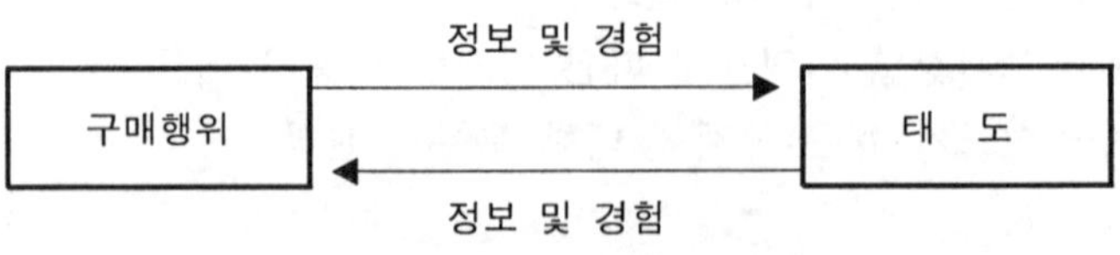

[그림 7-3] 커뮤니케이션의 통합 마케팅 순환 모델

3. 고객 가치부여 및 차등화

모든 고객은 제공받는 서비스나 상품이 다르고, 방문목적(purpose of visit) 및 구입량이 다르기 때문에 동일하게 창조되지 않는다. 바꾸어 말하면 관광상품을 구매하거나 서비스를 이용하는 모든 고객이 그 기업에 동일한 가치를 제공하지 않는다는 것이다. 이와 같이 '대부분의 고객이나 모든 고객'의 개념을 탈피하여 고객을 개인별로 차별화된 일정한 가치를 부여할 필요가 있다. 즉 고객이 구매하는 양에 따라서 고객에게 가치를 부여하고(customer valuation) 그 가치에 따라 차등화(prioritation)한다는 개념이다.

따라서 고객별 수익률을 파악하기 위해 마케터는 기업에서 구입한 상품이나 서비스의 총매출을 고객별로 산출하여 가치의 정도(rating for valuation)를 등급별로 구분한다. 결과적으로, 이와 같은 고객별 가치부여는 투입해야 할 노력의 목표를 결정할 수 있다.

4. 통합 마케팅 커뮤니케이션 계획

통합 마케팅 계획(IMAC plan)은 모든 통합 마케팅 커뮤니케이션 구성요소의 기본이 되는 것으로, 호텔 기업의 판매량이나 객실점유율(room occupancy rate), 평균 객실료(average room rate), 시장점유율(market share) 등이나 항공사의 좌석점유율(load factor), 결항률, 평균 요금(average airfare) 등의 일반적인 마케팅 정보 수준 이상의 개별고객의 정보를 기준으로 접근해야 한다.

(1) 재단 플래닝 과정

재단 플래닝 과정(customized planning process)에서는 고객의 개성과 처해 있는 환경, 교육수준 및 문화수준 등에 따라 계획이 수립되어야 하며, 그 과정에서는 다음과 같은 요소를 고려해야 한다.

- 고객의 라이프타임 밸류(lifetime value)
- 고객의 수입유출(customer income flows)
- 수입유출의 관리(management of income flows)

(2) 마케팅 목표의 설정

마케팅 활동에 대한 정확한 목표가 설정되어야 그로 인한 수익률을 추정할 수 있기 때문에 IMAC의 플래닝 과정에서는 효과적인 사이클링을 위하여 마케팅에 대한 투자수익률(return on investment)을 고려해야 한다.

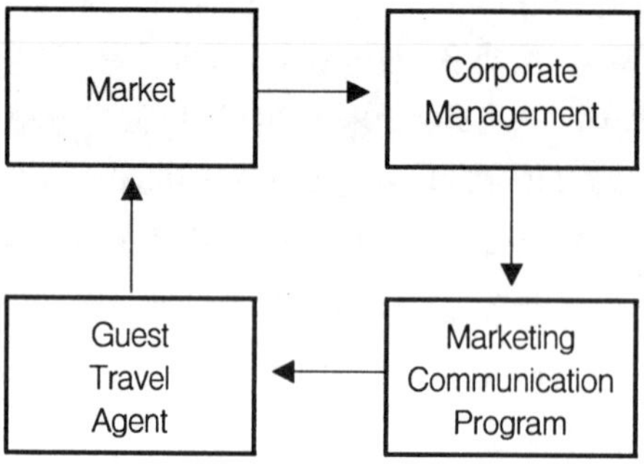

[그림 7-4] IMAC Plan의 사이클(호텔기업의 경우)

(3) 플래닝의 원칙

통합 마케팅 계획을 위한 원칙(planning principles)은 모든 상품이나 기업의 이미지를 기업의 입장이 아니라 고객의 입장에서 보아야 한다는 것이다.

1) 브랜드

기업의 입장에서 보면 브랜드(brand)는 기업의 소유이지만 마케팅 관점에서 보면 브랜드는 기업의 소유가 아니라 절대적으로 고객의 소유이기 때문에 고객의 마음 속에 존재하는 것이다. 브랜드는 구매결정에 있어서 고객이 브랜드의 호의(likeness) 여부에 의하여 가치를 나타낸다.

2) 브랜드 접촉의 개념

고객이 브랜드와 함께 접촉한다는 의미(concept of brand contacts)는 관광기업의 구매에 영향을 미칠 수 있는 잠재적인 기회로 볼 수 있다. 따라서 고객이나 잠재고객으로부터 호텔이 추구하는 마케팅 커뮤니케이션 믹스의 구성으로 접촉하는 모든 방법을 파악해야 한다. 이러한 개념으로 미루어볼 때 관광기업의 모든 마케팅 활동은 커뮤니케이션 활동이며, 또한 모든 커뮤니케이션 활동은 마케팅 활동인 것이다.

5. 메시지 전달

관광기업의 마케팅 전략을 중심으로 대 소비자에게 전달하는 데 있어서 통합 마케팅 커뮤니케이션에서의 메시지 전달 시스템(message delivery system)은 전체의 시장을 세분하지 않고 평균하여 메시지를 전달할 때 전통적인 미디어(traditional media)를 이용한 것과는 구별되는 것으로, 보다 구체적이고 정확한 정보를 적시에 대상 관련자에게 전달하는 시스템을 의미한다.

즉, 전통적인 방법은 불특정 다수를 대상으로 메시지 전달에 많은 비용을 투자하고도 높은 전달효율을 기대할 수 없었으나 통합 마케팅 커뮤니케이션의 개념과 함께 실행되는 메시지 전달은 메시지 수신자가 정해져 있다는 특징이 있기 때문에 마케팅 비용을 특정인에게 사용하여 투자를 고객의 가치수준에 따라 배분할 수 있다.

6. 측정 · 평가

고객을 상술한 바와 같은 이유로 세분하기 위하여 측정(measurement) 및 평가(evaluation)하는 단계이다. 마케팅 커뮤니케이션의 투자에 대한 통합 마케팅 커뮤니케이션의 접근방법은, 첫째로 회수하기 위해 투자하고, 둘째로 결과를 기준으로 하여 투자하여야 하며 저효율적인 요소를 과감히 줄여야 한다는 것이다. 즉, 고객을 철저히 분석하여 기업에 기여한 정도를 평가하고 그 결과에 상응하는 정도의 마케팅 비용을 투입해야 한다.

예를 들어 측정의 새로운 개념으로는 시장을 세분하는 대신에 고객을 구분하고, 구매한 상품이나 서비스의 수량 대신에 구매행태(purchase behaviour)에서 세분된 행태의 점유(share of behavioral segment)를 측정한다.

제 4 절__데이터베이스 마케팅

데이터베이스 마케팅(database marketing)은 시장의 요구가 각각의 고객욕구에 근접한 서비스 상품을 제공할 수 있다. 고객의 요구는 상이하고 개별적이기 때문에 적기적소에 마케팅 정보를 이용한 상호작용을 통하여 마케팅 활동을 수행하는 것이다. 이것은 고객의 개별적인 정보를 확보하고, 그 확보된 정보의 분석으로 고객의 구매형태를 인식하여 특정고객에게 관심을 집중시킬 수 있다.

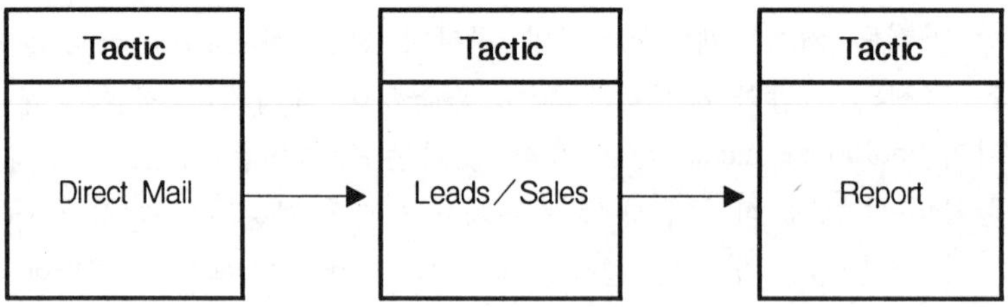

[그림 7-5] 수동적 데이터베이스(passive database)

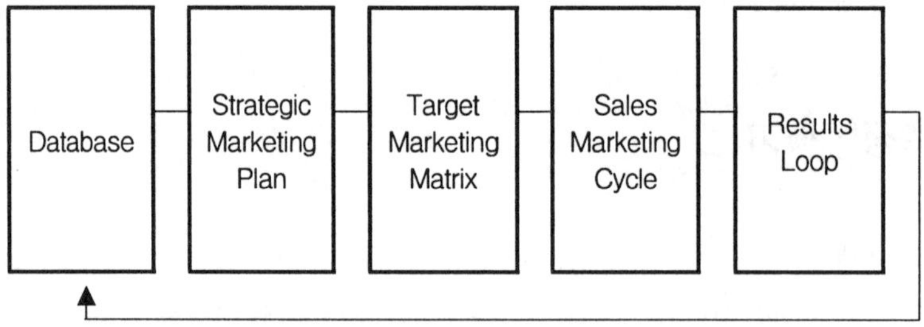

[그림 7-6] 능동적 데이터베이스(active database)

데이터베이스는 [그림 7-5]와 같이 수동적인 형태일 수도 있고 [그림 7-6]과 같이 능동적인 형태로 구분을 할 수 있다. 데이터베이스는 다음과 같은 특징이 있다.

- 최고의 고객을 알 수 있다.
- 새로운 고객을 유치할 수 있다.
- 상품의 사용에 대한 일관된 메시지를 전달할 수 있다.
- 고객의 구매결정을 강화할 수 있다.
- 상품의 교차판매(cross selling)와 감사판매의 강화
- 판매촉진 전달의 향상
- 세련된 마케팅 과정
- 유통 마케팅의 효과 향상

- 균형의 유지
- 비밀 커뮤니케이션의 유지
- 고객에 대한 개인적 서비스
- 시너지 효과(synergy effects)의 제공

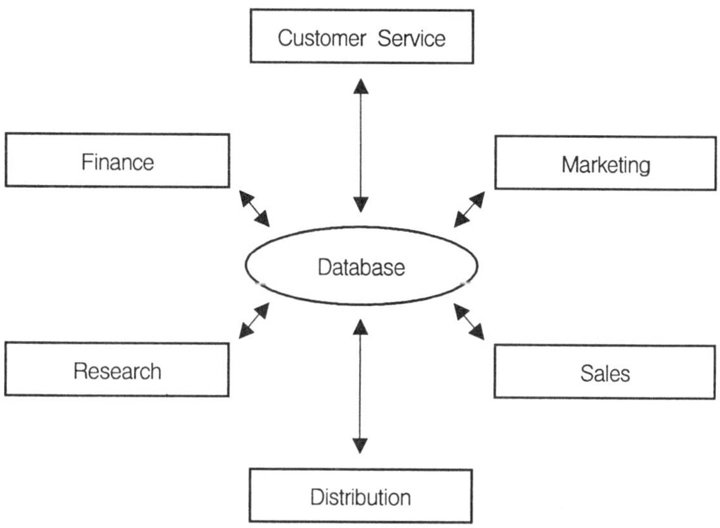

[그림 7-7] 데이터베이스의 전략적 투사도

제 5 절 _ 고객의 세분화

고객의 세분화(customer segmentation)는 데이터베이스의 분석으로 고객을 동질의 소그룹으로 나누는 것을 말한다. 데이터베이스는 모든 고객과 잠재 고객은 동일하지 않으며, 고객의 구매형태도 다르다는 것을 인식할 수 있다. 데이터베이스로부터 얻을 수 있는 가능한 세분화는 아래와 같다.

- 인구통계학적 세분화(demographic segmentation)
- 소비행위별 세분화(behavioral segmentation)
- 심리적 세분화(psychological segmentation)
- 지리적 세분화(geographic segmentation)
- 혜익별 세분화(benefits segmentation)

- 상품별 세분화(segmentation by products)
- 상품이용별 세분화(segmentation by products usage)
- 구매형태별 세분화(segmentation by purchase pattern)

제 6 절 _ 맞춤 마케팅의 과정

앞에서 설명한 고객의 데이터베이스나 고객의 세분화는 통합 마케팅과 마케팅 커뮤니케이션 프로그램에 있어서 필수적인 요소이다. 즉, 맞춤 마케팅(customized marketing)을 통한 통합 마케팅 커뮤니케이션의 과정은 [그림 7-8]에서 나타낸 바와 같이 전통적인 방법인 내향적인 마케팅(inside-out marketing)[79]보다는 외향적인 마케팅(outside-in marketing)[80]과 마케팅 커뮤니케이션 계획의 수립이 전제되어야 한다.

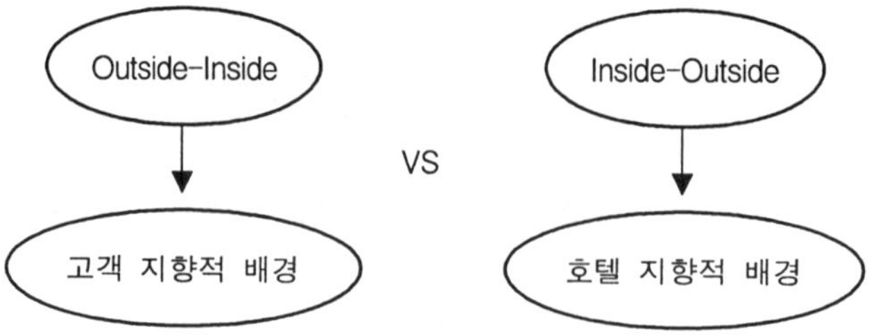

[그림 7-8] Customized Planning Process

맞춤 마케팅 과정(customized marketing process)의 조건은, 첫째로 상품이나 서비스보다 고객에 초점을 맞추어야 하며, 둘째로 투자와 노력에 대한 실제의 결과(투자수익률)를 얻을 수 있어야 하며, 셋째로 고객을 중요도에 따라 선별한 다음, 넷째로 고객의 가치는 고객의 수나 점유에 관계없이 매출액으로 측정해야 한다.

오늘날의 급변하는 새로운 시장에 도전하기 위해서는 마케팅 커뮤니케이션 프로그램(marketing communication program)의 개발이 시급하다고 할 수

79) inside-out planning : 경영진에 의하여 결정되는 조직의 목표에서 비롯되는 플래닝으로서 조직, 브랜드, 상품 및 서비스 등이 경영주체로부터 시작되어 고객과 함께 종결되는 마케팅 커뮤니케이션 플래닝이다.

80) outside-in planning : 고객의 차이와 문제에 의한 이해에서 비롯되는 플래닝으로서 조직, 브랜드, 서비스 및 상품이 고객 측면으로부터 시작되는 플래닝 과정이다.

있다. 즉, 급변하는 마케팅 환경에 대처하기 위해서는 가장 합리적인 수준의 마케팅 프로그램 도입이 필요하다. 따라서 이러한 시장의 변화에 대처하기 위한 마케팅 커뮤니케이션 프로그램은 다음과 같은 단계를 걸쳐 이루어져야 한다.

1. 영업분석

영업분석(business review)은 기업과 상품이나 서비스에 대한 현재의 위치를 정확하게 파악하는 것으로, 기존시장의 활성화 또는 새로운 시장의 개발에 기초가 되는 원천적인 정보이다. 따라서 모든 정보는 가공하지 않은 상태로 분석이 되어야 하며, 경쟁사와 비교분석이 가능할 수 있도록 가능하면 많은 정보가 준비되어야 한다.

영업분석에 포함되는 일반적인 사항은 다음과 같은 것들이 있다.

- 현재의 고객분석(current customer review)
- 시설과 상품 및 서비스의 분석(facilities and product review)
- 경쟁사 분석(competitive analysis)
- 서비스의 평가(service evaluation)
- 잠입분석(penetration analysis)
- 가격평가(pricing evaluation)
- 법률검토(legislation analysis)
- 지역사회의 시스템 분석(social system evaluation)

2. 데이터베이스 분석

수집된 데이터는 정보화를 위해 데이터베이스 분석(data analysis)이 실시되는데, 첫 단계에서 기업내부의 분석을 마치면 다음은 해당 기업이 보유하고 있는 현재의 고객과 미래 잠재고객의 정보를 분석한다. 정보의 분석과정에서 다음과 같은 내용을 확인해야 한다.

- 추가정보가 필요한가?
- 현재의 정보는 최신화되어 있는가?
- 현재 보유하고 있는 정보를 이용하여 의사결정을 할 수 있는가?

3. 구매행위의 세분화

고객의 구매행위 세분화(behavioral segmentation)는 동질의 고객군을 형성하여 보다 효과적으로 관리하기 위한 마케팅 기법으로서, 고객의 정보를 바탕으로 구매행위를 세분화하기 위한 영역은 일반적으로 다음과 같다.

- 고객／잠재고객의 가치(customer valuation)
- 마케팅 목표(marketing objective)
- 마케팅 프로그램(marketing program)
- 마케팅 투자(marketing investment)
- 투자회수의 예측(forecasting return on investment)
- 측정과 리사이클(measurement and recycle)

4. 구매력과 고객의 가치부여

상품이나 서비스 구매량에 따른 구매력(purchasing power)과 고객의 가치부여(purchase dynamics and customer valuation)는 고객을 차등화하여 마케팅 예산을 배분하는데, 마케팅 플랜(marketing plan)에 있어서 중요한 것은 고객이나 잠재고객을 분류하여 등급별 가치를 부여하는 작업이라 할 수 있다. 이러한 작업은 관광기업의 영업에 있어서 가장 이익을 많이 주는 고객의 그룹이나 최고의 고객을 찾아내는 작업이다.

5. 고객／잠재고객의 브랜드 네트워크

다음 단계는 고객이나 잠재고객의 브랜드 네트워크(customer／prospect brand network)를 구축하는 것으로서, 특정한 고객이나 잠재고객을 위한 마케팅 목표를 인식하기 전에 최근 그들이 관광기업의 브랜드에 대하여 어떻게 인지하고 있는지를 파악해야 한다. 즉, 고객이나 잠재고객의 마음 속에 있는 브랜드 네트워크를 이해해야 하며, 관광기업의 브랜드 네트워크는 다음과 같은 내용을 포함하고 있어야 한다.

- 구전이나 개인의 경험에 의한 태도(attitudes)
- 인지되었거나 경험에 의한 혜익(benefits)

- 자매호텔(sister hotel), 여행사, 목적지(destination) 등의 관련 단체(associations)
- 상징(symbol)

6. 브랜드 접촉 평가

브랜드 접촉 평가(brand contact audit)는 고객이 소유하고 있는 브랜드 네트워크의 정보를 어디로부터 얻는가를 파악하는 것을 나타내는 것으로, 보통 브랜드 접촉 평가를 위해서는 다음과 같은 질문에 결론을 도출할 수 있어야 한다.

- 고객이나 잠재고객은 어디에 있는가?
- 그들의 경험이나 기대는 무엇인가?
- 브랜드는 어떻게 커뮤니케이션되는가?
- 그 커뮤니케이션은 브랜드 네트워크에 어느 정도 영향을 미치는가?
- 이것은 우리가 강화하거나 변화시키려고 하는 접촉인가?

7. 마케팅 목표

마케팅 목표(marketing objective)는 고객의 구매행위를 완전히 이해한 다음에 결정되는 것으로서, 그 결과에 따라 목표를 증대시킬 것인지 또는 현재의 상태를 유지할 것인지를 결정하는 단계이다. 사실 마케팅 목표는 고객의 구매행태가 완전히 파악된 상태에서 수립되며, 목표를 설정할 때에는 기업의 능력이나 마케터의 능력을 고려하여 충분히 달성 가능하도록 해야 한다.

8. 고객／잠재고객의 요구되는 브랜드 네트워크 변화

고객의 브랜드 네트워크 변화(customer／prospect network change required)는 세분된 시장의 고객군과 변화되는 환경을 고려하여 마케팅 목표를 토대로 각 세분화된 고객의 브랜드 네트워크를 구체적으로 분석해야 하며, 마케팅 목표를 달성하기 위해서 세분화된 고객의 브랜드 네트워크의 변화가 필요한가를 검토해야 한다.

9. 고객／잠재고객의 구매행위에 대한 목표

고객의 브랜드 네트워크가 새롭게 설정된 다음에는 고객의 구매행위에 대한 목표(customer／prospect behavioral objective)가 설정되어야 한다. 가장 중요한 사항은 고객이나 잠재고객의 구매행위를 바탕으로 마케팅 목표를 달성하기 위하여 구체적이고 정확한 세분고객의 구매행위가 명시되어야 한다. 또한 이러한 목표는 객관적인 측정이 가능하도록 구체적인 수치로 표시되어야 한다.

10. 마케팅 투자

고객의 구매행위(purchasing behavior)와 네트워크의 변화를 성취하기 위해 어떻게 투자를 하고 얼마나 투자할 것인가를 결정한다. 즉, 마케팅 목표를 달성하기 위한 투자비용(marketing investment)을 일컫는다.

11. 투자회수의 추정

마케팅 투자가 결정되면 투자된 비용의 회수기간을 추정(estimate of return on investment)하는 것을 말한다. 즉, 마케팅 목표를 달성하기 위한 투자로 인하여 얻어지는 결과로 추정하는 것으로 매우 중요한 단계이다.

12. 측정과 리사이클

측정(measurement)과 리사이클(re-cycle)은 마케팅 투자의 결과로 얻은 실제의 투자수익률을 측정하고, 성공적이었다면 모든 과정을 동일하게 재실행시키고 실패했다면 전과정을 재검토하여 수정 후 실행시킨다.

제 7 절_사이버 마케팅

1. 사이버 마케팅의 개념

마케팅이란 앞에서 살펴보았듯이 "개인과 조직의 목적을 상호 충족시켜 주는 교환이 일어나도록 아이디어, 상품 및 서비스에 대한 개발, 가격결정, 판매촉진 그리고 유통을 계획하고 실행하는 과정"으로 정의된다. 이러한 마케팅의 제반 활동이 인터넷(internet)이라는 가상공간(cyber space)을 기반으로 일어날 때 이것을 인터넷 마케팅(internet marketing)으로 정의할 수 있다.

즉, 컴퓨터들로 연결된 가상공간에서 기업과 소비자가 서로의 목적을 충족시키기 위해 정보를 교환하고 그 과정에서 발생하는 기업의 마케팅 관련 활동 전체를 인터넷 마케팅이라고 할 수 있다[81]. 인터넷 마케팅은 마케팅이 사이버 공간에서 이루어지기 때문에 사이버 마케팅(cyber marketing)이라고도 한다.

인터넷 마케팅은 현재 마케팅에서 활용되는 4대 매체가 가지고 있는 가장 큰 단점인 단방향 전달(one-way delivery)의 한계를 뛰어넘는 쌍방향 매체(two-way media)로서 이제까지 수행되어왔던 기존의 마케팅과는 다른 양상을 보여줄 수 있으며, 이는 기존의 마케팅 환경에 비해 여러 가지 이점을 제공하고 있다.

정보통신 기술의 급속한 성장 및 그와 관련된 현대산업은 경제 · 사회 · 문화 전반에 걸쳐 커다란 변화요인으로 작용하고 있다. 즉, 정보혁명의 확산은 고부가가치, 저에너지 소모, 고도의 지식축적 등을 특성으로 하는 산업구조의 개편을 유발함으로써 인터넷은 통신, 컴퓨터, 출판 등 정보통신 미디어 관련 기업에서만 필수적인 것이 아니라 모든 기업과 행정, 교육, 연구자, 나아가 모든 시민들에게까지 광범위하게 적용되고 있다.

전화와 컴퓨터 산업의 역사와 사업형태를 살펴보면 두 가지 기술은 상당히 많은 공통적인 기반을 가지고 있다[82]. 전화와 컴퓨터의 통합(CTI : computer telephone integration) 기능은 사용자의 효율을 높이고 고객관계를 개선할 수 있는 전략도구로서의 활용 가능성을 짐작할 수 있다. 사용자 효율성 제고와

81) 인터넷을 통한 마케팅 활동, 기평정보, 1997. 3, p.35.
82) Russell Kay, 통합으로 가는 길, 컴퓨터 매거진, 제로원미디어(주), 1995. 10, p.170.

고객관계의 개선은 사업의 핵심이기도 하며, 기업 정보통신 기반의 개선은 경쟁력 향상요인인 동시에 그 나라의 경제성장과도 밀접한 관계가 있는 것이다.

최근 컴퓨터업계에서는 경쟁력 우위 획득의 수단으로 인터넷의 중요성이 대두됨에 따라 인터넷에 접근할 수 있는 최선의 길을 제공하고자 경쟁하고 있다. 정부도 정보화를 촉진하기 위해 막대한 예산을 투입, 초고속 정보통신망을 구축중에 있는 등 정보화 선진국을 만들기 위해 노력하고 있다. 발달된 통신 시스템이 출현함에 따라 국가간의 지리적·경제적·문화적 격차는 더욱 줄어들게 되고, 국경선의 중요성도 감소하게 되었다.

이와 같은 정보통신 기반 개선을 기업의 경쟁력 향상 도구로 활용하기 위해서는 정보를 효과적으로 응용할 수 있도록 기존기업의 조직변화가 요구된다. 정보가 기하급수적으로 증가하고 그에 대한 접근이 용이해졌지만, 정보의 급변하는 사회현상으로 그 생명력이 짧아짐에 따라 조직은 더욱 빠르게 변화해 나아가야 한다.

즉, 더 많은 정보를 습득하고, 신속하게 그 의미를 파악하며, 새로운 통찰력을 고유해야만 조직원들이 경쟁사에 앞서 행동을 취할 수 있기 때문이다. 탁월한 조직은 현재의 시장을 심도 있게 이해하고 고객, 협력업체 그리고 경쟁사의 반응에 대한 정확한 예측에 근거하여 조치할 수 있는 조건을 갖추어야만 한다[83].

컴퓨터 혁명은 전세계 경제에 큰 영향을 미치고 있다. 기업은 큰 경제적 부담 없이 인터넷을 활용하여 기업 이미지 제고와 고객관리, 고객 서비스, 그리고 제품이나 서비스를 판매하기 위한 보다 다양한 방식의 마케팅 활동을 수행할 수 있게 되었다.

전세계 컴퓨터의 발달과 네트워크 기술의 연계는 인터넷을 탄생시켰고, 인터넷의 다양한 기술 중 월드와이드웹(WWW)은 전세계의 경제와 문화를 하나로 연결시켰다. 이러한 컴퓨터와 네트워크의 발전은 기업의 활동에 큰 영향을 미치게 되고, 기업의 마케팅 활동 또한 적절한 방안을 강구하게 되었다.

따라서 관광기업의 경영에서도 아직은 초보적인 단계에 있으나 이러한 정보화시대에 알맞은 전자상거래의 프로그램으로 점포를 직접 방문하지 않고도 사이버 공간을 통하여 상품을 구매할 수 있는 전자상거래를 구축하고 있

---

83) George Day and Rashi Glazer, Harnessing The Marketing Information Revolution : Toward The Market-Driven Learning, *The Marketing Information Revolution*, Harvard Business School Press, 1994, pp.270～287.

는 추세이다. 〈표 7-1〉은 전자상거래의 형태와 그에 따른 소비자가 얻을 수 있는 이익을 설명하고 있다.

〈표 7-1〉 전자상거래의 특징84)

거 래 형 태	소 비 자 의 수 익
• 영업의 국제화 • 경쟁력 제고 • 다수고객의 개별적 욕구충족 • 공급망의 축소 또는 철폐 • 생산비용의 절감 • 새로운 영업의 기회	• 상품구매의 국제화 • 서비스 질의 향상 • 다양한 선호가 반영된 상품과 서비스 향유 • 욕구에 대한 신속한 대응 향유 • 저렴한 상품가격 • 새로운 상품 및 서비스의 소비

2. 사이버 마케팅 전략

(1) 인터넷 마케팅 전략과 마케팅 믹스

인터넷을 마케팅의 한 수단으로 삼기 전에 현대 마케팅의 골격을 이루고 있는 마케팅 믹스에 대한 구체적인 기획이 이루어져야 한다. 일반적으로 네 가지로 구성된 마케팅 믹스는 앞 장에서 설명한 바와 같이 상품이나 서비스 품목(product), 가격(price), 배달(place), 그리고 촉진(promotion)을 의미한다.

인터넷 마케팅을 하고자 하는 기업들은 위에서 언급된 기본개념, 즉 인터넷이라는 독특한 마케팅 환경과 현재의 시장상황에 좀더 구체적으로 접근하여 상황에 알맞은 적절한 마케팅 믹스를 창출해내야 한다.

〈표 7-2〉 인터넷 마케팅 믹스

상 품 전 략	가 격 전 략	유 통 전 략	촉 진 전 략
인터넷 상품	상품가격 인하	인터넷 쇼핑몰	인터넷 광고
인터넷 상표	효과적인 배송체제	상품검색 및 주문	부가 서비스 제공
콘텐츠 개발	안전한 결재방식 채택	거래보안책 구축	기업홍보

84) 이종화 · 이성봉, 전자상거래의 국제적 논의와 대응과제, 대외경제정책연구원, 1997년 12월.

(2) 상품 전략

마케팅에서 상품이란 고객이나 어떤 조직의 욕구를 충족시키는 것들인데 고객들은 이것을 얻기 위해 돈이나 가치 있는 재화를 제공하여야 한다. 인터넷상에서는 상품이나 편의시설을 직접 확인할 수 없어도 그 품질이나 내용을 확인할 수 있도록 품질이 표준화되어 있거나 무형의 제품들이 대부분이다. 각종 비행기, 연극, 공연 등의 예매 서비스와 컴퓨터 소프트웨어(software), 하드웨어(hardware), 음악, 가전제품, 자동차 액세서리(accessary), 책 등이 성행하고 있다.

또한, 인터넷 사용자의 인구특성상 20~30대의 고학력 직장인의 남성이 주류를 이루고, 제품을 직접 확인하지 않아도 되는 품목을 선호하는 경향이 있으므로 아직까지는 이러한 상품들이 주로 거래되고 있다. 그러나 앞으로 인터넷 사용자의 급속한 증가로 많은 사람들, 특히 여성 네티즌의 증가는 인터넷 상거래에 꾸준한 변수작용을 가하여 이로 인해 매우 다양한 상품 개발과 다수 거래품목의 변화가 있으리라 예측된다.

따라서 현재 남성들에 의해 성업중인 성인용 엔터테인먼트(entertainment) 상품의 거래는 감소되고 일반 소비성 상품의 거래가 확대될 것이며, 인터넷 마케팅의 쌍방향 커뮤니케이션(two-way communication) 기능으로 소비자의 다양한 의사를 제품에 반영함에 따라 편익(benefits)에 의한 세분화가 심화될 것으로 예측된다.

〈표 7-3〉 전자상거래의 형태[85]

거 래 형 태	사 례
조직간 전자상거래 (inter-organizational electronic commerce)	• e-mail을 통한 기업과 공급업자간의 문서수발 • 기업과 금융기관간의 전자자금 이체 • 기업과 정부간의 조달거래
조직 내 전자상거래 (intra-organizational electronic commerce)	• 고객주문의 조직 내 이동(work-flow system) • 정보공유(e-mail, 전자출판 등) • 홈쇼핑, 홈뱅킹, 온라인 광고 등
기업 대 고객간 전자상거래 (business to customer electronic commerce)	• 교육(on-line database, news group) • 오락(게임, on-demand services)

85) 김진수 · 김진해, 인터넷 쇼핑몰의 성공적 구축을 위한 탐색적 연구, 한국유통학회, 1997년 7월.

웹에 올라와 있는 모든 것은 결국 신뢰도에 달려 있는 것이다. 따라서, 인터넷상에서 상품을 판매하는 기업들은 다양한 상품 정보, 충실한 서비스, FAQ[86) 등을 제공하고 소비자에게 피드백을 받는 등 기본적인 상호작용의 구축 위에 상품의 특징에 따라 대화의 공간, 무인응답기 설치, 판매 후 서비스, 각종 촉진활동을 통하여 빈번하고 적극적인 상호작용을 하는 것이 바람직하다.

(3) 가격 전략 및 결재방식

가격이란 제품 및 서비스의 대가로 요구되는 금액이나 소비자가 소유 또는 사용하게 된 제품 및 서비스가 제공하는 이점을 교환하는 대가로 지불하는 가치의 총체라고 정의할 수 있다. 궁극적으로 가격은 구매자가 원하는 것을 얻기 위해 포기하는 부분이다. 그러나 판매자에게 있어서 가격의 의미는 다르다. 즉, 수입과 이윤을 감소시키는 비용과의 관계인 것이다[87)]. 가격의 목적은 이윤 극대화, 판매 극대화, 현상유지 또는 이미지 메이킹(image making)이다. 이윤은 일반적으로 가격과 비용과의 관계에서 발생된다.

1) 가격 전략

인터넷상에서 소비자들이 판매원의 도움 없이 직접 상품을 선정하기 때문에 상품의 성격이나 내용만큼 가격표시나 할인율 등을 명확하고 알기 쉽게 표시해야 한다. 소비자들에게 품질이나 경쟁사에 비해, 또는 일반상점에 비해 가격이 저렴한지 비싼지를 설명해줄 수 없으므로 어느 정도가 저렴한지 또는 얼마를 할인받을 수 있는지의 이점을 자세히 표시하는 것이 중요하다. 인터넷 가격의 특징은 유통단계를 대폭 감소시키면서 얻게 되는 저가격 구조가 핵심이다.

대금을 지급받은 기업은 상품이나 서비스를 광고한 내용대로 정확하게 대금지급자에게 신속하게 전달해야 하는바 직접 배송, 우편을 이용하는 방법과 택배업체를 이용하는 것이 일반적인 경향이다. 가격적인 면에서 우편이 저렴할 수 있으나 시간경쟁, 상품인도 보장 등 기업 이미지 및 기업 신용도의 관점에서 택배업체를 이용하는 경향이 우세하다. 이는 상품을 안전하고

---

86) FAQ(Frequently Asked Question) : 빈번한 질문사항에 대해 미리 준비하여 개별적인 답변을 하는 번거로움을 피하고 이용자가 편리하게 볼 수 있도록 기업의 웹사이트에서 즉시 해결할 수 있는 일종의 데이터베이스이다.
87) 황명태, 사이버 마케팅, 1997. 5, p.20.

신속하게 소비자에게 전달하기 위한 전략이며 택배비용을 절감하기 위해서는 전문 택배업체의 선정, 계약이 효율적이다.

또한, 대량주문의 경우 가격을 인하해주고, 해외의 경우 지역별 가격차이를 명기하여 가격상승 요인과 배달기간을 소비자에게 인지시켜준다. 또한 유인가격(loss leader)과 묶음가격(price bundling)을 적용시키는 것도 좋은 방법이 될 것이다. 유인가격이란 일부 품목을 매우 저렴한 가격으로 판매하거나 원가 이하로 판매함으로써 고객의 수를 증가시킨 후 다른 품목은 정상가격에 구입하도록 하는 전략이다. 이는 저가로 고객을 유인한 후 재고처리와 기존상품이나 신상품을 판매할 수 있는 기회가 된다.

2) 인터넷상에서의 대금결재방식

인터넷상에서 상품이나 서비스를 구입하고 대금을 지불하는 전자지불 시스템(electronic payment system)이 없다면 송금이나 계좌이체를 이용할 수밖에 없다. 이 경우 시간과 비용이 소요되므로 인터넷 상거래의 매력은 반감될 것이다. 따라서 인터넷상에서 상품구입과 동시에 결재가 이루어져야 할 필요가 있다.

신용 카드(credit card)를 결재수단으로 이용하는 방법은 인터넷이라는 개방 네트워크에서 카드 관련 정보(신용 카드 번호, 성명, 비밀번호, 유효기간 등)가 노출되어 타인이 이를 도용할 위험이 있으므로 이를 보완하기 위해 여러 가지 방법이 사용되거나 실험중에 있다.

현재까지는 상품 판매자에게 인터넷으로 직접 카드 정보를 전송하는 방법, 정보유출을 막기 위해 전화, 팩스, 전자우편 등을 이용하여 비밀번호를 추가로 확인하는 방법, 중개인(대부분 정보통신 관련기업)에게 카드 관련 정보를 알려주고 계좌를 개설한 후 중개업자로부터 부여받은 ID와 비밀번호로 상품을 매매하는 방법 등이 사용되고 있다.

또한, 지불과 관련하여 신용 카드 정보를 암호화하여 전송함으로써 거래의 안전성을 확보하려는 방법이 연구중에 있다. 현재는 추가로 비밀번호를 확인하는 방법이 가장 많이 사용되고 있으나 인터넷상에서 모든 거래가 종결되는 것이 바람직하기 때문에 사용자의 편의를 고려한다면 신용 카드 정보를 암호화하여 전송하는 방식이 가장 간편한 방법이 될 것이다.

고객 입장에서 볼 때 여러 가지 형태의 전자지급 결재 시스템이 있어 이용할 때마다 다른 소프트웨어를 사용한다는 것은 매우 불편한 일이다. 즉, 고객은 인터넷 접속 브라우저(browser)만으로 상품을 구매할 수 있고, 자신이 원하는 지급수단을 선택하여 지급하는 일련의 행위를 단순화하는 것을 선호할 것이다. 따라서 전자지급 시스템도 표준화 또는 상호 운용이 가능토록 개발되어야만 인터넷 전자상거래를 활성화할 수 있을 것이다.

(4) 유통 전략

현재 인터넷 비즈니스(internet business)는 기존시장에서 물리적 영역(physical world)과 정보로 구성된 가상영역(virtual world)이라는 두 영역에서 경쟁하게 되었다.

가상영역은 가치창조의 새로운 방법이 되고 있다. 새로운 비즈니스 영역은 마켓 스페이스(market space)라 하여, 물리적 영역의 시장(market place)과 구별되는 것이다. 이러한 가상영역에서 생성된 시장을 사이버마켓(가상시장)이라 하며, 인터넷상에서 소비자가 상품을 선별·선택하여 구매할 수 있도록 만들어진 시장을 말한다.

이러한 사이버마켓에서 인터넷을 통하여 제품을 판매하기 위한 전략이 바로 인터넷 유통 전략이다. 인터넷 유통이 다른 유통경로와 다른 큰 차이점은 공간의 제한이 없고, 유통단계가 대폭 축소된다는 점이다. 인터넷에서는 대리점이나 백화점 같은 유형의 상점이 아니라 컴퓨터의 가상공간에서 거래가 이루어진다.

인터넷 쇼핑은 전자상거래의 정부조달 시스템, 대기업의 구매 시스템, 기업간의 상호 일반 상거래, 소비자 대상의 상품 및 서비스 비즈니스의 네 가지 형태 중 소비자 대상의 상품 및 서비스 비즈니스의 형태인 기업과 개인간의 상거래활동에 포함된다 하겠다.

월드와이드웹(WWW)의 가상 쇼핑몰을 통하여 쇼핑을 하는 것은 기존의 통신판매(카탈로그, PC통신 판매)보다 실제감이 좋고, 많은 상품정보를 이용할 수 있다는 장점이 있다. 가상시장의 성장 잠재력을 인지한 기업들은 전자제품, 의류, 화장품 등의 각종 소비재에서부터 정보 서비스에 이르기까지 다양한 상품을 인터넷 쇼핑을 통해 판매하고 있다.

인터넷에서 거래되고 있는 품목으로는 컴퓨터 소프트웨어, 영화, 음악, 만화 등 오디오·비디오 프로그램, 컨설팅, 원격진료, 기타 콘텐츠 상품(contents products) 등이며, 앞으로 일상생활에 필요한 모든 부문으로 확대될 것으로 전망된다. 기업과 고객간의 전자상거래 활동으로서의 인터넷 쇼핑몰(internet shopping mall)은 현재 국내에서도 활발히 구축되고 있는 추세이다.

(5) 촉진 전략

기업은 고객과의 의사소통에 충실해야 하며, 이 의사소통이 계획적으로 실시되어야 한다. 효과적인 커뮤니케이션을 위해 기업들은 광고, 판매촉진, PR, 인적 판매에 노력을 기울이고 있다. 인터넷에서는 광고를 비롯하여 판매촉진, 기업홍보, 고객지원, 상품정보 등의 다양한 촉진방법이 인터넷이라는 하나의 매체를 통해서 가능하다.

촉진의 기본목적이 커뮤니케이션이라고 할 때 멀티미디어(multi-media)를 지원하는 월드와이드웹의 쌍방향 커뮤니케이션 기능은 촉진기능으로서 상당한 장점을 가지고 있다.

이에 따라 유형·무형의 상품이나 서비스 판촉활동의 경제성과 신속성, 그리고 용이함을 제공하게 됨으로써 판촉경쟁이 점차 심화될 것으로 예측된다.

1) 인터넷 촉진활동의 유형

기업들이 월드와이드웹을 통해 촉진활동에 활용하는 데는 여러 가지 유형이 있다[88].

- 대표적인 촉진활동의 유형으로서 인터넷을 광고매체로 활용하는 것이다.
- 전세계를 향하여 다양한 고객에게 기업에 관한 정보를 신속·정확하게 제공함으로써 기업 홍보의 매체로 활용하는 것이다.
- 단순한 제품 광고뿐만 아니라 마케팅 전략에 따라서 각종 캠페인 정보 제공이나 시장 조사도 가능하다.
- 고객만족 경영을 위한 도구로서의 활용이다. 고객의 불만이나 의견을 24시간 접수하여 이를 처리해주고 소비자의 욕구를 분석·파악하여 다음 제품이나 서비스 개발에 적극 활용할 수 있는 기본 자료가 된다.
- 내부 커뮤니케이션용으로 이용한다. 전 종업원의 정보화 마인드를 바탕으로 기업의 이념이나 비전, 마케팅 전략을 이해하고 소비자들에게 적절한 서비스를 제공하는 데 이용될 수 있다.

2) 광고매체로서의 인터넷

인터넷은 기존의 TV, 라디오, 신문, 잡지에 이어 이들을 대체할 수 있는

---

88) 이두희·한영주, 전게서, pp.123~124.

강력한 광고도구로 급속히 성장하고 있다. 인터넷 광고(internet advertising)는 광고를 위한 시간과 공간의 제한이 없고, 광고를 내보내는 시점을 쉽게 선택할 수 있으며, 광고의 내용수정이 용이하고, 광고비용이 기존매체에 비해 저렴하며, 구매자의 참여가 가능하다는 특징을 가지고 있어서 그 발전속도는 더욱 가속화될 것으로 보여진다.

3. 인터넷 마케팅의 장 · 단점

인터넷 마케팅의 특성과 각 부분별 전략에 있어 장 · 단점을 분석하여 기존의 마케팅과 비교하면 다음과 같다.

(1) 인터넷 마케팅의 장점

- 비용을 절감시키고 마케팅 예산수립에 도움을 준다.
- 시간을 절감시켜 주고, 마케팅 활동절차를 줄일 수 있다.
- 고객들로 하여금 구매절차를 조절하도록 허용하면서 다른 구매방법을 제시해준다.
- 정보가 풍부하며, 상호작용적(interactive)이다.
- 진입장벽(entry barrier)이 낮으며, 동등한 진입기회(access opportunity)를 가질 수 있다. 따라서 중소기업이나 신규점포에 유리하다.
- 시간적 제한(time limit)이 없고, 공간의 제한(space limit)이 없다.
- 차별화된 이용자가 존재한다.
- 적은 비용으로 무제한 정보제공이 가능하다.
- 거시적인 측면에서 환경보호에 기여한다.

(2) 인터넷 마케팅의 단점

- 아직까지는 웹을 이용하는 소비자군의 크기가 작아 매스 마케팅(mass marketing)에는 적합하지 않다.
- 인터넷 초기의 적은 사용자 숫자와 문자 위주의 정보전달 및 검색은 신속한 업무처리를 가능하게 하였으나 최근 들어 사용자가 폭증하고 정보의 내용도 문자뿐만이 아닌 음성, 동화상 등의 멀티미디어 정보가 주종을 이루게 되면서 사용속도가 매우 불만족스러울 정도로 저하되었다.

- 통신보안 문제가 인터넷의 적극적 이용을 가로막는 가장 큰 장애요소이다.

(3) 인터넷 쇼핑의 장점

인터넷 쇼핑몰은 일반 쇼핑에 비해 몇 가지 큰 장점을 가지고 있다.

- 인터넷 쇼핑은 주문부터 결제, 배달까지 일괄처리가 가능하기 때문에 시간과 비용을 절약할 수 있다.
- 인터넷 쇼핑몰에서는 공간의 제약이 없기 때문에 방대한 양의 제품전시가 가능하다.
- 유통과정의 단축으로 인하여 대체적으로 가격이 저렴하다.
- 쇼핑의 편리성과 충동구매의 감소를 들 수 있다.
- 지방 거주자들도 도시와 같은 쇼핑 문화를 누릴 수 있다는 장점이 있다.

4. 인터넷 유통의 중요 전략

(1) 저렴한 가격

전자상거래를 위한 첫번째 전략은 무엇보다도 가격이 저렴해야 한다. 미국에서 전자상거래가 활발한 이유는 사이버마켓에는 상품가격이 타 상점보다 저렴하다는 인식이 확산됨으로써 비롯된 것이기 때문이다. 아울러 소비자가 신뢰할 수 있는 상품 품질의 수준을 가격대에 따라 유지해야 한다.

(2) 전문적 상품

특정한 분야의 관광상품이나 서비스를 위한 각종 관련 정보를 제공하거나 고객의 욕구를 충족시킬 수 있는 전문분야의 상품이나 서비스를 취급할 수 있다.

(3) 대기업 상대의 마케팅

개인을 상대로 한 판매보다는 기업을 상대한 거래에 관심을 기울여야 한다. 개인을 상대로 한 판매가 목적인 경우에는 아직도 많은 소비자들이 컴퓨터를 일상화하고 있지 않은 실정이다. 그러나 기업을 대상으로 하는 전자상거래의 전망은 더욱 밝다고 할 수 있다.

(4) 신뢰성

인터넷 쇼핑몰은 신뢰(reliability)를 얻는 것이 가장 중요하다. 인터넷은 사람들간에 직접적인 대면이 없는 공간이기 때문에 신용 카드 번호나 대금을 송금하기에 아직도 불편해하는 소비자들이 많다는 사실이다. 고객의 신뢰를 얻기 위해 꾸준히 웹사이트의 내용을 성실히 교체하고 고객지원을 충실히 한다면 고객의 신뢰도를 얻는 것뿐만 아니라 구전효과도 얻을 수 있다.

(5) 세계화

인터넷을 통하여 판매하려는 상품을 확장할 때는 국내 고객들뿐만 아니라 세계 관광시장을 겨냥하여 확장한다. 국내 인터넷 사용자뿐만 아니라 전세계 사용자가 잠재고객이기 때문이다.

(6) 상호작용성

상호작용성은 다른 매체가 갖지 못한 인터넷만이 가진 장점이다. 상호작용성은 고객의 신뢰도를 구축할 수 있는 도구가 된다. 고객의 상품주문을 받으면 이와 동시에 주문확인을 전자우편으로 보내고, 주문내용 처리상황을 고객이 실시간으로 확인할 수 있도록 하는 것이 예가 된다.

세계적인 화물 수송업체인 '페덱스(Fedex)'는 주문한 화물이 현재 어디로 이동하고 있는지를 조회할 수 있도록 함으로써 고객과의 상호작용성을 잘 활용하고 있다. 또한, 사용자들이 쇼핑 사이트를 방문하고 남긴 글은 중요한 마케팅 자료로 이용된다.

사 례[89)]

호텔 마케팅 전쟁, 이제는 사이버에서 한판

비즈니스 솔루션 통해 무궁무진한 파생 마케팅 등장 예고

인터넷 시대의 등장과 관련 기술의 발전으로 호텔의 주요 수입원인 객실과 식음료, 연회의 3대 축에 수정이 불가피하게 됐다. 사이버 마케팅이라는 새로운 수입원천이 생기게 된 것이다. 본지는 2000년 10월호 '사이버로 무장하는 호텔들'이라는 제하의 특집기사에서 각 호텔들의 인터넷 전용선 구축 붐을 심층 보도한 바 있다. 현재 각 호텔들은 인터넷 전용선을 구축하는 대열에 너도나도 합류하고 있지만 단지 전용선을 구축해 고객유치에 도움이 되도록 하는 1차적 마케팅 수준에 그치고 있는 형편이다. 그나마 경쟁 호텔들이 구축하는 바람에 내키지 않지만 할 수 없이 따라하는 경향도 없지 않다는 전언이다.

하지만 고객 데이터베이스라는 확실한 기반을 가지고 있는 호텔업계가 2차, 3차로 파생하는 마케팅에 눈을 뜨지 못하는 사실에 대해 정보통신업계 전문가들은 안타까워하고 있다.

전용선을 포탈 서비스화하는 기업이 증가하고 있는 가운데 전용선 구축을 통한 사이버 마케팅에 대해 구체적으로 알아본다.

호텔 투숙객을 대상으로 하는 사이버 마케팅은 순수한 온라인 마케팅(on-line marketing)이라고 볼 수 없다. 오프라인(off-line)과 결합하는 형태의 절충식 사이버 마케팅이라고 이해하면 쉽다. 그런데 인터넷보다는 협의의 개념인 인트라넷(사내 네트워크망)의 예에서 알 수 있듯이 구체적인 오프라인상의 기반 위에 자리잡은 온라인 접속 이용자는 시스템을 적극 활용하는 빈도가 월등하게 높은 점을 발견할 수 있다. 이러한 장점을 활용하면 전용선을 이용하는 파생 마케팅의 종류는 무궁무진하게 늘어날 수 있다는 것이 전문가들의 중론이다.

우선, 가장 커다란 장점으로 작용하는 것이 객실고객의 유치측면을 들 수 있다. 각 호텔 마케팅 담당자들로 하여금 전용선 설치 필요성을 느끼게 하는 기본적인 메리트인데, 특히 특1급 호텔의 경우 전용선 시스템을 구축하지 않으면 상당한 비중을 차지하고 있는 비즈니스 고객들의 유치에 장애를 느낄 정도이다. 현재 대부분의 호텔들이 전용선 구축대행업체들을 통해 초고속 전용선을 구축해놓은 상태이고, 일부 호텔들의 경우 아직 중앙 모뎀을 사용하고 있지만 저마다 각 대행업체들로부터 사업제안서를 받아놓고 있어 적어도 서울지역 특급 호

89) 호텔과 레스토랑, 2001년 1월호.

텔들은 인터넷 초고속 전용선 연내 1백% 완비가 시간문제로 보인다.

업장이나 객실 등 외부적인 하드웨어의 시설 개·보수에는 돈을 아끼지 않으면서도 정작 눈에 보이지 않는 투자에 인색한 호텔들이 전용선 설치에 적극적인 이유는 설치비가 거의 들지 않기 때문이다. 만약 일반 기업체에서 수백 회선의 전용선을 구축한다면 만만치 않은 투자비용이 들어가겠지만, 호텔의 경우 업체들이 대부분 무료로 설치해주고 있다. 투숙객들이 이용하는 횟수에 따라 이용요금을 징수하기 때문에 투자비용을 보전하는 데에는 아무런 문제가 없다.

나아가 호텔은 이용요금을 업체와 배분하기 때문에 새로운 수익기반으로 자리잡게 된다. 대개 대행업체와 호텔 측이 85 : 15의 비율로 수익을 나누고 있으며, 국내업체인 '루넷'의 경우 객실료에 포함시킬 경우 50 : 50의 비율로 배분 폭을 올리고 있다. 홍콩업체인 'I-Quest'도 호텔측에 20%의 수익을 보장하고 있다.

이처럼 전용선 구축은 일단 객실 판촉에서 상당한 메리트로 작용할 뿐만 아니라 서비스 이용을 통한 부가적인 수익창출에도 기여하게 된다. 초기 투사비용을 뽑는 데에는 짧게는 2년에서 길게는 3~4년까지 보고 있는데, 대개 전용선 대행업체들의 계약기간도 이 시기와 맞춰져 있다. 초기 투자비용을 뽑는 시기가 지나면 업체들로서는 이후의 발생하는 이용요금 수익을 원천기반으로 삼고 부가적인 마케팅에 총력을 기울이는 시점이 된다.

사이버 마케팅의 꽃 '전자상거래'

앞에서도 강조했지만 호텔 투숙객은 확실한 수요기반으로 인정할 수 있다. 이를 바탕으로 사이버 마케팅의 꽃인 전자상거래를 확실하게 펼칠 수 있다는 점이 단순한 초고속 전용선 구축에 그칠 것이 아니라 비즈니스 솔루션의 장착이 뒤따라야 한다.

각 전용선 구축 대행업체들은 투숙객들이 컴퓨터를 부팅(booting)시킨 후 최초로 뜨는 초기 화면을 포탈 사이트화해 뉴스, 증권정보, e-mail 등 각종 콘텐츠(contents)를 제공하고 있다. 이 서비스를 이용하려면 전용 브라우저를 구동시켜야 하는데, 대행업체들에 의해 전용선마다 솔루션이 장착돼 이 기능을 대신할 수 있다. 또한 인터넷상에서 포탈 서비스를 이용하려면 회원가입 후 각종 개인신상정보를 기록해야 하는 번거로움이 따르지만 호텔 투숙객이라는 확실한 가수요집단에게 업체들이 그런 무리를 할 이유가 없다.

2차적인 마케팅이 이 시점에서 펼쳐지게 된다. 투숙객들의 눈길을 끄는 포탈 사이트를 일종의 호텔 홍보수단으로 활용할 수 있는 것이다. 지금까지는 객실마다 비치되어 있는 서비스킷(service kit)이 부대업장과 호텔 서비스를 소개하는 주요 수단이 되어 왔는데, 이를 컴퓨터 화면으로 대치하는 결과가 된다. 주로 특1급 호텔을 이용하는 바쁜 비즈니스맨들의 경우 굳이 프론트 데스크나 호텔

직원들을 통하지 않고도 컴퓨터로 업무를 보면서 호텔의 각종 서비스를 요청할 수 있는 방법이 되는 것이다.

또한, 보안상 중요 문서를 본사와 호환해야 하는 비즈니스맨들의 경우 보안개념이 선행되지 않는 솔루션이 없고서는 e-mail 서비스를 이용하는 데 주저함이 생길 수밖에 없다. 각 대행업체들은 솔루션에 보안기능을 강화해 이런 우려를 불식시키고 있다.

국내업체인 '루넷'의 경우에는 여기서 한 걸음 더 나아가 구축 호텔들이 원하는 콘텐츠를 주문 제작해주고 있다. 부대업장, 호텔 내부구조, 주변 상권과 병원, 약국, 은행 등 공공기관을 소개하는 지도, 호텔의 각종 서비스를 이용할 수 있는 기능들이 투숙객들에게 편리함을 더해주고 있다. 예를 들어, 투숙객이 부대업장을 클릭하게 되면 영업시간과 내부 인테리어, 제공 메뉴, 식재료까지 사진을 곁들여 한눈에 살필 수 있고 예약까지 가능하다. 또 클릭 한 번으로 웨이크업 콜(wake-up call)이나 룸서비스(room service)까지 신청할 수 있다.

주변에 전통공연을 하는 상설극장이 있다면 상호협의를 통해 연동기능을 장착, 예매를 할 수 있을 뿐만 아니라 호텔 내 샵(hotel shop)에 메일을 남겨 물품을 구입할 수도 있다. 호텔측은 주문한 물건을 객실까지 배달해 고객감동 서비스를 이끌어내게 된다.

이렇게 주변 상권까지 아우르는 쇼핑 시스템이 정착될 경우 콘텐츠에 광고를 원하는 주변 업소들이 늘어날 것이고, 역시 그에 따른 수익금은 대행업체와 호텔측이 비율을 정해 배분하게 된다. 여기까지도 본격적인 전자상거래가 시작됐다고 보기에는 어렵다. 궁극적으로 포탈 개념을 활용한 전자상거래는 특급 호텔 투숙객들의 상당수가 비즈니스맨이라는 엄연한 사실을 전제로 깔고 출발한다.

사이버 마케팅의 꽃이라 불리는 전자상거래의 규모는 B2C보다는 B2B가 더 크다는 것이 업계의 정설이다. 여건이 성숙된다면 각 기업들이 앞다퉈 호텔 투숙객이라는 고정된 기반을 노리고 사이버 코너 분양 요청이 쇄도하는 장면도 전혀 '상상 속의 기대'만은 아니라는 사실을 타 분야 인터넷 사업 성공사례에서 확인할 수 있다.

또한, 현재 각 호텔들이 의욕적으로 추진하고 있는 인터넷 면세점 사업도 비즈니스 솔루션을 활용해 이용한다면 앞서 얘기한 온라인 쇼핑의 연장선에서 충분한 활용가치가 있다. 고유의 사이트를 이용한 면세점 홈페이지와 링크(link)시켜놓기만 하면 된다. 이 경우 호환성을 고려, 얼마나 많은 호텔들에게 구축되어 있는 솔루션을 채택하느냐 하는 점이 관건이 된다.

유료 콘텐츠 제공으로 부가수익 창출

초기 화면에 띄워져 있는 포탈 사이트를 이용, 유료 콘텐츠를 제공하게 되면 그에 따른 이용요금이 수익으로 환산될 수 있다. 역시 호텔측과 대행업체들의 계약으로 이용요금을 배분할 수 있다. 현재 영화와 게임 서비스는 몇몇 호텔에서 시범적으로 무료로 운영되고 있다. 실제로 비즈니스 기능보다 이러한 엔터테인먼트 기능들이 현재까지는 고객들에게 더욱 어필하는 결과가 나와 관계자들을 실소케 만들었다는 후문인데, 하루에만 수십 명에서 수백 명에 이르는 사용자들을 감안하면 그냥 웃어넘길 수 없는 황금시장인 셈이다.

부대업장 이용 쿠폰 등 경품제공을 내걸고 유료로 이용하게 만들었을 경우 엄청난 수익을 고스란히 보장받는 것이다. 비즈니스 기능보다 접근성이 용이하다는 점에서, 또 단순한 시스템 이용요금은 수익 재창출에 한계가 있다는 점에서, 시간당 이용요금이 책정되는 유료 콘텐츠의 가치가 돋보인다. 전문업체들과의 제휴로 품질만 보장된다면 얼마든지 활용도가 높은 분야. 아직까지는 초기단계에 불과해 대행업체들이 무료 서비스를 통해 이용률을 높이고 있지만 적당한 시기를 보아 유료로 전환할 계획이다.

이용자들의 반발을 최소화시키는 게 문제점으로 지적되지만 단계적으로 서서히 요금을 인상시키는 대처방법을 강구할 수 있다. 이 유료 콘텐츠는 특1급 등 비즈니스맨을 주요 고객으로 삼는 호텔이 아니더라도 충분한 활용가치가 있다는 게 전문가들의 조언이다. 한 업체는 중저가 호텔들에 알맞은 개념으로 엔터테인먼트 기능이 강화된 비즈니스 솔루션 개발에 박차를 가하고 있기도 하다.

비용절감 효과에 사후관리까지

전용선에 장착되어 있는 비즈니스 솔루션은 호텔측이 어떻게 관리하느냐에 따라 마케팅에 결정적인 영향을 미치게 된다. 최근 각 호텔들이 전산화된 고객데이터베이스 관리의 중요성을 인식하게 됨에 따라 저마다 전문업체에 외주를 주거나 자체 전산팀을 이용, DB 구축작업을 벌이고 있는 추세이다.

하지만 전용선에 장착돼 있는 비즈니스 솔루션을 적극 활용한다면 별도의 비용 없이 고객관리를 할 수 있어 비용절감에 커다란 도움이 된다.

프론트 데스크(front desk)에서 체크인할 때 고객이 카드를 작성하기만 하면 해당 호텔의 전산 시스템에 투숙객 정보가 자동으로 기록되고, 방에서 컴퓨터를 부팅시키는 순간 고객 환영 메시지와 함께 고객의 기호에 맞춘 각종 정보를 선택적으로 올릴 수 있다.

스포츠팬이라면 좋아하는 종목의 경기결과와 선수의 성적이 자동으로 올려지게 되며, 증권, 금리, 환율 등 관심 있는 분야의 비즈니스 정보도 제공된다. 이 경우 다국적 언어의 지원과 함께 콘텐츠의 향상 개발에 대행업체들이 힘을 기울여야 한다는 사실이 필수적으로 따르게 된다. 호텔측과 업체들의 긴밀한 업무협의를 통해 계약조건과 필요사항들을 수시로 개선해나가는 노력이 필요하다.

고객이 호텔을 이용하는 데 불편한 사항을 점검하는 사후관리에도 비즈니스 솔루션의 역할은 엄청난 위력을 발휘할 수 있다. 고객이 시스템을 이용한 후 남기는 메일을 통해 호텔의 개선사항에 대해 지적하면 재방문시에 해당고객의 지적사항에 대해 완벽한 개선을 확인시킬 수 있다. 이 경우 정중한 사과 메시지가 고객에게 전달된다면 더욱 효과적인 방법이 될 수 있다.

각종 홍보수단으로 활용가치 높아

2000년 하반기 코엑스 인터컨티넨탈호텔은 각 언론사에 보도자료를 보내 전용선 구축현황을 대대적으로 홍보하면서 신개념 '사이버 호텔'을 표방한 바 있다. 코엑스 인터컨티넨탈호텔은 지리적인 장점이 크게 어필되고 있기는 하지만 개관한 지 얼마 안 되어 상대적으로 주변 경쟁 호텔들보다 인지도에서 떨어지는 약점이 있었다. 코엑스측은 신생 호텔의 한계를 사이버라는 첨단적인 이미지 개념으로 홍보함으로써 대외적인 인지도 획득을 이끌어낸 바 있다.

웨스틴 조선호텔은 고객들에게 전용선 구축 사실을 객실 업그레이드의 개념으로 홍보함으로써 효과를 톡톡히 봤다. 부산에 있는 해운대 그랜드호텔도 지방소재 호텔의 한계를 최첨단 환경 구축 이미지를 대외적으로 각인시킴으로써 프로모션의 성공사례로 기록됐다.

이처럼 전용선 구축과 비즈니스 솔루션 개념의 도입으로 사이버 마케팅의 효과는 호텔업계에 널리 입증되고 있다. 당면한 문제는 비즈니스 솔루션의 기능 확충과 콘텐츠의 보강개발, 오프라인의 홍보가 얼마나 병행되는가에 달려 있다. 또한 각 호텔 마케팅 담당자들이 관련 분야의 정확한 개념을 습득, 응용 발전시킴으로써 경영진의 이해를 이끌어내는 것도 중요한 숙제 중의 하나이다. 고객의 확실한 수요기반이 충분한 호텔업계에서 사이버 마케팅의 여건이 성숙된다면 신기루처럼 인식되고 있는 e-비즈니스 분야의 획기적인 사례로 자리잡을 전망이다.

제 8 장

고객관리

제 1 절 __ 고객관리의 중요성

1990년대 초반의 세계불황은 호텔의 경영정책을 발전 · 변화시켰고, 이 시기를 휴지점(break point)[90]으로 인식할 수 있다. 이는 과거의 좋은 위치(location)에서 양질의 서비스를 제공하면 성공할 것이라는 사고방식에서 벗어나 고객들의 다양한 욕구에 부응할 수 있는 여건조성이 되어야 함을 강조하게 되었다. 입지 위주의 경영방식은 내부운영 중점이며 효율 극대화에 주력하게 되었지만 오늘날의 호텔 고객들의 요구조건이 늘어나고 경영환경이 급변함에 따라서 호텔 산업에서 경쟁우위를 확보하는 것은 결코 쉬운 일이 아니다.

'사람산업(people business)'이라고 하는 호텔 산업은 인적 서비스를 사람에게 제공하는 업종으로 고객에 대한 관리분석은 보다 훌륭한 서비스를 제공함으로써 호텔 산업의 질을 높이고(사후관리), 매출증대의 효율성을 높이는 역할(사전관리)을 하고 있는데, 이러한 관리를 하는 것이 고객관리[91]라고 한다. 한정된 시장에서 새로운 고객을 창출하고 고정고객을 확보하는 것은 경쟁에서 기업이 생존하기 위한 절대적인 조건이 된다.

90) 조직환경에서 일어난 획기적인 사건을 의미한다.
91) Hotel & Restaurant, October 1992, p.50.

모든 고객을 관리할 가치가 있는 것은 아니다. 특히 호텔과 같이 고객이 다른 고객과 같은 시설을 공유해야 하는 경우 회사의 포지셔닝 전략에 부합되지 않을 수도 있기 때문이다. 즉, 창출하는 소득보다 많은 비용이 들게 하는 고객도 있다.

Arnold(1992)는 상표충성도는 상품마다 상이하다는 것을 주장하면서 상품들의 상표충성도 비율을 <표 8-1>과 같이 제시하고 있다.

<표 8-1> 상품별 상표충성도 비율[92]

상 품	상표충성도 비율(%)	상 품	상표충성도 비율(%)
담 배	71	케 첩	51
마요네즈	65	세 제	48
치 약	61	맥 주	48
커 피	58	자 동 차	47
두 통 약	56	화 장 품	46
필 름	56	샴 푸	44
비 누	53	음 료 수	44

결국 이러한 상품들은 40% 이상이 높은 충성도를 갖는다는 것이다. 따라서 마케터들은 자연스럽게 상표충성도에 관심을 기울이게 되는 것이다. 상표충성도에 관한 이러한 관심은 마케팅 관리자에게 좀더 중요한 개념이 되는데 그 이유는 적어도 다음과 같은 4가지 측면에서 살펴볼 수 있다(Anolzo, 1983).

첫째, 상표충성 소비자들의 개발과 유지는 기업의 수익성과 관련되기 때문이다.

둘째, 시장 세분화의 기준으로서 상표충성도의 이용이 가능하기 때문이다.

셋째, 판매 수입과 이윤의 예측이 가능하다.

넷째, 주어진 시장에서 상표충성도의 정도에 따라 기업의 마케팅 전략이 바뀔 수 있기 때문이다.

신규고객을 한 사람 더 유치하는 데 발생하는 비용이 기존고객을 유지하는 것보다 무려 6배나 많이 투입된다는 연구(박찬수, 1994)에서처럼, 특히 자본회전율이 낮은 기업에게 고정적인 시장확보에 의한 원가경쟁력 강화에 많은 도움을 주는 등 기업의 장기적이고 효과적인 경쟁력이 될 수 있는 것

92) D. Arnold, *The Handbook of Brand Management*, Addision-Wesley Publishing Company, 1992, p.27.

이 바로 '고객충성도(customer loyalty) 강화' 전략이다.

실제로 고객만족을 통한 고객확보율이 5%만 증가해도 이윤이 사업별로 25%에서 85%까지 증가할 수 있다는 연구가 있다. 이것은 충성도가 높은 고객의 확보는 신규고객의 확보를 위해 투입해야 될 비용의 절감과 아울러 상대적으로 높은 가격임에도 불구하고 기꺼이 지불할 용의가 있는 고객이 많음을 의미한다고 할 수 있다(Reichheld and Sasser, 1990). 그리고 또한 충성도가 높은 한 사람이 신규고객 다섯 사람을 확보할 수 있는 구전효과를 가져올 수 있다는 연구결과도 나오고 있다(Anton, 1996).

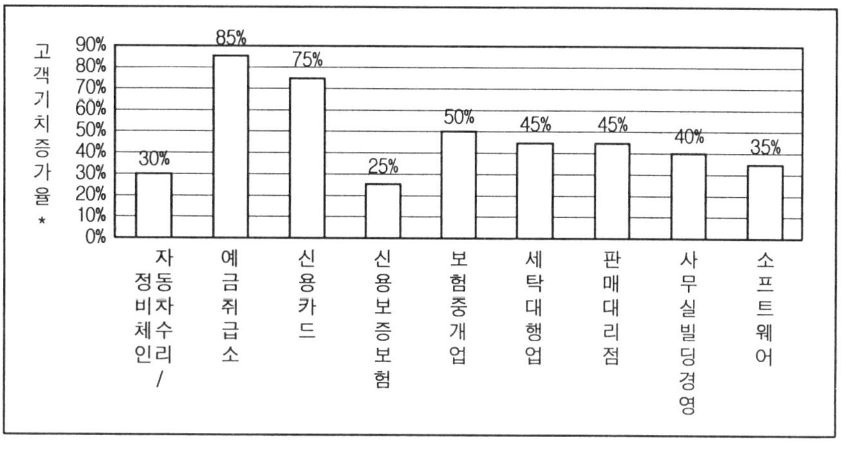

* 고객가치 증가율 : 고객이탈률이 현재 수준일 때와 고객이탈률이 현재보다 5% 감소한 경우에 현재 고객 보유기간 동안 발생하는 이윤의 순수 현재가치를 비교 산출함.

[그림 8-1] 업종별 고객이탈률과 이윤과의 관계[93]

고객충성의 결과 얻어지는 수익은 장기적이며 누적적인 효과가 있다. 고객이 충성고객으로 남아 있는 기간이 길면 길수록 그 고객에게서 더 큰 이윤을 거두어들일 수 있다. Reichheld와 Sasser(1990)의 연구결과 [그림 8-1]과 같이 고객보유 기간이 5% 늘어나면 25~85%까지 이윤을 증대시킬 수 있었다. 그리고 Aaker(1992)는 상표충성도의 가치를 [그림 8-2]와 같이 네 가지로 설명하고 있다.

93) Reichheld, Frederick and W. Earl Sasser, Jr., Zero Defections : Quality Comes to Services, *Harvard Business Review 68*(September-October), 1990, p.110.

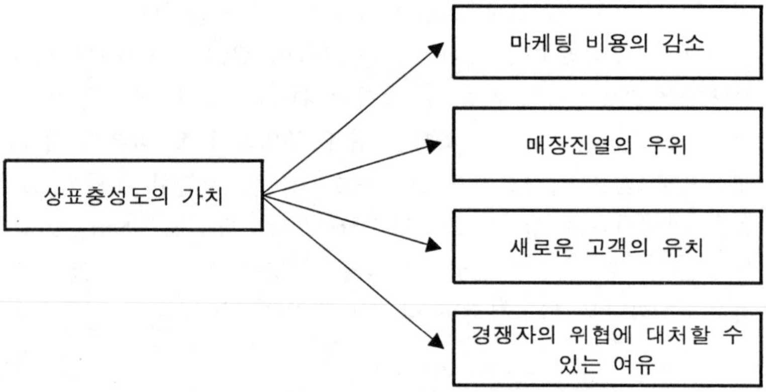

[그림 8-2] 상표충성도의 가치[94)]

(1) 마케팅 비용의 감소

상표충성도를 가진 소비자 집단이 존재하면, 사업을 운영하는 데 있어 마케팅 비용을 절감시킬 수 있다. 이것은 새로운 고객을 끌어들이는 것보다 기존의 고객을 유지하는 것이 비용이 적게 들기 때문이다. 이것은 또한 경쟁자에게 비용적인 측면에서 상당한 시장진입의 장벽으로 작용하게 된다.

(2) 매장진열 우위

상표충성도는 매장진열 우위의 효과를 지니고 있다. 즉, 강한 충성도를 가진 상표는 매장에서 좋은 진열대를 차지하게 된다. 이는 결국 소비자의 의사결정에 중대한 영향을 미치게 된다.

(3) 새로운 고객의 유인

기존의 고객이 만족한다는 사실은 잠재고객에게 확신을 제공해준다. 특히, 신제품이나 구매에 위험이 따르는 제품의 경우 기존의 소비자들이 그 상표를 받아들이고 있다는 사실은 시장을 개척하기 위해서는 효과적인 메시지가 될 수 있다.

---

94) D.A. Aaker, *Managing Brand Equity*, 브랜드 자산의 전략적 관리, 마케팅 커뮤니케이션 연구회 옮김, 도서출판 나남, 1992, p.57, 재인용.

제 2 절_고객관리

1. 데이터베이스 마케팅

데이터베이스(database)란 상호 연관된 자료를 수집・분석・가공하여 컴퓨터 등의 정보처리 시스템에 의하여 축적 및 검색할 수 있도록 정리・통합한 정보의 집합체이다. 다른 정의는 정보처리를 위한 기본적 시스템 구성요소인 데이터의 집합으로 데이터의 종류, 양, 구성 및 그의 색인구조 등이 여러 목적에 이용될 수 있도록 적합하게 설계 작성된 데이터 파일의 군이다[95]. 즉, 데이터베이스란 정보를 모아 저장하고 관리하는 정보의 집합체라고 정의할 수 있다.

우리는 데이터베이스의 정의가 관련 기술의 변천과 정보의 활용 정도에 따라 달라져왔다는 사실을 알아야 한다. 과거에는 데이터 뱅크와 혼돈되어 사용되기도 하였고, 최근 대부분의 데이터베이스가 온라인(on-line)의 형태로 제공되기 때문에 '전자정보 서비스(electronic information services)'라는 용어를 쓰기도 한다.

데이터베이스의 역사적 배경이 다른 지역에서는 그 인식이 다를 수 있다. "우리나라와 일본에서는 컴퓨터에의 연결을 필수적으로 보고 있는 데 반해, 미국의 경우 컴퓨터가 대부분 관련되기는 하지만 필수적인 것은 아니다."[96]

최근 데이터베이스의 중요성이 확대되는 것은, 정보처리 기술과 통신기술의 융합, 이른바 'C&C'의 혁명에 의하여 그 잠재력이 폭발적으로 증대되었기 때문이며, 이와 같은 영역은 '컴퓨터 통신' 또는 '데이터 통신'이라 지칭된다. 컴퓨터 통신은 기존의 텔렉스, 전신, 전화 등의 통신수단들보다 한 차원 높은 혁신적인 통신수단으로서 막대한 양의 정보를 정확히 주고받을 수 있다.

각종 정보자료를 혼자서 처리하고 저장할 수 있는 컴퓨터의 기능을 통신의 수단으로 서로 연결함으로써 정보의 공유를 통해 정보자원의 통합성을 제고한다. 데이터베이스가 정보사회에서 결정적인 역할을 하는 데 컴퓨터

---

95) 류주형, 김대호, 온라인 데이터베이스의 활용에 관한 연구, DB 국제학술대회(학술논문집), 1992, 10, p.171.

96) 최인수, DB산업육성법 제정의 필요성과 법안의 주요 내용, DB 산업활성화를 위한 세미나, 1993, 6, p.17.

통신이 관건이 되고 있다.

사용자가 통신 시스템과 데이터베이스를 통하여 필요한 때에 필요한 장소에서 필요한 정보를 손쉽게 얻을 수 있게 되었다. PC 통신망, VAN 등의 고도통신망의 다원적인 결합(multidisciplinary connections)을 통해 체계적이고 다양하며 현실성 있는 정보를 필요한 장소에서 즉시 이용하는 것이 가능해졌다. 따라서, 데이터베이스는 정보의 시의성 · 공간성 · 편의성을 제고하며, 정보의 가치 자체를 향상시켜줄 뿐만 아니라 효율성과 접근 가능성을 크게 높여놓았다.

(1) 데이터베이스의 전개방법

1) 고객의 확실한 식별

고객을 식별하기 위해서는 우선 고객의 데이터베이스를 구축하는 것이 필요하고, 또한 고객에 관련된 정보를 그 데이터베이스로 투입하는 것과 그 데이터베이스를 항상 최신화(update)해야 하며, 확장하는 것이 중요하다. 그렇지 않고 잘못된 과거의 정보를 이용하면 급변하는 시장상황에 대한 전략을 수립하는 데 커다란 오류를 범하기 쉽다. 데이터베이스 마케팅은 먼저 여기에서부터 시작하지 않으면 안 된다.

2) 고객에 대한 구체적인 정보 획득

과거에는 마케팅 비용분배에 있어서 고객의 구체적인 정보가 부족하였기 때문에 일괄적으로 균등분배하여 기업의 공헌도에 따른 차등적용을 할 수가 없었다. 그러나 데이터베이스 관리가 효율적으로 운영이 되고 마케팅 전략 수립의 도구로 널리 이용되는 최근에는 고객에 대한 많은 양의 정보를 확보하고 분석하여 높은 가치를 창조한다. 고객, 우량고객이 누구인가를 식별하여 공헌도에 따라 그 고객에게 더 많은 마케팅 비용을 할당하는 마케팅을 전개하지 않으면 안 된다.

3) 개인적 메시지의 조정

고객 한 사람 한 사람마다의 욕구나 관심은 다르다. 따라서 각 개인의 욕구, 흥미에 맞춘 메시지를 전달할 수 있는 방법을 연구하지 않으면 안 된다. 대량으로 인쇄한 브로슈어(brochure)나 팜플렛(pamphlet)을 일괄적으로 직접 우편(direct mail)으로 보내는 것은 데이터베이스 마케팅이 아니다. 데이터베이스에서 필요한 정보를 발췌하여 고객 개개인의 흥미에 맞는 메시지를 전달하는 것이어야만 한다.

4) 고객의 신뢰도 구축

항상 고객과의 접촉으로 그들의 문제를 쌍방의 대화에 의한 해결로서 기대 이상의 만족을 느낄 수 있는 신뢰를 높이고 새롭고 살아 있는 정보를 전달하도록 노력한다. 때로는 이벤트를 계획하여 고객참가형 마케팅을 전개하고, 고객과의 원만한 관계(relationship)를 유지해나가면서 회사에 대한 신뢰도를 구축한다. 신뢰도를 획득하면 그 고객의 라이프타임 밸류(lifetime value)는 고객이 아닌 바로 고객이 서비스를 제공받는 회사의 것이 되며, 이로 인한 추가주문이나 교차판매(cross selling)의 전개가 가능하게 될 것이다.

이상과 같은 내용으로 실행하면 효과적인 데이터베이스 마케팅이 전개될 것이고, 장기적으로는 마케팅 비용을 절감할 수 있으며, 투자대비효과는 급속히 상승할 것이다. 고객과의 관계가 확립되어 개별적인 서비스를 전개함으로써 경쟁사와 판매력에서 격차를 증가시킬 수도 있다.

고객과의 원만한 관계가 확립되면 기업의 브랜드에 대한 신뢰도를 높일 수가 있고, 브랜드 신뢰도가 높아지면 고객은 타사의 상품을 쉽게 구입하지 않게 된다. 그리하여 장기간에 걸친 고객과의 관계가 확립되며, 마찬가지로 기업에 장기간에 걸쳐 이익을 주고, 라이프타임 밸류의 최대화가 가능하게 되는 것이다.

데이터베이스 마케팅은 상품을 판매하기 위한 시스템이 아니다. 그것은 마케팅의 혁명이며, 전략이다. 그것을 확립한 기업만이 경쟁우위를 형성하게 될 것이다. 데이터베이스를 이상과 같은 목적으로 활용했을 때만 전략정보시스템(SIS : strategic information system)으로서의 역할부여가 가능하다.

데이터베이스 마케팅을 하는 기업의 목적은 라이프타임 밸류를 최대화하는 데 있으며, 그것을 실현하기 위해서는 고객과의 관계(relationship)를 확립하는 일이 중요한 전략이다.

(2) 데이터베이스의 강점

1) 경영자의 확신

과거의 경영자는 정확한 수치적인 근거 없이 의사결정을 직관적으로 하는 경향이 많아 실패의 확률이 많았으며, 성공하였다 해도 성공에 대한 정확한 분석을 하기가 곤란한 경우가 많았고, 성취도면에서 최대화시키지 못하였다. 그러나 데이터베이스를 구축하여 기업의 마케팅 전략에 대입을 시키면 불필요한 위험을 줄이면서 확실한 방향을 설정하여 의사결정을 할 수가 있으므로 경영자는 경영에 대한 확신을 가질 수가 있다.

따라서, 최고경영자가 기업의 조직을 관리하고 사업을 번창시켜가려면 정보를 장악하고 그 정보가치에 따라 조직에 혼을 부여하고 새로운 무형자원을 창조하여 경영을 이끌어야 한다. 이와 같은 최고경영자를 보통 CNO (chief network officer)[97]라고 부르고 있으며, CIO(chief information officer)가 정보의 수집·분류·가공과 데이터베이스화 및 경영정보 시스템(MIS : management information system) 구축에 맞춘 것이라면 CNO는 네트워크상에서 유통을 통한 정보활용 가치의 극대화까지 포함한 개념이다.

2) 객관적이고 효율적인 마케팅 전개

효율적인 마케팅이란 적은 비용으로 고객만족을 극대화하는 것이라고 전제했을 때 고객만족을 극대화시키기 위한 가장 행동적인 분야는 고객을 발굴하고, 발굴한 고객과의 관계를 유지하고, 데이터베이스를 구축하여 연계함으로써 고정고객화를 통해 안정적인 경영을 추구하는 것이라 할 수 있다. 따라서, 고객에 대한 데이터의 분석을 통해 고객획득 마케팅(acquisition marketing)을 구축할 수가 있고, 획득한 고객에게 다양한 관심과 구매를 유발할 수 있는 진실한 정보를 제공하여 고정고객화를 유도하는 유지 마케팅(retention marketing)을 실현시킬 수가 있다.

3) 매출의 증대

새로운 고객을 획득하기 위해서는 기존의 고객을 유지하는 것보다 비용과 시간 그리고 노력이 훨씬 많이 투입된다는 것은 이미 알고 있는 사실이다. 그러므로 효율적인 데이터베이스를 구축하여 고정고객화 전략을 수립한다면 기업의 매출이 늘어나고 수익의 폭도 상당히 증대될 것이다. 특히 최근 고급 마케팅 기법으로 유행하는 것이 엘리트 고객 만들기, 개인고객(private customer) 만들기, 우량고객 확보 등의 용어가 소개되고 있다.

97) CNO(Chief Network Officer) : 기업의 업무를 처리하는 데 있어서 정보화시대의 상징인 컴퓨터와 네트워크에 의존하여 기업환경에 대한 이론과 실무를 총괄할 수 있는 네트워크 최고경영자를 의미한다.

효율적인 데이터베이스 관리

외식업계의 데이터베이스는 현재까지 고객관리면에 허술했었다. 고객관리를 위해 가장 많이 쓰였던 것이 카드 마케팅으로 패밀리 레스토랑들이 마일리지 카드, VIP 카드 등을 이용, 고객들을 재방문하도록 유도해왔었다. 그러나 고객관리 수단으로 이용되어왔던 카드는 대부분 재질이 RC지로서 전산처리가 불가능하기 때문에 데이터베이스화에 어려움이 있었다.

'TGI Fridays'는 이런 마일리지 카드(mileage card)를 전산처리 가능한 신용카드 재질로 바꿀 계획이다. 또한 이 고객들을 데이터베이스화해서 골드뱅크에서 관리하도록 협력관계를 구축했다. 이렇게 데이터베이스화한 정보를 성별, 연령, 지출횟수, 금액, 지역 등으로 관리하며 회원들의 라이프스타일(life style) 등을 파악, 마케팅에 적극 활용할 방침이다.

데이터베이스 마케팅은 고객관리에 효율적으로 이용될 수 있다. 또한 고객차원에서는 매장방문, 전화 등으로 해야 하는 일을 인터넷상으로 할 수 있으며 — 예를 들어 마일리지 점수를 확인하는 것 — 잃어버린 카드도 마일리지 점수를 보존한 채 재발급이 가능하게 해준다.

현재 12만 명인 보너스 카드 회원, 4천여 명인 VIP 카드 회원, 사이버 회원 10만 명을 보유하고 있는 '베니건스'도 효율적인 관리를 위해 회원자료를 데이터베이스화할 계획을 갖고 있다.

기능적인 면에서 우선적으로 보완계획을 갖고 있는 '토니로마스'는 DM 자체를 전자우편 시스템으로 바꿀 방침이며, '씨즐러'도 가을부터 사이버 회원을 모집, 요리강습 회원 등으로 세분화해서 적극적인 정보제공을 할 계획이다.

— 호텔 & 레스토랑, 1999년 8월호 —

4) 수익성 · 안정성 · 성장성의 추구

상술한 바와 같이 데이터베이스 마케팅(database marketing)은 고정고객화를 구축하고 고객차별화 전략을 통하여 고객의 욕구를 보다 현실화시켜서 세분화함으로써 기업경영 활동에 좋은 윤활유 역할을 한다.

관광상품이나 서비스를 구매하는 고객은 개인적인 욕구에 따라 선호하는 상품이나 서비스의 형태, 선호하는 가격대, 결재방법 등을 데이터베이스화하여 고객마다의 데이터를 이용하여 그 욕구를 최대한으로 충족시킬 수 있으며, 고객의 라이프타입 밸류에 따라 그에 상응하는 마케팅 비용을 투입하여 기업경영의 자신감, 즉 수익성 · 안정성 · 성장성을 동시에 만족시켜주는 도구이다.

5) 고객만족 상품개발의 용이

데이터베이스를 기초로 하여 데이터의 측정 및 분석(시장분석, 고객분석, 상품분석, 판매효과분석) 등을 통해 고객이 원하는 상품을 개발하여 판매할 수 있기 때문에 시장을 세분화하고 상품을 차별화하기가 용이하다. 이처럼 데이터베이스의 핵심은 다양한 정보를 효과적으로 결합하여 의미 있는 결과를 도출하는 데 있다고 하겠다.

2. 텔레마케팅

텔레마케팅이라는 용어는 1970년대에 미국에서 처음 등장하였는데, 이때의 텔레마케팅의 개념은 전화로 상품구매를 권유하거나 상품에 대한 소비자들의 의견을 수집하는, 오늘날 우리나라의 통신판매 정도였다. 따라서, 당시의 텔레마케팅이라는 용어는 전화(telephone)와 마케팅(marketing)의 합성어를 의미하였다.

그러나 오늘날의 텔레마케팅은 컴퓨터로 고객관리를 하고 전기·통신수단(우편, 전화)을 통해 고객의 의견을 수집하거나 고객에게 필요한 정보를 제공하는 것을 의미한다. 이러한 점에서 오늘날의 텔레마케팅이라는 용어는 전기통신(tele-communication)과 마케팅(marketing)의 합성어라 하겠다.

텔레마케팅(telemarketing)은 우리의 실생활이 전화의 이용과 밀접하게 관련되어 있는 점을 효과적으로 활용하려는 것으로, 텔레마케팅에 대한 정의를 살펴보면 다음과 같다.

벤신(Richard L. Bencin)은 텔레마케팅이란 "간단히 말해서 기업이나 상품 혹은 서비스를 촉진시키기 위해서 데이터베이스(database)와 원격지 의사소통을 결합, 운영시키는 것"[98]으로 정의하면서, 전화라는 매체를 이용하여 여러가지 다양한 판매활동이나 마케팅 활동을 수행하는 것으로서 이해하고 있다.

스톤(Bob Stone)과 와이만(John Wyman)은 텔레마케팅을 "고객들에게 전달되는 기업의 마케팅 커뮤니케이션 믹스를 최적화하기 위하여 경영 시스템에 정보통신 기술과 정보처리 기술을 통합적·체계적으로 응용하려는 것이고, 대면접촉에 의하지 않고 인적 판매를 특징짓는 잘 계획되고, 조직 관리된 마케팅 프로그램의 일부분으로서 정보통신 기술을 활용하는 새로운 마케팅 개념"[99]이라고 정의하였다.

98) Richard L. Bencin, *The Marketing Revolution*, Cresheim Publications, 1985, p.114.
99) Bod Stone and John Wyman, *Successful Telemarketing*, NTC Business Books, 1986, pp.5～6.

맥카퍼티(Thomas McCafferty)는 텔레마케팅을 "매출액을 증가시키고 원가를 절감하며 순이익을 증가시키기 위하여 전화를 전통적인 마케팅 기법과 연결하여 판매수단으로 계획적으로 사용하는 것"[100]으로 정의하였다.

필딩(Peggy Fielding)과 드룸몬드(Gary Drummond)는 텔레마케팅이란 "상품이나 서비스에 관련된 정보를 전달하는 도구로서 전화를 이용하여 상품이나 서비스를 판매(구매)하는 것으로 오늘날에는 때때로 다른 기술이나 도구를 이용하기도 한다"[101]라고 정의하였다.

텔레마케팅은 보통 판매비용을 줄이고 시간을 절약하기 위하여 비대면 접촉을 사용하는 인적 판매로 특정지어지는, 잘 계획되고 조직화되고 관리된 마케팅 프로그램의 일부로서 텔레커뮤니케이션 기술을 사용하는 새로운 마케팅 분야이다. 텔레마케팅은 마케팅 커뮤니케이션 믹스 중 일부를 대체할 수 있으며, 일부는 보완할 수 있다. 그러나 텔레마케팅의 효과를 극대화하기 위해서는 텔레마케팅을 전체 광고 및 촉진 프로그램과 조합시켜야 한다.

(1) 텔레마케팅의 기대 효과

미국의 텔레마케팅은 이미 성숙단계에 들어서 있고, 유럽은 도입 또는 발전단계에 있기 때문에 사회적 · 문화적 환경의 변화에 따라 텔레마케팅이 어떠한 기대효과를 가지는지를 판단하기는 그리 쉽지 않다. 특히 미국의 텔레마케팅도 전화에 의한 텔레마케팅의 응용범위를 크게 벗어나지 못하고 있기 때문에 새로운 미디어인 비디오텍스나 오디오텍스(audiotex) 또는 PC통신을 통해 이루어지는 텔레마케팅의 효과는 아직 정확히 파악되지 않고 있다. 우선 텔레마케팅의 일반적인 기대효과를 간추려보면 다음과 같다.

1) 판매비용의 절감

방문판매원 대신에 전화를 이용하여 마케팅 활동을 전개하면 인적 판매에 의해 소요되는 비용(인건비, 교통비, 출장비, 기타 경비 등)을 절약할 수 있다. 따라서 텔레마케팅은 매우 경제적이고 효율적이기 때문에 전망이 무척 밝다고 하겠다.

2) 마케팅 믹스의 반응률 증대

텔레마케팅은 광고나 판매촉진 혹은 직접우편 판매방식 등의 마케팅 믹스

---

100) Thomas McCafferty, *In-House Telemarketing*, Probus Publishing, 1987, p.3.

101) Peggy Fielding and Gray Drummond, *Telemarketing Fractionated*, Prentice-Hall Inc., 1991, p.3.

수단을 보완하는 역할을 함으로써 이들의 반응률(responsiveness)을 높여준다. 특히 TV나 신문과 같은 대중매체에 대대적인 광고를 한 후 소비자에게 전화를 했을 때에는 그것이 판매의 최종적인 결정으로 이어져 실질적인 효과를 얻을 수 있다.

3) 기업 이미지 제고

최첨단 미디어를 활용함으로써 기업이 혁신적이고 진취적이라는 이미지를 형성시켜준다. 특히 클로버 서비스(clover service)와 같은 착신자 요금부담 전화는 기업이나 상품의 이미지 제고에 보이지 않는 효과를 가져다주는데, 이는 그것이 비록 작고 사소한 비용이라 할지라도 소비자에게는 심리적 만족감을 주기 때문이다. 기업이 고객이나 소비자에게 무엇인가 이익을 준다는 심리적 만족감은 소비자 심리에 대단히 중요한 요소이다.

4) 쌍방향 커뮤니케이션

텔레마케팅은 일반 광고와 달리 고객의 반응을 직접 파악하고, 이에 대응할 수 있다는 장점을 가지고 있다. 따라서, 고객과의 상호작용(interaction)을 통해 융통성 있는 고객관리를 가능하게 해주는 최첨단의 마케팅 기법이라고 할 수 있다.

5) 리얼타임(real time)의 원격지 접촉

판촉사원을 파견할 수 없는 원격지에도 텔레마케팅 도구(전화, 비디오텍스)가 연결되어 있으면 마케팅 활동을 수행할 수 있다. 따라서, 텔레마케팅은 방문판매에 의해서는 불가능한 지역까지 상권을 확대하고 판로를 개척하는 수단이 될 수 있다.

6) 시장조사의 용이

텔레마케팅은 고객에 대한 데이터베이스를 만들어 관리함으로써 보다 자세하게 고객의 취향과 특성을 파악할 수 있으며, 이는 소비자의 욕구나 욕망을 파악하는 시장조사의 기능으로도 활용된다. 아울러 그렇게 함으로써 영업효율도 향상시킬 수 있다.

7) 생산성 향상

판촉을 위한 고객의 방문보다 시간과 비용이 절약되어 상품판매의 단위당 생산성을 제고할 수 있으며, 전화의 경우는 거의 소비자에게 보급되어 있으므로 광범위한 지역의 고객을 확보할 수 있다.

8) 대 고객 서비스의 향상

고객과 지속적인 관계를 유지하면서 보다 새롭고 향상된 서비스를 제공하는 수단으로 텔레마케팅을 활용할 수 있다. 특히, 전화와 비디오텍스의 착신자 요금부담 서비스의 도입은 고객의 통화로 부담을 덜어줌으로써 보다 나은 대 고객 서비스를 제공할 수 있다.

(2) 텔레마케팅의 전략

텔레마케팅의 전략관리도 일반적인 마케팅의 관리과정인 경영의 순환, 즉 계획, 실행, 통제의 세 가지로 나타낼 수 있는데, 코틀러는 이와 같은 과정을 [그림 8-3]과 같이 나타내고 있다[102].

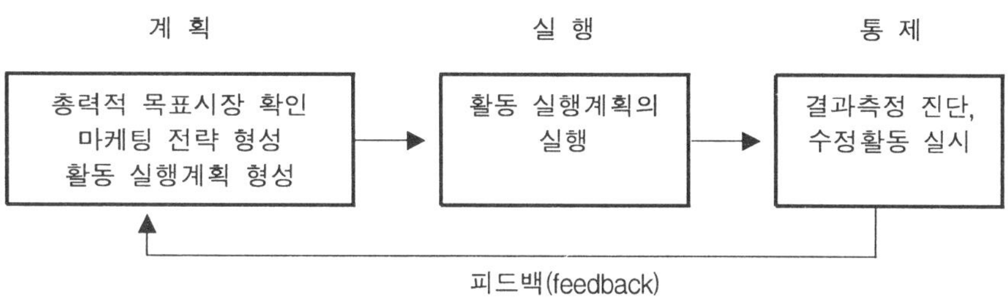

[그림 8-3] 마케팅 계획, 통제 시스템

텔레마케팅에 있어서도 이러한 계획, 실행, 통제의 순환과정을 밟게 된다.

먼저 전략적 계획단계에서 목표시장 확인과 마케팅 믹스인 4Ps를 구성하는 텔레마케팅 전략의 세부 부문들을 결정하는 단계는 두 가지가 있다.

목표시장(target market)의 선정은 시장 세분화를 통하여 이루어지는데, 텔레마케팅에서는 특히 고객 데이터베이스에 의한 시장 세분화가 이루어진다. 목표시장이 결정되면 이 목표시장에 도달하기 위한 전략의 세부 부문, 즉 4Ps를 결정하고 이를 전략적으로 결합하여 텔레마케팅 프로그램을 형성한다.

전략적 계획과정이 끝나면 소비자를 대상으로 이를 실시하게 된다. 소비자는 텔레마케팅 프로그램에 주문 또는 문의 등의 반응을 보이게 되는데,

102) P. Kotler, *Marketing Management*, 5th ed., Prentice-Hall, 1984, p.99.

문의반응에 대해서는 이를 판매단서화시켜 데이터베이스에 저장한 후 재차 실시하는 판매단서 처리를 행하고, 주문에 대해서는 주문의 처리 및 발송, 고객 서비스를 포함하는 거래활동을 수행한다.

마지막으로, 전략적 계획의 실행과정이 어느 정도의 성과를 달성했는지 평가하는 통제를 실시한다. 통제단계에서 분석된 사항은 다시 새로운 계획을 세우는 데에 이용되며, 이러한 계획 · 실시 · 통제의 과정은 조직적인 순환과정을 거치게 된다.

(3) 텔레마케팅 대행사의 활용

텔레마케팅 업무를 텔레마케팅 전문용역업체에 위탁하는 것으로서, 이 방법의 가장 큰 장점은 텔레마케팅 활동의 전문성을 최대한 살릴 수 있다는 것이다. 비용측면에서도 초기 투자비용이 들지 않으므로 단기적으로는 사내 텔레마케팅 센터보다 유리하며, 특히 작업량이 안정적이지 않고 예측할 수 없는 경우에 사용하는 것이 바람직하다. 또한, 단기간 내에 많은 고객을 접촉해야 하는 기업과 판매 후 지원 시스템을 운용해야 하는 기업의 경우도 이 방법을 채택함으로써 업무수행에 있어서의 전문성, 숙련도, 속도 등을 제고시킬 수 있다.

(4) 사내에서 대행사의 도움으로 수행하는 경우

외부 전문대행기관이 텔레마케팅 전략을 마련하여 마케팅 목표를 설정하고 목적에 따라 원고를 작성하는 등 중요하고 전문적인 업무는 전문대행기관의 직원들이 맡고, 다이렉트 마케팅(direct marketing)에 관한 정보나 고객 리스트의 작성, 혹은 사전활동으로서의 안내장 발송과 같은 업무는 회사 내부의 인력이 맡는다. 이 경우에는 텔레마케팅 실무를 경험한 대행사의 인력을 회사 내부에서 활용함으로써 전문지식의 습득과 노하우(know-how)의 이전을 기대할 수 있다.

장점은 회사 내부에서 직접 작업을 수행하므로 모든 데이터(data)를 즉각적으로 받아볼 수 있으며, 필요에 따라 순발력 있는 결정도 취할 수 있다. 이러한 방법은 중요한 영업비밀 또는 고객명단의 유출 등을 방지하기 위해 채택될 수 있다. 그러나 단점으로는 텔레마케팅을 수행하기 위해 컴퓨터 등의 새로운 장비를 구입해야 하고, 또 이들을 계속 관리하는 것도 재정적 부담으로 작용한다.

(5) 서비스 기관의 검토사항

텔레마케팅 제도를 도입하려는 회사는 먼저 달성할 수 있는 목표가 어떠한 것들이 있는가를 살펴보아야만 한다. 회사가 6개의 달성 가능한 목표를 열거하면 다음과 같다.

1) 판매종결

- 판매
- 주문접수
- 상위상품 판매주문

2) 리드(lead)

- 리드 창출
- 리드의 선별과 요건심사 결정

3) 정보수집(information collection)

- 서베이(survey)
- 조사

4) 정보제공

텔레마케팅은 통신을 통하여 고객을 접촉하고 거래에 대한 대화를 하기 때문에 신상품이나 기업의 정보 등을 신속하게 제공할 수 있으며, 고객의 반응을 파악할 수 있는 장점이 있다.

5) 현금 흐름의 개선

- 신용 체크
- 수금

6) 고객 서비스

사내에 자체 텔레마케팅 센터를 설치할 것인지, 외부 서비스 기관을 이용할 것인지, 아니면 두 가지를 병행할 것인지를 결정하는 데에도 도움이 되었을 것이다.

다음은 대행기관이든 서비스 사무소이든 그리고 상담기관이든간에 결정해야 할 때 도움이 될 수 있는 체크 리스트(check list)에 대해 알아보도록 하겠다. 텔레마케팅 서비스 관련 기관과 접촉할 때, 당신 기업의 목표나 필요에 따라 다음 질문 중의 일부 또는 전부가 도움이 될 수 있을 것이다.

텔레마케팅 서비스 기업에 대한 질문항목을 살펴보면 다음과 같다.

- 종업원들은 상근인가, 시간제인가?
- 사장의 약력은 어떠한가?
- 교육과정 절차는 어떠한가?
- 전화담당 요원들이 우리 회사의 상품 및 판매 교육을 받도록 하는가?
- 우리가 시험전화를 모니터(monitor)해도 되겠는가?
- 고객회사 명단을 보고, 그 중 한 회사에 전화를 걸어 그들이 회사의 서비스에 만족하고 있는지를 알아보아도 되겠는가?
- 우리 회사의 마케팅 프로그램을 조사하여 적절한 텔레마케팅 응용 분야를 추천해줄 수 있겠는가? 고객회사 중 어느 회사가 이러한 서비스를 제공하겠는가?
- 우리 회사와 같은 업종의 회사에게 텔레마케팅을 해준 경험이 있는가?
- 만일 당신이 우리 회사에게 텔레마케팅을 시험해보도록 권한다면, 최종적인 결론을 얻기까지 몇 개월의 시행기간이 필요하다고 하겠는가?
- 전화 상담요원과 감독자간의 비율은 어떠한가?
- 착신호(inbound)의 처리능력은 어떠한가?
- 발신호(outbound)의 처리능력은 어떠한가?
- 당신은 고객회사를 위해 문의나 판매기록을 어떻게 유지·관리하고 있는가?
- 정보를 고객회사에게 어떤 방식으로 건네주는가? 컴퓨터에 의해서인가? 그밖의 다른 방법에 의해서인가?
- 현재 우리 회사와 마찰이 생길 소지가 있다고 생각되는 다른 고객회사는 없는가?

제 3 절_고정고객 관리

1. 고정고객의 개념

한정된 시장에서 새로운 고객을 창출하고 고정고객을 확보하는 것은 경쟁에서 기업이 생존하기 위한 절대적인 조건이 된다. 모든 고객을 관리할 가치가 있는 것은 아니다. 특히 호텔과 같이 고객이 다른 고객과 같은 시설을 공유해야 하는 경우 회사의 포지셔닝 전략에 부합되지 않을 수도 있기 때문이다. 즉, 창출하는 소득보다 많은 비용이 들게 하는 고객도 있다.

파레톤의 법칙에 의하면 고정고객의 20%가 호텔 수입의 80%의 비중을 차지한다[103]. 또한 새로운 고객을 유치하기 위한 신규비용은 기존고객을 유지 및 관리하는 비용의 5~6배 정도이며, 오늘날의 고객은 매우 변덕스럽기 때문에 상표충성도(brand loyalty)가 거의 없다[104].

한국관광공사의 연구에 의하면 호텔이 새로운 고객을 유치하는 것과 기존고객을 유지하는 데 드는 비용은 10 : 1로 나타났다. 즉, 신규고객을 유치하기 위해서는 10이라는 비용이 투입되고, 그를 지속적으로 유지하기 위해서는 1이라는 비용을 지속적으로 투입해야 된다는 것이다. 반면에 기존고객은 호텔상품을 재구매하는 고객으로 간접적·지속적으로 호텔의 홍보와 판촉을 구전으로 해주는 홍보효과도 지니고 있다 할 수 있다. 고정고객은 이러한 관점에서 호텔 기업에 강한 영향을 미치는 것으로 연구결과가 도출되었기 때문에 고정고객의 관리는 더욱 필요한 것이다.

2. 고정고객의 효율적인 관리

현대의 관광기업의 경영에 있어서 중요한 것은 일회적 거래보다는 구매 후 지속적인 관계를 유지·발전시키는 것이 바람직한데, 그 방법은, 첫째 불평고객관리(complaint handling management), 둘째 서비스 보증(service assurance) 등의 방법이 있다.

전통적으로 관광기업의 마케팅에 있어서 새로운 고객창조만 지나치게 강조하고 있으나 초우량 서비스 기업은 고정고객을 유지하고 그 이용횟수를 증가시키는 것을 강조한다. 예를 들면, 호텔 기업에서는 고정고객을 관리하기 위한 방안들은 여러 가지가 있으나 관광기업의 고객은 영업정책 및 향후 기업의 성격이나 영업정책에 따라서 다음과 같이 분류할 수 있다.

① 영업(매출) 단위의 분류 : 식음고객, 객실고객, 연회고객, 부대사업고객
② 영업(매출) 대상인 고객성격에 의한 분류 : 잠재고객, 고객관리대상 고객, 회원고객(membership), 특별고객

---

103) EIU, Hotel frequent guest programs, *Travel & Tourism Analyst*, No. 1, 1995, p.84.
104) Marketing Your Hotel : Challenges of the 90's, *The Cornell H.R.A. Quarterly*, Volume 31 No. 1, New York, May, 1990.

〈표 8-2〉 호텔 기업의 고정고객 확보방안[105]

주요 경쟁방법	내 용
주요 고객 우대	자주 찾는 숙박객에게 특권과 자유여행 기회를 주는 특별 우대 계획
전략적 제휴	광고와 마케팅, 고객유치를 위한 제휴
컴퓨터 예약 시스템	'홀리데이 인'이 처음 개발한 항공예약 시스템과 유사한 것으로, 객실당 수익을 극대화하는 가격으로 객실을 마련하고, 고객과 여행사가 적당한 가격에서 원하는 숙박을 하도록 도와주는 계획
휴대비품	예약고객에게 제공하는 상품과 서비스로서, 일반적으로 화장품과 룸서비스를 포함함
차별화	고객의 필요에 따라 객실과 서비스의 등급을 구분하여 상품을 제공함
기술혁신	호텔이 제공하는 상품과 서비스를 개선하려는 방법. 예를 들면 커뮤니케이션 시스템, 경영을 위한 의사결정 시스템, 회계서비스, 안전보호 계획, 에너지와 자연보호 계획, 자동화된 체크인·체크아웃 서비스 등이 포함됨
특정지역 마케팅	특정시장을 집중적으로 공략할 계획으로 그 시장에 특정 상품과 서비스를 강조함
가격정책	일반적으로 할인과 수입 관리임(주문전달을 기준으로 객실당 수입을 최대화함)
서비스 품질관리	종합적 품질관리(TQM), 연속 과정개선 등의 기술로 서비스 질을 향상시키려는 제도
여행사와 협력	사업 규모를 확대하기 위해 여행사와의 관계를 개선하려는 방법으로 여행사에 대한 보상과 유인책이 포함된다.
고정고객을 위한 특별서비스	자주 찾는 숙박객을 위한 계획을 차별화한 것으로 호텔의 체크인·체크아웃의 자동화, 특정배석, 라운지, 상품할인과 같은 특성이 있으며, 전체적으로 향상된 선택권과 모든 상품의 서비스 품질을 향상시킴
비즈니스 서비스	비즈니스 여행자들의 욕구를 충족하기 위한 방법, 폭넓은 통신 서비스뿐만 아니라 호텔이나 객실의 다양한 비즈니스 서비스를 포함함
데이터베이스 관리	고객의 성향을 완전히 검색할 수 있는 기술적 능력을 이용한 방법. 검색된 정보는 현재 호텔에서 이용하는 다른 모든 정보 시스템과 통합되고 있음
직접적 고객 마케팅	빠른 정보처리와 진보된 기술을 통하여 데이터베이스 마케팅 계획으로 얻은 정보를 이용하여 고객에게 직접적으로 거래할 수 있음. 많은 여행자들이 스스로 인터넷을 통하여 여행계획을 세움으로써 더욱 보편화됨

105) 국제 호텔 & 레스토랑 협회(International Hotel & Restaurant Association), 1995 — 국제 호텔 회사의 경쟁방법 중 고객확보와 관련된 방법만 논자가 재작성함

③ 고객의 호텔 기여도에 의한 분류 : 일반고객, VIP 고객, Very VIP(gold) 고객

(1) 재구매고객 프로그램

재구매고객 프로그램(frequent guest program)은 재구매고객을 지속적으로 유지하고 확보하기 위하여 고객이 호텔을 투숙하는 빈도에 따라 고객에게 일정한 가치의 분배를 실현시키는 제도이다.

호텔 자체의 마케팅 차원에서 재구매고객을 위한 프로그램을 별도로 실시하기도 하지만 호텔 자체에서뿐만이 아니고 체인 호텔의 경우는 체인에 가입한 전체의 호텔로 범위를 확대하여 구매한 상품이나 서비스를 누적하여

〈표 8-3〉 상용고객제도의 혜택 비교(미국)

호 텔 명	Best Western	Hilton	Holiday Inn	Hyatt	Marriott	Sheraton
카 드 명	Gold Crown Club	H. Hnors	Priority Club	Gold Passport	Hnored Guest Award	ITT Sheraton Club
가 입 비	×	×	○	×	×	×
제휴카드	○	○	○	○	○	○
마일리지	○	○	○	○	○	○
포 인 트 객실기준	1포인트 $1당	10포인트 $1당	1포인트 $1당	5포인트 $1당	10포인트 $1당	2클럽마일 $1당
적용업장 및 서 비 스	객실	객실, 바, 식음료, 전화, 기타 서비스	객실	객실, 바, 식음료, 전화, 기타 서비스 렌트카,항공권	객실, 바, 식음료, 전화, 기타 서비스	객실, 바, 식음료, 전화, 기타 서비스, 영화 티켓
누적 포인트에 따른 혜택	주말 무료 숙박권, 여행 패키지, 항공여행권	주말객실50%, 렌트카, 상품, 이벤트초대 여행	여행가방 증정, 렌트카, 상품, 여행	객실할인, 객실 업그레이드, 상품, 여행, 식사	주말객실50%, 렌트카, 여행	상품, 현금, 객실 업그레이드, 상품, 여행, 항공, 렌트카
기 타 서 비 스	객실 업그레이드, 수표현금교환, 헬스클럽이용, 선물제공, 커피무료제공, 체크인 · 아웃 대기, 예약우선권, 콘티넨탈조식	수표현금교환, 헬스클럽이용, 선물제공, 커피무료제공, 체크인 · 아웃 대기, 예약우선권, 동반자 무료 투숙, 배우자와 공동 이용	객실 업그레이드, 수표현금교환, 체크인 · 아웃 대기, 렌트카 할인, 늦은 체크아웃, 동반자 무료 투숙, 객실할인	객실 업그레이드, 수표현금교환, 헬스클럽이용, 선물제공, 커피무료제공, 체크인 · 아웃 대기, 렌트카 할인, 동반자 무료 투숙,	객실 업그레이드, 수표현금교환, 헬스클럽이용, 선물제공, 커피무료제공, 체크인 · 아웃 대기, 예약우선권, 렌트카 할인	객실 업그레이드, 커피무료제공, 체크인 · 아웃 대기, 늦은 체크아웃

평가를 하거나 다른 관련 업계와 연계한 프로그램으로 고객유치 전략을 구사하고 있다. 이러한 재구매고객을 위한 프로그램을 통하여 매출을 향상시키고 호텔의 이미지를 개선시킬 수 있어 이중의 효과를 얻을 수 있다.

〈표 8-4〉 상용(객실)고객제도의 혜택 비교(국내)

호 텔 명	H 호텔	I 호텔	Y 호텔	S 호텔	G 호텔	L 호텔
카 드 명	Hilton Executive Club	Six Continental Club	Gold Passport	Shilla Club Int'l	Westin Premier	VIP
가 입 비	($150)	($100/$25)	×	×	×	×
포인트 제도	×	○	○	×	○	○
마일리지	×	×	○	×	○	×
포 인 트	×	×	$1당 5점	×	1일 1,000점 1회 500마일	10만원당 1점
적용업장 및 서 비 스	×	×	객실, 전화, 바, 식음료 렌트카,항공권 기타 서비스	×	객실	객실
누적 포인트에 따른 혜택	×	와인, 꽃, 과일, 객실, 업그레이드	객실할인, 업그레이드, 상품, 여행, 식사	×	객실 업그레이드	객실 업그레이드
서 비 스	전용 체크인 데스크, 빠른 체크인, 예약 우선권, 룸업그레이드, 출발/도착 시간 연장, 동반자 무료 투숙, 헬스클럽무료, 환영선물, 비즈니스 서비스, 원하는 객실 결정	전용 체크인 데스크, 빠른 체크인, 예약 우선권, 룸업그레이드, 출발/도착 시간 연장, 동반자 무료 투숙, 헬스클럽무료, 환영선물, VIPD 영접, 수표현금교환	빠른 체크인, 룸업그레이드, 출발시간연장, 헬스클럽무료, 환영선물, 비즈니스 서비스, 무료신문, 무료커피	전용 체크인 데스크, 예약우선권, 출발/도착 시간 연장, 헬스클럽무료, 환영선물	아침식사제공, 예약보장, 보너스	×
할 인	×	×	객실, 세탁소, 베이커리, 렌트카	객실, 면세점, 세탁소, 디스코텍	×	

고객은 호텔 상품을 구매할 경우 특별한 경우가 없는 한 자기가 참여하고 있는 재구매 프로그램의 수혜를 위하여 이용빈도를 높이는 경향이 있다. 또한 업무를 위한 출장의 기회가 많은 사람은 숙박에 대한 이용은 회사에서 부담하고 실질적인 혜택은 본인이 제공받기 때문에 부담 없이 참여할 수 있다. 〈표 8-3〉과 〈표 8-4〉는 각각 미국과 국내의 호텔이 실행하고 있는 재구매 프로그램으로서 성공적으로 운영되고 있는 제도이다.

또한, 최근에는 상용고객을 위하여 호텔과 호텔 또는 호텔과 동일계열 관광업체와 프로그램을 연계하여 자호텔로 상용고객을 적극적으로 유인하는 마케팅 활동을 도입하고 있다. 항공사에서도 경쟁력을 높이기 위해 자사의 항공사를 이용하는 고객의 고정고객화를 위해 항공사와 연계되어 있는 관련 기업과의 서비스 제휴를 통하여 고객들에게 많은 혜택을 주고자 노력하고 있으며, 이용빈도와 구매량에 따라 무료로 서비스를 제공하는 프로그램으로 고객과의 지속적인 관계를 유지하고 있다.

(2) 회원제

호텔 기업의 회원제(membership) 시작은 1980년대 미국에서 객실점유율이 하락하자 낮은 점유율과 낮은 호텔 이익률을 타개하기 위하여 호텔 체인들이 항공사를 모델로 한 상용고객제도를 도입하였는데 '홀리데이 인(Holiday Inn)'이 상용고객제도인 'Priority Club'을 개발한 것을 효시로 볼 수 있으나 실용화는 되지 않았고 그 후에 'Hilton' 'Hyatt' 'Marriott'가 상용고객제도를 실시하였다.

국내의 호텔 회원제도의 효시는 1980년 신라호텔에서 도입한 '신라클럽 인터내셔널'이었으며, 1983년에 전세계 하얏트 체인 호텔을 대상으로 시작한 'Gold Passport' 회원제를 도입한 하얏트리젠시 서울(현재의 그랜드 하얏트 서울)이 뒤를 이었다. 그 후 1990년대 들어서 본격적으로 각 호텔마다 회원제도를 도입하여 운영하고 있다.

호텔 회원제도는 신용 카드와 유사한 개념을 가지고 있으며, 최근에는 회원제도와 신용 카드를 묶은 제휴 카드가 발행되고 있다. 호텔의 회원 카드는 신용 카드와 같이 할부구매나 지불능력의 기능을 가지고 있지는 않지만 신용 카드와 마찬가지로 일정한 자격요건을 갖춘 일반인을 대상으로 발급된다. 그렇기 때문에 신분표시의 기능을 가지며, 또한 회원에 대한 정보를 갖고 있으므로 알맞은 정보를 선택하여 호텔에서 유용하게 사용할 수 있다. 이러한 형태의 회원제는 호텔 기업의 경우 다음과 같은 종류가 있다.

1) 상용고객제도

상용고객제도의 대상은 객실을 반복적으로 이용하는 고객이다. 호텔마다 운영하는 형태는 다르지만 주 대상이 사업 여행자이므로 비즈니스에 편리한 서비스나 객실에 관련된 서비스를 혜택으로 제공한다. 경우에 따라서는 항공사와 프로그램을 연계하여 고객의 희망에 따라 호텔에 대한 누적 포인트 제도나 〈표 8-5〉처럼 항공사의 마일리지(mileage)를 제공함으로써 상표충성도(brand loyalty)를 유발시키기도 한다.

〈표 8-5〉 아시아나 항공사의 마일리지 프로그램

| 지상에서의 마일리지 누적 (제휴 업체 이용시) |

호텔	1회 숙박시 보너스 마일
스타우드 호텔*	
쉐스틴 호텔/리조트	500 마일
쉐라톤 호텔/리조트	500 마일
더 럭셔리 컬렉션	750 마일
세인트 레지스 호텔	500 마일
포 포인트 호텔	500 마일
W 호텔	250 마일
래디슨 호텔 인터내셔널 (전세계)	500 마일
리갈 호텔 (전세계)	500 마일
스위스 호텔 (전세계)	500 마일
인터콘티넨탈 호텔/리조트 (전세계)	500 마일
**홀리데이 인 (전세계)▶	500 마일
아마라 사이공 (호치민)	500 마일
퍼시픽 스타 (괌)	500 마일
스위스 호텔 (서울)***	(1박) 1박/1,000 마일
르네상스 호텔 (서울)	500 마일
신라 호텔(서울)	500 마일
메리어트 (서울, 부산)	500 마일
코모도 호텔 (부산)	500 마일
그린 빌라 제주	500 마일
제주 크라운 플라자	500 마일
금호 리조트 (설악·충무·화순)	500 마일
호텔 현대 (경주)	500 마일
켄싱턴 호텔 (설악)	500 마일

▶ 홀리데이 인 익스프레스 호텔 숙박시 250 마일 한정.
* Starwood Preferred Guest 프로그램에 선 가입 필요 (문의: 080-317-0404) ** 홀리데이 인 프라이어리티 클럽(Priority Club) 선 가입 필요 (문의: 080-753-9753)
*** 최고 5,000마일까지 누적 가능

면세점	구매액당 보너스 마일
DFS 갤러리아(전세계)	1 달러당 1 마일
신라 면세점(서울)	1 달러당 1 마일
SKM 면세점(서울)	1 달러당 1 마일
호텔 롯데 면세점(서울)	1 달러당 1 마일
한국관광공사 면세점(서울)	1 달러당 1 마일
파라다이스 면세점(부산)	1 달러당 1 마일

은행	보너스 마일
서울은행	환전액 5 달러당 1 마일. 예·적금에 따른 보너스 마일
제일은행	환전 마일리지통장 실적에 따른 보너스 마일
국민은행	환전액 5 달러당 1마일. 송금액 20 달러당 1 마일
기업은행	환전 실적에 따른 보너스 마일

신용 카드사	▶제휴 카드 사용액에 따른 보너스 마일
국민카드	1,000원당 1 마일
신한VISA카드	1,000원당 1 마일
광주VISA카드	1,000원당 1 마일
BC카드	1,000원당 1 마일
외환카드	1,000원당 1 마일
다이너스카드	1,000원당 1 마일
LG카드	1,000원당 1 마일
현대비자카드	1,000원당 1 마일

▶제휴 카드 회원 가입은 대한 민국 국적자에 한합니다.

보험사	보너스 마일
ING 생명	1,000원당 1 마일
라이나 생명	1,000원당 3 마일
금호생명	1,000원당 3 마일

정유사	보너스 마일
SK 주식회사	아시아나-국민/신한 카드 이용시 1,000원당 2 마일 (합계 3 마일)

증권사	거래 이용액에 따른 보너스 마일
LG 증권	주식, 선물, 옵션, 수익증권 거래액에 따른 마일 제공

렌터카	1회 대여시 보너스 마일
금호 렌트카 (허스코리아)	500 마일
알라모 (전세계)	500 마일
그린 렌터카 (제주)	500 마일

▶ 금호렌트카는 24시간 이상 대여시에 한함

통신 서비스	보너스 마일
데이콤	002·082 이용액 1,000원당 1 마일
글로벌원	전화 카드 사용액 1 달러당 5 마일
스프린트	전화 카드 사용액 1 달러당 5 마일
유니텔	신규 가입시 1,000 마일
KTT(한국트래블텔레콤)	휴대폰 렌탈 로밍 1,000원당 2 마일
SK텔레콤	*포인트 전환 요청시 아시아나 마일리지 제공 *SK텔레콤 문의처: 080-080-4500

꽃배달업체	보너스 마일
선화 플라워	꽃, 케이크 주문액 1,000원당 10 마일
한국화훼서비스	꽃, 케이크 주문액 1,000원당 10 마일
마이 하트	꽃, 케이크 주문액 1,000원당 2 마일

기타	보너스 마일
Asian Wall Street Journal	1년 정기구독시 5,000 마일
ABC웨딩	웨딩패키지 상품 구매시 축하 보너스 4,000 마일
해성웨딩	웨딩드레스 구매액 1,000원당 6마일
금호문화재단	100원당 1 마일

Dining	보너스 마일
*패밀리 레스토랑 마르쉐(Marché)	1,000원당 1 마일
** 홀리데이 인 호텔 레스토랑	1회 식사당 300 마일
홀리데이 인 호텔 결혼식	1회 5,000 마일

* 마르쉐 FMC 회원에 선가입 필요. ** Prestige 클럽 회원과 Fitness 클럽 회원인 경우 10% 할인, 또는 300 마일 중 택일.

| 보너스 마일 누적 기준(항공편 탑승 마일 누적) |

탑승	1-500 마일	501-1,000 마일	1,000 마일 이상	국제선 비즈니스석	국제선 일등석
아시아나항공	500 마일	1,000 마일	실제 여행 마일	실제 여행 마일의 1.25배	실제 여행 마일의 1.5배
아메리칸항공	500 마일	실제 여행 마일	실제 여행 마일	실제 여행 마일의 1.25배	실제 여행 마일의 1.5배

| 보너스 마일 사용 안내 |

누적된 보너스 마일을 이용하여 무료 항공권 또는 차상급 좌석배정을 받으실 수 있습니다.

보너스 내용	국내선	한국-일본	*한국-동북아	**한국-동남아	***한국-서남아	한국-호주	한국-미주	한국-유럽
좌석 승급(보통석-비즈니스석) 정상요금****		15,000	15,000	15,000	15,000	25,000	25,000	30,000
(보통석-비즈니스석) 단체/할인요금		22,600	22,500	22,500	22,500	37,500	37,500	45,000
(비즈니스석-퍼스트 클래스)		20,000	20,000	20,000	20,000	30,000	30,000	35,000
이코노미 클래스	10,000	35,000	36,000	45,000	50,000	55,000	55,000	65,000
비즈니스 클래스		45,000	45,000	60,000	65,000	70,000	70,000	85,000
퍼스트 클래스		65,000	65,000	80,000	85,000	90,000	90,000	115,000

▶ 국제선 보너스 항공권에는 한국의 국내선 구간은 포함되지 않습니다.

* 중국(홍콩 제외), 사할린, 하바로프스크는 동북아선에 포함됩니다. ** 사이판, 괌, 홍콩, 알마티는 동남아선에 포함됩니다. *** 뉴델리, 타슈켄트는 서남아선에 포함됩니다. **** 정상요금은 항공권 Fare Basis 란에 Y, YO2, YD, Y2로 기재된 항공권을 의미합니다.

2) 식음료 회원제도

식음료 회원제도는 호텔의 식음료업장을 주로 이용하는 내국인이나 국내에 거주하는 외국인을 대상으로 한다. 국내 호텔에서는 1990년대 롯데호텔에서 그 효시를 찾아볼 수 있으며, 그 후에 각 호텔로 파급되었다. 주요 대상은 기업체의 간부, 전문직 종사자, 정부의 관료, 거주국 공관원, 사회단체의 간부 및 회원, 종교단체, 식음료 부대사업을 지속적으로 이용하는 고객, 중상류 이상의 계층에 속하는 사람들이 그 대상으로 포함되어 있다.

최근에는 마케팅 수단의 하나로 대부분의 호텔에서 이러한 제도를 도입하여 관련 업종의 서비스와 연계한 프로그램으로 고객을 유치하고 있는데 회원의 모집은 대개 일정한 수수료를 공제하는 조건으로 외부의 전문용역회사에 의해서 실시되고 있다. 식음료 회원제도는 대개 연회원을 원칙으로 하고, 소정의 연회비를 납부하고 연회원의 자격을 얻는다. 요즘의 호텔 식음료 회원 프로그램은 객실을 비롯하여 다양한 부가 서비스로 고객을 유치하고 있다.

3) 스포츠클럽 회원제도

체육시설(gymnasium), 사우나(sauna), 수영장(swimming pool), 에어로빅(aerobic), 그밖에 식음료업장, 이·미용실, 세탁소, 베이커리(bakery) 등 호텔 내의 각종 부대시설을 이용할 때 가족이 같이 이용할 수도 있으며, 할인혜택을 받게 된다. 가입비가 타회원 제도 가입비보다 월등히 비싸고 평생회원제 형태로 운영된다. 회원은 호텔에서 수용할 수 있는 적정수의 회원만 가입을 시키고 탈퇴할 경우에는 가입비를 돌려준다.

여가시간이 증가하고 실질소득이 증대함으로써 자기 자신의 건강관리에 많은 관심을 기울이기 때문에 도심지 유명 호텔에서는 이러한 고객의 욕구충족을 위하여 스포츠클럽을 신설 또는 개·보수를 하여 운영하고 있지만 공급보다 수요가 많아 모든 고객을 수용할 수 없는 상태이다.

또한, 호텔의 스포츠클럽에서는 전문인을 고용하여 과학적인 방법으로 회원의 건강을 관리해주고 있기 때문에 유명 호텔의 스포츠클럽 가입비는 수천만 원을 넘고 있다. 따라서 앞으로는 호텔의 부대시설 중 건강에 관련된 회원제도가 매출증진에 효자노릇을 할 것으로 전망된다.

4) secretary 회원제도

각 기업체들은 대부분이 해외에서 찾아오는 비즈니스 고객을 유치하게 된다. 이들의 일정표에 따라서 국내의 자사나 계열회사 등에게 예약을 위임하

〈표 8-6〉 서울소재 주요 호텔의 비서 클럽 운영현황[106)]

Hotel	Name	Launching	System
Ritz-Carlton	LA-NET	1997	1. Point Accumulating System (1 point per every RM night) 2. Point is non-transferable 3. Card issuing : to all applicants
Hyatt	Private Line	1978	1. Point Accumulating System (1 point per every RM Revenue of ₩ 200,000) 2. Coupon issuing for every 10 point(Value of W15,000) with validity of one year 3. Coupon is applicable for Hyatt Seoul, Cheju & Pusan 4. Point is non-transferable 5. Card issuing : to members who have over 12 reservations for the past one year
Shilla	BAS	1989	1. Point Accumulating System (1 point per every RM night) 2. Point is non-transferable 3. Card issuing : members who have more than 15 points
Renaissance	Encore	1988	1. Point Accumulating System (1 point per every RM Revenue of ₩150,000) 2. Point is non-transferable 3. Card issuing : to all members who have more than 15 points
Westin	Tele Joy	1993	1. Point Accumulating System (1 point per every RM night) 2. Point is non-transferable 3. Card issuing : all applicants
Novotel	Entre Nous	1994	1. Point Accumulating System (1 point per every RM night) 2. Points is no-transferable 3. Excluded reservation : (Special Contract, Package and Airline related reservation)

106) 2005년 현재 서울소재 주요 호텔의 상용고객을 위한 예약담당자 회원 프로그램에 관한 내용을 정리하였음

는 경우, 지속적인 판매망을 구축하기 위해 호텔 기업에서는 기업체간의 특별히 할인된 요금을 적용하게 된다. 이를 'commercial account'라고 하며, 기업체에서 예약을 담당하는 비서들을 대상으로 하여 특별한 혜택을 주는 것이다. 즉, 기업체에 관련하여 방문하는 고객을 대신해서 호텔을 예약해주고, 실질적인 혜택은 예약을 대신해준 비서가 제공받기 때문에 예약을 담당하는 비서들을 중심으로 적극적으로 운영되고 있다.

이 제도의 시초는 1978년 하얏트호텔의 'Private Line'이다. 회원들 각자에게는 고유한 번호가 부여되고 실적에 따라서 포상을 하며, 각종 교양강좌나 파티 등의 다양한 행사에 초대되고 정기 간행물을 발행하여 각종 정보를 교환하며 판촉활동에 이용하고 있다. 최근에는 이러한 제도가 크게 성공을 거두어 비서들만을 위한 자매 호텔의 시찰여행(familiarization tour)이나 특별한 모임으로 친목을 다지고 있다. 〈표 8-6〉은 서울에 위치하고 있는 주요 특급 호텔의 예약담당자 프로그램의 비교표이다.

5) 면세점 회원제도

호텔에서 운영하고 있는 면세점 이용객들을 위한 제도로 가입비는 무료이며, 면세품 구입시 할인을 제공하고 각종 홍보물 · 우편물을 발송한다.

6) 여성문화교실 회원제도

여성들을 위한 각종의 이벤트를 개발하여 특별한 프로그램에 초대하고 각종 혜택을 제공하여 여성고객을 적극적으로 유치하는 제도이다.

제 4 절_고정고객과 수익률

수익률(yield)은 곧 판매 가능 상품에 대한 판매된 상품의 비율을 말한다. 수익성 관리 시스템(yield management system)은 미국에서 시작된 관리기법으로, 1980년대 초 항공요금의 규제철폐에 따른 항공사의 생존 전략으로 미국항공사(American Airlines)에서 최초로 시작하였으며, 호텔 체인에서는 홀리데이 인(Holiday Inn)에서 최초로 도입하였다. 이 책에서는 호텔 기업을 중심으로 고정고객의 수익률을 살펴보도록 한다.

수익성 관리 시스템은 아래 사항에 대한 효율적인 관리를 통해 호텔의 객실점유율 및 매출신장에 기여할 수 있다.

- 호텔에 맞는 최적 요금구조의 확립
- 특정일에 대한 예약 및 판매 객실 수 또는 체재일수의 통제
- 예약 패턴 및 형태에 따른 특정일의 객실재고 관리(room inventory control)의 필요 유무 결정
- 여행 도매업체 및 단체에 대한 적절한 요금 결정
- 고객에 적합한 객실 및 객실요금 제공
- 예약담당자에게 체계적인 재량권 부여를 통해 효과적인 판매담당자로 양성

항공사뿐만 아니라 호텔에서도 수익관리 시스템을 통한 최대 목표는 최소의 비용으로 최대의 효과, 즉 매출을 증대시키는 것이라 할 수 있는데(maximize revenue with what you have), 이는 과거의 데이터(수요치 통계, 취소, 노쇼 경향)가 바탕이 되어야 한다.

수익률을 구하는 공식은 다음과 같다.

$$\text{수익률(yield)}\ \% = \frac{\text{실현수익 총액(revenue realized)}}{\text{잠재수익 총액(revenue potential)}} \times 100\%$$

호텔 기업의 최고경영진은 전반적으로 경기가 하락하게 되면 객실점유율(room occupancy rate)에 신경을 곤두세우게 되며, 경기가 상승세를 타고 안정권에 진입하게 되면 객실점유율은 자동적으로 상승곡선을 타게 되므로 평균 객실료(average room rate)에 관심을 가지게 된다. 그러나 어느 상황이든 중요한 것은 얼마만큼의 수익률을 올리느냐에 있다.

다음의 〈표 8-7〉은 300개의 객실을 보유한 호텔에서 가상적으로 각기 다른 객실점유율 및 평균 객실료에 따른 수익률을 비교한 것이다.

〈표 8-7〉 수익률 산출표

Case	Room Sold	Occupancy	A／Rate	Room Rev.	Yield
A	160	53.3	100.00	$16,000	53.%
B	180	60.0	88.88	$16,000	53.%
C	220	73.3	72.72	$16,000	53.%
D	240	80.0	66.66	$16,000	53.%
E	260	86.6	61.53	$16,000	53.%
F	280	93.3	57.14	$16,000	53.%
G	300	100.0	53.33	$16,000	53.%

〈표 8-7〉의 가상도표에서 보여주는 것은 평균 객실료보다는 객실점유율을 중요시한 G의 경우, 객실점유율보다는 높은 평균 객실료에 중점을 둔 A의 경우, 그 중간에 대략 비슷한 중점을 둔 각각의 7개 경우 모두 결국 동일한 매출액과 동일한 수익률을 기록했다는 내용이다.

사례 A를 선호하는 경우는 판매 객실수가 상대적으로 적으므로 청소, 난방 등 관리비용이 적게 투입된다고 할 수 있겠고, 사례 G를 선호하는 경우는 낮은 가격에 판매했지만 부수적인 수입이 예상된다고 할 수 있으며, 통계에 예민한 사람은 중간치를 선호할 수 있을 것이다. 그러나 어느 경우에도 수익성이 같다는 것을 명심해야 한다. 물론 가상의 비교지만 호텔의 경영진은 객실점유율이나 평균 객실료의 인상보다 중요한 것은 수익률을 증대시키는 데 더욱 중점을 두어야 한다는 것이다.

수익률 관리의 개념은 위에서 언급한 바와 같이 1988년 항공산업에서 호텔 산업으로 도입된 것으로, 중앙 컴퓨터 시스템을 통하여 하루에 8만 번까지 가격이 변동되는 자동식 가격변경 방식이다. 이 시스템 하에서 할인율은 수요의 변동 및 예약상황에 따라 다르게 적용된다. 즉, 호텔 고객들은 그들의 예약시점에 따라 같은 객실에 대하여 다른 객실요금을 지불한다.

가격은 매일 그리고 시간 단위로 변하여 예정객실 투숙일의 수요상황이 모든 가격조정을 조절하는 것이다. 따라서 이 시스템은 수요예측 기능까지 구비하고 있는데 일반적인 근거자료는 과거의 수요상황에 대한 자료이며, 위에서 언급되었던 수요상황 이외에도 세분시장에 따라 예약 우선순위 및 가격이 다르게 책정되어 있다.

판매수익의 증대, 이익의 극대화, 세분시장 효율성 향상, 상품 포트폴리오(products portfolio) 전략의 강화, 수요의 안정화 등 무수한 장점을 가지고 있으나 같은 등급의 객실을 구매하지만 예약을 사전에 하지 않았거나 도착일에 근접하여 예약을 하게 되는 고객이 상대적으로 높은 가격을 지불해야 하는 상황이 발생하게 되어 대 고객 서비스에 단점으로 작용할 수 있다는 것이다.

수익률을 높이기 위해서는 궁극적으로 객실의 수요와 공급에 따른 상황변화에 맞추어 고객의 수요증가시는 객실요금의 고가격 정책을 고수하고, 수요하락시에는 저가격 정책으로 유연하고 신속한 대응을 해야 한다. 이를 위해 수요예측(forecasting), 체재 및 절차 개선(improving system and procedure), 전략 및 전술계획 수립(developing strategic and tactical plans), 그리고 피드백 시스템(feedback system)의 구축이 필요하다. 이를 간단히 설명하면 다음과 같다.

1. 수요예측

수익률 관리의 효율성을 최대화하기 위해서는 매일매일 객실수요의 정확한 파악이 필요하다. 대부분의 호텔은 60일에서 90일의 미래를 내다보고 예측하지만 이는 호텔의 시장성격(Convention Hotel, Tour Group Hotel, FIT Focused Hotel 등)에 따라 바뀔 수 있다. 단체고객과 개별고객의 예약성향에 대한 내용을 정확히 파악한다. 단체고객은 객실점유율의 증대에 그리고 개별고객은 평균 객실료 증대에 기여할 것이다. 따라서 미래의 불확실한 단체고객의 예약은 반드시 심사숙고해야 하며, 잘 셋업(setup)된 시스템으로 효과적인 결정을 내릴 수 있게 된다.

2. 체제 및 절차의 개선

수익의 극대화를 보조하기 위해서 영업방침 및 절차를 설정하고 종업원을 교육시켜 수요예측의 이점을 최대한 활용함이 바람직하다. 이윤을 증대시키기 위한 사항들 중에 수요가 높을 경우에는 단체 지양, 최소 숙박일(minimum length of stay) 설정, 객실료 관리(room rate management) 등이 필요하며, 수요가 낮을 경우에는 예약담당에게 특별할인요금 적용 허용, 기업 및 여행사 대상의 판촉활동 강화, 저렴하고 매력적인 패키지 제작 등이 필요하다.

그러나 호텔의 이익만을 고려한 나머지 수익률 관리의 이론적인 측면만을 강조하면 고객의 욕구를 무시하는 내향적인 사고방식(inside-out thinking)의 마케팅 전략이 될 수 있기 때문에 신중하게 고려해야 한다. 수익률 관리는 특성상 수요가 공급을 초과하는 시장에서 적용할 수 있는 기법이다.

3. 전략 및 전술

고객의 수요변동에 신속하게 대응할 수 있도록 전술적인 지원을 얻을 수 있는 응집력 있는 경영 전략 수립 및 상호 관련 부서간의 업무적인 협조 및 이해를 통한 신중한 전략 및 결정이 필요하다.

4. 피드백

실적결과에 대한 체계적이고 합리적인 평가와 종업원들에게 이러한 내용에 대한 정보전달이 필요하다. 해당업무와 직·간접적으로 관련된 사항을 구체적이고 정기적으로 피드백해 줌으로써 종업원들에게 수익률 제고에 지속적으로 노력하도록 장려하고, 업무의 중요도에 따라 처리해야 할 업무의 우선순위를 설정해주며, 이익관리 기법의 활용을 가능하게 해준다.

수익성 관리 프로그램(yield management program)이 원활하게 실시되기 위해서는 아래와 같은 사항이 필요하다.

(1) 예약형태

호텔이 위치하고 있는 지역의 고유한 특성이 있고, 이러한 특성에 의해서 호텔의 영업은 상당한 영향을 받기 마련이므로 호텔에서는 철저하게 지역에서 일어나는 여러 가지 상황과 각종 행사계획에 대하여 사전에 정보를 입수하여 숙지하고 있어야 한다.

지역의 특성을 이해하기 위해서는 주변 경쟁 호텔의 과거 객실점유율, 식음료 판매액, 그리고 사회적·문화적인 환경요소 등에 대하여 분석할 필요가 있다. 행사가 실시되는 날짜, 그리고 그 지역이 관광지라고 하면 성수기와 비수기, 행사기간 등의 다양한 요소에 대한 사전정보를 입수하여 이에 따라 예약 상황 및 예측을 조절해야 한다.

(2) 시장구성별 예약형태

호텔을 이용하는 고객을 분석하여 시장을 세분하고, 호텔을 이용하는 목적에 따라 고객을 분류하여 관리할 필요가 있다. 또한 예약을 하는 고객이 주로 이용하는 예약 시스템을 파악하고 예약의 목적을 파악하여 이러한 데이터를 바탕으로 예약의 흐름과 주기에 대한 정보를 확보해야 한다.

따라서 요즘에는 고객의 예약형태를 호텔 전산 시스템을 이용하여 관리목적에 적합한 형태로 분석하여 고객의 요구와 필요를 파악함으로써 보다 성숙되고 효율적인 고객관리를 하고 있다.

(3) 초과예약 정책

수익률 관리의 일환으로 객실의 매출을 극대화하기 위해 초과예약(over booking)을 접수해야 할 경우 과거의 데이터를 고려하여 어느 정도의 비율로 초과예약을 접수해야 한다. 이러한 이유로 초과예약을 접수하기 위해서는 고객의 불편을 최소화하기 위한 절차 및 정책에 대한 정보가 절대적으로 필요하다.

초과예약의 목적은 예약한 고객의 예약취소나 노쇼 등으로 인하여 만실을 채우지 못할 경우를 예상하여 판매 가능한 수보다 일정한 비율(보통 2~5%)을 초과한 수의 고객을 접수하는 것이다.

(4) 가격변화의 효과

수익성 관리 프로그램의 특징은 같은 등급의 객실일지라도 예약을 하는 시점에 따라 가격에 차이를 주게 되는 것이다. 따라서 가격의 변화가 미치는 효과에 대한 자료가 필요하다.

(5) 우수한 전산 시스템(PMS with CRS)

효율적인 수익성 관리 프로그램을 운영하기 위해서는 관광기업의 전산 시스템과 중앙예약 시스템(CRS : central reservation system)과의 실시간(real time) 교류가 가능해야만 한다.

제 5 절_고객만족

최근에 대부분의 관광기업에서는 자사가 제공하고 있는 상품이나 서비스를 판매하기 위해서는 치열한 경쟁환경을 극복하고 기존의 고객을 가능하면 많이 확보해야 효율적인 마케팅 활동을 수행할 수 있기 때문에 고객의 불평을 최소화하고 기대 이상의 수준으로 서비스를 제공하기 위한 다양한 기법을 도입하고 있다.

1. 고객만족의 개념

고객만족(customer satisfaction)107)이란 "고객이 상품 또는 서비스에 대해 원하는 것을 기대 이상으로 충족시켜 감동시킴으로써 고객의 재구매율을 높이고, 그 상품 또는 서비스에 대한 선호도가 지속되도록 하는 상태"를 말한다.

과거의 마케팅 활동의 평가기준은 대부분 관광상품이나 서비스의 매출액에 따라 성공 여부를 결정하였으나 최근에 점점 격심해지는 경영환경에서는 판매로 인한 매출액보다는 고객의 만족을 통하여 마케팅의 결과를 평가하는 시대로 전환되었다.

또한, 기업 우선의 경영에서 고객 우선의 시대로 바뀌어가고 있으며, 고객의 권리가 한층 강화되고 있는 상황으로 기업환경이 변하고 있다. 따라서 고객만족도를 높이는 것은 고정고객층의 이탈방지를 통해 안정적 기업이익을 확보하는 발판이기 때문에 기업은 고객제일주의 경영방식으로 경영조직을 개편하고, 이에 맞는 기업문화의 풍토가 정착되어야 하겠다.

이러한 기업문화의 변화를 바탕으로 고객을 만족시키기 위한 경영활동으로서 고객만족 경영(customer satisfaction management)이 활발하게 진행되고 있다. 고객만족 경영이란 기업이 제공하는 상품, 기업 이미지 등에 대하여 고객의 만족을 얻기 위해 정기적이고 지속적으로 만족도를 조사하고, 그 결과에 기초해서 불만족스런 점을 신속히 개선하여 고객만족을 제공하는 활동이다.

[그림 8-4]에서 보여주고 있는 것처럼 기업의 이익을 우선으로 하는 조직에서는 고객 위에 현장종업원이 있고 조직의 상위개념으로서 상부에 현장관리층, 중간관리층과 최고경영자층으로 구성되어 전형적인 관료조직과 같은 형태를 취하고 있으나 고객만족을 우선으로 하는 조직에서는 반대의 개념으로 고객을 접촉하는 종업원이 가장 상부에 위치하고 나머지 관리층은 현장종업원이 고객을 만족시키기 위한 지원을 하는 형태의 조직이다.

---

107) 안성연 · 이희천, 관광산업의 서비스, 남두도서, 2000, pp.66~69.

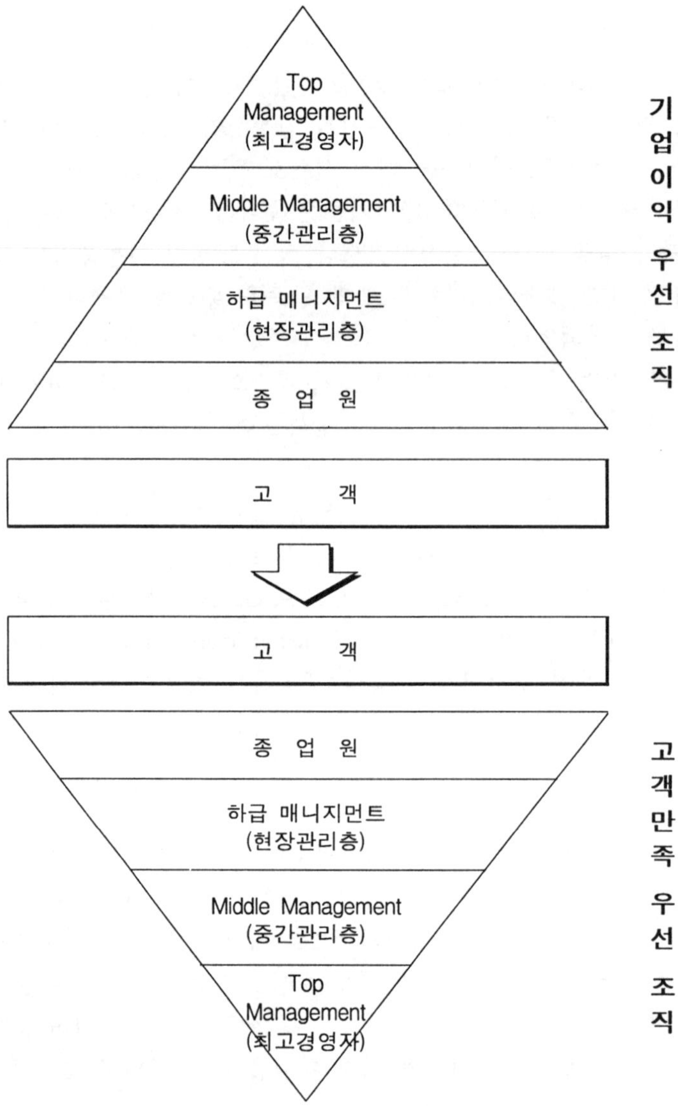

[그림 8-4] 기업조직의 변화

2. 고객만족의 주요소

고객을 만족시키기 위한 중요한 요소를 살펴보면 과거에는 관광상품이나 서비스 자체의 가치를 존중하는 형태로서 품질, 편의시설의 안락함, 가격 등으로 품질이 좋고 가격이 싸면 고객은 만족하였다. 그러나 현대의 고객은 물질적 측면뿐만 아니라 상품가치로서의 서비스와 친절성 등을 중시하는 경향이 있으며, 구매시 점포의 분위기와 판매원의 매너 등에 관심을 갖게 됨으로써 점점 서비스가 차지하는 비중이 높아지고 있다.

판매하는 관광상품이나 서비스의 품질에 대한 내용은 기업간의 격차가 거의 없어져 고객만족의 중요도가 서비스로 옮겨지고 있다. 따라서, 고객만족의 주요소로서는 [그림 8-5]와 같이 상품과 서비스의 직접적인 요소와 간접적인 요소인 기업 이미지 등으로 나눌 수 있다.

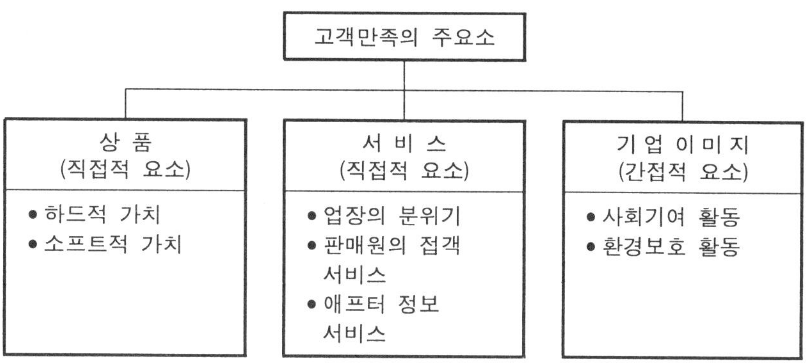

[그림 8-5] 고객만족의 주요소

관광기업의 이미지와 관련하여 특히 관광지의 경우 위치하고 있는 지역에서 편의시설의 개방, 자선 쇼, 봉사활동 등 이른바 지역밀착형 전략으로 지역에 공헌을 하고 있다는 이미지를 부각시키면서 지역주민이 자랑스럽게 여기는 인상을 심어주는 데서부터 고객만족의 토대가 이루어진다.

3. 고객의 기대 파악

고객의 만족도는 고객의 상품과 서비스에 관한 사전기대와 실제로 그 상품과 서비스를 이용한 사용실감의 상대관계에 있기 때문에 고객의 만족도를 향상시키는 데는 고객의 사전기대 이상의 상품과 서비스를 지속적으로 제공해야 한다. 따라서 고객의 사전기대를 정확히 파악하여 그 결과에 따라 고객과의 접점에서 근무하는 종업원들을 통하여 기대하는 품질이나 서비스의 제공이 요구된다. 또한 고객만족의 향상을 위해서는 신속한 대응이 바람직하며, 이것을 실현하기 위한 중요 요인은 종업원에 대한 권한이양(employee empowerment)이라 할 수 있다.

고객의 기대는 빠르게 변하고 있다. 통신수단의 발달로 인하여 고객은 상품이나 서비스에 대한 정보를 수시로 접할 수 있기 때문에 고객은 본인이 직접 경험을 했거나 또는 소문을 통하여 간접경험을 했을 경우 그와 동일한 수준의 서비스를 인지하고 있으며 기대하고 있다는 것을 알아야 한다.

이와 관련하여 미국의 경영 컨설턴트였던 칼 알브레히트는 "고객의 기대는 진화한다(Customer's expectation are progressive)"고 말하였다. 즉, [그림 8-6]처럼 고객의 빠른 기대감에 대응하여 서비스 개선이 뒤따르지 못한다면 만족이 불만족으로 변하고, 시간이 경과할수록 불만족이 점점 커진다는 것이다.

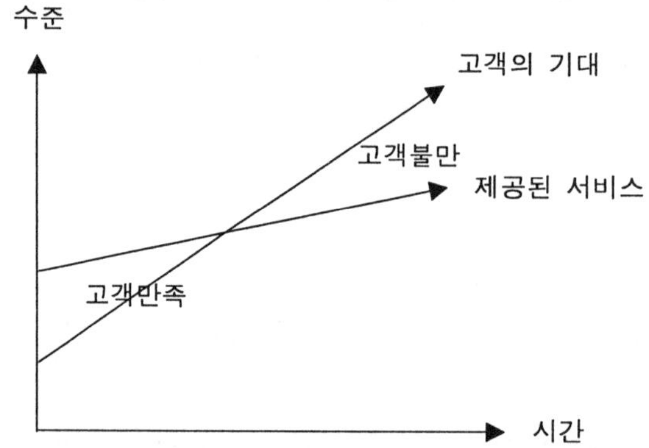

[그림 8-6] 시간에 따른 고객기대의 변화

4. 제조업자와 유통업자의 연대

고객의 만족도는 상품과 서비스의 조합과 직접적인 관계가 있으므로 아무리 관광상품이나 서비스가 좋아도 부가적인 서비스가 나쁘면 고객을 만족시킬 수가 없다. 즉, 관광상품이나 서비스의 제공자가 아무리 양질의 상품이나 서비스를 생산하기 위하여 노력해도 고객과의 접점에서 판매시점의 관계가 나쁘면 상품이나 서비스는 잘 팔리지 않을 것이다. 따라서, 관리자는 문제점을 파악하고 유통업자를 관광기업의 고객만족 전력에 합당하도록 수정 보완하여 지도하고 지원해야 한다.

제 6 절_고객불평 처리

관광기업은 종업원의 실수나 영업 시스템이 잘못되면 고객의 불평·불만으로 이어질 경우가 많다. 고객 한 사람이 불평하면 여러 사람에게 이야기하는 습관이 있으므로 관광기업의 종업원은 고객의 불평·불만을 신속하고 슬기롭게 처리할 수 있는 사실을 길러야 한다.

고객이 종업원들로부터 받은 불만족한 서비스에 불평하지 않고 돌아가면 그 관광기업의 서비스를 재구매하지 않고 경쟁기업의 서비스를 구매하는 경향이 있다는 사실을 명심해야 한다. 그러나 서비스에 대한 불만을 종업원에게 이야기할 때에는 재구매 확률이 대단히 높다는 것을 의미하며, 오히려 이와 같은 불평·불만이 원만하게 처리된다면 관광기업과 그 고객은 더욱 가까운 관계를 유지할 수 있다고 한다.

1. 불평의 정의

불평(complaints)은 고객이 관광기업내의 매장을 방문하여 상품이나 서비스를 구매하는 과정에서, 또는 구매한 상품이나 서비스에 대한 품질, 서비스 및 불량 등으로 인하여 기업측에 제기하는 불만을 말하는 것으로, 관광기업에서는 이러한 고객의 불평을 최대한 줄이고 불만이 접수되었을 경우에는 반드시 고객이 만족할 만한 수준이 될 수 있도록 적당한 조치를 취해야 한다.

고객의 불만을 최선을 다하여 처리해준 관광기업이나 관광지는 신뢰도가 높아져 결국 기존고객은 물론이거니와 다른 잠재고객에게도 정(+)의 영향을 미쳐 지속적인 관계로 이어질 수가 있다. 따라서, 기업마다 고객으로부터의 불만을 신속하고 정직하게 처리하도록 최선을 다해야 한다.

2. 불평의 발생원인

고객의 불만은 일반적으로 판매사원의 실수나 착오로 인하여 발생하는 경우와 고객이 실수를 하여 발생하는 경우가 있는데 관광기업의 영업장에서 고객의 불만은 아주 사소한 것에서부터 출발한다. 즉, 종업원의 상품지식 결여, 고객대응 태도, 배달약속 지연, 편의시설이나 상품의 불량, 무리한 판매권유 등의 이유로 인하여 발생한다. 이러한 불만족한 서비스는 관광기업의 이미지에 많은 영향을 미치기 때문에 대 고객 서비스는 신중히 다루어져야 한다. 고객의 불만을 유형별로 살펴보면 다음과 같다.

(1) 판매사원의 실수로 발생하는 불만

대부분 관광기업 영업장에서, 고객에게 서비스를 제공하는 판매사원의 실수나 착오로 인하여 빈번하게 발생하며, 그 발생동기는 다음과 같은 것들이 있다.

1) 상품지식의 결여

관광기업을 방문하는 고객은 영업장의 종업원이 상품이나 서비스에 대해서 전문적인 지식을 갖고 있다고 기대하고 있기 때문에 영업장 종업원의 상품에 대한 정보부족으로 인하여 고객의 문의에 시원스럽게 대답을 하지 못하거나 잘못된 정보를 제공하여 문제를 발생시켰을 경우 고객은 불만을 가질 수 있다.

그리고 대부분의 고객은 상품을 구매하기 전에 상품에 대한 기본적인 정보는 갖고 있기 때문에 상품에 대한 보다 전문적인 지식을 요구할 때가 많다. 따라서, 판매사원은 매장에서 취급하고 있는 정보나 그 상품에 관련된 구체적인 정보를 숙지한 상태에서 고객들로부터 상품에 대한 문의에 적절히 정보를 제공하여 만족한 상태에서 상품의 구매를 선택할 수 있도록 해야 한다.

2) 고객에 대한 무성의한 태도

영업장을 방문한 고객에게 무성의한 언행을 구사하거나 일방적인 무시 등 개인적인 프라이버시(privacy)를 침해할 경우 고객을 화나게 할 수 있다. 고객은 심리적으로 상품을 구매할 때에는 상품 그 자체뿐만이 아니고 종업원의 에티켓(etiquette)이나 친절 등을 함께 고려하기 때문에 종업원은 깨끗한 유니폼을 입고 근무해야 하며, 언제나 방문고객이 비록 상품이나 서비스를 구매하지 않을지라도 구매한 고객과 동일하게 예의를 갖추어야 한다.

예를 들면, 고객이 저가격의 상품이나 서비스를 요구한다고 해서 관심을 다른 데로 돌리거나 무시하면 안 된다. 따라서, 고객의 프라이버시에 관한 언행을 피하고 모든 고객을 차별하지 않고 평등하게 취급하고 친절을 베풀어야 하겠다. 일반적으로 영업장에서 고객의 불평을 야기시킬 수 있는 종업원의 태도는 다음과 같다.

- 종업원의 고객감정에 대한 배려 부족
- 종업원의 서비스 정신의 결여
- 종업원의 잘못된 화법
  - 이 상품은 절대 하자가 없습니다.
  - 이런 경우는 손님이 처음입니다.
  - 이런 식으로 취급하는 것은 말이 안 됩니다.
  - 이 시설의 취급방법을 모르십니까?

불평을 하는 고객과의 대화는 언제나 수용하는 자세로 적극적으로 개입해야 한다. 즉, "손님 죄송합니다. 환불보다는 교환을 해드리면 어떻겠습니까?" 등의 대화로 고객의 마음을 달래면서 겸허한 마음으로 문제를 해결하도록 노력해야 한다.

3) 상품관리의 소홀

일반적으로 관광기업의 상품의 표준화는 특성상 매우 어렵지만 어느 정도의 합리적인 관리로 일관성을 유지하거나 상황에 따라 유동적으로 대처해야 한다. 그러나 부주의로 인하여 상품을 손상시킬 경우가 있고 관리소홀로 인하여 상품 본래의 형태를 유지하지 못하거나 색상이 변질된 상품이 진열되어 판매될 경우도 있는데, 이러한 상품을 점검하지 않고 고객에게 판매했을 경우 고객으로부터 불만을 발생시킬 수 있다.

4) 약속지연 및 불이행

고객은 종업원의 약속을 기업의 대표로 인정하고 약속이행을 기대하기 때문에 고객과 약속한 내용에 대해서는 철저히 이행해야 한다. 고객이 원하는 상품이나 서비스를 예약했을 경우 예약한 내용과 날짜를 정확하게 지키지 않고 지연시키거나 이행하지 못하였을 때 고객으로 하여금 불만을 초래할 수 있다. 만약 특별한 이유로 인하여 고객과의 약속을 지키지 못할 경우에는 반드시 사전에 고객과 접촉하여 동의를 받도록 해야 한다.

5) 무리한 판매권유

영업장의 종업원은 자신들의 매출목표를 달성하기 위하여 때로는 고객이 원하지도 않는 상품이나 서비스를 추천하고 무리한 설득을 하여 고객으로부터 불만을 유발시킬 수 있다. 따라서 영업장의 종업원은 이와 같은 무리한 강매를 유도하기보다는 고객에게 상품의 유용성이나 효용가치를 논리적으로 설명하여 스스로 구매욕구가 발생될 수 있도록 고차원적으로 설득을 해야 한다.

6) 일처리 미숙

아직 업무처리가 서툴러 상품이나 서비스의 구입 후 계산서 처리시간이 늦거나 틀리거나 혹은 미숙한 정보, 거스름돈의 착오 등은 불만을 발생시킬 수 있다. 따라서, 종업원을 영업장에 투입하기 위해서는 적당한 이론교육을 토대로 지속적인 현장교육 훈련을 통하여 능숙한 업무처리를 할 수 있는 자질을 갖추도록 해야 한다.

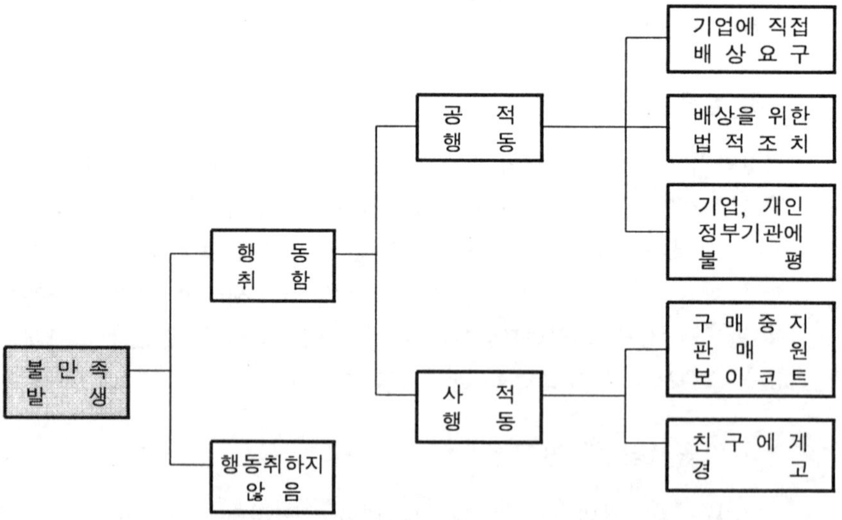

[그림 8-7] 고객의 불만족을 처리하는 방법

(2) 고객의 실수에 의하여 발생하는 불만

영업장 종업원의 실수나 관광기업의 제도적인 불합리성 때문이 아니고 고객의 실수로 인하여 불만이 발생하였을 경우라도 고객의 프라이버시를 자극하지 않는 범위 내에서 불만에 대한 것을 고객이 충분히 납득할 수 있도록 설명하여 이해시켜야 한다. 이때 주의해야 할 점은 고객에게 일방적으로 실수를 시인하도록 강요하면 오히려 반감을 불러일으킬 소지가 있으므로 겸손한 마음으로 간접적인 방법으로 고객을 설득시키면서 응대하는 것이 중요하다.

1) 기억의 착오

고객이 영업장 종업원과의 약속내용을 착각하였거나 상품이나 서비스의 잘못된 정보의 기억으로 인하여 발생하는 경우로서, 이러한 경우에도 고객의 입장을 고려하여 겸손한 자세로 납득을 시키도록 노력해야 한다. 일부 고객은 고의적인 방법으로 상품의 정보를 잘못 전해들은 것으로 판매사원을 곤란하게 하는 경우도 있으나 어떠한 경우일지라도 화를 내지 말고 침착하게 고객을 응대해야 한다는 것을 명심해야 한다.

2) 상품에 대한 잘못된 인식

상품에 대한 잘못된 인식으로 인한 고객의 오해나 고객이 상품에 대한 정보를 판매사원으로부터 전해 듣고 구매 당시에는 모든 것을 동의하였으나 주변의 조언이나 마음의 변화로 인하여 구매한 상품의 질이나 조건 등에 문제를 제기하는 경우로서, 충동구매로 상품을 구매했을 경우 흔히 발생되기도 한다. 이러한 경우에도 상품에 손상이나 변질 등의 특별한 경우가 없는 한 소탐대실(小貪大失)이 되지 않도록 고객의 요구에 최선을 다해야 한다.

3) 상품할인을 위한 고의성

빈번하게 발생되는 것은 아니지만 종종 고객이 고의적으로 잘못된 점을 부각시켜 반환을 요구하거나 종업원에 대한 서비스 태도를 고의적으로 지적하여 교환 또는 할인을 요구하는 경우가 있다. 이런 경우 만약 영업장의 종업원이 처리하기 어려운 상황이라면 즉각적으로 상사에게 보고하여 적당한 조치가 이루어지도록 해야 한다.

3. 불평의 처리방법

불평에 대하여 최근에 연구된 결과에 의하면 한 기업이나 영업장에서 불만족하면 그 고객이 10명 이상의 다른 주위사람에게 기업이나 매장에 대한 부(-)의 영향을 미쳐 이미지를 손상시킨다고 한다. 그리고 불만을 갖고 있으면서 그 내용을 언급하지 않는 고객은 재구매의 확률이 현저히 감소한다. 한편, 고객의 불만을 만족수준에 가깝게 처리하였다면 그 고객은 향후 더욱 밀접한 관계를 유지할 수 있는 단골고객으로 전환된다는 사실도 인지해야 한다.

따라서 관광기업의 영업장 종업원이나 간부사원은 고객들의 불만에 대하여 회피하지 말고 적극적인 자세로 성의를 다해 고객과의 관계를 돈독히 해야 한다. 고객으로부터 불만이 접수되면 우선 불만에 대한 원인을 정확히 파악해야 하며, 차분한 상태로 해결의 실마리를 찾아야 한다.

다음은 고객의 불평에 대한 처리방법을 단계별로 살펴보았다.

① 경청 : 고객이 화가 난 상태에서는 종업원에게 분풀이를 하므로 종업원은 고객이 화가 가라앉을 때까지 불평에 대한 이야기를 들어주고 필요하면 메모를 한다. 만약, 이야기 도중에 방해를 하면 고객이 이야기를 다 하지 않고 중간에 그치기 때문이다.

② 정중한 사과 : 이때 사과는 여러 번 반복해서 하지 않고 한 번만 하도록 한다. 왜냐하면 고객에게 여러 사람이 여러 번 반복하여 사과를 하면 그에 대한 보상을 요구하기 때문이다.

③ 관심 : 고객에게 내가 그런 경우에 처했더라도 화가 났을 것이라는 동정과 함께 마음에서 우러나오는 관심을 표명한다.

④ 감사의 말 : 고객은 자신이 화를 내면서 불평에 대한 이야기를 했기 때문에 종업원이 감사의 뜻을 전하면 대부분 화를 누그러뜨린다.

⑤ 별도의 장소로 안내 : 고객이 불평을 계속하면 주위에 있는 고객에게 부정적인 영향을 미치므로 가능하면 사무실이나 조용한 곳으로 안내를 한다.

⑥ 특별대우 : 불만에 대한 상황을 사실에 입각하여 처리하고 귀빈대우를 하고 필요하면 무료로 서비스를 제공한다.

(1) 일반적인 불평의 제기

흔히 발생하기 쉬운 고객의 불평에 대해서는 사소한 불평으로 인하여 문제를 악화시키지 않도록 영업장이나 상담실에서 즉시 처리한다. 처리절차는 [그림 8-8]과 같이 해당 영업장을 방문하여 불평하는 경우와 [그림 8-9]와 같이 상담실을 방문하여 불평을 제기하는 경우로 구분할 수 있다.

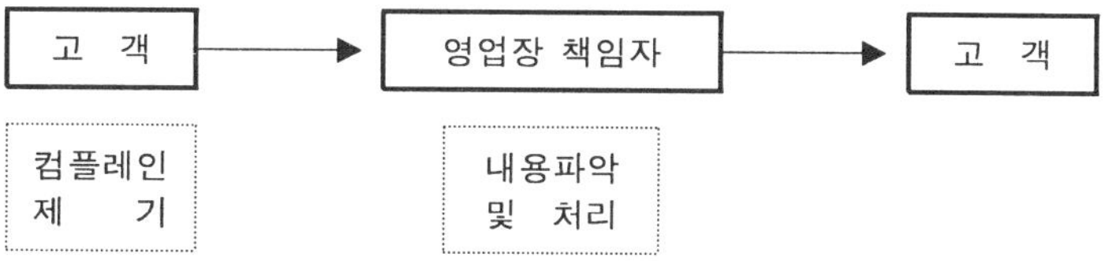

[그림 8-8] 영업장에서 불만 제기 및 처리절차

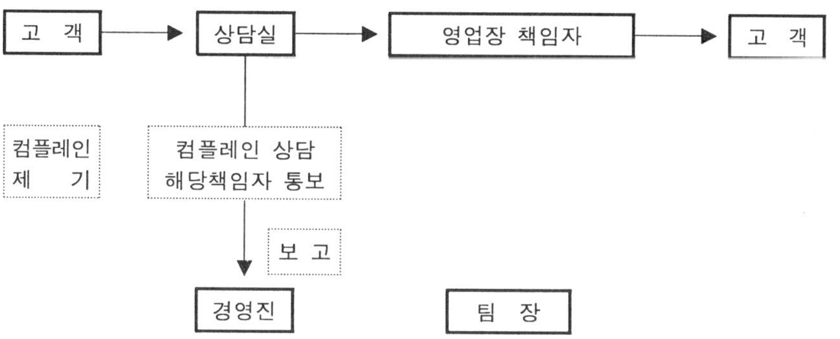

[그림 8-9] 상담실에서 불만 제기 및 처리절차

(2) 중요한 불평의 제기

상담실을 통한 강력한 불만의 제기이다. 경미한 불만의 처리와 마찬가지로 가장 합리적인 방법을 사용한다. 고객이 납득할 수 있는 수준으로 점에서 규정하고 있는 내용을 바탕으로 불만의 상황을 고려하여 소속 팀장의 주도하에 신속하게 처리를 하도록 해야 한다.

처리절차는 영업장의 특성에 따라 다르겠지만 처리절차는 보통 [그림 8-10]과 같다.

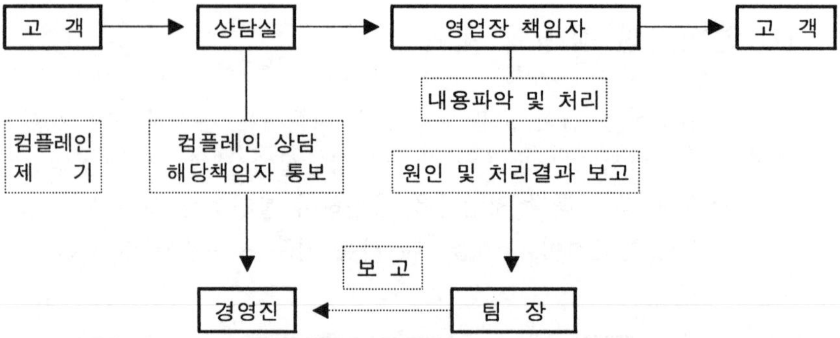

[그림 8-10] 중요한 불만의 처리절차

(3) 인터넷을 통한 불평의 제기

컴퓨터 시스템을 통한 통신의 급격한 보급으로 인하여 전자메일(e-mail)을 이용하여 고객의 불만을 제기하는 경우도 점점 늘어나고 있는 추세이다. 이러한 경우에도 불평의 내용을 즉각적으로 처리하여 고객의 불만이 확산되지 않도록 최선을 다해야 한다. [그림 8-11]은 인터넷을 통한 불평에 대한 처리절차를 보여주고 있다.

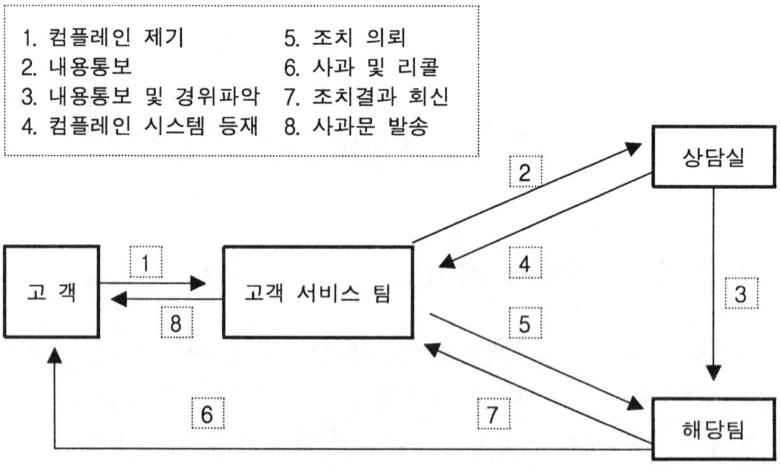

[그림 8-11] 인터넷을 통한 불평의 제기 및 처리절차

4. 불평의 예방법

불평이 발생하면 최선을 다하여 고객의 불만을 해소시키도록 노력을 해야 하지만 그보다 중요한 것은 불만이나 불평이 발생하지 않도록 사전에 예방할 수 있는 전략이다. 왜냐하면 고객으로부터 불만이 발생하였을 경우 들어가는 노력이나 비용은 사전에 예방을 하기 위하여 투입되는 그것보다 더 크다는 것을 인식해야 한다. 따라서 고객을 접하는 모든 영업장의 종업원은 고객으로 하여금 불만을 야기시킬 가능성이 있는 잠재적인 문제를 제거하는데 심혈을 기울여야 하겠다.

제 7 절__내부 마케팅

1. 내부 마케팅의 정의

내부 마케팅(internal marketing)은 백화점의 종업원을 대상으로 한 내부 지향적 마케팅 활동이다. 과거의 마케팅은 최고경영자나 마케팅 관리자들의 외부시장에 대한 일련의 활동을 의미하였으며, 마케팅 조사(marketing research)를 비롯하여 마케팅 믹스에 의한 포지셔닝 전략은 모두 외부고객에 초점을 맞추어왔다.

마케팅의 중심적 개념인 고객 지향(customer orientation)은 실로 기업 외의 고객 지향이었다. 이에 비하여 내부 지향적 내부 마케팅에서 중심적 개념인 고객 지향은 외부고객을 중심으로 하고 있으며, 내부고객을 중심으로 한 마케팅 조사 및 전략은 기업내부의 고객을 대상으로 하고 있고, 그들 내부고객(특히 서비스 기업인 백화점의 판매원)을 동기부여하기 위하여 계획·실시된다.

전통적으로 서비스업은 노동집약적이었으나 최근에는 자본집약적이며 장비집약적인 서비스업도 많아지고 있다. 대부분의 서비스의 창출과 배달은 상품에 의해서가 아니라 고객과 판매원간의 인간활동에 의해서 이루어진다.

서비스업에서 경영자는 종업원의 태도가 고객에게 긍정적으로 취해지기를 기대한다면 고객과 종업원에게 긍정적인 면을 갖고 있어야 한다. 그리고 종업원은 마치 고객이 어떤 기업을 선택하고 바꾸는 것을 결정하는 것처럼 고용주를 선택한다.

전통적인 마케팅 활동은 내부 마케팅을 적용하는 데 있어 협의의 개념이기 때문에 내부 마케팅의 범위확대를 주장했으며, 유효한 내부 마케팅을 위해서는 고객 지향적 세일즈 마인드(sales mind)를 가진 종업원이 필요하다고 강조했다. 즉, 내부 마케팅은 기업의 마케팅 부서뿐만이 아니라 모든 부서의 업무기능이 고객 지향의 통합적인 업무수행의 활동이 되어야 한다는 것이다. 따라서, 내부 마케팅은 외부시장 이전에 내부시장으로서 종업원 역할의 중요성을 강조하는 경영이념으로서 또한 그것을 실현하는 수단의 집합으로서 본 것이다.

고객을 위한 편익제공은 경영자나 일반사원의 입안과 서비스를 제공하는 고객과의 접점에서 근무하는 종업원의 협력작업에 의해 행해진다. 그러므로 최고경영자나 관리자들은 고객과 접촉하는 종업원을 제1차 고객으로서 인식하고 그들에게 포지셔닝 전략을 수립해야 한다. 이것은 전통적인 마케팅 믹스에 새로운 관리요인인 현장판매원(contact personnel)을 추가하는 것이다.

내부 마케팅의 특성은 태도관리와 커뮤니케이션 관리의 양측면이 함께 필요하기 때문에 내부고객과 외부고객에 대해 좋은 서비스를 제공하는 것은 물론 기업문화인 기업내 서비스 문화의 개발이 중요하다.

기업문화가 정착되기 위해서는 첫째로 일단 서비스 문화가 확립되면 적극적으로 이를 유지해야만 한다. 그렇지 않으면 종업원의 태도나 기업 내 규범이 쉽게 이전의 사고방식으로 돌아가게 되어 다시 기술적 효율성이 주된 원칙이 된다. 둘째로 고객의 접점에 있는 종업원에게 새로운 서비스 마케팅 활동에 대한 범위와 전략 등 올바른 서비스 활동을 수행할 수 있도록 충분히 이해시키는 교육의 과정이다.

내부 마케팅의 목적은 현장의 종업원을 충분하게 동기부여시키고, 고객 지향적인 서비스를 제공하는 요원으로 개발하는 데 있다. 이러한 목적을 달성하기 위하여 인사부서를 포함한 지원부서, 영업부서 등 여러 부문관계를 마케팅 부서에서 고객 지향적인 기능의 입장에서 가장 효율적으로 조정하는 역할을 실시하여 경영자는 물론이거니와 서비스를 제공하는 종업원의 상호간에 세일즈 마인드(sales mind)가 형성되도록 기업의 내부환경을 구축하지 않으면 안 된다.

이와 같이 서비스 기업에서 내부 마케팅의 도입이 절실히 요구되는 것은 서비스 조직의 마케팅 특성상 서비스가 본질적으로 무형적이므로 서비스를 구매하기 전에는 이를 상세히 열거할 수가 없다. 그러므로 외부고객의 욕구를 충족시키려면 고객의 구매행동 관점에서 고객만족 과정을 보아야 한다.

서비스를 전달하는 내부고객마다 독특하고 다양한 서비스 품질을 생산하고, 또한 고객이 지각하는 서비스의 품질이 다면적이기 때문에 인적·물적 환경요인과 상호작용을 하면서 산출된다. 그렇기 때문에 서비스 기업은 실제고객과의 접촉 이전에 고객 지향적인 종업원을 양성하고 유지하는 일이 무엇보다 중요해진다. 그러므로 고객의 신뢰형성과 종업원의 동기부여를 위한 기업내의 종업원 교육훈련을 통해서 종업원의 서비스 수행능력, 직무의 정확한 이해와 상황변화에 대한 적절한 대처능력을 습득하도록 한다. 내부 마케팅은 현재고객이나 잠재고객과 우호적 관계를 유지하는 것이 결정적인 관건이 되므로 서비스 기업에서는 절대적으로 필요한 것이다.

결론적으로 서비스 기업에서의 내부 마케팅은 내부고객인 종업원의 태도를 향상시킴으로 해서 종업원의 욕구충족을 통한 서비스의 품질을 높은 수준으로 유지하여 기업의 목표를 달성하고자 하는 것이다.

2. 내·외부고객 통합 서비스

종업원인 내부고객과 사외의 외부고객을 개념적인 구분은 할 수 있어도 별도의 요소로 생각해서는 서비스의 원활한 흐름을 기대할 수가 없다. 종업원과 고객간의 유기적인 관계의 유지가 전제되어야 고객만족을 이룰 수 있기 때문이다. 따라서 가치생산고객, 가치전달고객, 가치사용고객은 모두가 고객이라는 하나의 시스템 내에서 서로 고객이 되는 것이다.

내·외부고객들에게 좋은 서비스를 제공하는 가장 중요한 이유는 우리 자신을 기분 좋게 만들기 때문이다. 우리 자신이 행한 서비스 행동이 보상을 가져다주거나 또는 손실을 피하게 해주는 것이다. 그리고 내·외부고객에게 좋은 서비스를 제공하면 업무의 종류가 무엇이든간에 관계없이 좋은 서비스를 제공하는 사람은 그들이 속한 조직이 보상에 추가하여 심리적인 이득을 본다.

만일 우리가 자신의 직무에 만족스러워하지 않고 있거나 실망하고 있다면 우리가 제공하고 있는 서비스를 한번 객관적으로 검토해보아야 한다. 대부분의 경우에 우리가 업무로부터 느끼는 만족수준은 내·외부고객이 우리를 상대하면서 느끼는 만족수준을 그대로 반영하기 때문이다. 열악한 서비스를 제공하는 것은 우리 스스로를 혹독하게 다루는 것과 마찬가지라고 할 수 있을 것이다.

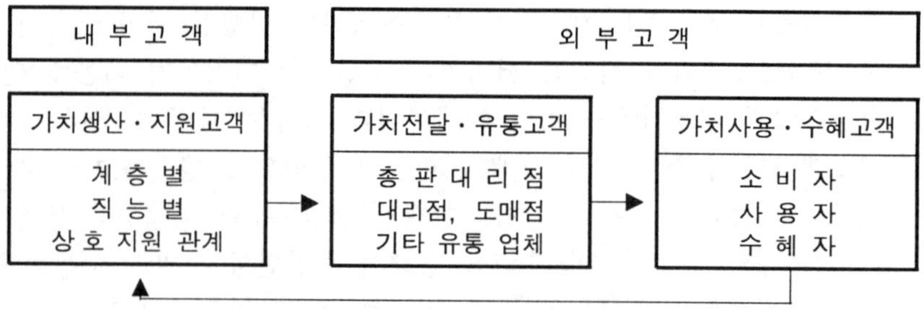

[그림 8-12] 내부고객과 외부고객 서비스의 순환도108)

3. 내부 마케팅의 실행요소

내부 마케팅은 욕구를 만족시키는 직무상품을 통해 우수한 종업원을 모집하고 개발하며 동기를 부여하고 유지시키는 것이다. 즉, 내부 마케팅은 종업원을 고객으로 대우함을 기본철학으로 삼고 있다. 따라서 종업원을 내부고객으로 간주하여 대우하기 위해서는 기업의 철학에 합당하고 자질을 갖춘 종업원을 선발하고, 일단 선발이 되면 철저하게 내부고객으로서의 혜익을 받을 수 있는 제도적인 장치에 의한 지원이 필요하다.

관광기업의 내부 마케팅을 위한 실행요소는 다음과 같이 제시될 수 있다.

- 적성에 맞고 재능을 갖춘 종업원을 채용하는 것이다. 서비스를 실행하는 최고의 사람을 고용하는 것은 서비스 마케팅의 핵심요인으로 제공하는 서비스에 적합한 재능이나 적성을 갖춘 종업원을 선발 및 모집하는 것이 무엇보다도 중요하다.
- 내부 마케팅 실행에서 종업원들이 그들의 직장에 목적과 의미를 부여할 수 있도록 비전(vision)을 제공해준다.
- 서비스 역할을 훌륭하게 수행하는 데 필요한 기술과 능력을 갖출 수 있도록 일정한 절차에 따라서 교육을 실시한다.
- 팀 플레이(team play)를 훈련시키고, 성공의 결과를 함께 누릴 수 있도록 이익을 구체적으로 분배한다.
- 근무에 관한 표준화된 매뉴얼(manual)을 효과적으로 수행하기 위해 일정한 자유재량권(empowerment)을 부여해준다.
- 고객에게 제공된 서비스의 평가에 따른 적절한 보상이 주어지도록 함

108) 최동열, 관광 서비스론, 기문사, 1998, p.49.

으로써 긍정적인 업무능력을 강화시켜나간다.

- 고객의 요구를 이해하고 만족시키기 위해 먼저 직무상품을 판매하는 종업원을 내부고객으로 대하고 상품 디자인 결정의 기초로 활용한다.

그러므로 내부 마케팅은 고객을 대하는 종업원들의 교육수준과 급여수준에 따라 직무의 동기수준과 직무만족 여부, 이직률 등에 영향을 미치고 결과적으로 고객들의 만족과 불만족 수준을 결정하게 된다. 그리고 마케팅 담당자는 종업원 시장을 세분화하기 위하여 세분시장을 선정하고, 그 시장을 유인하기 위한 마케팅 믹스를 개발하면서 가장 우수한 마케팅 조사기술을 사용할 수 있다.

종업원을 대상으로 한 마케팅 믹스로 직무, 급료, 복지, 위치, 교통, 주차, 업무시간, 무형의 보상 등을 제시하고 있다. 왜냐하면 종업원으로 이루어진 내부조직이 고객과의 관계에서 조직의 효율성과 고객만족을 유도할 수 있기 때문이다. [그림 8-13]은 이러한 고객과 종업원 및 조직간의 서비스 조우(service encounter)에 대한 관계를 나타내고 있다.

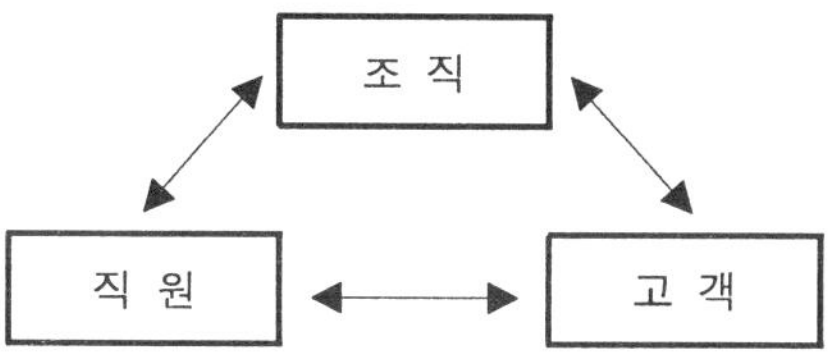

[그림 8-13] 서비스 조우의 삼각형109)

일부 서비스 기업들은 프론트 라인(front line)에서 근무하는 모든 종업원들의 마케팅 역할의 인식과 서비스 대인접촉의 이해를 반영하는 훈련을 통하여 침체현상을 피해왔다. 즉, 서비스 대인접촉의 효과적 경영은 불만족스러운 서비스 또는 고도로 만족스러운 서비스를 제공하는 종업원의 행동을 이해하고, 적절한 교육과 보상을 통해 동기를 부여하여 내부고객인 종업원들의 욕구를 만족시켜 외부고객의 욕구를 만족시키는 능력을 향상시켜야 한다.

이와 같이 고객만족이라는 서비스 조직의 경영목표를 달성하기 위해서는 내부 마케팅 활동이 선행되어야 하며, 그 실행요소로는 선발, 교육훈련, 보상, 동기부여 등의 요인이 필요하다.

---

109) J. Bateson, perceived Control and the Service Encounter, In J.A. Czepiel, M.R. Solomon, and C.F. Surprenant(eds), *The Service Encounter*, Lexington Books, 1985, p.76.

사 례[110)]

적극적인 고객관리 전략

고객에 대한 적극적인 관리방안을 마련하기 위해서는 기업에서는 비용이 들어가는데 그것은 장기적인 면에서 투자가 될 수 있다. 미국 호텔 체인들이 얼마나 서비스가 좋은지 조사했는데, 그때 퍼시즌 호텔이 리츠칼튼을 제치고 1위에 오를 수 있었던 에피소드가 있다.

미국의 한 변호사가 워싱턴에 갔다가 퍼시즌 호텔에 묵고 뉴욕으로 돌아갔다. 워싱턴 퍼시즌 호텔의 청소하는 사람이 청소를 하다가 변호사가 놓고 간 가방을 발견하고, 그 가방 속에 들어 있는 연락처를 갖고 연락을 했다. 마침 그 변호사와 통화하게 되어, 고객이 놓고 간 것에 대해 호텔 부담으로 부쳐주겠다고 했더니, 그 변호사는 내일 아침 9시에 변론할 중요한 서류가 그 가방에 들어 있기 때문에 오늘밤 중에 받아야 한다고 했다. 그래서 청소부는 마지막 비행기를 간신히 타고 뉴욕에 가서 가방을 변호사에게 전해주고, 마지막 비행기를 타고 돌아왔다.

호텔에 돌아오니 호텔 매니저가 당신이야말로 우리 퍼시즌의 모범이라고 말하면서, 고객을 위해서 헌신하는 것이 퍼시즌이 추구하는 바로 그것이라고 말했다.

그 후 워싱턴 포스트, CNN 등 언론사들에서 몰려들기 시작했다. 너무나도 고마움을 느낀 변호사가 고마움을 표시하기 위해 언론사측에 연락을 했기 때문이었다. 그래서 그 청소부는 승진과 포상까지 받았다고 한다. 그 일은 워싱턴 포스트, 뉴욕 타임즈, ABC, NBC, CNN 등 모든 언론기관에 보도되었고, 엄청난 홍보효과를 거두었다.

고객을 점유·유지하는 것에 종업원들의 마음으로부터 우러나오는, 고객을 위해 봉사한다는 정신이 없으면 안 된다. 적극적으로 고객을 관리하기 위해서는 최고경영층이 정기적으로 고객을 접촉해야 한다.

110) 마케팅 포럼(www.love.kr.ms)

제 9 장

영업계획

관광기업의 영업계획(business plan)은 크게 두 가지로 구분할 수 있다. 첫째는 시장상황을 고려하여 영업목표를 마케팅 관리자가 수립하고 최고경영자의 재가를 받아 실행하는 방법(bottom up method)과, 둘째는 관광기업의 투자비를 고려하여 최고경영자가 영업목표를 결정하고 그 목표를 달성하기 위한 마케팅 계획을 수립하는 방법(top down method)이다.

두 가지 방법에는 각각 장 · 단점이 있으나 최근에 와서는 대부분의 기업에서 하의상달식 방법을 보완한 방법으로서 마케팅 담당자가 수립한 영업계획에 영업의욕치를 가산하여 영업목표로 정하는 경우가 많다. 그리고 개별기업의 경우는 최고경영자와 마케팅 담당자간의 의사결정으로 단시간에 영업계획을 수립할 수 있으나 체인 기업에서는 예약망의 복잡성과 마케팅 영역도 광범위하고 체인 본부의 감독하에 결정되기 때문에 의사결정과정이 매우 복잡하다.

제 1 절 _ 영업계획의 중요성

기사가 자동차를 운전하기 위해서는 목적지가 있어야 하듯이 기업도 영업에 대한 방침과 지침이 있어야 추구하는 목표를 달성할 수 있다. 영업계획은 영업을 하기 위해 예측되는 환경을 분석하고, 긍정적인 면은 강화를 하고 부정적인 면은 슬기롭게 대처하면서 가장 효율적인 방법으로 나아가고자 하는 것이다. 그렇기 때문에 주어진 조직의 틀에서 수익을 극대화하기 위해서는 합리적이고 의욕적인 영업계획이 관광기업의 마케팅에 있어서 대단히 중요한 수단이라고 할 수 있다. 따라서 영업계획이 실현 가능성을 고려하여 합리적인 수준으로 작성되기 위해서는 주변의 많은 정보와 과학적인 기법이 필요하다.

영업계획을 수립하기 전에 무엇보다 중요한 것은 고객을 이해하는 데서 출발해야 한다. 따라서 영업계획의 작성은 고객의 구매행동을 토대로 한 제로 베이스 커뮤니케이션 플랜(zero based communication planning) 개념으로 작성되어야 한다. 즉 고객의 구매행위를 분석하여 문제점을 발견하고 그 문제점을 해결하기 위한 전략을 토대로 하여 마케팅 계획을 수립해야 한다는 것이다.

제 2 절__판매예측

1. 판매예측의 중요성

판매량 예측(forecasting sales)은 관광기업의 영업에 대한 가이드 역할을 한다. 왜냐하면 판매 예상량은 원자재, 노동력 및 자본력을 중심으로 한 생산계획으로부터 광고나 판매사원의 능력 개발, 서비스 개발 등의 마케팅에 이르기까지 판매예측의 내용을 구체적으로 나타내고 있기 때문이다.

이러한 판매예측은 여러 가지의 통제 가능한 것과 통제 불가능한 환경변수를 고려하여 작성되고, 최고경영자의 의지가 포함되어 있기 때문에 모든 기업의 영업에 관련된 사항은 판매예측으로부터 출발한다. 따라서 판매예측을 하기 위해서는 수집 가능한 모든 자료를 모아 철저히 분석하여 작성되어야 세부적인 활동계획을 수립할 수 있다. 그러나 판매예측은 오차가 어느 정도 존재하기 마련이다.

대개 계획대비 실적은 5% 정도 범위의 오차를 관례적으로 인정하고 있으나 보다 정확성을 기하기 위하여 오차의 범위를 좁히는 데에는 그에 비례하는 시간, 비용 및 전문가의 노력이 필요하다. 판매예측의 신뢰성에 미치는 영향요인으로는 불확실한 성장요소들, 과거 판매정보의 부족, 유행, 고객의 소비태도 변화 등이다.

2. 판매에 미치는 요인

판매예측(sales forecast)은 수동적 접근방법([그림 9-1])과 능동적 접근방법([그림 9-2])으로 구분할 수 있는데, 대부분의 관광기업에서는 외부의 영향요인의 예상과 기업이 현재 처해 있는 상황에서 판매량을 예측하는 수동적인 접근방법을 채택하고 있다. 이와 같은 수동적 접근방법은 문제가 있다. 판매는 외부환경과 경쟁사의 상황뿐만 아니라 관광기업 자체가 보유하고 있는 능력의 결과이기 때문이다. 판매는 광고, 가격정책, 상품·서비스 믹스 정책 등의 기능과 마케팅 노력으로 이루어지는 것이다.

통제가 불가능한 요소(uncontrollable factor)와 가능한 요소(controllable factor)로부터 판매에 영향을 미치는 영향요인을 광범위하게 분류하는 것이 무엇보다 중요하다.

첫째로 통제 가능한 요소는 자원의 이용 가능성을 고려한 관광기업을 통제할 수 있는 활동의 계획과 내부영업의 환경요소로 구성되어 있다. 예를 들면 호텔 시설물의 능력, 대 고객 서비스를 담당하는 종업원의 배치 전략, 경영자의 경영에 대한 확신성과 선호성, 자금력 및 경영목적 등이 될 수 있다.

둘째로 통제 불가능한 요소는 호텔 기업이 여러 가지 이유로 인하여 통제할 수 없는 상황의 요인으로 구성되어 있다. 예를 들면 문화적 환경, 인구통계학적 환경, 정치적 및 경제적 환경, 경쟁사의 환경 등은 임의로 통제를 할 수 없는 요인들이다.

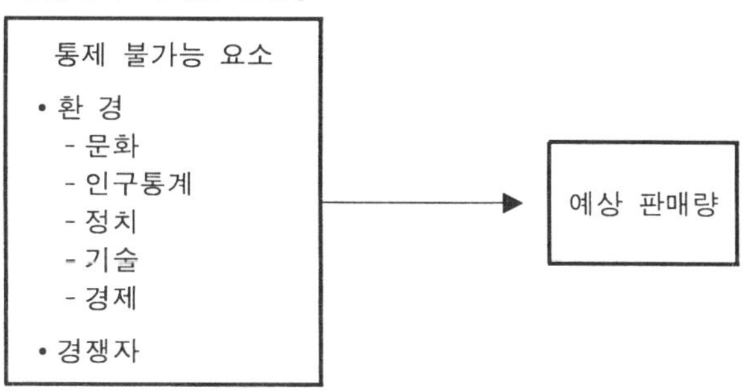

[그림 9-1] 판매예측의 수동적 접근[111]

111) Robert F. Hartley, *op. cit*, p.126.

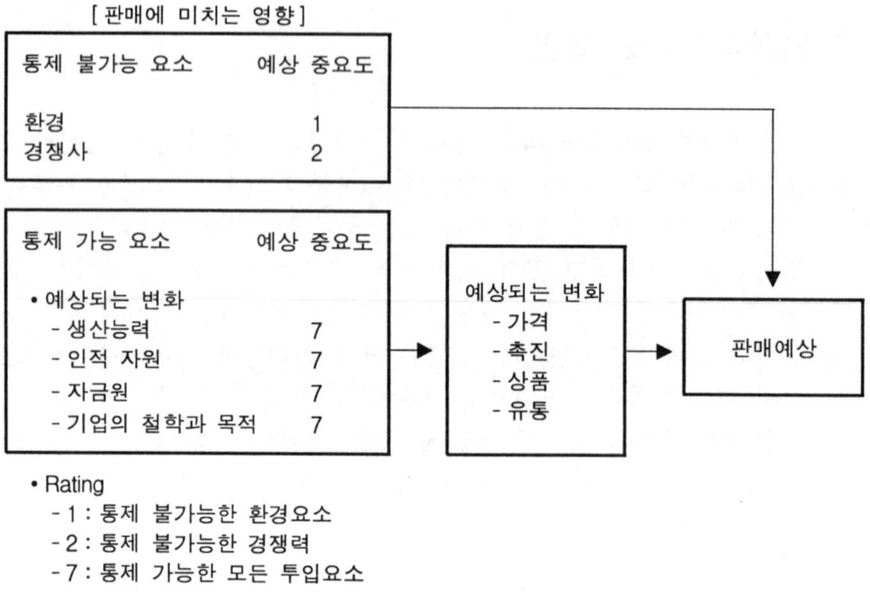

[그림 9-2] 판매예측의 능동적 접근[112)]

3. 판매예측의 절차

기업의 환경을 고려한 판매의 예상량은 그 구성 자체가 복잡하여 전문적인 지식이 요구되기 때문에 전문가에 의해서 작성되어야 한다. 판매예측은 주로 관광기업의 판촉 부서나 마케팅 부서에서 작업이 이루어지나 필요한 경우에는 외부의 전문기관이나 경제전문가의 자문을 받아 작성되기도 한다. 일반적으로 미래의 영업환경을 분석하고 그 결과를 근거로 판매량 계획을 수립하여 경영자의 재가를 받아 확정하지만 반대로 경영자의 판매량 요구에 맞춰 모든 전략을 수립하는 경우도 있다. 판매예측의 절차는 대개 다음과 같은 다섯 단계의 절차를 거친다.

(1) 정보의 수집

판매예측을 하기 위해서는 우선 주변의 영업환경, 즉 강화된 영업경쟁력, 경제의 불황, 예상되는 자원의 고갈 등의 통제 불가능한 요소와 영업활동을

112) Robert F. Hartley, *ibid*, p.126.

효과적으로 수행하기 위해 통제 가능한 요소들의 정보를 수집해야 한다. 이때 계획된 마케팅 노력이 과거의 그것과 현저히 다르다면 판매에 대한 노력이 다른 각도에서 접근되어야 한다. 이러한 정보는 여러 분야에서 수집할 수 있는데 특히 정부에서 발표되는 지역의 개발사업이나 내부고객인 종업원을 통하여 수집하는 것이 가장 효과적이다.

(2) 판매예측 기법의 적용

수집된 모든 정보나 데이터는 상황에 알맞은 기법을 적용하여 예측을 하는 데 있어서 구체적으로 보조역할을 해야 한다.

(3) 판매예상량의 영업적 전환

판매의 판매예측이 완료되면 상품·서비스의 믹스별 또는 부서별로 투입되는 비용과 매출을 고려하여 이익창출 부서에 배분하고 균형을 유지하는 작업이다. 예를 들면, 목표시장을 마케팅 프로그램, 상품·서비스 믹스 전략, 자금의 수요, 서비스 요원의 교육훈련 및 원자재의 재고수준 등의 영업적인 프로그램으로 전환시키는 작업이다.

(4) 판매예측의 감사

판매예측이 적용되는 기간에 실제로 획득한 영업현황과 계획을 비교 분석하여 달성하지 못한 부분이 발생하면 그 이유를 철저히 규명하여 대책을 강구해야 한다. 따라서 관광기업의 마케팅 부서에서는 마케팅 관리 측면에서 주기적인 분석을 통하여 판매예측의 감사 기능을 수행해야 한다.

(5) 판매예측의 조정

판매예측의 감사 결과 실질적인 영업 결과와 비교하여 큰 폭의 차이를 나타냈다면 깊이 있는 분석을 실시하고, 필요하다면 본래의 판매예측을 수정 또는 보완해야 한다. 따라서 마케팅 부서에서는 보통 분기별로 평가하여 차분기 판매예측을 상황에 따라 조정해야 한다.

4. 판매예측의 기법

판매예측의 기법은 질적인 방법과 양적인 방법으로 구분할 수 있는데, 대부분의 관광기업은 정교한 통계적 기법을 이용한다. 때로는 이와 같은 통계적 기법으로부터 정확한 판매예측이 가능하고, 복잡한 수학적 공식의 세련된 적용은 이용자들에게 만족을 준다. 그러나 이러한 통계적인 판매예측 방법은 보이지 않는 주변환경을 배제하기 쉽고, 주어진 숫자의 조합으로 이루어지기 때문에 항상 영업의 예측에 정확성을 보장하지 못한다. 왜냐하면 판매예측은 경영자의 요구나 마케팅 담당자의 의욕치가 고려되어야 하기 때문이다.

(1) 질적 방법

질적 방법(qualitative method)은 주관적인 판단, 의견 또는 개인이나 단체의 육감을 포함하고 있기 때문에 주관적인 방법으로도 불리고 있는데, 그 결과는 옳고 그름을 나타내는 것보다 매우 좋음과 매우 나쁨의 범위에서 평가된다.

주관적인 판단에 의해서 이루어지는 판매예측 기법은 다음과 같은 종류가 있다.

1) 경영자 의견

경영자 또는 지역의 판매책임자는 기업의 판매활동과 시장상황의 파악으로 인한 풍부한 경험에 의하여 다각도로 조합된 관점을 통합하여 육감적으로 판단하기 때문에 매우 주관적이다. 경영자의 의견을 고려한 방법은 실제로 전개되는 상황을 근거로 하고 있고, 경영자의 주관적인 판단으로 이루어지기 때문에 영업예측이 신속하게 이루어질 수 있다는 장점이 있다.

그러나 대부분의 경영자는 목표시장에 대한 지식이 부족하여 시장의 통계적 수치가 구체적으로 반영되지 못하고, 판매에 대한 의욕치가 과도하게 반영될 수 있으므로 실제로 달성하기 어려운 판매예측이 될 가능성이 높다.

2) 판매사원의 의견수렴

각 분야의 고객접점에서 상품이나 서비스를 판매하는 종업원들의 의견을 수렴하고 분석하여 이루어지는 방법으로서, 다음과 같은 장점이 있다.

- 시장상황에 대한 파악이 가장 현실적이다.
- 목표를 달성해야 하는 사람들로부터 판매예측이 이루어진다.
- 종업원들로부터 이루어지는 판매예측은 자신감과 책임감을 느낀다.
- 여러 사람들이 참여하기 때문에 안정되고 비교적 정확하게 목표를 달성할 수 있다.
- 상품과 서비스, 고객, 판매자들을 구분하여 판매활동을 수행하는 데 용이하다.

그러나 판매를 담당하는 종업원의 의견을 수렴하여 결정하는 판매예측은 다음과 같은 단점이 있을 수 있다.

- 시장을 너무 낙관적이거나 비관적으로 판단하여 예측이 빗나갈 수 있다.
- 판매사원들이 달성해야 하는 판매예측이므로 비교적 쉽게 달성할 수 있는 안정된 목표를 고려한다.
- 판매사원들은 미래에 형성될 경제의 변화로 인한 시장상황을 폭넓게 이해하지 못한다.
- 판매사원은 주로 고객을 접촉하는 데 시간을 소비해야 하기 때문에 많은 시간을 요구하는 판매예측에 시간을 많이 투자하기 곤란하다.

3) 업계관련자들의 의견수렴

해당 관광기업의 영업을 위해서는 여러 분야의 관련 기관이나 단체 또는 개인으로 구성된 조직이 포함되어 있다. 이러한 조직이나 개인은 기업의 영업에 유기적인 관계를 형성하고 있으므로 이들로부터의 의견수렴은 영업의 예측에 대단히 중요한 단서가 될 수 있다. 해당 관광기업과 관계를 맺고 있는 호텔, 여행사, 항공사, 이벤트 회사, 관광지, 판매대행사(GSA : general sales agent), 도매업자(wholesaler) 등은 해당기업 자체에서 파악하지 못하고 있는 시장의 변화나 관련 산업들의 동정 등을 인식하는 데 많은 도움을 줄 수 있다.

4) 고객의 의견수렴

관광기업이 고객에게 제공하는 상품이나 서비스를 경험하는 고객은 경쟁사의 상품이나 서비스를 제공받을 수 있기 때문에 비교 평가가 가능하다. 그러므로 마케팅 부서에서는 주기적으로 고객을 무작위로 추출하여 리서치(research)를 실시한 결과를 영업활동에 참고하기도 하고, 영업예측을 위한 기초자료로도 이용한다.

고객의 의견은 가장 현실감 있고 직접적인 평가가 반영되기 때문에 매우 중요하다고 할 수 있다. 그러나 고객의 의견은 장기의 시장상황이나 소비행동이 고려되지 못하는 경향이 있으므로 근시안적인 측면에서 접근되기 쉽다. 따라서 고객의 의견을 중심으로 한 판매예측은 보통 3~6개월의 단시간의 목적에 이용된다.

(2) 양적 방법

오늘날 통계적인 방법을 이용한 양적 방법(quantitative method)이 증가하고 있는 추세이다. 이와 같은 기법은 매우 간단한 추세분석으로부터 전문적인 다중회귀분석 및 수학적인 모델에 이르기까지 다양하다.

1) 추세분석

추세분석(projection of trend)은 과거의 실적을 토대로 해서 미래에도 동일한 추세로 전개될 것이라는 가정하에 이루어지는 것으로서, 주요한 증가율의 변화와 예상치 못하는 변화 등을 제외하면 비교적 정확하게 구성되는 방법이다. 만약 예측한 기간에 어떠한 예상하지 못한 변화가 전개되면 기업의 영업은 크게 성공하거나 실패의 원인이 될 것이다.

이 방법은 주로 과거의 정보로 미루어볼 때 매년 증가추세에 있는 상품이나 서비스의 분석에 이용된다. 시장이 크게 변화하지 않는 한 영업은 상품이나 서비스의 쇠퇴기까지는 성장하기 때문에 판매예측은 과거의 실적에 평균 성장률을 고려하여 결정할 수 있으나 새로운 상품은 추세를 정확하게 판단할 수 없으므로 적용하기 곤란하다.

추세분석 방법에는 일반적인 통계적 기법으로 평균 이동법(moving averages)과 지수보완법(exponential smoothing)이 있다.

① 평균 이동법 : 과거의 정보를 평균하여 증가율을 산출하고 현재의 실적에 증가율을 고려하여 산출한 결과를 말한다. 이때 과거의 정보는 계절적인 변화 또는 불균형성을 제거한 것이어야 한다.

② 지수보완법 : 평균 이동법의 불충분한 결과의 내용을 보완하기 위한 것으로, 과거의 평균 데이터로부터 계절적인 변화 및 불균형성을 극복하기 위해 가장 최근의 정보에 가중치를 주어 분석하는 방법이다.

2) 상관분석

상관분석(correlation analysis)은 관광기업의 영업에 관련된 정도를 세분화한 내부 또는 외부의 변수나 경쟁력, 경제 등의 상황이 판매에 관련된 양적인 기법이다.

3) 다중회귀분석

대부분의 판매예측은 단순한 독립변수로 이루어지지 않고 수많은 변수들이 고려되어야 하기 때문에 다중회귀분석(multiple regression analysis)을 이용한다. 최근에는 보다 과학적인 방법으로 판매예측을 하기 위해 컴퓨터를 이용한 시스템을 구축하여 필요한 변수만 입력하면 자동적으로 판매예측을 하여 경영활동에 적용하고 있다.

5. 효과적인 판매예측의 기준

효과적인 판매예측은 주로 고려되어야 할 요인의 수에 달려 있다고 해도 지나친 표현은 아니다. 가능한 한 많은 영향요인을 분석하여 반영한다면 오차의 범위를 줄일 수 있을 것이다. 따라서 판매예측에 영향을 미치는 여러 가지의 직접·간접적인 변수를 고려한 판매예측은 보다 합리적인 수치이기 때문에 판매원이나 경영자로부터 객관성을 인정받을 수 있다.

(1) 주요 영향요인의 고려

관광기업의 영업증대를 위한 주요 영향요인들은 쉽게 파악이 되어야 하며 평가되어야 한다. 경쟁사와 자기업이 보유하고 있는 상품과 서비스, 그리고 편의시설 등의 강점과 약점을 구체적으로 분석하여 능력 및 한계점 등이 고려되어야 한다.

(2) 정확성

오차의 범위를 줄이기 위하여 판매예측에서는 정확성(accuracy)이 매우 중요한 요인이다. 그러나 정확한 것일지라도 투입되는 비용이 고려되어야 한다. 투자되는 비용에 비하여 부정확한 결과가 예상된다면 소비자 리서치, 전문가의 자문 등과 같이 많은 비용이 투입되는 경우는 재고해야 할 필요가 있다.

〈표 9-1〉 Tourism and Industry Market Trends(Hotel)

Year	2008	2009	2010	2011	2012
Arrivals					
No. of Arrivals(Nat'l)					
Growth(%)					
No. of Arrivals(City)					
Growth(%)					
Industry					
Room Inventory					
Room Supply					
*Room Nights					
*Growth #					
*Growth %					
Room Demand					
*Room Nights					
*Growth #					
*Growth %					
Industry Occupancy					
XXX & Competitor Hotel					
Room Inventory					
Room Supply					
*Room Nights					
*Growth #					
*Growth %					
Room Demand					
*Room Nights					
*Growth #					
*Growth %					
Market Occupancy					
Other Hotels					
Room Inventory					
Room Supply					
*Room Nights					
*Growth #					
*Growth %					
Room Demand					
*Room Nights					
*Growth #					
*Growth %					
Occupancy					
XXX Hotel					
Room Inventory					
Room Nights Available					
*Growth #					
*Growth %					
Room Night Sold					
*Growth #					
*Growth %					
Occupancy					
Average Rate					
Revenue／Available					
Natural Market Share					
Actual Market Share					
Revenue Market Share					

(3) 실현 가능성(plausibility)

판매예측은 실현이 가능한 내용으로 작성되어야 하고 이해하기 쉽게 설명되어야 한다. 만약 전문가에 의해서 해석하기 어려운 통계적 표기방법으로 작성되었거나, 너무 낙관적이거나 비관적인 예측으로 인하여 추상적인 내용으로 구성된다면 경영자들은 영업활동을 위한 가이드로 이용하지 않고 주먹구구식의 의사결정을 할 수 있으므로 현실적이고 실현 가능한 내용으로 작성되어야 한다.

(4) 지속성(durability)

판매예측은 모든 영업관련 부서의 판매활동에 관한 지침서의 기초자료이기 때문에 기본적인 가정과 상호관계는 안정적이고 지속적이어야 한다.

(5) 유동성(flexibility)

예측을 위한 변수는 환경이나 조건 등의 변화로 인하여 경우에 따라서 조정되어야 하고, 수정된 계획이 수립되어야 한다. 왜냐하면 판매예측을 설정할 당시에 예상되는 영향변수가 시간이 지나면서 예상하지 못한 시장환경의 변화가 있을 수 있기 때문이다. 즉, 판매예측은 경직되거나 딱딱하게 작성되지 않고 상황의 변화나 잘못된 예측이 발견되었을 경우에는 즉각적으로 수정될 수 있도록 해야 한다.

이러한 변화나 실수를 점검하기 위해서는 관광기업 마케팅 담당자와 경영자는 월별 또는 분기별로 예측대비 투입된 비용을 검토하고, 잘못된 점이 발견되거나 필요하다면 현재의 상황에 알맞도록 수정한다. 이때 예측대비 실적을 검토할 때 예측의 방법도 같이 검토되는데 결과는 차후의 판매예측에 중요한 자료로 이용된다.

(6) 조직의 참여(organizational participation)

결론적으로, 고객의 접점에서 상품과 서비스를 판매하는 사람은 현장의 판매사원 또는 판촉부의 종업원이기 때문에 이 종업원들이 판매예측의 구성에 참여해야 내용을 쉽게 이해할 수 있고, 자긍심을 가질 수 있으며, 동기부여의 계기가 된다. 그러므로 관광기업에서는 프론트 라인(front line)에서 근무하는 종업원들을 적극적으로 참여시켜 의견을 수렴하고 타당성 있는 요인을 반영하여 관련자들의 작품이 아니라 조직의 작품이라는 인식을 심어주어야 한다. 특히, 판매촉진 부서에서는 전체의 조직원이 참여하고 모두가 동의하도록 하여 목표를 달성하는 데 자발적인 의욕을 불러일으키도록 유도해야 한다.

제 3 절 _ 영업계획서 작성절차

1. 마케팅 환경분석

마케팅 계획(business plan)을 수립하기 위해서는 기업 자체의 분석은 물론 이거니와 기업의 영업에 직접적인 영향을 미치는 지역사회 분석의 결과도 그에 따라 영업활동이 변화되기 때문에 대단히 중요하다. 이와 같은 마케팅 환경은 마케터가 통제 가능한 환경과 통제 불가능한 부분을 검토하여 마케팅 계획에 반영할 수 있도록 신중하게 처리해야 한다. 일반적으로 지역사회의 주요 분석요소는 다음과 같다.

- 지역을 방문하기 위한 교통연계망(항공기, 배, 기차 등)의 분석
- 지역내의 주요 산업(첨단산업, 섬유산업, 조선산업, 금융산업 등)의 분석
- 지역내의 관광매력의 분석
  — 놀거리 : 온천, 카지노, 놀이공원 등
  — 볼거리 : 쇼, 전시회, 박물관, 축제행사 등
  — 먹을거리 : 전통음식, 특별요리 등
- 관공서나 사회단체에서 실시하는 특별행사의 분석

■ **판매계획**

관광상품의 판매계획은 SWOT 분석[113]과 지역사회의 면밀한 분석을 통하여 경쟁자의 경쟁력을 파악한 후 기업이 추구하는 상품을 어떻게 판매할 것인가에 대한 판매계획을 수립해야 한다.

---

113) SWOT 분석 : Strength, Weakness, Opportunity, Threat의 약어로서 해당 기업이 처해 있는 마케팅 환경에서의 강점과 약점 및 기회와 위협을 경쟁 호텔과 비교하여 분석하는 것으로, 마케팅 계획을 수립하기 전에 반드시 실시되어야 하는 분석기법이다.

판매계획을 수립하기 위해서는 다음 사항이 고려되어야 한다.

- 상품판매의 유통구조
- 상품판매에 따른 판촉요원의 배치
- 판매량 쿼터(sales quarter)의 배당과 목표량 달성시의 보상
- 광고매체의 선정 및 매체별 광고비의 안배
- 마케팅 믹스별 가격산정
- 지사운영에 관한 사항

2. 시장분석

예상되는 관광기업의 영업에 영향을 미칠 수 있는 외부환경분석을 통하여 구체적인 영역의 시장분석(market analysis)을 할 수 있다. 외부환경은 정치, 경제, 사회, 문화 등으로, 예상되거나 진행중인 사실(fact)을 분석하고 그 사실의 내용이 기업의 영업에 긍정적 또는 부정적으로 미칠 것인가를 분석하여 긍정적(기회)으로 영향을 미칠 경우에는 더욱 강화를 하고, 부정적(위협)으로 영향을 미칠 것으로 예상될 경우에는 그에 상응하는 조치를 취하도록 해야 한다.

(1) 환경의 현황(fact)

각 분야별로 기업의 영업과 관련하여 예상되는 여러 가지의 정보를 기술한 내용으로서, 환경정보의 수집은 마케팅 담당자 개인에 의해서 기술하는 것보다 환경정보에 대한 정확성과 객관성을 위하여 마케팅 팀(marketing team)의 의견을 정리하여 기술하도록 한다. 예를 들면 영업계획 기간 내에 지방자치 단체나 정부의 주도로 계획되고 있는 관광기업 주변의 도로 확장공사나 지하철 공사, 공항의 확장공사 등의 인프라 시스템(infra-system)에 관한 사항이나 외국인 관광객에 대한 '0' 세율의 적용, 대통령이나 국회의원 선거 등이 될 수 있다.

(2) 기회와 위협의 분석

환경분석을 토대로 기업의 영업에 미칠 영향을 기회(opportunities)와 위협(threats)의 측면으로 분류하여 분석한다. 예를 들면 상기된 환경의 현황 중

도로 공사나 공항 확장공사는 단기적으로는 부정적이지만 장기적으로는 영업을 증진시킬 수 있는 기회의 요인이 될 것이고, 외국인 관광객에 대한 '0' 세율 적용이나 각종 선거 역시 기회의 요인이 될 것이다.

(3) 대 책

예측되는 환경에 대한 내용을 기회와 위협의 분석을 토대로 기회는 더욱 강화(reinforcement)하고, 위협은 적절한 대책(action)을 수립하여 영업의 손실을 최소화하도록 하는 절차이다.

〈표 9-2〉 Key Economic Indicators

Description	2008 (−2)	2009 (−1)	2010 (0)	2011 (+1)	2012 (+2)
Population *Korea *Pusan					
GDP($Billion) Real Change					
Per Capita(%)					
Wages(% Change) *Gross *Basic					
CPI(% Change)					
Exports($ Billion) % Change					
Imports % Change					
Trade Deficit ($ Billion)					
Current A／C Balance ($ Billion)					
Exchange Rate($／W) (Year End)					
Prime Lending Rates					

예를 들면 놀이공원이나 휴양지로 접근하기 위한 주변의 도로가 관공서 주도로 확장공사가 진행되고 있기 때문에 방문하는 고객에게 불편을 느낄 수 있다고 판단되면 특별수송 대책을 강구하고, 놀이공원이나 휴양지의 쾌적하고 조용한 환경, 가공되지 않은 주변환경 등의 강점을 부각시켜 특별히 잠재고객을 대상으로 적극적으로 홍보를 강화하는 계획을 수립한다.

〈표 9-2〉는 정부가 발표한 예측되는 경제지표를 나타낸 것이고, 〈표 9-3〉은 관광기업의 영업환경을 분석하고 그에 대한 기회와 위협을 구분하여 적당한 대책을 강구하기 위한 지침서이다. 대부분의 기업에서는 이와 같은 환경분석을 영업계획 전에 실시하고 전반적인 시장상황을 고려하여 영업계획을 수립한다.

〈표 9-3〉 환경분석

Key Factors／Critical Issues	1. 2. 3. 4 5.
Threats／Opportunities	Threats 1. 2. 3. Opportunities 1. 2. 3.
Possible Actions	1. 2. 3. 4. 5.

3. 경쟁사 분석

경쟁기업을 분석하는 방법은 여러 가지가 있겠으나 가시적으로 경쟁사의 영업계획 측면에서 분석하여 기본적인 정보를 바탕으로 자기업과 비교 분석을 할 수 있다. 경쟁사의 장기적인 영업계획을 파악한다는 것이 쉬운 일이 아니지만 다양한 정보를 입수하여 장기적인 영업계획을 비교해야 한다.

4. 과거실적 분석

과거실적 분석은 주로 외부에 공개된 정확한 자료를 토대로 자기업과 비교하여 실시한다. 과거의 실적을 분석하는 이유는 경쟁사간의 부문별 영업 순위를 기준으로 강점과 약점을 파악할 수 있기 때문이다.

과거에는 자사의 자료공개를 꺼려하였으나 요즘에는 투명한 경쟁을 위한 마케팅 활동을 실시하기 때문에 특별한 경우가 없는 한 영업에 관한 정보를 교환하고 있다.

5. 예 측

영업계획을 수립하기 위해서는 많은 과정의 정보와 영업 전반에 미칠 환경을 분석하여 작성되지만 기업의 전통적인 영업계획은 과거의 실적에 예상되는 경제성장률과 경영자의 요구를 고려하여 단순하게 작성되었다. 그러나 판매예측은 과거의 실적뿐만 아니라 영업에 미칠 여러 가지 요인을 분석한 사실(fact)을 바탕으로 작성되어야 한다. 판매예측에 대한 구체적인 내용을 다음과 같이 호텔 기업을 중심으로 살펴보았다.

(1) 객 실

과거에는 수작업을 통하여 전년도 실적을 기준으로 적당히 추가하여 작성을 하였으나 요즘은 컴퓨터 시스템이 도입되어 하나의 마켓 믹스(market mix)가 변화하면 다른 변수의 변화를 즉시 알아볼 수가 있으며, 수정 및 조정이 용이해졌다. 객실 영업계획은 크게 객실점유율을 결정하는 판매객실수와 평균객실료의 두 부분으로 구분할 수 있다. 즉, 객실점유율과 평균객실료는 마케팅력을 측정할 수 있는 기초자료이다.

1) 판매객실 수

객실 예상판매량은 과거의 실적과 시장상황을 바탕으로 마케팅력(marketing power)을 고려하여 세분시장(market segment)별로 판매예상량을 작성한다. 객실의 예상판매량을 작성하기 위해서는 과거의 자료를 참고해야 하지만 무엇보다 중요한 것은 환경분석과 호텔의 마케팅력을 우선적으로 고려하여 작성해야 한다.

〈표 9-4〉 경쟁사 분석(호텔)

Year	2008 (−2)	2009 (−1)	2010 (0)	2011 (+1)	2012 (+2)
Rooms Available XXX Hotel Competitor 1 Competitor 2 Competitor 3 Market % Change					
Room Sold XXX Hotel Competitor 1 Competitor 2 Competitor 3 Market % Change					
Room Occupancy XXX Hotel Competitor 1 Competitor 2 Competitor 3 Market % Change					
Average Rate XXX Hotel Competitor 1 Competitor 2 Competitor 3 Market % Change					
Room Yield XXX Hotel Competitor 1 Competitor 2 Competitor 3 Market % Change					
Natural Mkt. Share XXX Hotel Competitor 1 Competitor 2 Competitor 3 Market					
Actual Mkt. Share XXX Hotel Competitor 1 Competitor 2 Competitor 3 Market					

〈표 9-5〉 Room Rate Structure(Hotel)

Unit : Korean Won

Room Type	Superior SVC(10%) Tax(10%)	Deluxe SVC(10%) Tax(10%)	Executive SVC(10%) Tax(10%)	Jnr-Suite SVC(10%) Tax(10%)	Suite SVC(10%) Tax(10%)	E-Suite SVC(10%) Tax(10%)	P-Suite SVC(10%) Tax(10%)
Rack Rate	250,000 275,000 302,500	280,000 308,000 338,800	350,000 385,000 423,500	500,000 550,000 605,000	1,000,000 1,100,000 1,210,000	2,000,000 2,200,000 2,420,000	3,000,000 3,300,000 3,630,000
10% D/C	225,000 247,500 272,250	252,000 277,200 304,920	315,000 346,500 381,150	450,000 495,000 544,500	900,000 990,000 1,089,000	1,800,000 1,980,000 2,178,000	2,700,000 2,970,000 3,267,000
20% D/C	200,000 220,000 242,000	224,000 246,400 271,040	280,000 308,000 338,800	400,000 440,000 484,000	800,000 880,000 968,000	1,600,000 1,760,000 1,936,000	2,400,000 2,640,000 2,904,000
30% D/C	175,000 192,500 211,750	196,000 215,600 237,160	245,000 269,500 296,450	350,000 385,000 423,500	700,000 770,000 847,000	1,400,000 1,540,000 1,694,000	2,100,000 2,310,000 2,541,000
40% D/C	150,000 165,000 181,500	168,000 184,800 203,280	210,000 231,000 254,100	300,000 330,000 363,000	600,000 660,000 726,000	1,200,000 1,320,000 1,452,000	1,800,000 1,980,000 2,178,000
50% D/C	125,000 137,500 151,250	140,000 154,000 169,400	175,000 192,500 211,750	250,000 275,000 302,500	500,000 550,000 605,000	1,000,000 1,100,000 1,210,000	1,500,000 1,650,000 1,815,000
Corp.	212,500 233,750 257,125	238,000 261,800 287,980	297,500 327,250 359,975	425,000 467,500 514,250	850,000 935,000 1,028,500	1,700,000 1,870,000 2,057,000	2,550,000 2,805,000 3,085,500
Pref.	187,500 206,250 226,875	210,000 231,000 254,100	262,500 288,750 317,625	375,000 412,500 453,750	750,000 825,000 907,500	1,500,000 1,650,000 1,815,000	2,250,000 2,475,000 2,722,500

2) 객실요금

객실요금은 객실의 형태에 따라 요금이 다르기 때문에 세분시장별[114]로 평균 객실료를 추정하여 예측하는데 무엇보다 평균 객실요금은 판매정책에 따라 많은 영향을 미칠 수 있으며, 유동적이기 때문에 수익률 관리나 객실료 할인규정 등의 특별한 관리가 필요하다.

---

114) 호텔 기업의 세분시장(market segment)은 크게 개인고객(FIT)과 단체고객(GIT)으로 구분할 수 있다. 개인고객은 walk-ins, 상용고객, 레저고객, package 등이고, 단체고객은 비즈니스 그룹과 레저그룹 등으로 분류할 수 있다.

(2) 식음료

식음료부문의 판매예측은 업장별, 메뉴별로 작성되어야 하기 때문에 매우 복잡하다. 따라서 식음료 팀장은 우선 고객이 선호하는 메뉴를 작성해야 한다. 식음료는 식자재의 원가가 차지하는 부분이 상당히 높기 때문에 원가개념이 확실히 고려되어야 한다.

1) 식 사

식사의 판매예측은 영업계획 기간에 판매할 메뉴가 우선적으로 결정되어야 하기 때문에 우선 경쟁자의 마케팅 전략과 시장조사(market research)를 실시해야 한다. 식당에서 판매하기 위한 메뉴가 결정되면 식당별로 식자재 공급계획과 원가를 산출하고 판매량과 가격을 결정한다.

2) 음 료

음료 역시 고객의 구매행동을 철저하게 분석하여 문제점이 발견되면 해결을 위한 대책을 강구하고 고객이 선호하는 메뉴나 특별히 개발된 상품은 시장분석을 토대로 가격과 수량을 결정한다.

(3) 광고비

호텔의 광고비 책정방법은 앞에서도 언급한 바 있으나 일반적으로 부문별 예상매출액을 기준으로 하여 책정한다. 부문별 구체적인 광고계획을 수립하고 그 항목에 필요한 광고비를 배당하여 미리 예산을 확보하는 것이다. 이러한 광고비의 확보 없이는 예산집행에 있어서 많은 어려움이 따른다.

체인 호텔의 경우 단독경영 호텔보다 본부나 자매 호텔에서 여러 가지 형태로 광고를 지원하므로 매출액 대비 광고비의 비율이 적은 편이나 단독경영 호텔의 경우 자체에서 시장점유율을 유지하기 위한 모든 광고를 실시해야 하므로 광고비의 비율이 높은 편이다.

일단 광고비가 확보되면 확보된 광고예산을 시장환경의 변화에 따라 적절히 실현시키고, 반드시 광고에 대한 효과를 측정하도록 해야 한다.

〈표 9-6〉은 체인 호텔의 광고예산 내역서를 나타낸 것으로, 지방과 국내를 구분하고 외국의 광고는 수혜 호텔들이 균등하게 배분하여 지불하는 형태의 예산을 나타내고 있다.

〈표 9-6〉 Advertising Budget

Unit : US$

Year	2009	2010	2011
Rooms Advertising			
Out of Market			
Individual			
Shared			
Production Cost			
Total Out of Market			
Local／In-Country			
Individual			
Shared			
Production Cost			
Total Out of Market			
Contribution to Div. Mar. Center			
(Media & Production)			
Total Rooms Advertising			
% of Rooms Revenue			
Food & Beverage Advertising			
Korean Restaurant			
Japanese Restaurant			
Western Restaurant			
Cafe			
Entertainment Center			
Production Cost			
Total Rooms Advertising			
% of Rooms Revenue			
Others			
Production Cost			
Total Others			
% of Hotel Revenue			
Total Advertising			
% of Hotel Revenue			

(4) 주요 판촉행사 계획

주요 판촉행사를 실시하기 위해서는 예산이 소요되고 준비사항이 많기 때문에 연중 판촉행사 계획을 월별로 구체적인 내용과 함께 수립해야만 한다. 즉, 영업계획을 중심으로 부문별로 목표를 달성하기 위한 판매촉진 계획을 구체적인 근거를 바탕으로 수립해야 한다.

〈표 9-7〉은 휴양지 호텔의 중요한 판촉행사 계획을 나타내고 있다.

〈표 9-7〉 연중 판촉행사 계획

Description	Jan	Feb	Mar	Apr	May	Jun	Jul	Aug	Sep	Oct	Nov	Dec	Budget
Sales Trip													
*Japan													
*Hong Kong													
*USA													
*Selling Technique													
*Sales Blitz													
*In-Country													
Sub-Total													
Mailing													
*News Letter													
*Package Flyer													
*X-Mas Card													
*Worldwide													
*Others													
Sub-Total													
Collaterals for F&B													
*Hotel News Letter													
*Others													
Sub-Total													
Collaterals for Rooms													
*Room Tariff Sheet													
*Honeymoon Coupon													
*Sales Kit													
*Fact Sheet													
*Hotel Brochure													
*Packages													
*Others													
Sub-Total													
Promotion													
*Giveaway													
*Fam Tour													
*Top Account Party													
*Golf Tournament													
*Overseas Trip													
*Ski Trip for Members													
*Monthly Reception													
*Chef's Table													
*Birthday Cake													
*Calendar													
*X-Mas Card													
*Others													
Sub-Total													
Grand Total													

6. 영업계획서의 통합

부문별 영업계획과 비용을 작성하고 나면 예상되는 총매출액과 총비용을 조합하여 영업이익(GOP : gross operational profit)을 산출하고 최종적으로 경영진으로부터 조정작업을 거쳐 영업계획을 확정한다. 그러나 영업계획을 확정하기 위해 각 부서에서 작성한 계획서의 자료를 통합하는 것은 쉬운 작업이 아니기 때문에 구체적인 증거자료를 확보해야 한다. 또한 목표달성을 위하여 각 관련 부서 담당자들을 대상으로, 그리고 예측되는 영업환경을 바탕으로 영업계획에 대한 모든 것을 이해시키고 예상목표를 달성하기 위한 구체적인 활동과 방향을 주지시킨다.

7. 영업계획의 통제 및 평가

마케팅 계획에 의하여 목표가 정해지면 마케팅 환경의 변화에 따라 실행과정에서 여러 가지 어려운 점이 있겠지만 마케팅 관리자는 기업조직 내의 가능한 수단을 이용하여 목표를 달성하도록 최선의 노력을 해야 한다. 만약 막대한 시간과 노력을 투자하여 영업계획을 수립하였으나 현실적인 영업활동을 고려하지 않고 재고하지 않으면 영업 전략의 방향이 흔들릴 수 있어 마케팅 계획이 영업활동에 적용되지 않을 수도 있다. 과거에는 일부의 기업에서는 영업계획을 수립하여 부서의 캐비닛(cabinet)에 마치 바이블(bible)처럼 보관하는 경우도 있었다.

따라서 최고경영자와 마케팅 팀장은 수시로 영업실적과 마케팅 활동을 점검하고 그 결과에 따라 실행방법이나 방향을 조정하는 특별한 시스템을 구축해야 한다. 그러기 위해서는 사안에 따라 정기적 또는 비정기적으로 회의를 개최한다.

그 통제 시스템을 호텔 기업을 중심으로 살펴보면 다음과 같다.

(1) 판촉회의(sales meeting)

마케팅 관리자들이 모여 일정기간의 판매현황과 시장분석, 마케팅 활동과 제공된 서비스에 대한 고객의 반응 그리고 경쟁사의 마케팅 활동 등에 대한 분석을 통하여 앞으로의 대응방법과 마케팅 활동의 구체적인 판매촉진 방법 등을 논의하는 회의로서, 고정고객의 유지와 새로운 고객의 유치 전략 수립에 대단히 중요한 회의이다.

1) 참석범위

참석범위는 상황에 따라 달라질 수 있으나 보통 대규모 조직에서는 판촉과 영업을 담당하는 관련자들이 모여 관심사를 토론한다. 회의는 보통 매월 1~2회 정도 실시한다.

- 최고경영자
- 마케팅 이사
- 판촉부장
- 홍보부장
- 영업장 팀장
- 예약팀장
- 판촉부 직원
- 각 지역 판촉 사무실의 지사장

2) 회의안건

회의안건(meeting agenda)은 회의가 개최되기 전에 반드시 공시하여 관련 부서에서 필요한 자료 및 의견을 준비할 수 있도록 한다. 안건은 보통 영업과 판촉에 관련된 내용으로 한정한다. 예를 들면, 호텔 기업에서는 다음과 같은 안건이 있다.

- 연휴기간의 영업증진을 판매촉진 전략
- 대규모 행사로 인한 객실 및 식음료업장의 대책
- 새로운 판매촉진 활동의 토의
- 향후 판촉활동의 방향
- 계획대비 실적 검토 및 향후 대책
- 경쟁사 분석
- 시장분석(거래처 포함)
- 뉴스 릴리스 브리핑
- 광고 스케줄

3) 준비자료

- 전월 영업실적 및 계획

- 익월의 영업계획
- 광고 스케줄
- 경쟁사 영업실적
- 뉴스 릴리스 자료
- 대형행사 예약현황
- 단체예약 및 VIP 예약현황
- 판촉 스케줄
- visual equipment
- 다과

4) 진행순서

판촉회의 진행은 다음과 같이 팀제로 운영되는 호텔 기업을 중심으로 설명하기로 한다.

- 지난번 회의록 검토 및 진행사항 점검 : 마케팅 팀장 · 판촉팀장
- 영업실적 보고 및 대책 : 객실팀장, 식음료부장
- 판촉활동 보고 및 평가 : 판촉팀장 · 판촉부 담당자
- 거래처동향 보고 : 판촉부 담당자
- 홍보활동 보고 및 평가 : 홍보팀장
- 예약현황 보고 : 예약팀장
- 대규모 행사의 보고 및 대책 수립 : 예약팀장
- 경쟁사 현황 보고 : 판촉부 팀장

(2) 매출회의(revenue meeting)

실제적인 영업을 담당하는 식음료 부서장과 객실 부서장 그리고 예약담당자와 마케팅 부서장이 참여하여 시장변화에 따른 대책을 마련하고, 수요의 변동을 고려하여 탄력적인 가격의 적용으로 객실점유율을 높이고, 식음료업장의 이용객을 늘려 매출액을 극대화시키기 위한 회의이다.

예를 들면, 객실의 수요가 공급을 초과할 경우 계약된 객실 블록(room block)을 재점검하고 단체여행객의 객실보다는 재구매고객이나 개인고객을 우선으로 하여 예약을 접수하도록 조치를 취한다. 회의의 횟수는 보통 매주 1회 정도가 적당하다.

〈표 9-8〉 판촉회의를 위한 안건에 관한 메모(호텔)

Date : February 20, 2009

Attn : Director of Rooms
Director of F&B

From : Director of Marketing

Please be informed that the Sales Meeting for March will be held as following schedule.

1. Date & Time : 10:00～11:00 March 2, 2009(Mon)
2. Venue : Board Room
3. Agenda :
   - To review previews sales meeting minutes
   - To review business results for February 2007
   - To review Top Account
   - To finalize Honeymoon Package for summer season
   - To outlook business for March
   - To review competitors' marketing strategies
   - Others

Looking forward to seeing you all there.

With best regards,

(3) 수익률 회의(yield meeting)

호텔의 특성상 호텔 상품은 저장을 할 수 없기 때문에 당일 판매하지 못하면 소멸되는 상품을 시장의 수요에 따라 차등가격을 적용하여 이익률을 극대화하기 위한 회의로서, 대개 마케팅 부서장과 식음료 부서장 그리고 객실 부서장이 참석한다.

예를 들면, 객실 부서에서는 객실점유율이나 평균객실료 중 어느 한쪽만을 증대시키기 위하여 노력하는 것이 아니고 점유율이나 평균객실료를 동시에 높여 이익률을 증대시키기 위한 방법이다.

특정한 기간의 탄력적인 가격은 과거의 자료분석 결과와 예측되는 환경을 고려하여 결정하고, 주로 호텔 컴퓨터 예약망을 통하여 공시한다. 마케팅 관리자는 호텔 기업의 영업실적을 평가하는 주요 측정치가 바로 수익률이므로 항상 주의 깊게 다루어야 하는 항목이다.

(4) 예약통제(reservation control)

수요가 많은 시기에는 할인 없이 선별하여 예약을 받지만 반대로 수요가 저조한 시기에는 관련 부서나 호텔과 계약된 협력업체들(기업체, 여행사, 항공사, 예약지점망, GSA 등)에게 알려 우선적으로 저조한 예약일에 상품을 판매하도록 하고, 판촉 부서에서는 예약 부서의 예약현황과 과거실적을 분석하여 특별할인기간을 정하여 판촉활동을 실시하도록 자료를 제공하기 위한 통제 시스템이다.

(5) 경쟁사 분석(competition analysis)

적에 대해서 구체적인 정보를 파악하고 있으면 경쟁에서 유리하기 때문에 판촉 부서에서는 경쟁사의 마케팅 활동을 분석하는 것이 매우 중요하다. 경쟁사의 마케팅 활동에 관한 사항을 파악하기 위해서는 기존의 고객을 통해서 얻는 방법, 직접 방문하여 서비스를 제공받고 경험하는 방법 그리고 스파이를 이용한 방법 등이 있으며, 이러한 정보나 자료를 수집·분석하고 그 결과를 고려하여 마케팅 활동을 조정하는 역할을 한다.

1) 고정고객을 통한 정보수집

판매촉진 담당자는 거래처를 방문하거나 거래처 예약담당자와의 전화접촉 등으로 경쟁사의 마케팅 활동에 대한 정보를 수집할 수 있다. 이때 주의해야 할 것은 자호텔에 대한 정보가 거래처를 통하여 경쟁사로 누출될 수도 있으므로 자사의 중요한 정보는 거래처에 전달되지 않도록 해야 한다.

2) 경쟁사 방문을 통한 정보수집

대부분의 호텔 판촉담당자가 주기적으로 경쟁사를 방문하여 고객의 입장으로서 정식으로 서비스를 제공받으면서 서비스나 마케팅 활동에 대한 정보를 수집한다.

3) 스파이를 이용한 정보수집

경쟁사에 고객을 가장하여 방문하고 관련 정보를 획득하는 것으로서, 과거에는 경쟁사의 정보를 수집하기 위하여 이러한 방법을 많이 이용하였지만 최근에는 불법성의 소지가 있기 때문에 거의 사용되지 않고 있다.

(6) 광고통제(advertising control)

마케팅 환경과 시장의 수요에 따라 매체와 시기를 조정하는 것을 말한다. 마케팅 계획에 따라 호텔의 이미지를 위한 광고 또는 특별한 기간에 판매되는 서비스 상품에 대한 광고를 적시에 적정한 매체를 통하여 할 수 있도록 통제하는 것이다.

제 4 절 __ 영업계획의 적용

대부분의 관광기업에서는 영업환경을 고려한 영업계획을 수립하고, 그 영업계획을 중심으로 영업활동이 이루어지나 일부기업에서는 영업계획과 실제 영업과는 별개의 것으로 취급하여 환경의 변화나 경쟁사의 변화에 따라 판촉이나 영업활동을 하는 곳도 있다. 즉, 영업계획은 보고용으로 일단 최고경영진에게 보고가 되면 책장에 보관하고 영업활동이나 판촉활동은 즉흥적인 의사결정으로 이루어지는 경우가 많다.

이러한 현상은 마케팅 팀장의 뚜렷한 방향설정이 없이 주먹구구식 방법으로 운영하는 경우에 발생하지만 경영진의 무관심으로 인하여 영업계획을 무시하고 단발적인 의사결정에 의해서 발생하기도 한다. 따라서 기업의 경영진은 철저한 환경분석과 함께 수립된 영업계획을 주기적으로 예상하지 못한 환경변화로 인해 불합리한 부분을 수정 및 보완하고 적극적으로 활용하도록 해야 한다. 왜냐하면 영업계획은 모든 영업사원이나 판촉사원이 나아가야 할 방향이 설정되어 있기 때문이다.

1. 분기별 아웃룩

분기별 아웃룩(3-month outlook)은 미래의 영업에 대한 계획을 여러 가지 자료를 바탕으로 구성했을지라도 미세한 환경변화나 예상하지 못했던 환경변화로 인하여 영업목표를 초과 달성하거나 달성하지 못하는 경우가 발생하게 된다. 따라서 관광기업의 마케팅 부서에서는 일반적으로 3개월 단위로 영업계획에 관한 내용을 검토하고 수정작업을 거친 후 경리부, 자재부 등 관련 부서에 통보하여 영업활동에 지장이 없도록 하는 과정이다. 분기별 아웃룩이 필요한 이유는 일반적으로 다음과 같다.

(1) 마케팅 부서

영업계획을 수립할 당시의 영업환경과 현재의 상황이 다르기 마련이므로 마케팅 전략의 조정이나 세분시장별 예상목표 점검, 틈새시장(niche market)의 추가 등 영업예측(business forecast)의 수정을 통한 즉각적인 시장변화에 대응하기 위해 필요하다. 이와 같이 수정된 영업계획을 토대로 판촉활동의 세부활동 지침을 확정한다. 분기별 아웃룩을 작성할 경우 현재의 시장 및 경쟁자 상황을 고려하여 본래 영업목표에 판매량을 추가 또는 삭감하는데, 경우에 따라서는 급격한 시장의 변화, 경쟁자의 예상하지 못한 마케팅 전략 등으로 대폭적인 수정이 필요할 때도 있다.

(2) 영업부

마케팅 부서에서 단기의 영업계획이 확정되면 영업 부서에서는 영업계획에 맞추어 부문별 영업 전략을 재작성하고 확정된 목표를 달성하기 위한 구체적인 활동계획을 마련한다. 특히 숙박업에서는 보통 회의나 식음료영업을 겸하기 때문에 영업장의 성격에 따라 영업목표를 달성할 수 있는 구체적인 전략과 전술을 재조정하여 영업방침을 마련하도록 해야 한다.

(3) 경리부

영업계획을 토대로 영업을 위한 비용과 판매비용, 원자재비용을 산출하고 영업총매출과 영업이익을 산출하여 영업 전반에 걸친 예상수익률을 부문별로 작성한다. 이때 영업이익이 본래의 계획과 비교할 때 많은 차이가 있다면 각 부문의 비용을 최대한 줄여 계획했던 영업이익의 수준을 유지하기도 한다.

경리부에서는 경영진이 요구하는 영업이익의 목표가 있기 때문에 영업과 관련하여 투입되는 비용을 유동적으로 통제한다. 또한 경리 부서에서는 영업계획을 바탕으로 단기간에 필요한 운영자금의 조달계획을 수립한다.

(4) 구매부

구매부에서는 영업목표를 달성하기 위해 영업장에서 요구하는 각종 자재 및 재료를 신속하게 공급하여 영업을 하는 데 지장을 초래하지 않도록 지원하기 위한 계획을 수립한다.

〈표 9-9〉 Business Outlook for Next 3-month(Hotel)

Description		This Month			Next Month		After Two Months	
		Forecast	Last Year	Outlook	Forecast	Outlook	Forecast	Outlook
Occupancy(%)								
Av. Rate(KW)								
Revenue	Room							
	F&B							
	Total							
Payroll & Related								
Provision								
Other Expenses								
Dept. Profit								

2. 영업실적 분석

영업실적 분석은 대개 과거의 영업실적을 비교하여 분석하지만 일부 호텔에서는 분기별 영업계획도 함께 고려하여 계획대비 실적의 분석을 하기도 한다. 영업실적 분석은 영업 부서의 판매력 평가와 마케팅 부서의 마케팅 전략을 평가하는 자료이기도 하다. 또한 영업분석을 실시할 경우에는 영업을 위해 투입된 비용 분석도 병행하여 매출액에 대한 비용을 파악하고 영업의 수익률 향상 방안을 마련한다. 따라서 영업실적 분석을 하기 위해 마케터는 항상 매출과 비용의 상반된 개념을 염두에 두어야 한다.

3. 광고 및 판촉계획 실행

영업계획에 따라 마케팅 전략의 방향도 수정되기 때문에 그 결과에 따라 광고예산을 적절히 효과적으로 집행하고 판촉 부서의 판촉활동 계획을 조정하여 구체적인 계획을 수립한다. 그러나 광고나 판촉활동의 결과는 경우에 따라 단기간에 효과가 나타나지 않기 때문에 단기간의 계획보다는 중장기적인 차원에서 계획이 수립되어야 한다.

경영자는 광고나 판촉행사 등을 비용으로 간주하여 투입한 비용에 대하여 단기간의 효과를 요구하지만 광고나 판촉활동은 분명히 투자개념으로 보아야 할 것이다. 따라서 마케팅 담당자는 이 점을 감안하고, 이러한 비용과 투자의 개념을 구분하여 경영진이 납득할 수 있도록 설득하고 이해시켜야 한다.

참고문헌

1. 국내문헌

김성혁, 관광 마케팅의 이해, 백산출판사.

김성혁, 관광 마케팅론, 대왕사.

김원수, 마케팅 정보 시스템, 박영사.

정익준, 여행사경영론, 형설출판사.

빅호표, 호델관핑 마게덩, 힉현사.

반병길, 마아케팅관리론, 남영문화사.

손대현, 관광 마케팅론, 일산사.

신연섭, 광고실무론.

임종원, 현대마케팅관리론, 무역경영사.

안성연 · 이희천, 관광산업의 서비스, 남두도서.

유동근, 현대마케팅관리론, 석정.

유동근, 촉진전략론, 조일문화사.

윤중현 · 이수동 공역, 현대마케팅론, 범한서적주식회사.

오상락 · 유동근, 최신마아케팅론, 동성사.

이희천, 호텔상품의 판촉과 마케팅, 두남출판사.

최동열, 관광 서비스론, 기문사.

최병용, 신마케팅론, 박영사.

황명택, 사이버 마케팅.

김포공항, 항공통계사.

김진수 · 김진해, 인터넷 쇼핑몰의 성공적 구축을 위한 탐색적 연구, 한국유통학회.

류주형 · 김대호, 온라인 데이터베이스의 활용에 관한 연구, DB 국제술대회(학술논문집).

박진영 · 김영규 · 권정택, 관광지 속성을 이용한 사찰관광지의 포지셔닝에 관한 연구, 구미1대학 논문집.

이종화 · 이성봉, 전자상거래의 국제적 논의와 대응과제, 대외경제정책연구원.

디스, 관광연구원.

전기환 · 안대희, 여행사 이용객의 추구편익에 관한 연구, 김천대학 논문집 제18집.

최인수, DB산업육성법 제정의 필요성과 법안의 주요 내용, DB 산업활성화를 위한 세미나.

2. 외국문헌

A.M. Morrison, *Hospitality and Travel Marketing*, New York : Delmar Publishers, 1989.

A.W. Frey, *Advertising*, 1953.

Antti J. Haahit, Finland's Competitive Position as A Destination, *Annals of Tourism Research 13*, 1986.

Bod Stone and John Wyman, *Successful Telemarketing*, NTC Business Books, 1986.

Chuck Y. Gee, Dexter J.L. Choy and Makens, *The Travel Industry*, The AVI Publishing Company Inc., 1984.

D. Arnold, *The Handbook of Brand Management*, Addision-Wesley Publishing Company, 1992.

F.T. Schreier, *Modern Marketing Research, A Behavioral*, Wa Publishing Co., Inc., 1963.

George Day and Rashi Glazer, Harnessing The Marketing Information Revolution : Toward The Market-Driven Learning, *The Marketing Information Revolution*, Harvard Business School Press, 1994.

Gilbert A. Chrchill, Jr., *Marketing Research*, 3rd ed., The Dryden Press, 1983.

J. Bateson, Perceived Control and the Service Encounter, In J.A. Czepiel, M.R. Solomon, and C.F. Surprenant(eds), *The Service Encounter*, Lexington Books, 1985.

J.T. Cannon & J.A. Wichert, *Marketing Text and Cases*, 1953.

J.S. Wright, D.S. Warner and W.L. Winter, *Advertising*, 3rd, 1971.

L. Schiffman and L. Kanuk, *Consumer Behavior*, Prentice Hall, Englewood Cliffs, 1978.

Maurice I. Mandell, *Advertising*, 2nd ed., Prentice-Hall, 1974.

Peggy Fielding and Gray Drummond, *Telemarketing Fractionated*, Prentice-Hall Inc., 1991.

Philips Kotler, *Marketing Essentials*, Prentice-Hall, 1984.

P. Kotler, *Marketing Management*, 6th. ed., 1988.

P. Kotler, *Marketing Management, Analysis, Planning and Control*, Prentice-Hall, Inc., 1967.

P.E. Green & D.S. Tull, *Research for Marketing Decisions*, Prentice-Hall Inc., 1967.

R.C. Lewis and R.E. Chambers, *Marketing Leadership in Hospitality*, Van Nostrand Reinhold, 1989.

R.D. Crisp, *Marketing Research*, McGraw-Hill, 1957.

Robert F. Hartley, *Sales Management*, Merrill Publishing Co., 1989.

Richard L. Bencin, *The Marketing Revolution*, Cresheim Publications, 1985.

Robert C. Mill, *Tourism, The International Business*, Englewood Cliffs, N.Y. Prentice-Hall, Inc., 1990.

S. Watson Dunn & A. M. Barban, *Advertising*, 4th ed., Englewood Cliffs, 1984.

Stanton, *Fundamentals of Marketing*, 8th ed., McGraw-Hill. 1987.

Steven Penrod, *Social Psychology*, New Jersey, Prentice-Hall, 1983.

The Economic Planning Group of Canada, Tourism is Your Business : Marketing Management, Ottawa, Ontario : Yourism Canada, 1986.

T. Levitt, Marketing Myopia, *Harvard Business Review*, 38, No. 4, July-August 1960.

W. Zikmund and M. D'Amico, *Marketing*, 3rd ed., 1989.

Alternative Marketing Strategies, *Journal of Marketing 20*, 1956.

Committee on Definitions, American Marketing Association, Marketing Definitions, *A Glossary of Marketing Terms*, 1960.

C. Berenson, Marketing Information Systems, *Journal of Marketing*, Vol. 33, No. 4, 1969.

D.F. Cox, and R.E. Good, How to Build a Marketing Information System, *Harvard Business Review*, May-June, 1967.

Marketing Definitions, *A Glossary of Marketing Terms*, Compiled by the Committee of the American Marketing Association, 1961.

Jack Trout and Al Ries, How to Position your Product, *Advertising Age*, May 8, 1972.

James M. Degen, Segmentation Strategies for the 80s, *Restaurant Business*, October, 1980.

P.G. Davidoff and D.S. Davidoff, *Sales & Marketing for Travel and Tourism*, National Publishers, 1983.

R.G. Wyckham, P.T. Fitzroy & Mandey, Marketing of Services, *European Journal of Marketing*, Vol. 9, No. 1, 1975.

R.H. Brien & J.E. Stafford, Marketing Information Systems : A New Dimension for Marketing Research, *Journal of Marketing*, July, 1968.

R.W. Struse, Life Style Research Inappropriate for Some Categories of Product, *Marketing News*, June, 1977.

Reichheld, Frederick and W. Earl Sasser, Jr., Zero Defections : Quality Comes to Services, *Harvard Business Review 68* (September-October), 1990.

Wendell R. Smith, Product Differentiation and Market Segmentation as Alternative Marketing Strategies, *Journal of Marketing 20*, 1956.

찾아보기

[한글]

[숫자, 영문]

관광마케팅

2판 3쇄 발행	2012년 2월 10일
	저 자 박진영 · 윤세환 · 김형섭 · 조규태
	발행인 남 승 우
발행처	**남두도서**
	서울시 동작구 사당로9가길 6(사당동 220-43) TEL : (02) 595-1692~4 FAX : (02) 595-1394 E-mail : namdoo6@unitel.co.kr 신고 : 5-76호 (1998. 11. 4)

정가 22,000 원

ISBN 978-89-5780-088-1 93980

〈디자인〉 편집 이선경 / 표지 나아기획